Howard Fast
Die Arrivierten

Roman

Deutsch von
Karl A. Klewer

Rowohlt

Die amerikanische Originalausgabe
erschien 1979 unter dem Titel «The Establishment»
im Verlag Houghton Mifflin Company, Boston
Umschlagentwurf Werner Rebhuhn
Umschlagbild Rainer W. Pflug

Veröffentlicht im Rowohlt Taschenbuch Verlag GmbH,
Reinbek bei Hamburg, März 1986

Gesamtherstellung Clausen & Bosse, Leck
Printed in Germany
980-ISBN 3 499 15696 2

Inhalt

Für Molly –
willkommen in dieser besten
aller Welten!

I
Eheleben

Bernie Cohen, ein großer, schwerer Mann von zweiundvierzig Jahren, verlor allmählich die Geduld. Bald würde es mit seiner Selbstbeherrschung vorbei sein, und das würden dann alle um ihn herum zu spüren bekommen, wie schon so oft. Kleine, unwichtige Dinge gingen ihm auf die Nerven, regten ihn auf. Er hatte zu viel Wichtiges in seinem Leben durchgemacht, Dinge, die ihn nicht aufgeregt hatten, um nicht zu merken, daß irgend etwas Unerfreuliches, Zerstörerisches mit ihm geschah. Längst war es ihm zur Gewohnheit geworden, daß er Ärger, Enttäuschungen und Wut in sich hineinschluckte, ohne darauf zu achten, was sich da in ihm aufstaute. Er stand vor der verschreckten kleinen Frau und explodierte.

«Verdammt noch mal, Mrs. Melcher, kapieren Sie doch endlich, warum das immer wieder passiert. Sie lassen dauernd die Kupplung schleifen! Eine Kupplung ist nicht von Gott gemacht, wie ein Pferderücken. Es ist ein Mechanismus, der Motor und Antrieb verbindet. Es ist eine auf Federn laufende Druckscheibe mit Belägen auf beiden Seiten! Und die nutzen sich ab, weil Sie immer den Fuß auf dem verdammten Pedal haben. So geht das nicht. Sie müssen endlich anständig fahren lernen, andere haben es schließlich auch kapiert.»

Sie wurde blaß und flüsterte: «Sie haben kein Recht, so mit mir zu reden. Sie haben kein Recht dazu.»

Er sah auf sie hinunter. «O Gott», dachte er. Sein Werkstattmeister Gomez beobachtete ihn. Er senkte die Stimme und entschuldigte sich.

«Sie haben kein Recht, so mit mir zu reden», klagte Mrs. Melcher, den Tränen nahe, als fiele ihr nichts anderes ein.

«Es tut mir leid. Wir kriegen den Wagen schon hin. Morgen können Sie ihn wiederhaben.»

Er drehte sich um und ging steifbeinig durch die Werkstatt nach hinten zur Toilette, schloß die Tür hinter sich zu und knallte den Deckel runter. Dann setzte er sich und stützte das Kinn auf seine ölverschmierten Fäuste. An die Tür vor ihm hatte jemand zwischen all die geistlosen Ferkeleien geschrieben:

Ein Einsiedler in seinem Bau
Hatte bei sich 'ne tote Frau.
Schon gut, gab er zu, es gefällt
Nicht der Welt:
Aber mir – denn so spar ich viel Geld!

Er starrte die Verse an und verstand sie zuerst nicht. Gestern waren sie noch nicht dagewesen. Plötzlich entlud sich seine aufgestaute Wut, und er trat gegen die Tür, daß sie krachend aufflog und brüllte seine vier Mechaniker an: «Streicht mir das verdammte Scheißhaus neu, und zwar heute noch! Und wenn wieder jemand von euch Säuen etwas an die Wand schmiert, fliegt er achtkantig raus!»

Damit marschierte er quer durch die Halle zu seinem kleinen Glaskasten-Büro. Seine Leute sahen ihm verblüfft nach. Ein Schmerzknoten saß ihm im Magen, als er sich auf den Stuhl hinter dem Schreibtisch fallen ließ. Er atmete tief durch und starrte die Tintenflecke auf der Schreibtischunterlage an. Bekam er etwa ein Magengeschwür? Das wäre der Gipfel der Schande. Magengeschwür oder Herzinfarkt. Er war groß und muskulös, und bei der letzten Untersuchung hatte der Arzt ihm gesagt, er sei von der Konstitution her genau der Typ, der zum frühen Herzinfarkt neige.

Gomez, der Meister, ein kleiner, drahtiger, sehr tüchtiger Chicano, öffnete vorsichtig die Tür. «He, Bernie», flüsterte er, «ist was Schlimmes passiert?»

Bernie starrte ihn nur an.

«Sollen wir wirklich den Lokus malen, Bernie? Wir haben schon mehr als genug zu tun.»

«Schon gut.»

«Laß dich von diesen verrückten Damen bloß nicht verrückt machen. Übrigens, da sind zwei Männer, die wollen dich sprechen.»

«Mach du das.»

«Sie wollen aber zu dir.»

«Worum geht's denn?»

«Weiß ich nicht.» Gomez hob die Arme. «Bernie, mein Gott, was ist denn mit dir? Du hast gute Leute hier. Sie tun was für ihr Geld, und du brüllst rum. Und ich steh hier und diskutiere mit dir. Die Männer sind nicht da, weil sie einen Job wollen. Sie wollen

Mr. Cohen sprechen. Rede mit ihnen, ja? Und laß mich wieder an meine Arbeit.»

Cohen nickte, Gomez verließ das Büro, und gleich darauf ging die Tür auf und zwei Männer kamen herein. Der eine war schlank, mittelblond und etwa fünfunddreißig Jahre alt, er hatte leuchtend blaue Augen, einen sandfarbenen Schnurrbart und eine Narbe von der Stirn bis zum Kinn. Der andere war jünger, vielleicht dreiundzwanzig, vierundzwanzig. Er neigte zur Fülle und hatte ein rundes Kindergesicht mit rosigen Wangen. Sie blieben vor Cohen stehen, und der Rotwangige fragte: «Ist er das?»

«Ja, das ist er», antwortete der Blonde.

Cohen stand langsam auf und starrte den Blonden an, der ihn breit angrinste.

«Ist ja ein richtiger Hundesohn», sagte der Rotwangige.

Cohen ging um den Schreibtisch herum, starrte den Blonden noch einen Moment aus der Nähe an, breitete dann die Arme aus und riß ihn mit seiner Bärenumarmung fast von den Füßen. Der andere beobachtete die Szene und nickte.

«Bring mich nicht um mit deiner Herzlichkeit, du Elefantenbaby», brachte der Blonde schließlich heraus.

Cohen gab ihn frei.

«Das ist Herbie Goodman», sagte der Blonde. «Herbie, hier hast du Bernie Cohen.»

Sie schüttelten einander die Hand. «Sie sind eine Legende», sagte Herbie, «eine absolute Legende.»

«Wie zum Teufel habt ihr mich gefunden?» fragte Cohen.

«Wir haben da so unsere Möglichkeiten. Du wirst dich wundern, wie wir es herausgefunden haben.»

Barbara Lavettes Kind wurde sechs Monate nach ihrer Hochzeit mit Bernie Cohen geboren. Durch die Hochzeit war sie Barbara Lavette Cohen geworden, oder, wie die Klatschspalten genüßlich vermerkten, Barbara Seldon Lavette Cohen. Der Hinweis auf den Namen Seldon war anzüglich gemeint, denn die Seldons gehörten zu dem eng begrenzten, abgeschlossenen Kreis der Gesellschaft von San Francisco, so lange die Stadt bestand, und das war jetzt, im Jahre 1948, hundert Jahre. Der Skandal und der sich daraus entwickelnde genüßliche Klatsch hatte angefangen, als Barbaras Vater, Dan Lavette, Sohn italienischer Einwanderer, um Jean, die Tochter des Bankiers Thomas Seldon, geworben und sie gewonnen hatte. Jean, Barbaras Mutter, hatte sich später von Dan Lavette scheiden lassen und den steinreichen John Whittier geheiratet. Auch diese Ehe endete mit einer Scheidung, und jetzt lebte sie ganz offen in wilder Ehe mit Dan, ihrem ersten Mann. Solche Ereignisse lieferten den Dinner- und Cocktailparties Unterhaltungsstoff, wie ihn San Francisco seit langem nicht mehr gehabt hatte. Die Heirat ihrer Tochter Barbara mit einem Bernie Cohen, einem ziemlich mittellosen Glücksritter, einem Mann ohne Familie, ohne Vergangenheit, ohne Zukunft – und zu allem Überfluß noch Jude –, steigerte die Klatschsucht zu einem genußvollen Lustgefühl. Als Barbara dann sechs Monate nach der Hochzeit im Mount-Zion-Krankenhaus einen Sohn zur Welt brachte, ohne daß auch nur der Versuch unternommen wurde, die Sache zu vertuschen, schaukelten sich Skandal und Klatsch zu ungeahnten Höhen hoch.

Barbara berührte das alles nicht. Wenn sie auf ihr Leben zurückblickte, tat sie es immer mit dem Gefühl, eine Spätentwicklerin zu sein. Ihre Kindheit war lang und einsam gewesen, das Erwachsenwerden hatte länger gedauert als üblich, sie hatte ihre kindliche Naivität noch mit aufs College genommen. Es kam ihr so vor, als habe sie zu keinem Zeitpunkt ihres Lebens den normalen Fahrplan eingehalten. Erst mit zweiunddreißig Jahren bekam sie 1946 ihr erstes Kind. Dr. Kellman, der sie während ihrer Schwangerschaft betreute, hatte keine Bedenken wegen ihres Alters. Mit zweiunddreißig, meinte er, sei eine Frau für ihr erstes Kind noch nicht zu alt. Barbara war hochgewachsen, kräftig und gesund, und Kellman sagte ihr eine Geburt ohne Komplikationen voraus.

Sie war gegen Anästhesie bei der Geburt und sagte am Ende einer relativ leichten Schwangerschaft zu ihrem Mann: «Vielleicht kann ich noch ein Kind bekommen –»

«Oder zwei oder drei», warf er ein.

«Ich habe gesagt eins, nicht zwei oder drei. Ich will es auskosten, und zwar ganz und gar. Ich will wissen, was passiert, und wie.»

«Damit du darüber schreiben kannst? Das ist doch verrückt.»

«Ich schreibe über das, was ich gesehen und erlebt habe, und das ist gar nicht so verrückt.»

Bernie war bei ihr, als die Wehen einsetzten, und er wollte auch im Krankenhaus bei ihr bleiben. Als ihr Stöhnen bei den Wehen sich nach zwei Stunden zu entsetzlichen Schreien steigerte, brachte Kellman Bernie dazu, den Kreißsaal zu verlassen. Nach zwölf

Stunden, als sie völlig erschöpft war und vor Schmerz fast den Verstand verloren hatte, kam man darauf, daß ihr Becken für eine normale Geburt zu eng war. Durch Kaiserschnitt wurde dann ein Junge von gut acht Pfund zur Welt gebracht.

Jetzt, fünfzehn Monate später, saß Barbara im Kinderzimmer ihres Hauses in der Green Street und versuchte ihrem Sohn die richtige Aussprache des Wortes ‹Lastwagen› beizubringen. Er hieß Samuel Thomas. Samuel nach Sam Goldberg, Barbaras früherem Rechtsanwalt und Vorbesitzer des viktorianischen Hauses, in dem sie jetzt lebte. Sie hatte ihn sehr geschätzt. Und Thomas hatte ihr Großvater Seldon geheißen. Der kleine Samuel war ein großes, rundliches, gesundes Kind mit braunen Haaren und blauen Augen und mit fünf Fingern an jeder Hand und fünf Zehen an jedem Fuß – das war das einzige gewesen, wonach Barbara gefragt hatte.

Während sie ihm an diesem Abend mit seiner Abendmahlzeit eine kleine Ration Sprachschulung verabreichte, horchte sie auf die Tür, ob Bernie käme – falls er überhaupt zum Abendbrot kam und nicht wieder bis zehn, elf oder Mitternacht im Betrieb blieb. Dabei überlegte sie, wie sie den Abend ohne Zank und Streit überstehen konnte, obwohl sie nur zu gut wußte, daß ähnliche gute Vorsätze an anderen Abenden meist kläglich gescheitert waren.

Immer wieder hatte sie sich in den vergangenen Monaten gesagt, daß es in ihrer Ehe kriselte, und immer wieder hatte sie sich gegen den Gedanken gesträubt. Sie hatte erst spät geheiratet und dann auch noch, nach Ansicht ihrer Bekannten, die denkbar ausgefallenste Wahl getroffen.

«Ich habe gewartet», sagte sie sich. «Ich bin nicht blind in die Ehe gestolpert. Ich habe miterlebt, wie um mich herum fast alle Ehen kaputt gegangen sind. Ich kenne Bernies Schwächen, aber auch seine Vorzüge. Ich mache mir keine Illusionen mehr über die Ehe. Vor meinen Augen haben sich genug Liebesnester in Schlangengruben verwandelt, und ich weiß, daß die Aussichten für eine gute Ehe eins zu tausend stehen – günstigenfalls. Aber wir sind beide keine Kinder mehr. Jeder von uns hat seine eigene Hölle hinter sich. Wir werden es schon schaffen.»

Als sie das zu ihrer Mutter sagte, hatte es weder überzeugt noch überzeugend geklungen. Ihre Mutter hatte sie nachdenklich und prüfend angesehen. Auch als Achtundfünfzigjährige war Jean Whittier noch immer eine sehr schöne Frau. Zwar hielt man Barbara und sie nicht mehr für Schwestern, und Jean gab sich auch keine Mühe, gegen ihre Falten und grauen Haare anzukämpfen; aber sie waren gleich groß und hielten sich beide gut. Jean hatte ihre eigenen Erfahrungen mit der Ehe gesammelt.

«Kann sein, daß ihr es schafft, kann aber auch sein, daß ihr es nicht schafft», hatte sie ihrer Tochter gesagt.

«Ich will es, um jeden Preis.»

«Und er? Will er es auch um jeden Preis? Warum sollte er das eigentlich? Du bist eine sehr erfolgreiche Schriftstellerin, hast einen guten Namen im ganzen Lande. Daß du dein Geld in eine wohltätige Stiftung gesteckt hast, ändert nicht viel. Du hast den Vorsitz und verfügst über dein eigenes Einkommen. Das macht es ihm verdammt schwer, findest du nicht?»

«Das haben wir alles besprochen.»

«Besprochen, ja – aber habt ihr es auch bewältigt?»

Samuel Thomas sagte etwas, das wie ‹Lastwagen› klang. Barbara gab ihm den letzten Löffel und reichte ihm dann seinen Lastwagen zum Spielen. Gleich darauf hörte sie die Haustür. Es war erst sechs. Bernie rief: «Hallo, Bobby, ich bin's.» Es war etwas in seiner Stimme, was sie lange nicht gehört hatte – Begeisterung, Feuer und Leben.

Am Tage davor war er erst gegen Mitternacht nach Hause gekommen. Der Gedanke an eine andere Frau war Barbara nie gekommen. Man kommt nicht von einem Seitensprung in Arbeitskleidung nach Hause, mit Händen, die vor Schmutz starren, und erschöpft von der Last des Tages. Sie hatten, weiß Gott, ihre Probleme, aber eine andere Frau gehörte nicht dazu.

Barbara hatte in ihrem Zimmer gesessen und geschrieben. Er hatte die Schreibmaschine gehört und plötzlich in der Tür gestanden. Als sie ihm um den Hals fallen wollte, hatte er abgewehrt und gesagt: «Ich bin ziemlich schmutzig.»

«Ich laß dir ein Bad ein.»

«Ich bin viel zu müde zum Baden.»

«Bernie, so kannst du doch nicht zu Bett gehen.»

«Warum nicht? Ich bin nur ein lausiger Automechaniker. Warum, zum Teufel, soll ich baden?»

«Hör auf! Du bist kein Automechaniker, du hast eine der besten Werkstätten in der Stadt, und du hast sie toll in Schuß gebracht.»

«Es wäre mir lieber, du würdest nicht immer auf mich warten. Ich arbeite bis in die Nacht, und dann geraten wir immer in solche albernen Streitereien. Ich bin einfach zu müde dazu.»

So war es gestern gewesen und vorgestern und am Tag davor ebenfalls. Barbara lief es jedesmal kalt über den Rücken, und sie mußte mühsam um Fassung ringen. Sie sagte sich, Menschen verletzen einander, aber sie kommen einander auch wieder näher.

«Ich habe nicht auf dich gewartet, Bernie», hatte sie leise geantwortet. «Ich komme am Tage nicht viel zum Arbeiten. Das heißt nicht, daß ich nicht gern auf dich warte, aber ich komme eben erst abends richtig zum Arbeiten. Sammy ist ziemlich anstrengend.»

So ging das fast jeden Abend. Und heute plötzlich war seine Stimme voller Schwung und Wärme. Barbara setzte ihren Sohn und seinen Lastwagen in den Laufstall und lief nach unten. Bernie fing sie mit ausgebreiteten Armen auf. Dann sagte er entschuldigend: «Dreckig wie immer. Ich muß baden. Wo ist der Junge?»

«In seinem Laufstall. Ich habe ihn gerade gefüttert.»

«Gut. Ich werde ihm nur mal rasch zeigen, wer hier der Herr im Hause ist, und dann bade ich. Es dauert keine Viertelstunde. Was gibt's zu Abend?»

«Huhn, Kartoffeln, Erbsen, Salat.»

«Großartig!»

Verwirrt, glücklich, aber auch etwas mißtrauisch sah sie ihm nach, als er die Treppe hinaufstürmte. Das war nicht der Mann, mit dem sie die letzten sechs, sieben, acht Monate verbracht hatte, nicht der mürrische, niedergeschlagene, verärgerte Mann, der sich in seiner eigenen Falle gefangen fühlte. Sie ging hinter ihm her nach oben. Er konnte nur kurz bei dem Kind gewesen sein, denn er saß bereits in der Wanne. Als sie Sam in sein Bettchen gebracht hatte, war Bernie schon umgezogen und wartete auf sie.

Bei Tisch sagte Barbara freundlich: «Heute hattest du sicher einen guten Tag, Bernie.»

«Einen ganz ausgezeichneten.»

«Wie schön.» Sie blickte ihn erwartungsvoll an.

«Ich war in der letzten Zeit nicht besonders nett, was?»

«Nicht besonders, nein. Ich glaube, ich verstehe es.»

«Tatsächlich, Bobby?» Er hörte auf zu essen und sah sie an. «Ich habe mir immer gesagt, ich liebe dich so, wie man eine Frau nur lieben kann. Das stimmt aber nicht: ich liebe dich, so sehr ich überhaupt nur lieben kann. Schon damals, als wir uns in Paris kennengelernt haben. Und dieser Liebe bin ich eigentlich immer treu geblieben.»

«Ich weiß», sagte sie leise. Etwas wie Furcht begann ihr den

Magen zusammenzupressen. Trotz seiner guten Laune würde es kein guter Abend werden. Seine Worte erinnerten sie an den Tag des Jahres 1939, als er in Paris an ihre Wohnungstür geklopft hatte. Als sie öffnete, stand er vor ihr, ein Riese von einem Mann in alten Arbeitshosen, mit verschwitztem Hemd, unrasiert. Der Spanische Bürgerkrieg war vorbei. Die internationalen Brigaden waren aufgelöst worden. Bernie Cohen, Freiwilliger in der Abraham-Lincoln-Brigade, jetzt ohne Beschäftigung, hatte sich über die Pyrenäen nach Frankreich durchgeschlagen und war nach Paris gekommen, teils zu Fuß, teils per Anhalter. Sie konnte sich noch genau an den ersten Gedanken erinnern, der ihr durch den Kopf gegangen war: Was für ein seltsamer Kerl, wie ein Bär mit einer Riesennase! Dann hatte sie seine Augen gesehen, blaßblau, groß, weit geöffnet und unschuldig wie Kinderaugen. In diesen Augen war kein Platz für Argwohn und Täuschung.

Dieselben Augen sahen sie jetzt an, weitgeöffnet, mit kindlichem Blick. Ihr Sohn Sam hatte die gleichen Augen. Dieser Mann war nie erwachsen geworden. Frauen reifen; das liegt in ihrem Wesen, ihrem Körper, ihrer Lebenskraft; aber Männer können die Hölle durchmachen und bleiben doch nur kleine Jungen in zu groß geratenen Leibern.

«Was war heute im Betrieb, Bernie? Warum erzählst du es mir nicht?»

«Ich erzähle es dir ja. Aber es ist eins von den verdammten Dingen, die eine Geschichte haben. Es ist nicht mal eben so passiert, genauso wenig wie bei uns damals in Paris, als wir uns kennenlernten. Erinnerst du dich noch, als ich damals abreiste?»

«Ja.»

«Also, ich habe mich, wie du weißt, auf den Weg nach Süden gemacht und mich in Marseille mit diesem Irv Brodsky zusammengetan. Erinnerst du dich?»

«Er war auch bei der Internationalen gewesen», sagte Barbara und nickte. «Nun erzähle schon, Bernie! Das weiß ich doch alles.»

Er sah sie fragend an. Etwas in ihrem Ton brachte ihn aus dem Konzept. «Was wollte ich sagen? Ach ja, Brodsky. Ein alter Spanienkämpfer, er stammt aus der Bronx in New York. Er ist damals mit dem Schiff aus Barcelona nach Marseille entkommen, und zwei Franzosen, die von Marseille aus illegale Einwanderer nach Palästina brachten, haben uns einen Job gegeben. Vor der palästinensischen Küste hat man uns auf Grund gesetzt, wir sind an

Land gekommen und haben uns schließlich bis zu einem Kibbuz bei Haifa durchgeschlagen.»

Barbara nickte. Sie hatte die Geschichte schon oft gehört.

«Na ja, ich wußte nicht, ob du dich erinnerst. Brodsky und ich waren eng befreundet. Wir haben ein paar Monate im Kibbuz gearbeitet und eine Verteidigung für sie aufgebaut. Das war so die Vorgeschichte», fügte er etwas unbehaglich hinzu. «Wahrscheinlich habe ich dir auch erzählt, daß sie im Kibbuz beschlossen haben, ich sollte mich bei der britischen Armee zum Piloten ausbilden lassen. Damals habe ich Brodsky zum letztenmal gesehen – bis heute.»

«Du hast ihn heute gesehen? Wo?»

«Das versuche ich dir ja gerade zu erzählen, Bobby. Heute mittag ging auf einmal die Tür auf, und sie kamen in die Werkstatt, er und ein anderer, ein gewisser Herb Goodman. Sind einfach so hereinspaziert, Irv Brodsky und dieser Goodman. Du kannst dir vorstellen, wie es mich umgehauen hat, Brodsky nach all den Jahren wiederzusehen.»

«Meinst du, sie sind rein zufällig in die Werkstatt gekommen?»

«Nein, natürlich nicht. Brodsky hat mich aufgespürt.»

«Was heißt das, aufgespürt?»

«Das war gar nicht so schwer. Die Veteranen der Lincoln-Brigade haben ein Büro in New York und stehen miteinander in Verbindung. Ich bekomme regelmäßig ihr Mitteilungsblatt, weißt du, und ich habe ihnen auch mal was gespendet. Von da hat er meine Adresse – die Werkstattadresse –, und so sind er und Goodman hierhergekommen.»

«Nur, um dich mal wiederzusehen?» fragte Barbara nach einer Pause. «So eine weite Reise, nur um dir ‹guten Tag› zu sagen? Ich glaubte, du hättest diesen Herb Goodman noch nie gesehen?»

«Stimmt auch. Und ich glaube, du wirst schon wieder böse. Guter Gott, jetzt fühle ich mich endlich mal nicht so leer und ausgehöhlt, und da wirst du böse!»

«Ich werde nicht böse.» Und im stillen fügte sie hinzu: Ich habe nur Angst.

«Ich betreibe diese verdammte Werkstatt», rief er. «Denkst du eigentlich auch mal daran? Ich bin bloß ein verdammter dreckiger Mechaniker, ob dir das nun paßt oder nicht. Ich arbeite zwölf, vierzehn, sechzehn Stunden am Tag, um die Löhne und die Hypothek bezahlen zu können. Ich bringe nicht mal den Unterhalt für meine Frau und mein Kind auf. Das tust ja du.»

«Das stimmt nicht.»

«Ich komme nachts nach Haus und bin zu müde, dich in den Arm zu nehmen und dir zu sagen: ich liebe dich. Zu müde, um mit dir ins Bett zu gehen. Oder vielleicht verabscheue ich mich auch so sehr, daß es damit nicht mehr klappt.»

«Möchtest du Nachtisch?» fragte Barbara ruhig. «Es gibt Eis.»

Er lehnte sich zurück, sah sie an und langsam trat ein Lächeln in sein Gesicht. «Du weißt, daß ich dich liebe, Bobby. Ich habe nun mal diese verdammten Anwandlungen, aber ich liebe dich so verdammt. Es ist nur so, daß diese Liebe und die Werkstatt mir nicht genügen. Ich weiß nicht, wieso. Ich mache mich selbst verrückt. Heute morgen habe ich geglaubt, daß ich ein Magengeschwür kriege. Ich bin erst zweiundvierzig, das ist noch kein Alter. Aber ich lebe mit dem Gefühl, daß alles hinter mir und nichts mehr vor mir liegt.»

«Bis heute?» warf Barbara ein.

«Ja.»

«Willst du Eis?»

«Klar.»

Sie ging zum Kühlschrank, nahm eine Portion Eis heraus und fragte, mit dem Rücken zu ihm: «Was sind das für Leute, dieser Brodsky und ...?»

«Goodman. Mitglieder der Haganah, der Verteidigungstruppe der jüdischen Siedlungen in Palästina. Sie sind Amerikaner, aber sie leben schon lange dort. Jetzt sind sie mit einem Sonderauftrag hier.»

«Was für ein Auftrag ist das?» Sie stellte ihm das Eis hin. Er fing an zu essen und sah sie dabei mit seinen hellen Kinderaugen an.

«Das ist streng geheim, Bobby.»

«Ich bin deine Frau.»

«Na schön. Die Resolution der UNO, Palästina zu teilen und einen jüdischen Staat zu errichten, hat dort alle in Aufruhr versetzt. Es wird vielleicht noch Wochen oder Monate dauern – aber auf jeden Fall heißt es Krieg mit den arabischen Staaten. Und was die Israelis jetzt am dringendsten brauchen, sind Kampfflugzeuge. Irgendwie haben sie ein Geschäft mit den Tschechen gemacht. Aus den Staaten können sie wegen des Waffenembargos nichts beziehen. Die Tschechen wollen zwei Millionen. Leute in New York haben das Geld aufgebracht. Alles unter dem Siegel der Verschwiegenheit. An offizielle Quellen kommen sie nicht heran. Jetzt ist die Frage, wie man das Geld in die Tschechoslowakei schafft, an die Flugzeuge kommt, sie in Einzelteile zerlegt und nach Palästina bringt. Das FBI hat Wind von der Sache bekommen und verfolgt die ganze Operation mit Argusaugen.»

«Und was wollten sie bei dir, Bernie? Alte Erinnerungen aufwärmen?»

Er hatte das Eis aufgegessen. Er stand auf, ging zu ihr, beugte sich über sie und küßte sie. Sie rührte sich nicht. Sie fühlte, wie ihr das Blut in den Adern stockte und ihr Herz zu Eis gefror. Er ging zum Herd und holte die Kaffeekanne. «Willst du eine Tasse?»

Als sie heirateten, besaß Bernie ganze dreitausend Dollar – seinen Sold von der britischen Armee und das, was er sich mit Gelegenheitsarbeiten verdient hatte. Er machte den Eindruck eines ehrlichen, verläßlichen, hart arbeitenden Bürgers. Er lieh sich fünftausend, nahm eine große Hypothek auf und kaufte die Werkstatt. Er ging morgens zur Arbeit und kam jeden Abend nach Hause.

Er schenkte ihnen Kaffee ein. «Auf einem Rollfeld bei Barstow stehen zehn Hercules C-54. Das sind die großen viermotorigen Fracht-Maschinen, die im Krieg als Transporter benutzt wurden. Der Mann, der sie verkaufen will, hat sie spottbillig bekommen, als ausrangiertes Kriegsmaterial. Für 65000 Dollar. Jetzt will er sie für 110000 verhökern. Wenn wir sie bekommen, nehmen wir die Sitze raus, fliegen in die Tschechoslowakei, laden die zerlegten Flugzeuge ein und fliegen weiter nach Palästina.» Er blickte sie erwartungsvoll an. Schweigen baute sich zwischen ihnen auf wie eine Wand.

Endlich sagte sie: «*Wir*, Bernie?»

Er nickte langsam.

«Und wann hast du das beschlossen?»

«Bobby, du hast mich doch beobachtet. Hast du nicht gemerkt, was mit mir los ist? Ich verrotte hier langsam. Ich habe es versucht. Gott weiß, wie sehr ich es versucht habe! Zwei Jahre lang bin ich Tag für Tag in die verdammte Werkstatt gegangen. Es hat keinen Zweck. Du siehst ja, wie ich in den letzten sechs Monaten war. Willst du mich denn so?»

«Ich will dich», flüsterte sie. «Ich will dich immer noch, Bernie. Ich bin diese Ehe nicht leichtfertig eingegangen. Wir haben uns auf Gedeih und Verderb miteinander verbunden.»

«Ich lasse dich doch nicht sitzen. Ich liebe dich. Wir haben ein Kind zusammen und sind durch Blut und Tränen und Angst verbunden. Wir sind doch nicht einfach aufeinander zugegangen und haben gesagt: O. K., versuchen wir's.»

Barbara beherrschte sich und wählte sorgfältig die Worte, als sie sagte: «Du läßt mich nicht sitzen? Wie nennst du es dann, Bernie?»

«Es ist etwas, was ich tun muß, Bobby. Sicher, diese Sache mit Brodsky kommt aus heiterem Himmel. Aber im letzten Jahr ist nicht ein Tag vergangen, an dem ich nicht an das gedacht habe, was da drüben passiert. Jedenfalls sehe ich es jetzt so. Ich helfe ihnen, das Geld für die Transportmaschinen aufzutreiben und mache den Überführungsflug mit. Ich war zehn Jahre Soldat. Drüben bin ich mein Gewicht in Gold wert, und ich werde gebraucht. Ja, das ist es: ich werde gebraucht. Ich habe für die spanische Republik gekämpft und dann sechs Jahre für die verdammten Tommies. Damals brauchte mich keiner, da gab es zwanzig Millionen andere. Aber hier zählt jeder. Außerdem bin ich Jude. Vergiß das nicht.»

«Du sorgst schon dafür, daß ich es nicht vergesse, Bernie.»

«Und ich lasse dich nicht im Stich. Es wird vielleicht ein paar Monate dauern, bis wir drüben fertig sind, aber wir werden es schaffen. Eines Tages wird Friede sein, und ich bin dann in einem Land, das ich selbst mit aufgebaut habe. Ich habe dort eine Aufgabe, die meinem Leben einen Sinn gibt. Dann kannst du mit Sam nachkommen.»

Sie schüttelte den Kopf. «Nein. Ich gehöre hierher, Bernie, hierher nach San Francisco. Meine romantischen Träume habe ich hinter mir. Und auch du gehörst hierher.»

«Dann komme ich eben zurück. Ich tue, was ich tun muß, und komme dann zurück.»

«Komisch», sagte Barbara, «schon sehr komisch.» Sie kämpfte mit den Tränen, und ihre Stimme versagte fast. «Warum kommst du nicht zu mir und sagst, laß uns darüber sprechen, laß uns das Für und Wider abwägen. Du fragst nicht, was ich fühle, fragst nicht, was ich möchte. Du lieber Gott, Bernie, wir sind Mann und Frau. Und da kommst du an und sagst, daß du wieder in so einen Scheißkrieg ziehen willst, als wolltest du mal schnell über die Straße gehen und Zigaretten holen. Mehr bedeutet dir das alles nicht? Waren zwei Kriege nicht genug für uns? Und wenn du draufgehst – was dann?»

«Keine Sorge. In ein paar Monaten bin ich wieder da.»

«Geh zum Teufel!» Sie schrie ihn an, stieß ihren Stuhl zurück und lief aus der Küche, die Treppe hinauf ins Schlafzimmer, wo sie sich aufs Bett warf. Kurz darauf hörte sie ihn die Treppe hinaufkommen. Sie schloß die Augen und preßte ihr Gesicht ins Kissen.

«Bobby, Bobby», er beugte sich über sie. «Ich liebe dich. Ich will dir doch nicht wehtun.» Er legte sich neben sie, legte seinen Kopf an ihren.

«Geh nicht weg», bat sie. «Bitte, Bernie, geh nicht weg, laß mich nicht wieder allein!»

Eloise war eine scheue Frau. Das war eine der Eigenschaften, die sie für ihren Mann, Adam Levy, so liebenswert machten. Sie war blond, ihr Teint hatte die Farbe von Pfirsich mit Sahne, und ihr goldenes Haar war gelockt. Feingliedrig, sanft und sehr leicht verletzlich, erweckte sie bei der ersten Begegnung manchmal den Eindruck, dumm zu sein; aber dieser Eindruck stimmte ganz und gar nicht. Sie war einfühlsam, interessiert und gebildet und war im Begriff, in San Francisco und Umgebung zu einer der ersten Autoritäten für moderne Kunst zu werden. Adam und seine Frau lebten im Napatal, in einem Haus, das er auf dem Gelände des elterlichen Weinbaubetriebs in Higate für sie gebaut hatte. Eloise war immer zwei Tage in der Woche in San Francisco, wo sie die Galerie für moderne Kunst leitete, die Jean Whittier in dem alten Haus der Lavettes auf Russian Hill eingerichtet hatte. Meist begleitete Adam sie, und sie blieben über Nacht auf Russian Hill, wo Jean ihnen ein Zimmer ihres Hauses überlassen hatte.

Eloise litt an einer Art von Kopfschmerzen, die in den vierziger Jahren noch wenig erforscht war und einfach für eine Form von Migräne gehalten wurde. Es war eins der quälendsten Leiden, die der modernen Medizin bekannt sind. Aber sie ertrug die ständigen, teuflischen Schmerzen, ohne zu klagen und mit erstaunlicher Heiterkeit. Ihr Mann verehrte sie, und sie betete ihn geradezu an. Zu einem Teil beruhte diese Anbetung auf dem Gegensatz zu ihrer ersten Ehe mit Thomas Lavette, Barbaras Bruder. Die Ehe, 1941 geschlossen, hatte fünf Jahre gedauert und war ihr als ein schrecklicher Alptraum im Gedächtnis geblieben. Das einzig Positive an dieser Ehe war ihr Sohn Freddie gewesen, der inzwischen sechs Jahre alt war.

Einen Tag, nachdem die beiden Männer von der Haganah zu

Bernie Cohen in die Werkstatt gekommen waren, fuhren zwei andere Männer nach Higate hinauf und fragten nach Eloise Levy. Sie sahen aus wie Zwillinge, nur hatte der eine von ihnen eine goldgeränderte Brille auf. Sie trugen beide graue Kammgarnanzüge und Panamahüte, obwohl es erst März war. Sie hatten beide ein ebenmäßiges, ausdrucksloses Gesicht, und sie waren beide kühl und höflich. Pedro, der Chicano, führte sie zu Adams Haus. Adam arbeitete in der Abfüllerei, und Freddie war in der Schule. Die beiden Terrier, Eloises Freunde und Beschützer, kläfften die Männer wütend an, so daß Eloise aus dem Haus kam. Sie wiesen sich als Agenten des FBI aus.

«Das muß ein Irrtum sein», sagte Eloise. «Ich kann mir nicht vorstellen, was das FBI von mir will?» Trotzdem hatte sie Furcht, und als sie Pedro ein paar Schritte hinter den Männern stehen sah, rief sie ihm zu: «Pedro, geh doch, bitte, zu Adam und sag ihm, er soll herüberkommen.»

Einer der beiden Männer stellte sich als Williams vor und fragte: «Können wir hereinkommen?»

«Warten Sie, bitte», sagte Eloise mit überraschender Festigkeit, beruhigt durch die beiden Terrier, die sich rechts und links von ihr niedergelassen hatten, «mein Mann wird gleich hier sein.»

«Sie heißen Eloise Levy?»

«Ja.»

«Und Sie sind mit Barbara Cohen befreundet?»

«Ja, sicher. Sie ist die Schwester meines ersten Mannes, und wir sind gute Freundinnen!»

«Wir möchten Ihnen ein paar Fragen über Barbara Cohen stellen.»

«Warum?»

«Weil sie überprüft wird. Es liegt in Ihrem eigenen Interesse, uns dabei zu helfen.»

«Ich sage kein Wort, bis mein Mann da ist.» Sie hatte die Stimme erhoben, und die Terrier knurrten.

Williams spreizte die Hände und sagte: «Wie Sie wollen.»

Gleich darauf kam Adam mit schnellen Schritten auf das Haus zu, sein Vater, Jake Levy, etwas langsamer hinter ihm her. Adam war schlank und sehnig. Seine blauen Augen lagen in einem stets sonnengebräunten, sommersprossigen Gesicht, und oben auf dem langen schmalen Schädel thronte ein orangeroter Haarschopf. Jake Levy, der Besitzer des Weinbaubetriebs, den er mit seiner

Hände Arbeit hochgebracht hatte, war ein großer, schwerer Mann in den Fünfzigern. Adam fragte ärgerlich, was es gebe.

«Sie wollen mich über Barbara ausfragen», sagte Eloise. Jake kam gerade noch rechtzeitig, um das zu hören, und fuhr die Männer an: «Wer zum Teufel sind Sie?»

Sie zückten erneut ihre Ausweise, stellten sich vor, sehr zurückhaltend, sehr korrekt.

«Ihre verdammten Namen interessieren mich nicht», unterbrach Jake sie. «Sie begehen eine Gesetzesübertretung. Sie sind hier auf privatem Eigentum, unaufgefordert. Also möchte ich Sie bitten, von hier zu verschwinden!»

«Das ist eine überraschende Haltung, Mr. Levy», sagte Williams. «Sie handeln, als ob Sie nicht wüßten, was heute in diesem Land vorgeht, was ich für unwahrscheinlich halte, oder als ob Sie auch einer von denen sind.»

«Was? Was zum Teufel sagen Sie da? Sie nennen mich einen Kommunisten?»

«Das haben Sie gesagt, Mr. Levy, nicht ich!»

Jake grinste. «Ihr Hampelmänner! Das letzte Mal habe ich solche wie euch 1922 hier gesehen. Damals habt ihr euch Agenten der Prohibition genannt. Und das seid ihr für mich immer noch. Also macht, daß ihr von meinem Grund und Boden runterkommt, und zwar schnell!»

«Ist das Ihr letztes Wort, Mr. Levy?»

«Mein allerletztes, Freundchen.»

Die beiden gingen zu ihrem Wagen und fuhren ab. Adam sah ihnen beunruhigt nach. «Meinst du, daß das klug war?» fragte er seinen Vater.

«Bei solchen Typen dreht sich mir der Magen um.»

«Warum wollen sie Barbara überprüfen?» fragte Eloise.

Adam schüttelte nur den Kopf.

«Kommunist!» sagte Jake angewidert.

Am nächsten Tag traf Bernie sich mit Brodsky und Goodman in Ginos Restaurant in der Jones Street. Es war das erste Mal seit Monaten, daß Bernie mit der Routine gebrochen hatte, mittags ein Butterbrot und Kaffee aus der Thermosflasche im Glaskasten in seiner Werkstatt zu essen. Er fühlte sich leicht und frei. In dem kleinen italienischen Restaurant zu sitzen und auf die Bucht zu blicken, war ein aufregendes und beglückendes Erlebnis. Er hatte die Arbeit, die sich in der Werkstatt häufte, Arbeit sein lassen. Sie war ihm auf einmal gleichgültig. Den ganzen Vormittag hindurch hatte er versucht, mit sich ins reine zu kommen, mit seiner Beziehung zu Barbara, seiner Liebe zu ihr, dem, was ihm nicht an ihr gefiel. Bevor er aus dem Haus ging, hatte er in der Küche Kaffee getrunken und beobachtet, wie Barbara den Frühstückstisch deckte. Sie trug einen hellblauen Hauskittel, ein einfaches Ding aus leichter Wolle, und wirkte darin so elegant, als sei sie im Abendkleid. Sie hatte kein Make-up aufgelegt, aber das tat sie ohnehin sehr selten. Ihr honigfarbenes Haar war hastig gekämmt und lag in lockeren, natürlichen Wellen um ihren Kopf. Gelegentlich begegnete der Blick ihrer großen grauen Augen dem seinen, aber er war ohne Anklage oder Zorn. Soweit kannte er sie, um das zu wissen. Sie machte es mit sich selbst ab, und es würde keine Einwände oder Vorwürfe mehr geben. Jetzt lag alles bei ihm. Ein beredteres Argument als ihre schweigende Gegenwart konnte sie nicht vorbringen. Sie war nicht nur eine schöne Frau, sie war die bemerkenswerteste und aufregendste Frau, die er kannte. Man wurde von ihr angezogen, von ihrer Ausstrahlung, ihrem Auftreten, ihrer Offenheit und ihrem Mitgefühl, das nie ins Sentimentale umschlug.

Und gerade das war für Bernie am schwierigsten. Ohne sich ganz darüber klar zu sein, fühlte er sich von Barbaras Ganzheit angezogen. Er selbst war zersplittert, ein verwaister Junge auf der Suche nach Liebe und Geborgenheit, ein Jude, der – als Jude – nur leben konnte, weil er schon als Junge den Traum von Palästina geträumt hatte. Er hatte sich zur Internationalen Brigade nach Spanien gemeldet, um das Kriegshandwerk zu erlernen, und war sieben endlose Jahre bei diesem Handwerk geblieben. Er gab nie zu, daß er ein Söldner war. «Ich bin doch kein Schlächter», hatte er Barbara einmal erklärt. Das traf zu, und doch hatte er sieben Jahre lang die Kunst des Tötens praktiziert. «Du kannst Soldaten keinen Vorwurf machen», hatte er ihr entgegengehalten. «Wir haben getan, was wir tun mußten.» Sie hatte die Erklärung hingenommen. Männer taten, was sie tun mußten; das war die einzige Erklärung, die sie vor sich selbst hatten.

Bernie sagte zu Brodsky: «Ich mach mit, bestimmt.» Brodsky schien seine Zweifel zu haben. Goodman war mit einem wahren Berg Spaghetti beschäftigt, die er in sich hineinschlang.

«Ich brauche dich, Bernie», sagte Brodsky. «Die Sache ist inzwischen so groß und so schwierig geworden, daß ich allein nicht damit zurechtkomme. Finde mal zehn jüdische Piloten, die sich mit viermotorigen Maschinen auskennen und bereit sind, ihren Job hinzuschmeißen, um sich auf so ein Abenteuer einzulassen. Ich hab's nicht geschafft. Sieben habe ich gefunden.»

«Und die übrigen?»

«Das sind zwei Iren und ein Italiener. Diesem Massetti, dem Italiener, trau ich nicht so recht. Er war in der italienischen Luftwaffe und schwört Stein und Bein, daß er eine jüdische Großmutter hat. Er will für Mussolinis Untaten sühnen. Schon möglich, daß er in Ordnung ist, aber ich glaube nicht, daß er je eine Viermotorige geflogen hat. Mit Navigatoren sieht es noch schlimmer aus. Ich habe nur vier, wir müssen also im Verband fliegen – ohne Kopiloten. Bernie, bist du sicher, daß du so eine Kiste nicht fliegen kannst?»

«Absolut.»

«Damals, neununddreißig, solltest du doch fliegen lernen.»

«Fang nicht wieder damit an. Sie haben mich in die Infanterie gesteckt. Sag mir lieber, wo die Piloten sind.»

«Das ist auch so eine Sache. Die sitzen in einem Hotel in Hollywood und drehen Däumchen. Vier von der Haganah sind bei ihnen. Es fragt sich, wie lange wir die Jungs da halten können. Der eine Ire, McClosky, säuft; ich hoffe nur, wir kommen weg, bevor er sich totgesoffen hat. Herbie fährt heute wieder hin. Mensch, Goodman, hör doch mal auf zu mampfen und paß lieber auf.»

Goodman ließ beleidigt die Gabel sinken. «Ich hör ja zu.»

«Der Mann, dem die Maschinen gehören, hat irgendwie 'ne Macke», fuhr Brodsky fort. «Angeblich hat ihm eine südamerikanische Fluglinie eine Viertelmillion geboten. Aber er will sie uns verkaufen. Er sagt, Gott sei ihm erschienen und habe gesagt, es werde erst dann Frieden in der Welt geben, wenn die Juden ins Gelobte Land zurückgekehrt sind. Allerdings glaube ich eher, daß er keine Ausfuhrgenehmigung bekommt. Wer weiß, wie er überhaupt an die Vögel gekommen ist. Bei Geschäften mit ausrangiertem Kriegsgut wird viel geschoben.»

«Hast du die Flugzeuge gesehen?» fragte Bernie.

«Ja, haben wir. Herbie meint, sie sind in Ordnung.»

«Sind Sie Pilot?»

«Navigator», sagte Herbie. «Ich war im zehnten Geschwader der Air Force.»

«Und was ist mit der Ausfuhrgenehmigung? Kannst du eine bekommen?»

«Zum Teufel, nein», sagte Brodsky. «Die Sache ist völlig illegal. Wenn auch nur ein bißchen davon durchsickert, sind wir dran.»

«Aber wie wollt ihr denn die Flugzeuge außer Landes bringen?»

«Ganz einfach: wir fliegen sie raus. Wir haben da jemand in Bakersfield, der mit Flugbenzin handelt. Der schickt uns die Tankwagen. Er ist Jude und ist bereit, das Risiko einzugehen. Dann gibt es in New Jersey einen gewissen Schullman, der betreibt einen Flugplatz für Privat- und Frachtflugzeuge. Er will wegsehen, wenn wir da sind. Wir fliegen also nach New Jersey, möglichst auf den üblichen Luftstraßen, tanken die Maschinen auf und dann geht es ab über den Atlantik.»

«Und wohin?»

«Wissen wir noch nicht. Unsere Leute in New York arbeiten das aus.»

«Eine ziemlich hirnverbrannte Sache, das mußt du ja wohl zugeben», sagte Bernie.

«Ja, schon. Aber was soll's? Alles, was wir in Palästina machen, ist entweder hirnverbrannt oder unmöglich. Also machen wir's. Die Haganah kann etwa vierzigtausend Mann aufbieten, nur bewaffnen können wir sie nicht alle. Wir haben nicht ein einziges vernünftiges Flugzeug. Und dabei müssen wir jeden Tag damit rechnen, daß plötzlich hundertfünfzigtausend arabische Soldaten dastehen, reguläre Armeen mit Panzern, Artillerie und Flugzeugen. Verstehst du jetzt, wie dringend wir Leute wie dich brauchen, Bernie? Man hat mir erzählt, daß du einer der besten Waffenexperten der Briten in Afrika warst ...»

«Quatsch.»

«Mag sein. Trotzdem, du verstehst deine Sache. Du bist eine Führernatur, du könntest die Jungs zusammenhalten ...»

«Red nicht so viel. Ich mach ja mit.»

«Danke, Bernie. Was ist nun mit dem Geld?»

«Ich will es versuchen. Wieso zapft ihr eigentlich nicht die üblichen Quellen an? Hier und in Los Angeles gibt es genug reiche Juden, die was spenden würden.»

«Meinst du, Bernie? Diese Art von Geld kann nicht durch die Bücher laufen, und man kann es nicht von der Steuer absetzen. Die zwei Millionen in New York zusammenzukratzen – das war Schwerstarbeit und hat sieben Monate gedauert. An die Leute, die sonst für Palästina spenden, können wir mit der Sache nicht herantreten. Wir dürfen nicht riskieren, daß man uns Fragen stellt. Du siehst, es ist nicht einfach, und die Zeit brennt uns auf den Nägeln.»

Jean Whittier, Barbaras Mutter, war eine geborene Seldon. Ihr Vater, Thomas Seldon, hatte die Seldon-Bank gegründet, die in Kalifornien inzwischen sechzehn Zweigstellen hatte, womit sie in diesem Bundesstaat nach der Bank von Amerika die zweitgrößte Bank war. Die Leitung der Bank war jetzt auf ihren Sohn Thomas übergegangen, und Jean lebte beschaulich und in Sünde mit Dan Lavette, ihrem ersten Mann, zusammen. Aus formalen Gründen hatte sie den Namen ihres zweiten Mannes, Whittier, beibehalten, und außerdem fand sie es ziemlich witzlos, wie sie sagte, unverheiratet mit einem Mann zusammenzuleben, der denselben Namen trug wie sie. Sie bewohnte mit Dan das oberste Geschoß des Hauses auf Russian Hill, das er fünfunddreißig Jahre zuvor, kurz nach ihrer Heirat, für sie gebaut hatte. Im Erdgeschoß hatte Jean eine Galerie eröffnet, die den Bürgern von San Francisco moderne Kunst schmackhaft gemacht werden sollte. Aber ohne großen Erfolg. Augenblicklich war die Galerie für den Publikumsverkehr geschlossen, denn Jean hatte sich mit Eloise und Adam Levy sowie ihrer Tochter Barbara, die ihren heftig am Daumen lutschenden Sohn Sam auf dem Schoß hatte, zur Beratung dorthin zurückgezogen.

«Gib ihm doch einen Schnuller», sagte Jean. «Das ist bestimmt nicht gut für den Daumen, er hat doch schon Zähne.»

«Ich weiß, Mutter», sagte Barbara. «Ich bin in aller Eile aus dem Haus gelaufen, um zu hören, welche meiner Untaten ans Licht gekommen sind.»

«Es ist schrecklich, einfach scheußlich», warf Eloise ein.

«Ich finde es nicht besonders schlimm. Zwei Männer vom FBI stellen Erkundigungen über mich an. So ist das heute eben. Überall werden Kommunisten gewittert, unter jedem Bett. Sie müssen Tausende überprüfen. Dafür werden sie bezahlt. Nur schade, daß Jake so schroff war, wir hätten sonst vielleicht erfahren, was sie eigentlich wollten.»

«Jake ist nun einmal so», sagte Adam. «Ich habe mich auch über die beiden geärgert. Schon wie sie aussehen und sich benehmen. Kaltschnäuzige, bösartige Bastarde! Und warum Eloise? Warum gehen sie ausgerechnet zu ihr?»

«Wahrscheinlich, weil sie eine Frau leichter einschüchtern können als einen Mann», stellte Barbara fest.

«Hat das etwa was mit Bernie zu tun?» meinte Jean.

«Warum mit Bernie?»

«Nun, er hat doch immerhin eine einschlägige Vergangenheit. Spanien, Palästina, Menschenschmuggel, und dann die britische Armee. Ich habe nie durchschaut, was er in den Jahren wirklich getan hat.»

«Dasselbe wie die meisten anderen Männer: er hat gegen den Faschismus gekämpft.»

«Und genau das wird heute nicht besonders gern gesehen.»

«Ich finde, ihr macht euch unnötig Gedanken. Ich habe nichts zu verbergen», sagte Barbara fest – und fragte sich insgeheim, ob das auch stimmte. Sie hatte ziemlich viel zu verbergen und konnte sich nicht besonders gut verstellen. Es war fast Mittag, und Jean schlug vor, daß Adam und Eloise in ein Fischrestaurant am Kai gingen und den Nachmittag in der Stadt verbrächten.

Als Barbara sich erhob, um zu gehen, hielt Jean sie zurück. «Bleib doch noch ein bißchen hier; ich habe Haferflocken und Apfelmus und was du sonst noch für Sam zum Essen brauchst. Wir beide können uns dann noch unterhalten.»

«Ich würde lieber ...»

«Ich möchte es gern.»

Barbara nickte ergeben und seufzte. Als Adam und Eloise gegangen waren, sagte sie: «Du bist manchmal ziemlich arrogant, Mutter, kommandierst Leute herum und sagst ihnen, was sie tun und lassen sollen, und behandelst sie, als wären sie Kinder.»

«Ich weiß. Trotzdem werden wir jetzt miteinander reden. Ich kenne dich doch, Kind, und ich will mir nicht nächtelang den Kopf zerbrechen und rätseln, was mit dir los ist.»

«Als wenn du das je getan hättest!»

«Das spielt jetzt keine Rolle. Wir machen erst mal Sam etwas zu essen.»

Während Barbara ihren Sohn fütterte, erzählte sie Jean, was zwischen ihr und Bernie vorgefallen war. «Ich vertraue dir da etwas Wichtiges an, Mutter», sagte Barbara. «Denn eigentlich sind das keine Sachen, die man seiner Mutter so ohne weiteres erzählt. Aber ich vertraue dir. Die Leute wären schlimm dran, wenn etwas davon herauskäme.»

«Und du meinst, deswegen hätte sich das FBI nach dir erkundigt?»

«Nein, eigentlich nicht. So schnell können sie davon noch nicht Wind bekommen haben – und außerdem würden sie sich dann ja wohl nach Bernie erkundigen, und nicht nach mir.»

«Ich weiß nicht, Bobby», erwiderte Jean. «Was steckt denn dahinter? Will er dich verlassen? Ist dieser verrückte Plan nur ein Vorwand?»

«Ihm wäre jeder Vorwand recht. Nicht, daß er mich nicht liebte. Er liebt mich so, wie er lieben kann. Er ist sanft wie ein Lamm, und wenn man ihn mit Sam spielen sieht, denkt man: was für ein lieber, glücklicher Mensch, ein zufriedener Mensch. Aber er ist nicht zufrieden. Er reibt sich innerlich auf.»

«Weswegen? Weil er nach Palästina will?»

«Das redet er sich vielleicht ein. Aber das ist es nicht. Er will frei sein, er rennt dem Männlichkeitsideal des großen Helden hinterher. Ach – vielleicht stimmt das auch nicht. Ich weiß nicht, was sein Herz quält. Er hat mich mal gefragt, warum ich meine Bücher immer noch unter dem Namen Barbara Lavette veröffentliche, ob mir der Name Cohen nicht gut genug wäre. Kannst du dir das vorstellen? Ich habe versucht, ihm klarzumachen, daß der Name eines Schriftstellers so eine Art Markenzeichen ist, ein Nachweis für seine Arbeit. Aber Tatsache ist, daß wir von dem Geld leben, das ich verdiene, und darunter leidet er. Jeder Cent, den die Werkstatt abwirft, geht für Schuldentilgung und Hypothekenzinsen drauf, und er weiß nur zu gut, daß ich auch noch das Haus sauberhalte und koche und mich um Sammy kümmere – neben meiner Schriftstellerei.»

«Ich kann mir gar nicht vorstellen, wie du das alles schaffst.»

«Das ist halb so schlimm. Ich habe Zeit genug. Aber ich weiß, wie es auf ihn wirkt. Ich sehe seit Monaten, wie unsere Ehe vor die Hunde geht, und das macht mich total fertig. Er ist nicht grausam oder böse oder gemein. Aber er stirbt innerlich ab, und das ist meine Schuld. Wenn ich nur einen Funken Verstand gehabt hätte, hätte ich ihn nie heiraten dürfen. Das Seltsame ist, daß ich ihn wirklich liebe, fast so wie Sammy, wie ein Kind. Einen Mann kennst du erst, wenn du mit ihm im Bett warst, und dann kennst du ihn so gut wie ihn kein anderer kennt. Ich könnte ihn zurückhalten, weißt du. Ich könnte ihn dazu bringen, daß er bleibt.»

«Wirst du das tun?»

Tränen traten in Barbaras Augen, und sie schüttelte den Kopf. «Nein. Es hätte keinen Zweck. Es würde uns beide kaputtmachen.»

«Glaubst du, er kommt zurück?»

«Wenn er es überlebt – ja. Er hält sich für unverwundbar. In all den Kriegsjahren hatte er keine Verwundung, nicht den kleinsten Kratzer. Aber das hier ...»

Sammy sah ihre Tränen und hörte den Ton ihrer Stimme und begann seinerseits zu weinen. Jean nahm ihn auf den Arm, und Barbara ging ins Bad, um sich das Gesicht zu waschen. Als sie zurückkam, sagte Jean: «Da ist noch die Sache mit dem Geld. Deshalb sind sie ja wohl zu ihm gekommen. Woher in aller Welt soll er hundertzehntausend Dollar bekommen?»

«Ich vermute», erwiderte Barbara, «daß er sich an Vater wendet. Würde Vater es ihm geben?»

Jean dachte nach. «Möglich. Ausgeschlossen ist es nicht. Ich habe es schon lange aufgegeben, Dan Lavettes Handlungen vorherzusagen.»

Reporter, die Dan Lavette des öfteren interviewten, verglichen ihn gern mit einem Löwen. Die Bezeichnung amüsierte ihn. Ein Mann ruht in sich selbst, und wenn er nicht Schauspieler oder Politiker ist, weiß er selten, wie die Welt ihn sieht. Von seinem eigentlichen Wesen weiß er im allgemeinen noch weniger. Vor Jahren, als May Ling, seine chinesische Frau, noch lebte, hatte es Augenblicke gegeben, in denen er sich selbst – wenigstens bis zu einem gewissen Grade – erfühlte, erkannte. In solchen Augenblicken hatte er sich nie als Löwe gefühlt, sondern allenfalls so verwirrt und hilflos wie jeder andere auch. Doch jetzt, mit sechzig, konnte man ihn schon mit einem gewissen Recht als Löwen bezeichnen. Er war über einsachtzig groß und hatte in den letzten Jahren zugenommen. Sein dichtes, krauses Haar war jetzt weiß, Gesicht und Nacken waren schwerer geworden, und wenn er den Gürtel eng zog, zeichnete sich ein Bauchansatz ab.

Er war im Bereich der Bucht von San Francisco zur Legende geworden. Wenn Journalisten um Stoff verlegen waren, wurden sie bei Dan Lavette immer wieder fündig. Sie konnten auf seine Jugend zurückgreifen, als er seine Krabbenkutter von Fisherman's Wharf auslaufen ließ und den Fangräubern mit einer Doppelflinte entgegentrat, oder auf das Finanzimperium, das er vor der Weltwirtschaftskrise mit seinem Partner Mark Levy aufgebaut hatte, oder auch auf seine Ehe mit Jean Seldon, auf seine Scheidung und die bald danach folgende zweite Ehe mit May Ling, schließlich auch auf seine schlechten Jahre, in denen er vor San Pedro Makrelen gefischt hatte – oder auf die unglaubliche Geschichte von der Schiffswerft, die er im Kriege auf Terminal Island aufgebaut hatte. Das Thema Dan Lavette gab immer etwas her und wurde nie langweilig. Er und seine frühere Frau weigerten sich, zu vertuschen, daß sie zusammenlebten, ein Sachverhalt, der im Jahre 1948 immerhin noch weithin auf Ablehnung stieß. Er bereederte jetzt eine Tankerflotte, die im Handel bereits eine beherrschende Position einnahm, und die Unternehmensleitung befand sich, wie es sich gehörte, am Jack London Square in Oakland. Die Tatsache, daß seinem Sohn Thomas, mit dem er seit Jahren nicht gesprochen hatte, gemeinsam mit Jeans früherem Mann John Whittier die größte Frachter-Reederei an der Westküste gehörte, machte die Lavette-Geschichten für die Presse nur noch reizvoller.

Bernie Cohen wandte sich nicht nur an ihn, weil er sein Schwiegervater war. Auch wenn er keinerlei Beziehung zu Dan gehabt hätte, würde man ihm Lavette als den einzigen Mann in der Bucht empfohlen haben, der für das seltsame Unternehmen, auf das er sich eingelassen hatte, Interesse aufbringen könnte. Jetzt saß Bernie in Dans Büro und hörte mit Unbehagen zu, wie Dan sagte: «Das muß ich erst mal in Zusammenhang bringen, Bernie. Du bist seit zwei Jahren mit meiner Tochter verheiratet und rackerst dich in deiner verdammten Werkstatt ab wie verrückt und hast noch nie einen Pfennig von mir haben wollen. Und jetzt willst du auf einmal hundertzehntausend Dollar. Das macht mir fast Eindruck. Besteht denn Aussicht, daß ich etwas davon wiedersehe?»

«Nein, nicht besonders viel. Ich könnte dir natürlich eine Empfangsbescheinigung geben und Brodsky als Vertreter der Haganah könnte sie gegenzeichnen. Aber ich müßte lügen, wenn ich dir Hoffnung darauf machte, daß sie es je zurückzahlen.»

«Also eine milde Gabe.»

«Und eine nicht absetzbare.»

«Das macht es natürlich noch attraktiver. Du bist ein merkwürdiger Kerl, Bernie, aber du bist nicht verrückt. Jedenfalls nicht verrückter als die meisten von uns. Wie bist du bloß auf die Idee gekommen, ich könnte darauf anbeißen?»

«Nackte Verzweiflung. Ich wüßte nicht, wo ich sonst hingehen sollte.»

«Du nimmst doch wohl nicht an, daß ich dir was schulde, weil du meine Tochter geheiratet hast?»

«Da wäre wohl eher ich dir was schuldig. Nein.»

«Und du läßt sie also sitzen, einen Monat, zwei, ein halbes Jahr ... Weiß sie das schon?»

«Ja.»

«Und was hält sie davon?»

«Was glaubst du denn, Dan? Nichts, natürlich. Aber sie redet es mir auch nicht aus.»

«Und was ist mit der Werkstatt?»

«Gomez, mein Meister, kümmert sich darum. Er ist ein guter Mann, zuverlässig. Wenn wir die Flugzeuge bekommen und alles planmäßig abläuft, kann ich in drei Wochen wieder hier sein.»

«Das glaubst du doch selber nicht!»

Bernie zuckte die Schulter. «Nein, nicht so richtig. Es könnte schon ein paar Monate dauern.»

Dan holte eine Kiste Zigarren aus der Schublade. «Willst du eine? Es sind helle Havannas.» Bernie schüttelte den Kopf, Dan schnitt die Spitze ab und zündete seine Zigarre an. «Zehn C-54 für hundertzehntausend. Es ist eine Irrsinnswelt, in der wir leben. Fords Fabrik in Willow Run hat die Regierung fünf Millionen gekostet, vielleicht sogar mehr. Dann boten sie sie als ausgemustertes Kriegsgut zum Kauf an, und jemand hat sie ihnen für siebzigtausend Dollar abgekauft. Ein Teil der Anlage war voller Kisten mit Schrauben aus Sterlingsilber. Allein sie waren das Zehnfache des Kaufpreises wert. Und keiner hat's gewußt. Als ich hier die erste Fluglinie eingerichtet habe, 1928, da flogen wir Dreimotorige von Ford – Blechgänse, nannten wir sie. Eine einzige von ihnen kostete mehr als diese zehn C-54 zusammen. Übrigens, warum glaubst du, daß sie noch flugfähig sind?»

«Sie haben sie sich angesehen.»

«Ich halte den ganzen Plan für Irrsinn. Hat Barbara dir eigentlich mal gesagt, was ich vom Krieg halte? Ich habe an zwei Kriegen zwei Vermögen verdient. Der Krieg ist das schmutzigste, blutigste und dümmste Spiel, das der Mensch je erfunden hat. Es gibt keine Guten und Bösen. Es ist eine üble widerliche Sache.»

«Ja, sicher», sagte Bernie leise. «Ich will es nicht bestreiten. Ich war zehn Jahre im Krieg. Was hätten wir machen sollen, Dan? Uns abschlachten lassen? Jude zu sein ist eine außergewöhnliche

Sache. Andere werden mehr oder weniger zufällig zum Opfer, uns hat man gezielt ausgesucht. Ohne diese Flugzeuge werden die Araber uns abschlachten. Hitler hat sechs Millionen von uns umgebracht. Muß das nicht mal aufhören? Es gibt einfach keine andere Möglichkeit, Kampfflugzeuge nach Palästina zu bringen.» Er schüttelte den Kopf. «Ich weiß nicht, warum ich dir das alles erzähle. Du bist kein Jude.»

«Nein, ich bin kein Jude. Das stimmt. Aber ich will dir etwas sagen, Bernie. Wenn ich so hirnrissig sein sollte, dir das Geld zu geben, dann würde ich es nicht dir oder deiner Sache zuliebe tun. Ich kenne keine Sache, für die man Opfer bringen muß. Ich bin ein harter, zynischer Geschäftsmann ohne eine Spur von Idealismus. Aber ich hatte mal einen Partner, der mir fast so viel war wie ein Bruder, eigentlich sogar mehr. Er hieß Mark Levy. Vielleicht hat Barbara dir von ihm erzählt. Er war Jude, und er hat bei mir noch eine Menge gut. Er hat es mir nie abgefordert, also schulde ich es ihm. Vielleicht ist das eine Möglichkeit, meine Schuld gegenüber einem Toten zu begleichen, vielleicht auch nicht. Ich werd mir's überlegen.»

«Wir haben wenig Zeit, Dan.»

«Ich sag dir morgen Bescheid.»

Als Bernie gegangen war, saß Dan nachdenklich da und starrte auf seine Zigarre. Dann ließ er Stephan Cassala kommen. Stephan war der Sohn Anthony Cassalas, der kurz nach dem Erdbeben von 1906 die Bank von Sonoma gegründet hatte und 1929 miterleben mußte, wie sie unterging. Anthony war bald nach dem Zusammenbruch der Bank gestorben. Stephan war jetzt, mit dreiundfünfzig, stellvertretender Vorstandsvorsitzender und Hauptgeschäftsführer von Lavettes Reederei.

«Steve», sagte Dan, «setz dich hin und denk mal über folgendes nach.» Stephan nahm Dan gegenüber in einem Ledersessel Platz. Er war groß, schlank, dunkel, hatte tiefliegende Augen und ein langes, grüblerisches Gesicht. «Wenn ich dich bäte», fuhr Dan fort, «mir hundertzehntausend bar auf die Hand zu besorgen, ohne Beleg, ohne daß es durch die Bücher geht, sozusagen spurlos, ließe sich das machen?»

«Du willst mir nicht sagen, wofür du das Geld brauchst?»

«Nein.»

«Einfach wäre es nicht. Wir sind nicht besonders liquide.»

«Wofür entnimmst du normalerweise Bargeld aus der Kasse?»

«Für Spesen, Zulagen, Aushilfswächter im Hafen, Schmiergelder. Hauptsächlich für Schmiergelder. Das weißt du ja, Dan.»

«Wie tarnt ihr die Schmiergelder in den Büchern?»

«Wir drücken sie weg. Hier ein bißchen, da ein bißchen. Aber bei hundertzehntausend wird das schwierig.»

«Aber es ließe sich machen?»

«Wenn du das Geld brauchst – sicher.» Er sah Dan beunruhigt an. «Du wirst doch nicht erpreßt?»

«Nein.»

«Oder zahlst du etwa Schutzgelder? Ich habe gehört, daß die Banden jetzt auch hier in Oakland aktiv werden. Dan, wenn du erst damit anfängst, ist das ein Faß ohne Boden.»

«Ich zahle keine Schutzgelder.»

«Du spannst einen ganz schön auf die Folter.»

«Dann bleib gespannt. Wenn du nichts weißt, kannst du eines Tages unter Eid aussagen, daß du von nichts gewußt hast.»

«Ach, da geht's lang? Himmel, Dan, das gefällt mir nicht.»

«Keine Bange. Es ist für eine gute Sache. Hat man mir jedenfalls gesagt.»

Am folgenden Morgen um elf klingelte Dan mit einer prallen Aktentasche unter dem Arm bei seiner Tochter. Barbara öffnete die Tür, sah ihn überrascht an und fiel ihm um den Hals. «Vater, was für eine großartige Überraschung!»

«Es ist das erste Mal, daß ich dich so überfalle», entschuldigte er sich.

«Das hättest du aber gern schon früher tun können. Von mir aus mindestens einmal in der Woche.»

Er trat ins Wohnzimmer und stellte die Aktentasche ab. Sie half ihm aus dem Mantel und fragte nach dem Grund seines Besuches.

«Nichts Besonderes. Oder vielleicht doch. Kommt darauf an, wie du es siehst.»

«Was?»

«Das kann warten. Wo ist mein Enkel?»

«Oben in seinem Laufställchen. Rund, glücklich und zufrieden, so wie es eigentlich kein Mensch auf dieser Welt sein dürfte. Aber Sammy ist noch zu klein und zu dumm, um das zu wissen.»

«Ist Bernie da?»

«Er ist in der Werkstatt. Aber nun sag doch schon, was führt dich her? Hat Mutter mit dir geredet?»

«Erst will ich meinen Enkel sehen.»

Barbara sah ihn einen Augenblick an und nickte. «Gut. Möchtest du Kaffee?»

«Klar.»

«Ich bin in der Küche.» Sie sah ihm nach, wie er die Treppe hinaufging. Früher hatte er immer zwei Stufen auf einmal genommen. Jetzt ging er langsam. Seltsam, es war das erste Mal, daß sie ihm sein Alter anmerkte. Seltsam. Wie alt war er jetzt? Neunundfünfzig. Mit knapp sechzig ist man noch nicht alt, oder? Manchmal kam sie sich mit ihren vierunddreißig Jahren schon so vor, als sei sie gebeugt von der Last der Jahre. Einen Augenblick lauschte sie seiner freundlichen tiefen dröhnenden Stimme und fragte sich, ob er den kleinen Jungen nicht zu Tode damit erschreckte. Dann ging sie in die Küche und machte frischen Kaffee.

«Er weint», sagte Dan, als er in die Küche kam.

«Dann hast du ihm entweder Angst eingejagt, oder er wollte nicht, daß du weggehst. Auf jeden Fall wird er bald wieder aufhören.»

«Mein Enkel hat keine Angst vor mir. Er versteht mich.»

«Du versetzt viele Menschen in Angst und Schrecken, glaub mir, Vater.»

«Den Teufel werd ich tun. Ich bin wie ein Lamm.»

«Ja, ich weiß.»

Barbara goß den Kaffee ein, und sie setzten sich an den Küchentisch. «Also, was führt dich her, außer Sammy?»

«Und dir.»

«Ja. Und was noch? Bernie?»

Er nickte.

«War er gestern bei dir?»

Dan nickte erneut.

«Und?»

«Er hat mir die ganze Geschichte erzählt und mich gefragt, ob ich ihm hundertzehntausend Dollar geben könnte.»

«Einfach so?» fragte Barbara verblüfft.

«Nein, nicht einfach so. Wir haben uns lange unterhalten. Sag mal, Bobby, was ist mit euch beiden? Ist da eine andere Frau?»

«Bei Bernie?» Sie schüttelte den Kopf.

«So etwas weiß man nie so genau. Dagegen sind Männer nicht immun.»

«Würdest du mich für verrückt halten, wenn ich dir sage, daß er mich liebt und daß ich ihn liebe – und daß es trotzdem ganz mies um unsere Ehe steht?»

«Nein, das hört sich ganz vernünftig an, und es ist auch nichts Neues. Ich habe dich nie gefragt, Bobby, wieviel ihr verdient. Ich weiß, daß mit der Werkstatt nicht viel los ist. Wirft sie überhaupt etwas ab?»

«Nein, noch nicht.»

«Und wovon lebt ihr?»

«Ich habe den Vorstand über die Stiftung übernommen – soweit ich Zeit habe jedenfalls, was allerdings nicht oft vorkommt. Aber ich gehe immerhin einmal wöchentlich zur Sitzung. Sie zahlen mir vierhundertfünfzig im Monat.»

«Fürstlich!»

«Es war meine eigene Entscheidung, Vater. Ich brauche das Geld nicht. Mein letztes Buch hat mir über dreißigtausend Dollar eingebracht. Und ich hoffe, auch das nächste wird ein Erfolg.»

«Mit anderen Worten, du bezahlst alles.»

«Bernie arbeitet zwölf bis vierzehn Stunden am Tag.»

«Damit ist das Problem auch nicht gelöst.»

«Aber das wäre es, wenn Bernie das Geld verdiente und ich es ausgäbe, nicht wahr?» sagte Barbara verärgert. «Ich habe diese idiotischen männlichen Vorstellungen davon, was sich gehört und was nicht, bis obenhin satt!»

«Ich habe sie mir nicht ausgedacht, und Bernie auch nicht», sagte Dan milde. «Wir sind nur ihr Produkt.»

«So eine schöne Selbstbeschwichtigung und Selbstrechtfertigung habe ich schon lange nicht mehr gehört.» Barbara atmete tief ein. «Ich gerate allmählich in Wut, und das sollte ich nicht, jedenfalls nicht auf dich, Vater.»

«Du hattest recht. Er hat aufgehört zu weinen», sagte Dan.

Barbara sah ihn irritiert an. Dann lachte sie. «Ach, ich hab dich wirklich gern. Aber du bist schon ein komischer Kauz.»

«Ich weiß nicht. Ich kenne da ein paar wirklich komische Käuze, und wenn ich an die denke ...»

«Was ist nun mit Bernie?»

«Wenn er das Geld nicht von mir bekäme – würde das etwas ändern? Würde er dann aufgeben?»

«Bernie? Vater, wenn er das Geld haben will, dann kriegt er es auch. Notfalls raubt er eine Bank aus, legt eine Bombe unter einen gepanzerten Geldtransporter oder tut sonst etwas Verrücktes. So ist er nun mal, und so denkt er. Aber ich verstehe schon, weshalb du es ihm nicht geben konntest.»

«Hätte ich es ihm geben sollen?»

«Ich weiß nicht, ich weiß es wirklich nicht.»

«Überleg es dir gut, Bobby, denn hier in der Aktentasche sind hundertzehntausend Dollar in bar, und es liegt jetzt bei dir, ob ich sie hierlasse oder nicht.»

Sie saß eine Zeitlang nur da und sah ihn sprachlos an. Dann sagte sie: «Mein Kaffee ist kalt geworden. Willst du auch noch eine Tasse?»

Er nickte. Sie ging zum Herd, stellte den Topf noch ein paar Minuten aufs Gas und goß dann den heißen Kaffee ein. Dann fragte sie: «Und warum?»

«Warum? Du meinst, warum ich ihm das Geld geben will?»

«Ja, das meine ich.»

«Das ist ziemlich kompliziert.»

«Ich habe Zeit. Sammy bekommt erst in einer Stunde wieder etwas zu essen. Bis dahin kannst du mir sicher alles erklären.»

«Augenblick mal», sagte Dan. «Ich gebe das Geld nicht ihm, sondern dir. Du kannst es ihm geben – oder es bleiben lassen, ganz wie du willst.»

«Großartig. Wirklich großartig. Das ist genau das, was ich brauche.»

«Na schön», lenkte Dan ein, «ich erkläre es dir. Ich habe euch nie Geld gegeben, und ihr habt mich nie um welches gebeten.»

«Was hat das damit zu tun?»

«Laß mich bitte ausreden. Ich bin nicht übermäßig helle, aber ich habe mitgekriegt, was mit euch beiden los ist. Es hat keinen Zweck. Sag über Bernie, was du willst – aber er ist ein Mann, ein Kerl von einem Mann. Das gibt es nicht oft. Ich verstehe ihn – vielleicht nicht so wie du, aber auf meine Weise schon. Wenn er das jetzt nicht mitmacht, ist zwischen euch alles aus. Vielleicht bleibt ihr verheiratet, aber die Luft ist raus. Stimmt's?»

Sie wartete einen Moment, ehe sie antwortete: «Ja, das stimmt.»

«Also gut. Jetzt zum Geld. Mir bedeutet Geld überhaupt nichts. Hat es nie getan. Und ich weiß auch überhaupt nichts über die Situation in Palästina, abgesehen von dem, was in der Zeitung steht. Aber ich weiß ein bißchen von dem, was die Juden mitgemacht haben, und der beste Freund, den ich je hatte, war Jude. Ich schulde ihm etwas. Er ist tot. Nun gut, das ist meine Art, meine Schuld bei ihm zu begleichen. Vielleicht begreifst du es nicht, aber anders kann ich es nicht erklären. Ich bin sicher, falls überhaupt jemand dieses Bravourstück leisten kann, dann Bernie. Wenn er es schafft und zurückkommt, hat er vielleicht das Gefühl, seine Schuldigkeit getan zu haben. Und noch etwas: Ich mag ihn.»

«Ich auch», sagte Barbara. «Aber wenn er nicht zurückkommt? Wenn er dabei umkommt?»

«Daran habe ich auch gedacht. Deshalb kann ich es auch nicht entscheiden. Ich lasse das Geld hier. Alles andere ist deine Sache.»

«Warum?» fragte Barbara gequält.

«Vielleicht aus Achtung vor dir. Vielleicht, weil du immer schon alles besser durchschaut hast als ich. Ich habe die halbe Nacht mit deiner Mutter geredet, um herauszufinden, was richtig wäre. Ich weiß es nicht. Ich liebe dich sehr, Bobby. Wenn du mich bittest zu gehen und das Geld wieder mitzunehmen und Bernie gegenüber nie etwas davon zu erwähnen, tue ich es.»

«Nein, Vater, laß es hier. Und vielen Dank.»

Die Stiftung, von der Barbara einen Teil ihres Einkommens bezog, war die Lavette-Stiftung in der Leavenworth Street in San Francisco. Sie hatte eine interessante Vorgeschichte. Barbaras Großvater, Thomas Seldon, war 1928 gestorben. Laut seinem Testament sollten 382000 Aktien der Seldon Bank zwischen seinen beiden Enkeln aufgeteilt und zwölf Jahre lang von ihrer Mutter als Treuhänderin verwaltet werden. Barbara war 1940, nachdem sie fünf Jahre lang in Europa gearbeitet hatte, nach San Francisco zurückgekehrt und hatte beschlossen, mit ihrer Erbschaft eine wohltätige Stiftung zu errichten. Damals lag der Marktwert ihres Anteils bei vierzehn Millionen Dollar, es handelte sich also keineswegs um eine bloße Geste. Widerstrebend nur hatte sie sich bereit erklärt, den nominellen Vorstandsvorsitz der Stiftung zu übernehmen.

Auf diese Stiftung spielte Brodsky nun an, als er mit Bernie im Büro der Werkstatt saß. Cohen wies das Ansinnen energisch zurück. «Das würde mir nicht im Traum einfallen. Die Stiftung ist für mich unantastbar, unerreichbar wie Cäsars Weib. Gott im Himmel, Irv, ich bin mit einer sehr bemerkenswerten und außergewöhnlichen Frau verheiratet, die ihrerseits einen Hundesohn zum Mann hat. Nehmen wir mal an, ich machte nicht mit. Dann könntet ihr die Sache immer noch starten.»

«Nicht ohne die Transportflugzeuge!»

«Warum nehmt ihr das Geld nicht von den zwei Millionen, die ihr in New York zusammengekratzt habt?»

«Weil wir mit diesen tschechischen Halsabschneidern über zwei Millionen Dollar abgeschlossen haben. Dafür bekommen wir zehn Messerschmitt-Jagdflugzeuge aus dem Zweiten Weltkrieg und leichte Waffen. Und für die kenne ich keinen besseren Fachmann als dich.»

«Was wollen sie für die Messerschmitts haben?»

«Fünfzigtausend pro Stück.»

«Nein.»

«Doch. Sie sind eben unsere Freunde. Aber was sollen wir machen? Truman hat hier ja alles mit einem Embargo belegt. Hier könnten wir Jäger für fünftausend das Stück bekommen, aber wir könnten sie nie außer Landes bringen. Und wenn wir diese Brummer nicht kriegen ...»

«Verlaß dich drauf, wir kriegen sie.»

«Wie?»

«Wir rauben eine Bank aus, wenn's sein muß.»

«Du machst Witze», sagte Brodsky.

«Vielleicht. Ich weiß nicht.»

Barbara saß im Wohnzimmer ihres Hauses und starrte unverwandt auf die prallgefüllte lederne Aktentasche, die ihr Vater hinter der Tür hatte stehen lassen. Ihr Haus war eins der schmalbrüstigen, zweistöckigen Gebäude, die noch so viele der Straßen am Fuß des Russian Hill säumen. Sam Goldberg, Anwalt ihres Vaters und später ihr eigener Anwalt, Freund und Beschützer, hatte das Haus 1892 für seine Braut bauen lassen. Es hatte das Erdbeben und den anschließenden Brand fast unbeschädigt überstanden, und Goldberg und seine Frau hatten es zeit ihres Lebens bewohnt, allein, denn sie waren kinderlos. Einige Jahre nach dem Tode seiner Frau war auch Sam gestorben, und Barbara hatte das Haus aus seinem Nachlaß erworben. Es hatte in beiden Stockwerken Erker mit schräg vorspringenden Seiten. Die Haustür, sechs Stufen über der Straße, war eingerahmt von Holzsäulen in pseudo-maurischem Stil. Die Gesimse über der Haustür und den Fenstern waren kunstvoll geschnitzt und ruhten, wie auch das Dach, auf ebenso kunstvoll geschnitzten Zahnschnitt-Bändern. Das Schnitzwerk an der Fassade war eine wunderschöne, kühne Mischung aus ionischen, korinthischen und maurischen Stilelementen und war auf weißgetünchten Schindelwänden angebracht.

Barbara hing mit ganzem Herzen an diesem Haus. Nach den Jahren in Paris und der Zeit, die sie als Kriegsberichterstatterin im Fernen Osten und Afrika verbracht hatte, war dies ihr Hafen, ihre Zuflucht, ihre Höhle. Viele Menschen hatten etwas gegen diese alten Häuser mit ihren kleinen Zimmern, aber Barbara gefiel die anheimelnde Enge. Sie hatte die meisten Räume renoviert und neu möbliert und eine moderne Küche einbauen lassen, aber in dem kleinen Wohnzimmer mit den wedgwood-grünen Wänden standen noch die schwarzen Roßhaar-Sitzmöbel, die Sam Goldberg kurz vor der Jahrhundertwende dort hineingestellt hatte.

Barbara saß auf einem der dick gepolsterten, bequemen Sessel und betrachtete nachdenklich die Tasche mit dem Geld, dachte über sich selbst, über ihre Vergangenheit, ihre mögliche Zukunft und über ihre Ehe nach. Sie hatte die Tasche nicht geöffnet. Geld zog sie nicht an und stieß sie nicht ab. Abgesehen von seinem Nutzen, ließ es sie gleichgültig. Über diese Gleichgültigkeit hatte sie lange nachgedacht, bis sie sie schließlich als eine Eigentümlichkeit mancher – wenn auch nicht aller – in großem Reichtum geborener Menschen hinnahm. Vor vielen Jahren, noch als Studentin am Sarah Lawrence College, hatte sie einmal einem Bettler gedankenlos einen Fünfdollarschein gegeben, während sie mit ein paar Schulkameradinnen durch New York bummelte. Nie würde sie deren ungläubigen Schrecken vergessen können. Jetzt blickte sie die Aktentasche mit dem Geld an, das über das Schicksal von sechshunderttausend Juden in Palästina entscheiden konnte. In ihr eigenes Schicksal hatte es schon eingegriffen. Sie ahnte mit seltsamer Gewißheit, daß sie ihren Mann, wenn er mit dieser Tasche in der Hand das Haus verließe, nie wiedersehen würde.

Sie war sich allerdings auch im klaren darüber, daß sie solche Ahnungen bei Menschen, die ihr nahestanden, schon öfter gehabt hatte und daß sich ihre Ängste nie bewahrheitet hatten. Es lag sicher an ihrer augenblicklich so traurigen, düsteren Stimmung, die sich aber gerade ein wenig zu bessern begann. Sie war es gewohnt, sich selbst gegenüber ehrlich zu sein, sich ihren Gefühlen zu stellen und sie dann auch zu akzeptieren, so kläglich sie auch sein mochten. Sie war auch früher allein gewesen und sah der Aussicht, wieder allein zu sein, ohne große Ängste entgegen. Wenn sie zwischen einem Leben mit einem ständig deprimierten Mann und einem Leben ganz ohne Mann wählen mußte, schien ihr das letztere – wenigstens für eine Zeit – immer noch erträglicher zu sein. Ihre Tage waren ausgefüllt. Sie war Mutter, Hausfrau, Schriftstellerin und Vorsitzende einer sehr großen, auf vielen Gebieten tätigen Stiftung. Sie würde sich nicht in den Schmerz und die Hoffnungslosigkeit der Verstoßenen zurückziehen, die sie voller Mitgefühl so oft bei anderen sitzengelassenen Frauen beobachtet hatte. Sie hatte sich geschworen, es nie dahin kommen zu lassen. Sie meinte, ihren Mann gut genug zu kennen, um zu wissen, daß er sie nicht verstieß. Und insgeheim, tief in ihr, an der Grenze zwischen Bewußtem und Unbewußtem, spürte sie auch eine winzige Spur freudiger Erregung über die Aussicht, Herrin ihrer Zeit und ihres Haushalts zu sein und nicht mehr auf Mittel und Wege sinnen zu müssen, wie sie mit einem mürrischen Mann fertigwerden sollte, der verzweifelt nach Ausflüchten suchte, weil sie ihn nicht mehr erregte.

Seine sogenannte Männlichkeit war in dem kleinen viktorianischen Haus und der Werkstatt, die keinen Gewinn abwarf, verdorrt. Den Blick immer noch auf die Aktentasche gerichtet, fragte sich Barbara: «Habe ich mir je klargemacht, wie er ist, wie er wirklich ist? Oder wollte ich einfach nicht sehen, daß ein sanftmütiger, gütiger, liebevoller Mann wie Bernie, der zehn Jahre Soldat war, sein Glück nur als Soldat finden kann? Oder hat man mich dazu gebracht, zu glauben, daß ein Jude kein professioneller Killer sein kann?»

Kaum hatte der Gedanke Gestalt gewonnen, überkam sie Scham und Reue. «Nein», wies sie sich zurecht, «wenn ich nicht begreife, was ein sensibler Jude bei all dem, was in den letzten zehn Jahren in Europa passiert ist, fühlt, dann bin ich ein Gefühlsklotz.» Die Trauer trieb ihr Tränen in die Augen, und noch ärgerlicher als zuvor sagte sie sich, das sei nur Selbstmitleid und widere sie an.

«Ich bin eine erwachsene, gesunde Frau», sagte sie sich. «Und eine erfolgreiche Schriftstellerin. Ich habe zwei ziemlich erfolgreiche Bücher gemacht und stecke mitten in einem dritten. Ich habe eine Familie und Freunde und einen süßen Sohn mit einem gesegneten Appetit, und ich habe einen faszinierenden Mann, der leider ein bißchen verrückt ist. Das ist kein Grund für Selbstmitleid. Ich werde tun, was ich muß – und das wird er ebenfalls tun. Sonst ist diese Ehe keinen Pfifferling wert.»

Nach dieser Erklärung an sich selbst fühlte sie sich viel wohler. Sams Geschrei zeigte an, daß er aufgewacht war. Als sie ins Kinderzimmer trat, krähte er vor Lachen und hüpfte in seinem Bettchen auf und ab. «Du solltest Gott danken, daß deine Mutter von baumlangen Fischern und Goldgräbern abstammt. Du wirst täglich schwerer. Und außerdem bist du naß und riechst.»

Als sie gerade mit dem Windelwechseln fertig war, klingelte es. Sie stellte Sam in den Laufstall und ging nach unten zur Tür.

Ein stämmiger, rotgesichtiger Mann in einem dunklen Anzug stand vor ihr. Er trug einen Pullover unter dem Jackett, und auf seiner Knollennase waren Äderchen zu sehen.

«Sind Sie Mrs. Bernie Cohen?» fragte er.

«Ja?»

«Barbara Cohen, geborene Barbara Lavette, hier wohnhaft?»

«Ja. Was wünschen Sie?»

Er griff in die Jackentasche und überreichte ihr einen Umschlag. «Killen, Vollzugsbeamter der Bundesregierung. Ich überbringe Ihnen eine förmliche Ladung. Sie gilt hiermit als zugestellt.» Damit machte er auf dem Absatz kehrt, ging die Stufen hinunter und verschwand.

Bernie kam kurz nach fünf nach Hause und rief Barbara vergnügt zu: «He, Kindchen, da bin ich. Wo ist der Zwerg?»

Sie kam aus der Küche und küßte ihn. «Wir haben beide Fortschritte gemacht, was? Sammy ist oben. Ich habe ihn frühzeitig gefüttert.»

«Ach was. Es geht mal aufwärts und mal abwärts.»

«Bei dir stimmt das sicher», gab Barbara zurück.

Er ging nach oben, und sie hörte ihn mit Sam spielen. «Er ist naß», rief er herunter.

«Dann leg ihn trocken, Himmel noch mal. Steh nicht rum und brüll nach mir, weil er naß ist!»

Überrascht und zufrieden mit dem, was sie gerade gesagt hatte, stand Barbara da und wartete. Ein wütender Schmerzensschrei kam von oben. «Ich blute!» schrie Bernie. «Die verdammte Sicherheitsnadel!»

Sam quengelte. Barbara nickte zufrieden. Dann ging sie nach oben und legte Sam trocken, während Bernie Blut aus seinem Finger drückte und sich umzog. Sie legte das Kind in sein Bettchen, und als Bernie herunterkam, hatte sie schon die Martinis fertig.

«Ich wollte dich eigentlich anrufen und dich bitten, einen Babysitter zu besorgen. Ich dachte, wir könnten mal essen gehen.»

«Und was feiern wir?»

«Nichts weiter, als daß ich mich in den letzten Tagen wie ein Mensch gefühlt habe.»

«Das habe ich bemerkt», sagte Barbara.

«Immer noch böse?»

«Nein. Worüber sollte ich böse sein? Dein Mann erzählt dir, daß er sich auf ein aberwitziges Abenteuer einläßt – und darüber soll ich böse sein?»

«Bobby, es ist kein aberwitziges Abenteuer.»

«Und ich bin nicht böse. Vielleicht ein bißchen. Bernie, ich habe den ganzen Tag darüber nachgedacht. Tu, was du tun mußt. Nur komm, bitte, gesund wieder, und bald.»

«Ist das dein Ernst?»

Barbara nippte an ihrem Glas und sah ihn an: «Ja und nein. Bernie, du weißt, wir waren immer ehrlich zueinander, offen und sehr direkt. Viele Leute hier halten uns für das ungleichste Paar von ganz San Francisco, aber das stimmt nicht. Wir sind gar nicht so verschieden. Nur bin ich eine Frau und du ein Mann. Manchmal habe ich den Eindruck, daß in unserer lächerlichen Welt von einem Mann mehr verlangt wird, als man einem Menschen zumuten kann. Aber es ist nun einmal so. Wenn ich dich zurückhielte, würdest du mir nie verzeihen.»

«Doch, das würde ich.»

«Na, vielleicht. Ich glaube es nicht.»

«Was ist das für eine Aktentasche?» fragte er.

«Die hat Vater hier stehenlassen.»

«Ach so. Was übrigens das aberwitzige Abenteuer betrifft, wie du es nennst, so habe ich keine Ahnung, woher wir das Geld nehmen sollen. Brodsky hat die Namen von einem Dutzend jüdischer Geschäftsleute, die er ansprechen könnte, aber die spenden alle schon über die regulären Kanäle. Der Mann, der die Hercules verkaufen will, wird langsam ungeduldig. Herb Goodman hat in Barstow mit ihm geredet, aber ich habe das Gefühl, es löst sich alles in Luft auf.»

«In der Aktentasche sind hundertzehntausend Dollar», sagte Barbara beiläufig.

«Was?»

«Ich sagte, das Geld, das du brauchst, ist in der Aktentasche.»

Er schüttelte den Kopf.

«Vater hat es heute morgen gebracht. Er sagte, es sei meine Sache, ob ich es dir gebe oder nicht.»

«Du machst Witze.»

«Warum siehst du nicht nach?»

Er sah sie einen langen Augenblick an. Dann stellte er sein Glas hin, ging durch den Raum, nahm die Tasche und stellte sie auf den Kaffeetisch. Er öffnete sie und betrachtete schweigend die sauber gebündelten Fünfzig- und Hundertdollarscheine.

«Jetzt brauchst du keine Bank mehr auszurauben», sagte sie sanft.

Er drehte sich zu ihr um. «Wie, zum Teufel, kommst du darauf, daß ich eine Bank ausrauben wollte?»

«Nur weil ... wenn es eine unmögliche, romantische Möglichkeit gibt, würdest du sie wählen.» Er stand da, und ihr Blick ruhte auf ihm. «Hast du dich gefragt, warum ich dich so liebe?»

«Manchmal schon.»

«Ich will es dir sagen: weil du mir dann und wann ein ganz köstliches Gefühl gibst. Ich muß aufpassen, daß ich nicht rührselig werde. Wann geht es los?»

«Du kannst immer noch nein sagen. Du bist keine Jüdin, und dein Vater hat nichts damit zu tun.»

«Vielleicht doch.»

Er setzte sich, spielte mit seinem Glas und starrte unverwandt auf die Tasche. Barbara wartete. Die Minuten vergingen. Dann sagte er: «Ich rufe Brodsky an und sage ihm, er soll herkommen. Es wird Zeit, daß du ihn kennenlernst. Wir fahren morgen früh, mit meinem Ford. Gomez kann ihn in Barstow abholen, wenn wir weg sind – falls wir überhaupt losfliegen. In zwei bis drei Tagen werden wir es wissen.»

«Du mußt dich aber von unterwegs melden, bitte.»

«Ja, natürlich, keine Frage. Ich rufe dich von Los Angeles und von Barstow aus an, und dann jedesmal, wenn wir landen.» Er ging zu ihr und zog sie zu sich hoch. «Ich weiß wirklich nicht, was ich sagen soll.»

«Komm schnell zurück – das ist alles. Wir kriegen es schon hin. Wir haben noch viele Jahre vor uns, Bernie.»

«Wenn du deinen Vater siehst, sag ihm, daß ich es ihm eines Tages zurückzahle; ich werde einen Weg dafür finden.»

«Er will es nicht wiederhaben.»

«Es dauert nicht lange. Zwei, drei Wochen, das verspreche ich dir, Bobby.»

«Tu, was du mußt, und bring es hinter dich.»

Sie liebten sich in dieser Nacht voller Zärtlichkeit, als hätten sie einander eben erst gefunden, als wären sie zwei Menschen, die sich zufällig getroffen und entdeckt hätten, daß sie einander glücklich machen. Als Barbara neben ihm lag und seine Hände sie liebkosten, glaubte sie in seinen Berührungen das altvertraute, fragende Tasten und Suchen zu spüren, das stets auf Zurückweisung gefaßt war und das sie damals so bezaubert und verführt hatte. Seine Hände verrieten sein Staunen und sein Glück. In gewisser Weise liebte er wie ein Jüngling, voll ungläubiger Verwunderung. Seine Gesten baten um Verzeihung für seinen gewaltigen, haarigen, muskulösen Körper, und sie mochte es, so klein und so zerbrechlich neben ihm zu liegen. Sie ruhte in seinen Armen wie in einem unbekannten Tal zwischen Freude und Zorn, und sie empfand beides zugleich. Später, als er schlief, preßte sie ihr Gesicht ins Kissen und ließ den Tränen freien Lauf.

Als sie sich am Morgen von ihm und Irv Brodsky verabschiedete, flossen keine Tränen. Brodsky war der Inbegriff des Unheroischen: klein, drahtig, scheu und verletzlich. Er lächelte verlegen, als er ihr sagte, sie solle sich keine Sorgen machen. «Das einzig Gefährliche bei so einer Geschichte ist Nervosität», sagte er. «Aber Bernie und ich werden nicht nervös. Wir haben eine Menge zusammen durchgemacht, angefangen vom Spanischen Bürgerkrieg. Sie bekommen ihn zurück, verlassen Sie sich darauf. Ich schicke ihn Ihnen zurück.»

Sie gingen, und Barbara trat wieder ins Haus. Vom Fenster aus sah sie, wie die beiden die Straße überquerten, der große ungeschlachte Mann und neben ihm der Kleine, der Mühe hatte, mit Bernie Schritt zu halten. Keiner von beiden sah zurück.

Barbara ging in das kleine Zimmer im ersten Stock, in dem sie zu schreiben pflegte. Sie blätterte in ihren Papieren, bis sie einen Brief fand, den Bernie ihr 1941 geschrieben hatte. Es war ein langer Brief, in dem er ihr erklärte, warum er sie in Paris verlassen und was er auf dem Weg nach Marseille erlebt hatte. Sie brauchte ihn nicht zu lesen, denn sie kannte ihn auswendig. Und während sie überlegte, warum sie ihn gerade jetzt wieder hervorgeholt hatte, überkam sie das seltsame, erschreckende Gefühl, daß dieser Mann, ihr Mann Bernie Cohen, nie wirklich hier gewesen und daß dieser Brief alles sei, was sie von ihm besaß.

Sie schüttelte den Gedanken ab, legte den Brief zurück, ging zu Sam und zog ihn zum Ausgehen an. Sie war erleichtert, als sei eine große Last von ihren Schultern genommen, und sie hatte das sichere Gefühl, daß es Bernie ebenso ging. Sie waren seit weniger als zwei Jahren verheiratet. War es in anderen Ehen anders? Oder war eine Frau mit zweiunddreißig schon über das Alter hinaus, in dem sie sich den Wünschen eines Mannes anpassen konnte? Oder in dem der Mann sich ihren Wünschen anpassen konnte? Es war hoffnungslos. Und doch liebte sie ihren Mann, und er liebte sie. Hätte einer von ihnen dem anderen gesagt, es sei zwecklos, man wolle sich scheiden lassen, wäre das der Beginn einer qualvollen Zeit gewesen. Jetzt spürte sie nichts davon. Der Gedanke erschreckte sie. Warum war das so? Warum lag sie nicht auf dem Bett und weinte fassungslos? Wenn Bernie nun nicht zurückkehrte ... Warum war sie nicht gepackt von Angst vor den Jahren der Einsamkeit, die ihr vielleicht bevorstanden? Waren alle ihre Gefühle unecht, alles, was sie schrieb, ihre hochtrabenden Gedanken? Barbara hielt es nicht für eine Tugend, daß sie unfähig war, sich selbst zu betrügen. Sie hatte nicht die Gabe, sich zu belügen. Sie litt nicht. Das war eine einfache, unübersehbare Tatsache.

Sie setzte Sam in seine Sportkarre und schob ihn die Vallejo Street hinunter zum Haus ihrer Mutter. Es war ein klarer, schöner Morgen. Der Nebel hatte sich gelichtet, und ein frischer Wind ließ die Schaumkronen in der Bucht tanzen. Es war einer jener Vormittage, an denen San Francisco wie elektrisiert war und das Gefühl, lebendig zu sein, die Menschen einander näherbrachte, ihre Schritte beschleunigte und ihre Lunge weitete.

«Oh, wie ich diese Stadt liebe», sagte Barbara zu sich. «Aber man muß lange fort gewesen sein, um sich dessen bewußt zu werden. Es ist eine Stadt, in die man zurückkehren muß.»

Eloises Bruder, Billy Clawson, war in der Galerie, als Barbara dort ankam. Er hatte gehofft, Eloise dort zu treffen, aber es war einer der Tage, an denen sie nicht dort arbeitete. Er war ein großer, dürrer Mann von etwa dreißig. Er war, wie Barbara gehört hatte, Geistlicher geworden, um der Wehrpflicht zu entgehen. Da er keine Gemeinde hatte und sich auch nicht nach dem Pfarramt sehnte, verbrachte er seine Tage mit völligem Nichtstun. Die Clawsons waren eine der wohlhabendsten Familien in Oakland, und sie hatten Eloise aus ihrem Leben gestrichen und enterbt, als sie sich von Tom Lavette scheiden ließ und Adam Levy heiratete. Das einzig Sympathische, das Barbara über Billy gehört hatte, war, daß er ab und zu seine Schwester besuchte. Heute trug er den Kragen eines Geistlichen. «Ich tue es nur zum Spaß», erklärte er Jean. «Ich weiß, ich bin ein falscher Fuffziger, aber sind das nicht die meisten Gottesmänner? Meine Tugend ist, daß ich nicht predige. Aber es ist sehr interessant zu sehen, wie die Leute reagieren. Manche halten einen auf offener Straße an, um sich auszuweinen.»

Er begrüßte Barbara und verabschiedete sich dann. Jean hob Sam aus dem Wagen und drückte ihn an sich. «Er ist ein so lieber Junge, Bobby. Weint er eigentlich nie?»

«Aber sicher doch, Mutter. Tut Billy Clawson eigentlich irgend etwas?»

«Nicht, daß ich wüßte.»

«Merkwürdig.»

«Nicht besonders. Er ist nicht der einzige.»

«Mutter», sagte Barbara, «kann ich Sammy bei dir lassen, und kannst du ihn füttern? Ich habe mich zum Essen mit Harvey Baxter verabredet.»

«Harvey Baxter?»

«Er ist Anwalt. Du erinnerst dich doch, er hat damals die Praxis von Sam Goldberg übernommen.»

«Ist Bernie heute morgen abgereist?» fragte Jean plötzlich.

«Ja.»

«Besonders bedrückt siehst du nicht aus.»

«Ich werde schon damit fertig.»

«Möchtest du darüber sprechen?»

«Nein. Nicht jetzt, bitte.»

«Ich möchte es aber gern.»

«Dann tun wir es vielleicht ein andermal.»

Harvey Baxter, ein stämmiger, ernster Mann von dreiundvierzig, erwartete sie bereits in Ginos Restaurant. Er hatte mittelbraunes Haar und tiefliegende braune Augen. Er trug eine altmodische Brille mit Metallfassung und einen anthrazitfarbenen Kammgarnanzug mit Weste. Der Anwaltsfirma Goldberg und Benchly gehörte er an, seit er vor zwanzig Jahren die Universität verlassen hatte. Nach dem Tode der beiden Gründer war er der Hauptinhaber der Sozietät geworden. Die Kanzlei hatte sich auf Zivil- und Gesellschaftsrecht spezialisiert und hieß jetzt Goldberg, Benchly und Baxter. Seit 1910 hatten Goldberg und Benchly für Dan Lavette gearbeitet. Genau wie Barbara auch, hatte Baxter Goldberg sehr verehrt, und er fühlte sich für Barbara persönlich verantwortlich, wie es sein Vorgänger auch getan hatte.

Auf seine Frage, warum sie nicht in sein Büro gekommen sei, antwortete Barbara, dort würden sie doch nur ständig gestört.

«Aber nein», sagte Baxter. «Sie wissen doch, daß ich keine Anrufe annehme, wenn Sie da sind.»

«Aber hier, mein lieber Harvey, werden wir nur von Gino gestört, der mir versichern wird, wie schön ich sei, und das brauche ich heute. Denn heute ist nicht gerade der schönste Tag meines Lebens. Hier, das habe ich gestern bekommen.» Sie nahm die Vorladung aus ihrer Tasche und gab sie ihm.

Gino wartete am Tisch, während Baxter langsam und aufmerksam las. «Soll ich für Sie mitbestellen?» fragte Barbara.

«Ja, irgend etwas.»

Barbara bestellte Spaghetti, Kalbskoteletts und Salat. Als Baxter mit Lesen fertig war, sah er sie nachdenklich an.

«Ich habe es gelesen.»

«Dann wissen Sie, worum es geht. Es ist eine förmliche Ladung mit Strafandrohung, innerhalb von zehn Tagen in Washington zu erscheinen und vor dem Parlamentsausschuß für Unamerikanische Umtriebe auszusagen. Es ist empörend und, wenn ich so sagen darf, ziemlich widerwärtig.»

«Sie dürfen.»

«Hat Bernie auch eine Vorladung bekommen?»

«Nein.»

«Merkwürdig, sehr merkwürdig.»

«Wieso?»

«Liegt das nicht auf der Hand, Barbara? Er hat in Spanien gekämpft. Das würde es erklären, wie die Dinge heute liegen. Aber Sie? Das ist einfach unerhört.»

Barbara zuckte die Schultern.

«Ich finde, Bernie sollte an dieser Unterredung teilnehmen. Wenn man Sie vorlädt, wird man ihn auch vorladen. Das ist zu erwarten.»

«Da bin ich nicht sicher», sagte Barbara. «Soweit ich ihre Methoden kenne, lieben sie das Aufsehen in der Öffentlichkeit. Niemand kennt Bernie. Ich hingegen bin eine ziemlich bekannte Schriftstellerin und noch dazu Dan Lavettes Tochter.»

«Das erklärt gar nichts. Sie sind schließlich keine Kommunistin.»

«Das bin ich bestimmt nicht.»

«Wie steht es mit sozialistischen Zellen? Mit der Bürgerrechtsbewegung, oder mit Komitees für die Befreiung von Tom Mooney, diesem Arbeiterführer – oder dergleichen?»

«Nein. Ich schließe mich solchen Organisationen grundsätzlich nicht an, Harvey.»

«Wir müssen das mit Ihrem Mann besprechen, unbedingt.»

«Er ist nicht in San Francisco.»

«Nicht? Wo ist er dann? Wir rufen ihn an.»

«Nein, das geht nicht, Harvey. Ich möchte Bernie nicht in diese Sache hineinziehen.»

«Wo ist er?»

«Es tut mir leid, aber das möchte ich nicht sagen.»

«Weiß er von dieser Vorladung?»

«Nein, und er soll auch nichts davon erfahren.»

«Barbara, wenn Sie vor dem Ausschuß auftreten, erfährt alle Welt davon.»

«Aber erst in zehn Tagen. Dann spielt es keine Rolle mehr.»

«Was spielt dann keine Rolle mehr? Muß ich Sie als Ihr Anwalt daran erinnern, daß ich in bezug auf alles, was Sie mir sagen, zu strengster Geheimhaltung verpflichtet bin?»

«Das weiß ich doch», sagte Barbara sanft. «Ich will ja auch gar nichts vor Ihnen geheim halten. Aber ich kenne Ihre Ansichten, und wenn ich Ihnen sage, wo Bernie sich aufhält, regen Sie sich so auf, daß uns zu dieser albernen Vorladung nichts Vernünftiges mehr einfällt. Ich will nicht über Bernie sprechen. Ich will darüber sprechen, was ich machen soll.»

«Sehr beruhigend.»

Der Ober brachte das Essen.

«Jetzt essen wir erst mal, bitte», sagte Barbara. «Ich sterbe fast vor Hunger. Ich bin in letzter Zeit nicht oft essen gegangen, und hier schmeckt es mir besonders gut, und wenn Sie mich jetzt allein essen lassen, fühle ich mich überhaupt nicht wohl.»

«Sie sind schon eine seltsame Frau.»

«Nein, gar nicht, Harvey, nur hungrig. Wir wollen jetzt essen, und dabei können Sie mir diese lächerliche Angelegenheit erklären. Ich habe einiges über die Drehbuchautoren und Regisseure in Hollywood gelesen. Sie kommen ins Gefängnis, nicht wahr? Bedeutet das, daß man mich auch einsperren wird?»

«Nein, schlagen Sie sich das um Gottes willen aus dem Kopf. Sie kommen nicht ins Gefängnis.»

«Harvey, regen Sie sich doch nicht auf. Ich hätte gar nichts dagegen, ins Gefängnis zu gehen – für kurze Zeit jedenfalls. Es wäre ein interessantes Experiment.»

«Eins, auf das Sie gut verzichten können. Lassen Sie mich Ihnen jetzt einmal etwas erklären –»

«Sie essen ja gar nicht.»

«Ich bin nicht hungrig, Sie sind es», sagte er mit leichtem Ärger in der Stimme. «Wollen Sie jetzt, bitte, essen und mir zuhören.»

«Ja, Harvey», sagte Barbara. Sie mochte Harvey Baxter sehr gern. Er erinnerte sie an Sam Goldberg. Seine Stimme klang ähnlich, und ähnlich waren auch viele seiner Angewohnheiten. Sie führte das auf die vielen Jahre gemeinsamer Arbeit zurück.

«Der Parlamentsausschuß gegen Unamerikanische Umtriebe –»

«Harvey», unterbrach sie ihn, «was ist das? Ich bin zwar Schriftstellerin, aber nicht besonders gebildet. Ich habe mein Studium nach zwei Jahren abgebrochen.»

«Ich wünschte, Sie würden das ernst nehmen. Und ich wünschte, Sie wären beunruhigt. Ich bin es jedenfalls.»

«Ich bin beunruhigt, Harvey. Deshalb esse ich ja heute mit Ihnen.»

«Also gut. Es handelt sich dabei um einen Kongreßausschuß. Der Kongreß hat das Recht, Ausschüsse zu bilden, Anhörungen durchzuführen, Zeugen ‹zur Sache› zu vernehmen und die Erkenntnisse daraus für die Gesetzgebung zu verwerten. Allerdings hat dieser elende Ausschuß in dieser Hinsicht noch nie etwas unternommen.»

«Und was genau ist ‹die Sache›, Harvey?»

«Unamerikanische Umtriebe, wie sie es nennen.»

«Was für ein törichter Begriff! Halten Sie mich für unamerikanisch?»

«Meine Ansicht ist hier unerheblich. Aber die Sache ist die, daß dieser schmutzige kleine Ausschuß große Macht hat. Den Drehbuchautoren und Regisseuren, die sich selbst die Hollywood-Zehn nennen, hat der Ausschuß vorgeworfen, sie nutzten das Medium Film für subversive Propaganda.»

«Und dafür kommen sie ins Gefängnis?»

«Nein. Wahrscheinlich nicht. Aber eines möchte ich Ihnen sehr eindringlich sagen: Die einzige Straftat, deretwegen ein Kongreßausschuß jemanden anklagen kann, ist Mißachtung des Kongresses, und dieser Tatbestand ist bereits gegeben, wenn man die Antwort auf eine Frage verweigert, die für die Untersuchung von Belang ist. Mißachtung des Kongresses ist ein Vergehen nach Bundesrecht und wird mit Gefängnis bis zu einem Jahr bestraft. Ich habe keine Ahnung, ob diese zehn aus Hollywood Kommunisten sind oder es je waren; aber man hat sie unter anderem danach gefragt, und sie haben die Aussage verweigert. Und sie haben auch auf andere Fragen die Antwort verweigert.»

«Warum?»

«Nun, wenn sie zugegeben hätten, Kommunisten zu sein, hätten sie ihren Arbeitsplatz verloren. Aber sie hatten auch andere Gründe. Soweit ich weiß, haben ihre Anwälte ihnen geraten – und sie selber sind wahrscheinlich zu demselben Schluß gekommen –, sich auf den Ersten Zusatzartikel zur Verfassung zu berufen. Wenn ich mich richtig erinnere, besagt dieser Artikel, daß der Kongreß kein Gesetz erlassen darf, das sich auf eine religiöse Einrichtung bezieht oder die freie Religionsausübung, die Presse- oder Redefreiheit, die Versammlungsfreiheit und das Petitionsrecht einschränkt. Ich glaube, sie haben sich auf diesen Zusatzartikel berufen und eine Untersuchung ihrer politischen Ansichten als Verletzung der Rede- und Pressefreiheit abgelehnt. Das ist eine recht großzügige Auslegung des Artikels, und ich würde keinem meiner Mandanten raten, es zu versuchen. Aber das Verfahren schwebt noch, und es besteht kein Grund anzunehmen, daß man sie zu Gefängnisstrafen verurteilen wird.»

«Am liebsten würde ich diesen Wisch zerreißen und wegwerfen», sagte Barbara.

«Das wäre bereits Mißachtung. Ich würde es nicht empfehlen. Aber Ihr Vater und ich kennen einige einflußreiche Leute, und vielleicht erreichen wir, daß diese Vorladung widerrufen oder annulliert wird.»

«Und wie?»

«Das möchte ich lieber nicht sagen.»

«Harvey, soll das heißen, daß Sie Ausschußmitglieder bestechen würden?»

«Das haben Sie gesagt.»

«Harvey, seien Sie doch nicht so verdammt vorsichtig und legalistisch. Von Bestechung dieser Halunken will ich nichts wissen. Weder durch meinen Vater, noch durch sonst jemanden. Außerdem bin ich noch gar nicht sicher, ob ich meinen Eltern überhaupt etwas davon erzählen soll.»

«Ich glaube, das wäre falsch.»

«Das glaube ich nicht.»

«Dann bleibt Ihnen nichts anderes übrig, als nach Washington zu fahren und auszusagen.»

«Würden Sie mitkommen?»

«Selbstverständlich. Aber noch einmal und ganz ernsthaft: Könnte man Sie dort etwas fragen, worauf Sie die Antwort verweigern würden?»

«Nein, bestimmt nicht. Sie werden mich ja nicht fragen, mit wem ich geschlafen habe, oder?»

«O nein! Nein, also wirklich! Die Fragen müssen zur Sache gehören. Aber nehmen wir einmal an, sie stellen Fragen über Bernie.»

«Darf eine Ehefrau nicht die Aussage verweigern, wenn es um ihren Mann geht?»

«Ich weiß nicht, ob das auch für Untersuchungen des Kongresses gilt, aber das läßt sich feststellen.»

«Eigentlich ist das auch unwichtig. Ich weiß nichts über Bernie, was ich nicht überall sagen könnte.»

«Und wenn sie fragen, wo er sich aufhält?»

«In zehn Tagen spielt das keine Rolle mehr», antwortete Barbara.

Die zehn Piloten und die drei Navigatoren, die die Maschinen nach Osten fliegen sollten, wohnten in Hollywood im Marypol Hotel in der Hudson Street, zwischen dem Hollywood Boulevard und dem Sunset Boulevard. Es war eine Bruchbude, alles andere als feuersicher, und diente arbeitslosen Schauspielern sowie einigen wenigen Durchreisenden als Unterkunft. Brodsky hatte es ausgesucht, weil es einen Vorzug besaß: es war billig. Fünf Dollar für ein Einzelzimmer, sieben Dollar fünfzig für ein Doppelzimmer. Doch selbst bei dem Preis und trotz der Selbstverpflegung war die Rechnung der Gruppe auf über vierhundert Dollar angestiegen. Brodskys Reserven waren auf hundertachtzig Dollar zusammengeschmolzen, und Bernie hatte den Differenzbetrag aus der Kasse der Werkstatt beigesteuert.

Während sie nach Los Angeles fuhren, redete Brodsky auf Bernie ein, er solle das Kommando der Operation übernehmen.

«Wer hatte denn bisher das Kommando?»

«Keiner. Das ist es ja, Bernie. Genaugenommen ist es ein Unternehmen der Haganah. Aber niemand wußte im voraus, wie die Operation sich entwickeln würde, und vor allem wußte keiner, wie die Tschechen sich verhalten würden. Es mußte jemand gefunden werden, der sich bestechen ließ und bereit war, den Verkauf zu arrangieren, ohne dabei in die Schußlinie zu geraten. Dann mußten sie die zwei Millionen auftreiben, was allein sieben Monate gedauert hat, und als nächstes ausbaldowern, wie man das Geld in die Tschechoslowakei und die Messerschmitts nach Palästina bekommt. Als wir von den C-54 hörten, haben sie mich zu den Verhandlungen losgeschickt. Herbie Goodman und drei Piloten sind mit mir gekommen, die übrigen haben wir hier angeheuert. Wir hatten ein paar Hinweise und sind dann zu fünft drei Wochen lang herumgefahren, um die Männer zum Mitmachen zu überreden. Wir wußten nicht einmal genau, wie viele Flugzeuge wir vorfinden würden. Erst haben wir nur mit dreien gerechnet. Nach unseren Laderaumberechnungen paßt nur jeweils eine Messerschmitt in eine Hercules, und zwar zerlegt. Es klingt verrückt, daß ein Land, das am Rand eines Krieges um Sein oder Nichtsein steht, auf diese Weise seine Luftwaffe zusammenkratzt, aber so liegen die Dinge nun mal. Ich habe die Sache nie als militärisches Unternehmen angesehen, aber jetzt, mit zehn Flugzeugen, könnte man sie fast so bezeichnen, was?»

«Nein!» sagte Bernie mit Nachdruck. «Du bist wohl nicht bei Trost. Wenn wir hier in den Vereinigten Staaten ein militärisches Unternehmen durchführen, würden wir – ich weiß nicht, wie viele – Gesetze brechen, bestimmt mindestens zwanzig. Außerdem sind wir nicht bewaffnet. Also sprich nicht von einem militärischen Unternehmen.»

«Na schön. Du bist der Boß. Wie gefällt dir das?»

«Gar nicht. Du hast die Sache angefangen; warum bringst du sie nicht zu Ende?»

«Weil ich das halbe Format von dir habe und nicht wie ein Anführer aussehe. Im Marypol Hotel wartet ein Haufen Irrer auf uns. In ihrer Art sind es ganz ordentliche Burschen, aber wer sich darauf einläßt, die Kisten in die Tschechoslowakei zu fliegen, muß schon ziemlich verrückt sein.»

«Ihr habt gesagt, die Maschinen sind flugtüchtig.»

«Sicher. Herbie und Calvin Council haben die Maschinen zu zweit drei Tage lang auf Herz und Nieren untersucht. Calvin ist zwar kein Jude, aber Navigator und ein guter Mechaniker. Die Flugzeuge scheinen in Ordnung zu sein. Was kann ich dir sonst noch sagen? Bernie, bitte, nimm an, mach den Boß!»

Als sie in Los Angeles ankamen, hatte Bernie zugestimmt. Um halb acht Uhr abends betraten sie das Marypol Hotel, Bernie die Aktentasche mit dem Geld fest in der Hand. Herb Goodman, der sie erwartete, sagte, sechs Mann seien oben in seinem Zimmer und pokerten, die anderen seien ausgegangen, bis auf Seltzer, der Mick White im Auge behielte, weil der sich in seinem Zimmer gerade vollaufen lasse.

«Zuerst nehmen wir uns Mick White vor», sagte Bernie. Er gab Goodman die Tasche. «Da sind hundertzehn Riesen drin, also laß sie nicht aus den Augen. Bleib in unserer Nähe.»

Mick White war etwa dreißig. Sein gedrungener Körper begann bereits Fett anzusetzen. Er war blaß und sah Bernie aus glasigen, blutunterlaufenen Augen an. Er schenkte sich aus einer halbleeren Literflasche Wodka ein. Das Zimmer war düster, die Farbe blätterte von den Wänden ab, eine nackte Glühlampe, die von der Decke hing, brannte. «Was für ein Loch», sagte Bernie, «hier würde ich keinen Hund einsperren.»

«Wer zum Teufel ist das?» fragte Seltzer. Seine Sprache verriet den hartgesottenen Straßenjungen aus Brooklyn, und er sah Bernie feindselig an. Er saß rittlings auf einem Stuhl und hatte ein Glas Wodka in der Hand.

An einer Seite des Zimmers war ein schmutziges kleines Waschbecken. Bernie nahm Mick White die Flasche aus der Hand und goß den Wodka in das Waschbecken. Als Seltzer aufsprang und ihn daran hindern wollte, schleuderte ihn Bernie mit einer Armbewegung gegen die Wand.

«Du verdammter Hund», keuchte Seltzer und ging auf Bernie zu, der sich zu ihm umdrehte und langsam die Flasche hob. Seltzer zögerte. Bernie war fünfzehn Zentimeter größer und fast einen halben Zentner schwerer als er, und Seltzer erkannte Autorität auf den ersten Blick. Er war fünf Jahre in der Air Force gewesen.

«Ich heiße Bernie Cohen», sagte Bernie freundlich. «Ich leite unser Unternehmen. Einen Schritt weiter und ich zerschmettere diese Flasche auf Ihrem Kopf. Das kann uns einen Piloten kosten, aber wir werden einen anderen finden. Sie sind doch Pilot, nicht wahr?»

«Ja.»

«Und Jude?»

«Jawohl.»

Bernie machte eine Kopfbewegung zu Mick White, der zusammengesunken auf dem zweiten der beiden Stühle saß, die es im Zimmer gab. «Er nicht, das entschuldigt ihn etwas. Aber Sie, Mister, wenn Sie noch einen Schluck trinken, bevor diese Sache vorbei ist, zerfetze ich Sie in der Luft.» Er goß den Rest des Wodkas aus.

«Sie sind ein scharfer Hund», sagte Seltzer.

Bernie nickte. «Ja. Schärfer, als Sie sich vorstellen können, Mister. Was hielten Sie davon, wenn wir es im guten versuchten?» Er streckte Seltzer die Hand hin. Seltzer zögerte. Dann schlug er ein. Jetzt wandte Bernie sich an White. «Wie fühlen Sie sich?»

«Nicht gut genug, um Sie zusammenzuschlagen. Das muß bis morgen warten.»

«Sicher.» Bernie hob den zappelnden und fluchenden White mit einem Arm vom Stuhl, schleppte ihn zum Waschbecken und drückte seinen Kopf zum Wasserhahn hinunter. «Dreh auf», befahl er Brodsky, und nach zwei Minuten, in denen White sich ebenso wütend wie vergeblich gewehrt hatte: «Gib ihm ein Handtuch!»

«Gottverdammter jüdischer Bastard!» White wischte sich das Gesicht ab.

«Sind Sie Pilot?» fragte Bernie.

«Ich fliege so, daß Ihnen der Arsch mit Grundeis geht, Sie widerlicher Scheißer!»

«Großartig», sagte Bernie zufrieden.

Am Abend um zehn versammelten sich die Piloten, Navigatoren und die fünf Funker, die Goodman in Los Angeles aufgetrieben hatte, in einem Raum, den das Marypol Hotel in grotesker Selbstüberschätzung als Festsaal bezeichnete. Da bestimmt seit zehn Jahren kein Bankett mehr darin stattgefunden hatte, war der ‹Festsaal› im Laufe der Zeit stillschweigend zur Rumpelkammer umfunktioniert worden. Trotzdem mußte jeder, der ihn benutzen wollte, drei Dollar Miete für zwei Stunden bezahlen. Die Angeworbenen saßen Bernie und Brodsky gegenüber. Das einzige, was sie verband, war, daß sie alle Kriegsteilnehmer und alle Mitte Zwanzig bis Mitte Dreißig waren. Von den Piloten waren sieben Juden, zwei Katholiken und einer Baptist. Auch zwei Navigatoren und ein Funker waren Gojim, also keine Juden. Warum sie mitmachten, war Bernie unbekannt, vielleicht aus einem Schuldgefühl gegenüber den Juden, vielleicht wollten sie auch nur eine Bresche in die Langeweile des Nachkriegslebens schlagen und etwas erleben, oder wieder einmal am Steuerknüppel einer Viermotorigen sitzen. Möglicherweise waren ihre Beweggründe auch ebenso undurchsichtig und verworren wie die der jüdischen Teilnehmer an diesem Unternehmen. Jedenfalls war keiner von ihnen des Geldes wegen dabei, denn es gab keins. Es wurden nur Unterkunft und Verpflegung gestellt und die Kosten der Rückreise übernommen – doch wie, das schien weder Brodsky noch einer der anderen zu wissen. Drei Männer waren arbeitslos, zwei waren Schauspieler, einer war ein Filmregisseur, der gerade einen beachtlichen Erfolg errungen hatte, einer war Zimmermann, und einer war bis vor kurzem Polizist in Los Angeles gewesen. Die übrigen waren Studenten und Versicherungsvertreter, bis auf zwei, die bei großen Fluglinien Piloten waren und Urlaub genommen hatten. Zwei der Funker schließlich arbeiteten als Fernsehtechniker. Seltsamerweise waren neun aus der Gruppe verheiratet, und Bernie fragte sich insgeheim, wie viele von ihnen – wie er selber – dieses Unternehmen als einen Fluchtweg ansehen mochten, als einen Ausstieg aus dem Alltag, aus dem wirklichen Leben. Oder war dies hier das wirkliche Leben? Hatte nicht Barbara einmal zu ihm gesagt, daß die männliche Gattung der Spezies nie wirklich erwachsen werde? Krieg sei ein Spiel, und Politik sei auch ein Spiel – beides seien sinnlose, mörderische Spiele von Kindern, die in den Leibern von Erwachsenen steckten. Und Ruhm, Idealismus, Mut seien nur drei leere Schlagworte. «Trotz allem», sagte er sich, «jemand muß es tun.»

«Ich heiße Bernie Cohen», sagte er zu ihnen. «Da irgend jemand ein solches Unternehmen leiten muß, tue ich es, und ich werde es zu Ende führen. Sollte jemand es sich noch überlegen wollen, Zweifel haben oder sonst was – jetzt kann er es sagen und noch aussteigen.» Er wartete, aber niemand meldete sich zu Wort. «Na schön. Morgen früh um fünf fahren wir nach Barstow. Ich sage fünf, weil wir übermorgen um fünf Uhr früh fliegen werden, wenn alles klappt. Ihr sollt morgen abend vor Müdigkeit umfallen, damit ihr schlaft. Ob ihr heute nacht schlaft, ist mir egal, aber morgen nacht müßt ihr schlafen. So haben wir einen ganzen Tag Zeit, um die Maschinen startklar zu machen. Als erstes fliegen wir einen Flugplatz bei Melville, New Jersey, an. Der Wetterbericht ist gut. Wir haben Karten und werden die Flugpläne heute abend noch ausarbeiten. Wie viele von euch sind ausgebildete Flugzeugmechaniker?» Acht Hände hoben sich. «Gut. Es gibt keine Rangunterschiede hier. Morgen packt jeder mit an und hilft den Mechanikern. Und jetzt überlegt, was alles noch bedacht werden muß. Es darf keine offenen Fragen geben, und wir dürfen nichts dem Zufall überlassen.»

Tom Lavette war Barbaras Bruder und zwei Jahre älter als sie. In gewissen Kreisen in San Francisco meinte man zu wissen, daß Dan Lavette mit seinem Erstgeborenen seit fast zwanzig Jahren kein Wort geredet hatte. San Francisco ist keine große Stadt, und da die Gruppe der Männer, die Reichtum und Macht in Händen hielten, noch viel kleiner war, ließ sich nicht vermeiden, daß Dan Lavette und sein Sohn einander von Zeit zu Zeit begegneten. Bei solchen Gelegenheiten sahen beide, wie tief die Kluft zwischen ihnen geworden war, aber keiner unternahm den Versuch, den Kontakt zwischen ihnen wiederherzustellen. Jean, die das beobachtete, sprach gelegentlich mit Dan über das Thema.

«Schön, er mag jung und unleidlich sein, aber er ist immer noch dein Sohn.»

Dan pflegte zu antworten: «Da hast du recht» – und ließ es dabei bewenden.

Jean fand sich allmählich mit Dans Unversöhnlichkeit ab. Sie selbst traf ihren Sohn regelmäßig, wenn auch nicht häufig. Einmal im Monat lud er sie zum Essen ein.

Nach ihrer Scheidung von Dan hatte Jean sich mit John Whittier verheiratet. Er hatte die größte Reederei an der Westküste geerbt, und während des Krieges war sie enorm expandiert. Nach seiner Heirat mit Jean, 1931, hatte John Whittier ein zunehmendes Interesse an Tom gezeigt, wohl weniger an seiner Person als an dem potentiellen Erben der Seldon Bank. Als Tom in den Besitz seines Anteils an jenem Aktienpaket gelangte, an das die Stimmenmehrheit in der Bank geknüpft war, hatte Barbara ihrem Bruder noch einen Teil ihrer eigenen Aktien verkauft. Tom hatte sich daraufhin mit Whittier zusammengetan, und sie hatten die Great Cal gegründet, eine der größten Dachgesellschaften an der Küste.

Im Laufe der Jahre war Whittier die Führungsrolle in diesem Unternehmen allmählich entglitten. Ursprünglich hatte er in Tom einen freundlichen, mäßig begabten jungen Mann mit guten Manieren gesehen, aber ohne großen Ehrgeiz und Schwung. Er hatte ihn unterschätzt. Innerhalb eines Jahrzehnts hatte Tom ihm die Führungsposition abgejagt. Jetzt, mit sechzig, war Whittier ein übergewichtiger, launischer Hypochonder, der einen echten und mindestens ein Dutzend eingebildete Herzinfarkte hinter sich hatte. Dem Namen nach immer noch Hauptgeschäftsführer und Vorstandsvorsitzender der Great Cal, war er in Wirklichkeit kaum mehr als eine Galionsfigur. Wenn es schwierige Probleme zu lösen und Entscheidungen zu treffen galt, wandte man sich an Tom. In Finanzkreisen des Westens galt er als der mächtigste und vielversprechendste der jungen Männer, die nach dem Krieg die Schalthebel der Wirtschaft in die Hände bekommen hatten.

Jean hatte seit über einem Monat nichts von ihm gehört, als er sie eines Tages anrief und ins Fairmont zum Essen einlud. Wenn Tom nicht in seinen Klub ging, aß er im Fairmont. Jean hatte ihn einmal gefragt, warum er in einer Stadt, die sich rühmte, mehr gute Restaurants zu haben als jede vergleichbare Stadt Amerikas, immer in dasselbe Restaurant ging. «Ich esse nicht in Lokalen, die ich nicht kenne, Mutter», hatte er geantwortet.

Sie wußte von ihrem Sohn Dinge, die jeden anderen mit Abscheu erfüllt hätten, wenn er sie gekannt hätte. Sie verurteilte ihn nicht und ließ sich in ihrer mütterlichen Zuneigung nicht irre machen. Zu ihr war er zuvorkommend und freundlich, und er sah gut aus. Daran mußte sie denken, als er durch den Speisesaal auf sie zukam. Er war schlanker als Dan, aber ebenso groß und breitschultrig, hatte ihre blauen Augen, ihr helles Haar und ihre glatte Haut. Ihr schien, als hätten ihre Kinder von beiden Eltern das Beste geerbt, zumindest äußerlich.

Er begrüßte sie herzlich. «Du siehst phantastisch aus. Du bist immer noch die bestaussehende Frau, wo du auch hinkommst.»

«Was für ein Unsinn. Ich bin achtundfünfzig und versuche nicht, das zu verbergen.»

«Das brauchst du auch nicht.»

«Wieso bist du heute so liebenswürdig?»

«Das bin ich immer.»

«Außer, wenn du dich abscheulich aufführst, was ja vorgekommen ist. Aber ich freue mich, dich zu sehen. Setz dich und laß uns etwas trinken, zur Feier des Tages. Wir wohnen nur ein paar Straßen voneinander entfernt, und doch sind wir fast Fremde.»

«Ich hatte zu tun, viel zu tun», erklärte er.

«Ja, natürlich. Du kommst auf deinen Urgroßvater heraus, Thomas. Er fing 1850 als Goldwäscher an und kam bald dahinter, daß man es mit Goldwaschen nicht schnell zu Reichtum bringt. Also sattelte er um, wurde Geldverleiher und lieh sein Gold zu dreihundert Prozent aus. In meiner Kindheit war er bereits zum Bankier aufgestiegen und hatte seine Zinsen auf zwanzig bis dreißig Prozent ermäßigt. Zu jedem Geburtstag schenkte er mir ein goldenes Zehndollarstück. Es brach ihm jedesmal fast das Herz, es aus der Hand zu geben. Du müßtest sehen können, wie er die Münze liebkoste! Ich glaube, der alte Bock bekam nur eine Erektion, wenn er sein Geld zählte.»

«Mutter», flüsterte Tom, «du sprichst die grauenhaftesten Dinge aus!»

«Ja, das mach ich. Und ich frage mich, was dich dazu treibt, so viel Geld zusammenzuscharren, Tom. Du hast doch genug, um den lieben Gott einen guten Mann sein zu lassen und das Leben zu genießen.»

«Es macht mir Spaß. Es geht mir nicht ums Geld, es ist nur eine Art Sport, ein Punktezählen.»

«Nicht besonders originell, finde ich.»

«Hast du dir schon einmal überlegt, Mutter, wer das Land in Schwung hält, wer die Räder am Rollen hält, damit Menschen wie du das Leben genießen können, wie du es ausdrückst?»

«Bravo! Jetzt fauch mich nicht an, sondern bestell endlich was zu trinken und zu essen. Und dann erkläre mir, was mir die Ehre verschafft, hier mit dir am Tisch zu sitzen.»

Als serviert war, sagte Tom beiläufig: «John liegt mir in den Ohren, ich soll wieder heiraten.»

«So?»

«Hast du sonst nichts dazu zu sagen?»

«Willst du das wirklich mit deiner Mutter besprechen?» fragte Jean freundlich.

«Ist dir das zu heikel? Mit wem soll ich sonst reden?»

«Mit einem Psychoanalytiker – nein, bitte, werd jetzt nicht wütend.»

«Kommt nicht in Frage.»

Jean stocherte in ihrem Essen herum. Sie hatte nicht mit diesem Thema gerechnet und wußte nicht, wie sie sich dazu stellen sollte. Endlich sagte sie ruhig: «Also gut, laß uns darüber reden. Soweit ich das kann. Ich weiß allerdings nicht – »

«Ich doch auch nicht.» Den bittenden Ton in seiner Stimme hatte sie schon lange Zeit nicht mehr gehört. Er stimmte sie versöhnlich und brachte ihr all ihre Schuldgefühle zu Bewußtsein, weil sie für diesen Mann, ihren Sohn, seit langem eine tiefsitzende Verachtung empfand.

«Also», sagte Jean, so gleichmütig sie konnte, «John Whittier will, daß du heiratest. Was ihn das angeht, ist mir schleierhaft. Willst du es denn überhaupt?»

«Ich habe Pläne, wie du weißt, Mutter. Ich kandidiere für den Kongreß und will unbedingt gewählt werden. In sechs Jahren, 1954, hätte ich eine gute Chance, Gouverneur zu werden, jedenfalls meinen John und ich das. Wenn ich die Republikaner dazu bringe, mich aufzustellen, wäre ich, bei der Amtsführung von Earl Warren in diesem Staat hier, schon so gut wie gewählt.»

«Und du willst unbedingt Gouverneur werden?»

«Es ist ein Schritt nach oben.»

«Und dann? Was kommt dann?»

«Ich weiß nicht. Vielleicht Senator. John hat seine eigenen merkwürdigen Vorstellungen, er denkt ans Weiße Haus – aber das schwebt wohl jedem aufrechten amerikanischen Jungen vor, nicht?»

«Ja, jedem aufrechten amerikanischen Jungen», murmelte Jean.

«Und warum auch nicht? Ich habe mich im Krieg anständig gehalten. Ich habe das Geld und die Stellung, und dumm bin ich auch nicht.»

«Nein, das bist du sicher nicht», nickte Jean. «Ich versuche nur, dich zu verstehen. Wer in San Francisco aufwächst, Tom, verliert den Respekt vor Politik und Politikern. Es ist ein schmutziges Spiel, das meist von erbärmlichen Männern gespielt wird. Na ja, träum du nur deine Träume. Hast du eigentlich schon ein Mädchen im Auge oder ist das nur so eine vage Idee?»

«Doch. Ich denke an Lucy Sommers.»

«Al Sommers Tochter», sagte Jean. Sie erinnerte sich an den

ehemaligen Stellvertretenden Vorstandsvorsitzenden der Seldon Bank und seine einzige Tochter, ein dunkelhaariges, langbeiniges Mädchen. Die beiden hatten sie nie besonders interessiert, und sie hatte Lucy seit Jahren nicht gesehen. «Ist sie nicht Witwe und mindestens vier Jahre älter als du?»

«Ja, aber das macht nichts, das Alter, meine ich. Und an einer Witwe hängt wenigstens nicht der Makel einer Scheidung. Schlimm genug, daß *ich* eine Scheidung hinter mir habe. Wenn ich an Eloise denke – »

«Von Eloise sprechen wir jetzt nicht.»

«Nein, richtig. Also Lucy und ich haben uns über eine Heirat unterhalten. Sie meint wie ich, daß es klare Vorteile für uns beide hätte. Kinder sind keine da, und allein zu leben, ist für keine Frau ein Vergnügen. Sie ist eine sehr anziehende und hübsche Frau und eine ausgezeichnete Gastgeberin, und, Gott sei Dank, im Unterschied zu Eloise gefällt ihr die Rolle.»

Klare Vorteile für uns beide, dachte Jean. Mein Gott, was für eine Auffassung von der Ehe!

«Was hältst du von ihr?» fragte er Jean.

«Ich kenne sie kaum. Natürlich, sie ist elegant, und das willst du ja wohl. Weiß sie ...», fragte Jean zögernd, «ich meine ...»

«Ich weiß, was du sagen willst, Mutter. Ich habe ihr klargemacht, daß ich an Sex nicht interessiert bin, und daß wir nur den Buchstaben nach verheiratet wären. Sie ist einverstanden.»

«Und ihre eigenen Bedürfnisse?»

«Hat sie sich abgewöhnt. Sie ist offenbar zufrieden, wenn es dabei bleibt.»

«So etwas soll es ja geben», seufzte Jean. «Es wird euch beide etwas Mühe kosten.»

«Wir denken an eine Hochzeit im kleinen Rahmen, nur ein paar Leute. Wirst du kommen?»

«Ohne Dan? Nein, ich glaube nicht.»

Tom sah sie an.

«Ich an eurer Stelle», sagte Jean, «würde eine Reise machen, nach England oder Frankreich oder auch nach Hawaii. Heiratet dort – eine plötzliche romantische Entscheidung. Dann braucht ihr euch auch um die Presse keine Sorgen zu machen.»

Am Abend fragte Dan sie, wie es bei dem Essen mit Tom gewesen sei, und sie berichtete ihm von Toms Absichten.

«Liebt er die Frau?» fragte Dan.

«Ich glaube nicht.»

«Warum zum Kuckuck dann diese Ehe?»

«Dein Sohn», sagte Jean bedächtig, «ist ein sehr reicher und wichtiger Mann, jedenfalls nach den geltenden Maßstäben. Und er ist ehrgeizig. Du hältst ihn möglicherweise für einen Schuft, Dan.»

«Das habe ich nie gesagt.»

«Aber gedacht. Er ist es aber nicht, jedenfalls nicht mehr als die meisten anderen Männer auch. Er braucht die Form der Ehe, wenn schon nicht das, wozu sie da ist.»

Dan sah sie lange an. Schließlich sagte er: «Willst du damit sagen, daß er schwul ist?»

«Ich verabscheue das Wort!»

«Na schön, ist er homosexuell?»

«Hast du das nie geahnt? Danny, nimm es dir nicht so zu Herzen. Wir haben genug Schreckliches hinter uns, erspare uns neue Qualen. Ich sehne mich so sehr nach einem kleinen bißchen Glück, bevor alles vorbei ist.»

Am selben Tag, als Jean und Tom im Fairmont speisten, ging Barbara mit Sam ganz in ihrer Nähe im Huntington Park spazieren. Sam lächelte sie aus dem Sportwägelchen an und freute sich an der kühlen, sauberen Luft, die vom Pazifik herüberwehte. Die Zeit, die sie mit ihrem Kind verbrachte, wurde ihr nie zu lang, und sie konnte es immer noch nicht fassen, daß dieses rundliche, lebhafte und freundliche Geschöpf aus ihrem eigenen Schoß gekommen war. Die Unzufriedenheit anderer Mütter und Hausfrauen war ihr fremd, allerdings hatte sie bereits einen stattlichen Teil ihres Lebens verbracht, bevor sie diese Rolle übernahm. Für sie war Sam ein Wunder. Sie wußte, daß sie keine Kinder mehr haben würde. Oft hörte sie den anderen jungen Müttern im Park neugierig zu – die meisten waren ein Dutzend Jahre jünger als sie –, fühlte sich aber nie als eine von ihnen. Ihr war, als hätte sie die Welt immer als Außenstehende betrachtet – das lag wohl daran, daß sie Schriftstellerin war. In ihrem neuen Buch, dem Buch, an dem sie arbeitete, wollte sie über Menschen wie die jungen Mütter schreiben, die ihr im Huntington Park begegneten.

Sie hörte lieber zu statt zu reden, und wenn sie redete, tat sie es mit Sam. Er hörte sich Tiefsinniges wie Alltägliches mit der gleichen Gelassenheit an, manchmal gelangweilt, aber dann lenkte er sich schnell mit seinem Beißring oder seinem Daumen ab.

Heute teilte sie Sam beim Betrachten des Schildkrötenbrunnens mit, daß die Familie Crocker ihn der Stadt geschenkt habe, und sie erzählte ihm, daß es sich dabei um die Kopie eines römischen Brunnens handele, die Fontana delle Tartarughe. Sam verlangte auf den Rand gesetzt zu werden und ins Wasser zu patschen. «Du weißt doch, daß du immer pinkeln mußt, wenn du mit Wasser spielst. Aber warum eigentlich nicht? Früher oder später tust du es ja sowieso.»

Sie saßen auf dem Brunnenrand. «Weißt du», sagte Barbara, «die Crockers konnten den Gedanken nicht ertragen, nicht etwas zum Park beigesteuert zu haben. Wahrscheinlich waren sie neidisch auf den alten Collis Huntington. Er war übrigens ein Freund meines Großvaters. Großvater hat mir oft erzählt, wie sie beide mit dem Cable Car die California Street hinaufgefahren sind, und dann jeder zu seiner prächtigen Villa marschierte. Das stimmt. Sie besaßen beide prächtige große alte Häuser hier ganz oben auf Nob Hill. Großvaters Haus lag dort», sie deutete in die Richtung, «und das von Huntington weiter drüben. Alles weg heute. Ich weiß noch, wie sie Großvaters Haus abgerissen haben, 1928 oder 1929. Ich war damals vierzehn oder fünfzehn und habe furchtbar geheult. Dabei war es ein häßlicher alter Kasten ...»

Ein verklärter Ausdruck in Sams Gesicht ließ sie innehalten.

«Ach so. Na, dann gehen wir jetzt nach Haus und wechseln die Windeln. Eines Tages, so Gott will, kannst du sprechen, und dann werden wir uns wunderbar unterhalten.»

Auf dem Rückweg zur Green Street versuchte Barbara darüber nachzudenken, warum sie weder unglücklich noch besorgt war. Ihr Mann abenteuerte durch die Welt, sie selbst war unter Strafandrohung vom Kongreßausschuß gegen Unamerikanische Umtriebe vorgeladen – und trotzdem war sie ganz zufrieden und irgendwie sogar glücklich.

«Ich muß eine seltsam gefühllose Frau sein», sagte sie zu sich selbst.

II
Spiele

«Ich mache nicht gern Geschäfte mit Juden», sagte Mr. Kennedy. Er war ein großer Mann, dem der Bauch über den Hosenbund hing. Er trug einen Cowboyhut, und sein Leinenanzug war schweißnaß. «Sie haben so ein einnehmendes Wesen.» Zur Verdeutlichung schloß er die Faust. «Geld, immer nur Geld. Schließlich ist es ein großes Risiko für mich, wenn ich Ihnen die Flugzeuge verkaufe, Mr. Cohen. Wenn Sie sie nun außer Landes brächten – das wäre gegen das Gesetz. Ich habe es nachgelesen. Aber Gott hat mir gesagt: ‹Verkauf ihnen die Flugzeuge.› Und nicht etwa im Traum, nein, ich war wach, meine Frau kann es bezeugen. Sie sagt, ich habe aufrecht im Bett gesessen, mit weit offenen Augen. Also sage ich mir, es ist Gottes Wille. Aber Gott respektiert das Recht eines Mannes, Geschäfte zu machen, solange niemand übers Ohr gehauen wird. Und ich haue Sie nicht übers Ohr, ich will nur einen angemessenen Gewinn. Wissen Sie, was ein einziges der Flugzeuge neu kosten würde?»

Sie saßen unter dem blechernen Vordach von Kennedys Baustoffhandel, und die Wüste flimmerte vor ihren Augen in der Hitze. Bernie wischte sich die Stirn und sagte begütigend: «Ich haue Sie nicht übers Ohr, Sir.» Er hob die Aktentasche an. «Hier habe ich hundertzehntausend Dollar in Fünfzig- und Hundertdollarscheinen, in neutralen, nicht gekennzeichneten Banknoten, Mr. Kennedy. Reden wir doch offen. Sie wollten keinen Scheck. Sie wollten Bargeld.»

«Verdammt, Mister, wollen Sie etwa sagen, daß ich etwas Ungesetzliches tue?»

«Nein, nein, nein. Ganz und gar nicht. Aber viele Kunden werden Sie nicht finden, die bar zahlen und es nicht durch die Bücher gehen lassen. Das Geld hier steht bei niemandem in den Büchern. Eine solche Gelegenheit kommt so schnell nicht wieder, und währenddessen stehen Ihre Flugzeuge hier in der Sonne und verrotten. Jawohl, verrotten. Wir haben bei Lockheed angefragt, was die Instandsetzung kosten würde. Hundertfünfzigtausend pro Stück, Mr. Kennedy! Es sind fliegende Särge.»

«Und Sie sind offenbar auf ein Begräbnis erpicht,» kicherte Kennedy. «Was ist Ihr Vorschlag, Cohen?»

«Wir haben noch fünf Funker und zwei Navigatoren aufgetrieben. Sie kommen heute noch hierher, vor Mitternacht, aber sie müssen bezahlt werden. Zweihundert Dollar pro Kopf, das macht vierzehnhundert. Dann ist da noch die Hotelrechnung für meine anderen Männer, und die Verpflegung. Ich schwöre bei Gott, daß die hundertzehntausend hier alles sind, was wir haben, auf den Cent genau. Wenn Sie nichts nachlassen, muß ich aus dem Handel aussteigen, unsere Rechnungen bezahlen und woanders suchen.»

«Woanders! Wo zur Hölle wollen Sie solche Flugzeuge zu einem solchen Preis finden! Das finden Sie nirgends.»

«Unten bei San Diego stehen sechzehn Fracht-C-46 zum Verkauf. Sie haben zwar nicht die Reichweite wie diese hier, aber sonst sind sie für unsere Zwecke viel besser.»

«Sie bluffen, Cohen.»

Bernie zuckte mit den Schultern und wartete.

«Und wenn ich hundertneuntausend sage?»

«Das würde uns nichts nützen.»

«Himmel, wie ich Geschäfte mit Juden hasse. Wieviel wollen Sie denn behalten?»

«Wir brauchen dreitausend Dollar, um unsere Ausgaben zu dekken. Ich kann Ihnen also hundertsiebentausend bieten. Das ist mein letztes Wort.»

«Jetzt werden Sie bloß nicht unverschämt», brauste Kennedy auf. «Woher soll ich überhaupt wissen, ob das Geld sauber ist? Wir sind hier in Barstow, und nicht in Los Angeles. Wenn ich nun den Sheriff anriefe und ihm sagte, daß Sie hier mit einer Tasche voll heißem Geld sitzen? Er ist ein guter Freund von mir.»

«Rufen Sie ihn ruhig an. Ich weiß, woher das Geld stammt. Wenn Sie wollen, daß ich es dem Sheriff sage, damit er es überprüft – mir ist es recht.»

«Sie, Sie Halsabschneider!»

«Ob Sie das Geschäft machen oder nicht, ist Ihre Sache.»

«Und Sie wollen die Dinger wirklich ins Heilige Land fliegen, Cohen?»

«Sie wissen doch, Mr. Kennedy, daß das verboten ist», erläuterte Bernie geduldig. «Sie kennen doch Trumans Verordnung zwo-sieben-sieben-sechs. Das haben Sie mir selbst gesagt. Nach dem Gesetz kann niemand die Flugzeuge außer Landes bringen.»

«Das sagt mein Anwalt auch.»

«Und er hat recht. Nehmen wir mal an, Sie müßten unter Eid aussagen, ob Sie wußten, wohin die Flugzeuge gebracht werden sollten. Dann brauchen Sie nur zu sagen, daß die Flugorders auf Melville, New Jersey, lauteten. Alles einwandfrei und vollkommen legal. Also, wie ist es? Schließen wir nun über hundertsiebentausend ab?»

«Mann, Sie würden auch noch aus einem Stein Blut herauspressen.» Er nickte. «Sie haben mich weich gemacht, Mann. Der Handel gilt!»

Am selben Tag nachmittags rief Dan Barbara an und lud sie ein, mit ihm und Jean essen zu gehen.

«Ich würde wirklich gern mitkommen, Dad. Aber ich erwarte heute abend einen Anruf von Bernie, da kann ich nicht aus dem Haus. Und außerdem wüßte ich nicht, ob ich so spät noch jemanden fände, der sich um das Kind kümmert.»

«Schade, wirklich schade. Ich hatte mich schon so gefreut.»

Seine Stimme klang traurig. «Geht es dir nicht gut?» fragte Barbara.

«Doch, mir geht es gut.»

«Hör zu, Dad, wenn ich schon ans Haus gebunden bin, warum kommt ihr dann nicht nach dem Essen hier vorbei? Ich mach euch einen Nachtisch und Kaffee, und wir können ein bißchen miteinander reden. Bitte, sag ja.»

«Ja, das ist ein guter Gedanke.»

«Fein. Also dann bis nachher.»

Etwas beunruhigt legte Barbara den Hörer auf. Da war irgend etwas in der Stimme ihres Vaters gewesen ... Oder bildete sie sich das nur ein? Plötzlich fröstelte es sie. Sie lief nach oben zu Sam. Er schlief friedlich in seinem Bettchen. Sie ging wieder nach unten und ließ sich in den Sessel neben dem Telefon fallen. Warum rief Bernie denn nicht an? Er war erst zwei Tage fort, aber in diesem Augenblick erschien ihr das wie eine Ewigkeit. Bisher hatte sie ihn nicht vermißt; sie war ganz gern mit dem Kind allein und Herrin ihres Geschicks. Ganz plötzlich war ihre Stimmung umgeschlagen, ohne daß sie wußte, warum. Damals, als sie Bernie heiratete, hatten sich alle Leute über die Verbindung mit einem mittellosen Ex-Sergeant gewundert, nur Dan hatte gesagt: «Du hast einen Mann gefunden, Bobby. Ich verstehe dich.» Aber bei Bernie ging es nicht um Männlichkeit, Härte oder Durchsetzungsvermögen; diese Eigenschaften waren ihm fremd. Er war ein offener, aufrichtiger Mann, der sie verehrte, und er war anders als alle Männer, die sie kannte. «Er ist, wie er ist», sagte sie zu sich. «Verdammt, Bernie, ruf endlich an!»

Wie zur Antwort klingelte das Telefon, und noch ehe das erste Läuten aufhörte, hatte sie den Hörer schon in der Hand.

«Bernie?»

«Wie geht es dir, Bobby, und wie geht es Sam?»

«Gut. Sam schläft, und ich sitze hier und habe wütend auf das Telefon gestarrt, weil es nicht klingeln wollte. Wo bist du, Bernie?»

«In Barstow. Alles klappt wie am Schnürchen. Wir haben die Maschinen gekauft, und die Jungs haben den ganzen Tag daran gearbeitet.»

«Ich habe Angst wegen dieser verdammten Flugzeuge. Fliegen sie denn?»

«Wie die Vögel, glaub mir.»

«Und wie geht es dir?»

«Mir? Großartig. Du und der Junge, ihr fehlt mir. Und wie ihr mir fehlt! Aber ich brauchte das hier. Ich war ja kein Mensch mehr. Das hat nichts mit dir zu tun, Bobby, oder mit meiner Liebe zu dir, glaub mir das.»

«Ich weiß.»

«Ich lebe wieder. Das ist ein schönes Gefühl.»

«Ich kenne das Gefühl, Bernie.»

«Ich habe Gewissensbisse.»

«Ach, der Henker soll sie holen! Bring es hinter dich und komm heil wieder.»

«Das habe ich auch vor», sagte er. «Es sieht gut aus. Wir haben jetzt für jede Maschine einen Funker. Das war meine größte Sorge. Uns fehlen nur noch zwei Navigatoren, aber wir schaffen es auch so.»

«Wann fliegt ihr?»

«Morgen bei Sonnenaufgang. Wir haben für die ganze Strecke gutes Flugwetter vorausgesagt bekommen. Spätestens um vier Uhr Ortszeit müßten wir in New Jersey sein. Hör mal, Bobby, ich habe nicht mehr mit deinem Vater reden können. Ich steckte so in der verdammten Sache drin, daß ich gar nicht richtig überlegt habe, was wir eigentlich von ihm verlangt haben. Gott im

Himmel, der Mann hat mir hundertzehntausend Dollar gegeben, ohne mit der Wimper zu zucken! Eine tolle Sache!»

«Finde ich auch. Wirklich großartig.»

«Warum, Bobby? Weißt du, warum er das getan hat?»

«Nicht genau. Er ist ein außergewöhnlicher Mann und hat ein außergewöhnliches Leben hinter sich. Er tut eben Dinge, die andere nicht tun.»

«Das kann man wohl sagen. Sag ihm bitte, daß ich ihm danke, mach ihm klar, daß ich ihm das nie vergessen werde.»

«Ich will es versuchen, Bernie.»

«Ich liebe dich sehr, Bobby. Auf meine eigene verrückte, neurotische Weise.»

«Ich nehme es so, wie es kommt. Es gibt Dinge an dir, Cohen, die ich bewundere. Nicht viele, aber ein paar sind es schon.»

«Das wärmt mir das Herz. Gott schütze dich.»

Barbara legte auf, streckte die Beine von sich und lehnte sich mit geschlossenen Augen zurück. Nachher würde sie sich bei Dan bedanken. «Vielen Dank, Dad, daß du genauso blöd bist wie mein Mann.» Nein, so nicht. Warum hatte er es getan? Um seine Schuld Mark Levy gegenüber zu tilgen? Das war doch sentimentaler Schmus – Toten gegenüber kann man keine Schulden tilgen. Es mußte andere Gründe geben, tiefere, zwingende Gründe. Hatte sie ihren Vater je begriffen, wußte sie, warum er tat, was er tat? Was wußte sie überhaupt von ihm? Sie erinnerte sich, daß er sie einmal, kurz vor seiner Scheidung von Jean, allein zum Essen mitgenommen hatte. Sie hatte damals nicht begriffen, daß ein Verzweifelter, ein Ertrinkender, ihr die Hand entgegenstreckte. Sie hatte nur ihren Vater gesehen, den Mann, der ihre Mutter mit einer Chinesin betrog. Barbara erinnerte sich noch sehr gut, wie sehr sie das abgeschreckt hatte. Erst Jahre später hatte sie May Ling kennen und lieben gelernt. Damals, als junges Mädchen, hatte sie nur jugendliche Renitenz und Zorn empfunden. Daß ihr Vater sie ausgerechnet in das Restaurant mitnahm, wo er so oft mit May Ling gewesen war, erschien ihr als eine zusätzliche Kränkung. Gino, der Besitzer, hatte ihr aufdringliche Komplimente gemacht und mit ihrem Vater italienisch geredet, so daß alle Ängste, die ein Einwandererkind wegen seiner Abstammung hat, in ihr aufbrachen. Wie eine waidwunde Katze war sie über ihren Vater hergefallen, hatte gekratzt, verletzt, zerstört ...

Mit Tränen in den Augen dachte sie jetzt daran, wie dieser Hüne von einem Mann, der eine ganze Stadt seinem Willen unterworfen hatte, unter ihrem Zorn gelitten hatte, unter dem Zorn eines dummen Schulmädchens. Was wußte und verstand sie damals schon? Sie schämte sich, wenn sie daran dachte.

Es war kurz vor acht Uhr. Genug jetzt, sagte sich Barbara – was geschehen ist, ist geschehen. Es würde noch eine gute Stunde dauern, bis ihre Eltern kamen. In dieser Zeit könnte sie eine Seite brauchbarer, wenn schon nicht unsterblicher, Prosa zu Papier bringen. Sie setzte sich an die Maschine.

Gegen zehn kamen Dan und Jean. Barbara hatte ihre Mutter selten so gelöst und ausgelassen gesehen. Sie hatte ein neues Taftkleid an, das Barbara noch nicht kannte: tiefblau und schwarz, hochgeschlossen, mit langen Ärmeln und einem Stufenrock. Der große hochstehende Kragen rahmte Hals und Schultern ein. Barbara sah sie mit unverhohlener Bewunderung an und seufzte: «Wenn ich doch auch mal so aussehen könnte!» Jean antwortete: «Laß nur, Liebling. Ich bin eine alte Frau, die sich aufdonnert. Du hast das nicht nötig. Rat mal, wo wir gegessen haben? Wir haben das Rad der Zeit zurückgedreht, bis zum Anfang. Wir waren im Palace, in dem großen Speisesaal unter der Glaskuppel. Ach, die Küche ist leider nicht mehr, was sie einmal war, aber immerhin. Weißt du, zuletzt waren Dan und ich 1911 dort. Stell dir vor, 1911 – und jetzt schreiben wir 1948.»

Dan ließ sich in einen Sessel fallen. Er kam Barbara müde vor, sehr müde. Er beobachtete Jean mit einem leichten Lächeln um die Lippen, so, wie man ein über alles geliebtes Kind ansieht, kritiklos, nur von dem Wunsch erfüllt, in seiner Nähe zu sein, es anzusehen. Als Barbara ihn so sah, drängte sich ihr wieder die Frage auf, wie ein Mann zwei Frauen so intensiv und so beständig lieben konnte. Das Rätsel Dan Lavette schien ihr so unlösbar wie eh und je.

«Er trug damals seinen Gesellschaftsanzug», fuhr Jean fort. «Heute trägt man Smoking, aber damals, 1911, trug man einen Gesellschaftsanzug. Ich frage mich, warum. Weißt du es, Dan?»

«Ausgerechnet ich! In solchen Fragen war ich noch nie Experte. Es war mein erster.»

«Ja. Und das erste Mal, daß er damit ausging, Bobby. Er hatte ihn sich für eine Abendeinladung bei uns machen lassen, bei den piekfeinen Seldons auf Nob Hill. Da trug er ihn zum allerersten Mal, der ehrgeizige Niemand aus dem Tenderloin.»

«Kein Niemand. Das war Dad nie», protestierte Barbara. «Er kam schon als was Besonderes auf die Welt.»

«Danke, Tochter», sagte Dan und holte eine Zigarre aus der Tasche. «Darf ich?»

«Ich wünschte, du tätest es nicht», sagte Jean. «Aber wenn es unbedingt sein muß. Jedenfalls war das unsere erste Verabredung, und Danny trug seinen Gesellschaftsanzug, und wir aßen im Palace. Von dem, was ein Abendessen im Palace damals kostete, könnte heute eine fünfköpfige Familie mindestens eine Woche lang leben. Sieben Gänge, alle mit komischen französischen Namen, und dann Dan Lavette, ganze zweiundzwanzig Jahre alt ...»

«Französisch geschriebene Speisekarten kann ich heute noch nicht lesen», murmelte Dan.

«... und er wollte doch unbedingt den Eindruck erwecken, er sei ein Mann von Welt. Vermutlich wollte er mich vollstopfen, bis ich bewußtlos war, damit er hinterher mit mir machen konnte, was er wollte. Weißt du noch, Dan: Bachforelle, Wild, Wachteln und so weiter. Ich werde seinen Gesichtsausdruck mein Lebtag nicht vergessen, als da ein Gericht nach dem anderen aufgetragen wurde. Ein Dinner hatte damals wenig mit Nahrungsaufnahme zu tun, es war eine Ausdauerprüfung.»

Dan prustete vor Lachen. Aber dann sah Barbara, wie sein Lachen zu einer schmerzhaften Grimasse wurde. Die Zigarre, die er gerade anzünden wollte, fiel ihm aus der Hand, er beugte sich vor, um sie aufzuheben, hielt inne und blieb vornübergebeugt sitzen.

«Was hast du, Dad?» rief Barbara.

Jean war mit einem Satz bei ihm und legte die Arme um ihn. «Danny, was ist mit dir?»

«Ich habe wahnsinnige Schmerzen in der Brust und auch im linken Arm», sagte er mühsam. «Ruft einen Arzt.»

Jean, von May Ling wegen ihrer kühlen Schönheit früher als ‹Eisprinzessin› bespöttelt, war völlig fassungslos. Sie klammerte sich in panischem Schrecken und Entsetzen an Dan. So hatte Barbara ihre stets beherrschte Mutter noch nie erlebt.

Dan stöhnte: «Es geht ja schon, Jeanie, es geht ja.»

Barbara rief Dr. Kellman an. Er hörte sich Barbaras Schilderung an und sagte: «Klingt nach einem Herzanfall. Machen Sie sich keine zu großen Sorgen. Dan ist sonst gut in Form. Ich bestelle den Krankenwagen und komme sofort. Wo befindet er sich jetzt?»

«Er sitzt im Sessel.»

«Versuchen Sie, ihn auf den Boden zu legen. Achten Sie darauf, daß er sich nicht bewegt. Ich bin gleich da.»

Barbara legte auf und sagte: «Mutter, nimm dich, bitte, zusammen. Es ist nicht so schlimm. Dr. Kellman sagt, wir sollen ihn auf den Boden legen. Dad», sagte sie zu Dan, «ich werde dich halten, und Mutter zieht den Sessel weg.»

«Ich kann aufstehen», sagte Dan.

«Ich weiß. Aber jetzt tu mal, was ich sage.» Sie beugte sich über ihren Vater, faßte ihn unter die Arme und war selbst von ihrer Kraft überrascht. Vorsichtig ließ sie ihn auf den Boden gleiten, während Jean den Sessel wegzog. Dann sagte sie zu ihrer zitternden Mutter, deren Make-up von Tränen verschmiert war: «Mutter, geh nach oben und hole eine Wolldecke von meinem Bett, bitte.»

Sie schob Dan ein Kissen unter den Kopf. «Wie fühlst du dich?»

«Elend. Was hat er gesagt? Ist es ein Herzinfarkt?»

«Vielleicht ist es auch die Rache des Palace Hotels, weil du ihr Essen bekrittelt hast. Hör zu, Dad, wie soll er das wissen?» Wieder verzog Dans Gesicht sich vor Schmerzen. Er griff nach Barbaras Hand und drückte sie.

Jean kam mit der Decke herunter, und sie legten sie über Dan. Zehn Minuten später traf Dr. Kellman ein und kurz darauf der Krankenwagen. Jean klammerte sich an Barbara, als sie Dan auf der Trage nach draußen rollten, mit einer Atemmaske über dem Gesicht, die an ein tragbares Sauerstoffgerät angeschlossen war.

«Sie können mit mir ins Krankenhaus kommen», sagte Dr. Kellman zu Jean. «Er muß erst genau untersucht werden. Vermutlich ist es eine Koronarthrombose, hoffentlich eine leichte, aber Genaues läßt sich jetzt noch nicht sagen.»

«Ich kann Sam nicht allein lassen», sagte Barbara unglücklich. «Ich werde Eloise bitten, morgen früh gleich herzukommen. Rufst du mich vom Krankenhaus an?»

«Selbstverständlich», Jean zögerte. «Soll ich Tom Bescheid sagen? Ich weiß nicht recht ...»

«Das hat Zeit.»

«Aber ruf Joe an.»

«Ja», sagte Barbara, «das hätte ich ohnehin getan.»

Barbara schloß die Tür hinter Jean und dem Arzt. Einen Augenblick lang überkam sie Panik – erst ihr Mann, jetzt ihr Vater.

Es war, als wollte eine unbekannte Macht sie von den Menschen trennen, die ihr nahestanden, von den Männern, die nach landläufiger Meinung der Schutzwall waren, hinter dem eine Frau stets Zuflucht suchen konnte. Sie atmete tief ein. «Zuflucht suchen war eigentlich nie meine Art, und meine Schutzwälle waren eigentlich immer am Zerbröckeln. Sogar das Weinen habe ich mir abgewöhnt ...» Sie ging zum Telefon und rief ihren Bruder Joe an.

Joseph Lavette, jetzt einunddreißig, war Dans und May Lings Sohn. Als Joseph zehn Jahre alt war, war May Ling mit ihm und ihren Eltern nach Los Angeles gezogen, weil sie die Situation, als Dans Geliebte ein Schattenleben führen zu müssen, nicht mehr ertrug. Zwei Jahre später wurde Dans Ehe mit Jean geschieden, aber es vergingen noch weitere zwei Jahre, ehe Dan und May Ling heirateten. Dan gab sich Mühe, seinem halbchinesischen Sohn ein ordentlicher Vater zu sein. Joe war nach seinem Medizinstudium eingezogen worden und hatte im Krieg seine Ausbildung als Assistenz- und Lazarettarzt im Südpazifik beendet. Bald nach seiner Entlassung aus der Armee hatte er Sally Levy geheiratet, Adams Schwester. Seit zwei Jahren lebten sie in Los Angeles, wo Joe in einer Armenklinik arbeitete, die von Spenden getragen wurde.

Als Joe sich meldete, erzählte Barbara ihm, was geschehen war.

«Es ist schon nach elf», sagte er. «Falls noch eine Maschine geht, komme ich sofort. In welches Krankenhaus haben sie ihn gebracht?»

«Ins Mount Zion, Ecke Post Street und Scott Street, ganz in der Nähe.»

«Ja, das kenne ich. Könnte ich bei dir übernachten, Bobby?»

«Natürlich.»

«Wenn ich es heute nicht mehr schaffe, rufe ich Kellman noch an und komme dann morgen früh.»

Barbara legte den Hörer auf und überlegte, ob sie es Bernie sagen sollte. Doch wozu? Es wäre genauso wenig sinnvoll, als wenn sie ihm etwas von der Vorladung vor den Kongreßausschuß gesagt hätte.

Sie mochte nicht zu Bett gehen. Sie würde ohnehin nicht schlafen können. Also nahm sie sich ein Buch und las. Doch da sie sich nicht konzentrieren konnte, legte sie es nach einigen Seiten, von denen sie nicht das Geringste in sich aufgenommen hatte, wieder beiseite. Sie drehte am Radio, bis sie eine Nachrichtensendung fand. Irgendwie hoffte sie, sie würden vielleicht etwas über Bernie und die Flugzeuge bringen. Sie hörte einen Kongreßabgeordneten über die Notwendigkeit einer zielstrebigeren Atomrüstung sprechen und schaltete das Gerät ärgerlich ab. Mehrere Male widerstand sie der Versuchung, im Krankenhaus anzurufen. Darüber mußte sie schließlich eingeschlafen sein, denn als um halb drei das Telefon klingelte, riß das Schrillen der Glocke sie aus tiefem Schlaf.

Es war Joe. «Ich bin im Krankenhaus, Bobby. Er stirbt nicht, er kommt durch.»

«Bist du sicher, Joe?»

«So sicher, wie man zur Zeit sein kann. Er ist noch auf der Intensivstation unter dem Sauerstoffzelt, aber seine Werte sind gut. Es war ein ziemlich schwerer Koronarinfarkt, und er wird eine Weile liegen müssen. Aber robust, wie er ist, kommt er darüber hinweg. Habe ich dich geweckt?»

«Ich war noch gar nicht im Bett, Joe. Ich bleibe auf, bis du kommst.»

«Gut. Ich bringe erst noch Jean nach Hause. Es hat sie ziemlich mitgenommen, ich werde ihr ein Beruhigungsmittel geben. Dann komme ich zu dir.»

«Danke, Joe, auch dafür, daß du so schnell gekommen bist.»

«Gebraucht haben sie mich nicht. Kellman ist ein guter Arzt. Aber ich habe doch ein besseres Gefühl, jetzt, wo ich hier bin.»

Sie nickte wieder ein. Joe kam erst nach drei; sie setzten sich in die Küche und tranken Kaffee, bis fast zum Morgengrauen. Barbara berichtete von Bernies Unternehmung und von ihrer Vorladung.

«Armes Mädchen. Ein Unglück kommt selten allein.»

«Das sehe ich nicht so», sagte Barbara. «Mit unserer Ehe war sowieso nicht mehr viel los, und es wurde immer schlimmer. Es ist schlimm genug, wenn eine Ehe kaputt geht, weil die Frau den Mann nicht mehr ausstehen kann. Aber wenn sie ihn liebt, und ich liebe Bernie sehr, Joe, dann ist es die Hölle. Und wegen der Vorladung soll ich mir keine Sorgen machen, sagt Harvey Baxter. Sicher ist jemand in diesem unamerikanischen Ausschuß, der lesen kann und mein Buch mit meinen Erlebnissen in Europa gelesen hat. Harvey sagt, sie scheuen vor nichts zurück, um berühmte Leute vor ihren Ausschuß zu zerren – dazu zähle ich mich allerdings nicht – und einen Riesenzirkus zu inszenieren. Irgendwie reizt mich die Sache auch, so wie es mich 1939 gereizt hat, nach

Deutschland zu gehen. Ich hatte ein bißchen Angst, aber ich war auch schrecklich neugierig, zu sehen, wie der Teufel in der Hölle lebt.»

«Weiß Dad davon?»

«Von der Sache mit Bernie, ja. Von der Vorladung habe ich ihm nichts gesagt. Ich wollte es niemandem sagen, und außer Harvey Baxter bist du jetzt der einzige, der es weiß. Wenn ich nach Washington fahre, wird es sowieso in allen Zeitungen breitgetreten, aber bis dahin will ich meine Ruhe haben. Und für Dad wäre das jetzt sowieso nicht gut.»

Trotz der, mit Unterbrechungen, zehn Jahre Krieg, auf die Bernie Cohen zurückblicken konnte, war er weder Pilot noch Navigator noch Funker geworden, und so flog er in einer der zehn C-54 als Passagier mit. Die braven, dickbauchigen Hercules-Transporter hoben einer nach dem anderen von dem Wüstenflugplatz ab und stiegen gemächlich der gerade aufgehenden Sonne entgegen. Bernies Pilot war Jerry Fox, ein kleiner Rothaariger mit Sommersprossen, der wie ein Junge von achtzehn aussah, aber sechsundzwanzig Jahre alt war. Er hatte im zehnten Geschwader der Air Force gedient. Al Shlemsky, Navigator und Funker zugleich, war ein dunkler, wortkarger Mann von dreißig. Er stammte aus dem Brooklyner Stadtteil Williamsburg und war mit sechzehn nach Palästina gegangen und dort wie Bernie in die britische Armee eingetreten. Nach dem Krieg war er nach Palästina zurückgekehrt und hatte sich Menachem Begins Untergrundorganisation angeschlossen. Er war von der britischen Besatzungsarmee gefangengenommen worden und hatte sieben Monate im Jerusalemer Zentralgefängnis gesessen. «Ich war gerade dort, als sie Dov Gruner hängten», erzählte er Bernie mit nach innen gekehrtem Blick. «Sie haben vier von uns gehängt, Gruner, Drezner, Alkochi und Kashani. Wir hatten nicht geglaubt, daß sie es täten, daß die zivilisierten Briten Soldaten hinrichten lassen würden, die für die Freiheit ihrer Heimat kämpften. Als man sie aus ihren Zellen holte, sangen sie die israelische Nationalhymne, die Hatikwa. Irgend jemand rief uns zu, was da vor sich ging, und wir fingen alle an, die Hatikwa zu singen, neunzig Mann, in dem dreckigen Gefängnis. Ich weiß noch, daß ich beim Singen weinte. Einen Monat später wurde ich entlassen und ging nach Amerika zurück, zu meiner Mutter. Sie lag im Sterben. Merkwürdig, sie war eine ziemlich orthodoxe Jüdin, aber sie hat nie begriffen, was ich in Palästina wollte. Und ich konnte es ihr nicht klarmachen. Als ich dann hörte, daß die Leute von der Haganah Piloten und Navigatoren suchten, habe ich mich gemeldet.»

Jerry Fox, der Pilot, war ein völlig anderer Typ. Er war ganz aus dem Häuschen. «Ich habe noch nie einen von diesen Vögeln geflogen», erzählte er Bernie. «Und sie sind zum Verlieben, viel gutmütiger als die 17-G. Und außerdem schießt keiner auf mich! Ich habe zweiundvierzig Einsätze hinter mir. Du kennst sie ja, die fliegenden Festungen. Cohen, ich sag dir, das hier ist tausendmal besser als West Covina. Warst du mal da?»

Bernie schüttelte den Kopf.

«Glückspilz. Es ist ein nördlicher Außenbezirk von Los Angeles. Da komme ich her. Mein Alter hat da ein Eisenwarengeschäft. Als ich aus der Armee zurückkam, ging ich gleich wieder aufs Pomona College. An den Wochenenden arbeitete ich im Laden, und dann ab und zu mal 'ne Nummer – dabei wirst du langsam verrückt. Total verrückt. Ich will nichts als fliegen. Dann bin ich selig, weiter will ich nichts. Aber finde mal eine Stelle, wenn zehntausend arbeitslose Piloten rumlaufen. Und dann habe ich von dieser Sache hier gehört. Ich hätte auch noch draufgezahlt, nur, um diese Kiste fliegen zu dürfen. Übrigens bin ich gar kein Volljude. Mein Vater ist Jude, aber meine Mutter ist Irin, und ich bin als Katholik erzogen worden. In einer Konfessionsschule, mit dem ganzen Zinnober. Und jetzt bin ich auf dem Weg nach Palästina! Nicht zu fassen!»

Bernie saß im Sitz des Kopiloten, unter sich die Rocky Mountains, rechts und links neben sich die anderen Flugzeuge. Hätte ihm das jemand vor einer Woche vorausgesagt, er hätte es als Traum ohne Sinn und Verstand abgetan.

Sally Lavette war, wie ihr Mann Joe bereitwillig zugegeben hätte, eine äußerst ungewöhnliche junge Frau. Mit dreizehn Jahren hatte sie beschlossen, Joe zu heiraten, komme, was da wolle. Joe arbeitete damals in seinen Sommerferien immer auf dem Weingut in Higate. Sally, ein dürres, sommersprossiges, flachsköpfiges Mädchen, hatte ihren BH mit Watte ausgestopft, um den bitter empfundenen Mangel an Busen auszugleichen. Als sie mit zwanzig Joe heiratete, war sie eine hochgewachsene schlanke Frau mit blonden Haaren und blauen Augen, die nichts mehr auszugleichen brauchte. Mit vierzehn hatte sie Joe mit Sonetten umworben, die sie Wort für Wort bei Elizabeth Barrett Browning abschrieb und unbekümmert als ihre eigenen ausgab. Mit zwanzig veröffentlichte sie ihren ersten Gedichtband, den die Kritiker lobten und der ihr sechsundachtzig Dollar einbrachte. Sie war schwärmerisch veranlagt, von scharfzüngiger Intelligenz und voll überschäumender Lebensfreude. Nach der Eheschließung hatte sie ihrem Mann eröffnet, sie gedenke, ihm zehn Kinder zu gebären; sie verminderte aber diese Zahl nach der Geburt des ersten auf drei.

Zu Sallys zahlreichen Träumen gehörte, in San Francisco in einem Haus wie dem Barbaras zu wohnen, möglichst in ihrer Nähe, denn Barbara war ihr Idol. Joe sollte in diesem Haus seine Praxis einrichten, denn so stellte sie sich das Leben eines Arztes vor. Da Joe ganz anders darüber dachte, war das zum Anlaß ihres ersten ehelichen Streits geworden, der von ihr mit stürmischem Einsatz von Gefühlen, von Joe mit unerschütterlicher Besonnenheit geführt wurde und in einer tränenreichen Versöhnung endete. Joe hatte seine eigenen Pläne, die in den langen, schweren Jahren im Südpazifik gereift waren. Er wollte eine Klinik im Osten von Los Angeles eröffnen, im sogenannten Barrio, der vor allem von armen Amerikanern mexikanischer Herkunft bewohnt wurde, den Chicanos, wie sie sich in Südkalifornien nannten. Von Russian Hill und einer lukrativen Praxis in San Francisco wollte er nichts wissen. Er hatte keine guten Erinnerungen an diese Stadt, und er erinnerte sich nur zu lebhaft an die Berichte seines Großvaters Feng Wo, der ihm von dem bösartigen Chinesenhaß erzählt hatte, der früher in San Francisco geherrscht hatte. Joe war in Los Angeles aufgewachsen, und er liebte die Stadt, was Sally in keiner Weise zu begreifen vermochte.

Joe bat die Lavette-Stiftung um finanzielle Unterstützung und erwarb mit dem Geld ein altes einstöckiges Ziegelgebäude, ein ehemaliges Lagerhaus in der Boyle Avenue auf Boyle Heights. Frank Gonzales, den er vom Studium her und aus der Armee kannte, war sein Partner. Sie verwandelten das alte Gebäude in eine Art Nachbarschaftskrankenhaus für den Stadtteil, mit Untersuchungsräumen, einem Röntgenraum, einem Raum für kleinere Operationen und einigen Notbetten. Denen, die etwas zahlen konnten, berechneten sie wenig, den anderen gar nichts. Für Gonzales, einen schmalen, dunklen, ernsten Chicano, bedeutete die Klinik die Erfüllung seiner Wunschträume, und er sah zu Joe Lavette auf, wie einer der Apostel zu seinem Meister aufgesehen haben mag. Sally fand zwar, daß Joe noch einiges zur Heiligkeit fehle, aber sie fügte sich und machte das Beste aus der Situation. Bis zur Geburt ihres Kindes arbeitete sie halbtags am Empfang der Klinik. Sie bewohnten ein winziges Haus nahe Silver Lake, in einer Gegend von Los Angeles, in der es zwar keinen See gab, wie der Name glauben machen wollte, wohl aber ein großes betoniertes Wasserbecken, das von Maschendraht und armseligen, eintönigen Häusern umrahmt wurde. Der Ort mißfiel Sally vom ersten Augenblick an, und sie konnte sich nie an ihn gewöhnen. Aber Joe war der Ansicht, daß sie in East Los Angeles wohnen müßten – und warum dann nicht in Silver Lake? Sally, die den größten Teil ihres Lebens im Napatal verbracht hatte, fand Silver Lake noch abscheulicher als den Barrio, in dem die Klinik stand.

Auch jetzt noch arbeitete Sally an zwei Tagen in der Woche am Empfang der Klinik; sie nahm das Baby mit, und der Kinderwagen stand dann neben ihrem Tisch. Sie war keine von den Müttern, die sich allzu viele Sorgen machen, und May Ling war ein ruhiges, heiteres Kind. An dem Morgen, an dem Joe seines Vaters wegen in San Francisco war, trug Sally May Ling und den Faltkinderwagen selbst zum Auto und fuhr in die Klinik. Die meisten ihrer Gedichte waren hier am Empfangstisch entstanden. Der Ort zog sie an und stieß sie ab und verwirrte sie, doch da sie die Gewohnheit hatte, in die Rolle des unbeteiligten Beobachters zu schlüpfen, sah sie sich selbst, wie sie, die bedeutendste Lyrikerin ihres Vaterlandes, verkannt am Empfang einer Klinik in Boyle Heights saß – und dieses dramatische Bild half ihr über vieles hinweg. Sie kannte ihren Schwiegervater nicht besonders gut, aber sie mochte ihn gern, und der Gedanke, er könnte sterben, bedrückte sie mehr, als etwas sie je in ihrem Leben bedrückt hatte. Deshalb hörte sie die Mitteilung von Gonzales, Dan werde durchkommen, mit großer Erleichterung.

«Joe hat mich angerufen», erklärte Gonzales.

«Warum nicht mich?»

«Es war mitten in der Nacht. Er hat mich gebeten, heute morgen für ihn Dienst zu machen. Sie wissen doch, wie Joe ist: Er wollte Sie nicht mitten in der Nacht stören.»

«Ja, ich weiß, wie Joe ist.»

«Sehen Sie mal, Sally, das Kind schläft. Ich bringe es in den Röntgenraum. Da ist es ruhig, und keiner stört es.»

«Nein, das will ich nicht, mit all den Strahlen.»

«Sally, wenn das Gerät nicht eingeschaltet ist, gibt es keine Strahlung. Der Raum speichert sie nicht.»

«Das sagen Sie so.»

Gonzales gab seufzend auf. Morgens um neun war in der Klinik Hochbetrieb, der erst gegen Mittag abflaute, wenn Sally von einer der beiden Krankenschwestern, Jessica Tamal oder Roberta Syznick, abgelöst wurde und May Ling stillte.

Auch heute ging Sally ein paar Stunden später in Joes Sprechzimmer, um May Ling zu stillen. Der Arzt hatte ihr nach der Geburt geraten, das Kind mit der Flasche zu ernähren, wie es gerade in Mode kam. Aber das hatte Sally abgelehnt. Sie fand, daß sie zum erstenmal in ihrem Leben richtige Brüste hatte und wollte nichts tun, was eine Rückbildung begünstigen könnte. Endlich hatte sie es auf Größe 75 A gebracht und kam sich damit ganz ansehnlich vor. Als sie jetzt mit dem Kind in Joes Büro saß, klopfte es.

«Wer ist da?» fragte sie.

«Bist du das, Sally? Man hat mir gesagt, ich würde dich hier finden. Hier ist Billy Clawson. Kann ich hereinkommen?»

«Billy Clawson? Ist ja nicht zu glauben! Klar, komm rein.»

Er trat ein, schloß die Tür und blieb wie angewurzelt stehen. «Soll ich nicht doch lieber draußen warten ...»

«Also, Billy», sagte sie ungeduldig. «Hast du noch nie gesehen, wie eine Frau ihr Kind stillt? Oder ist das für Geistliche verboten? Stell dich bloß nicht so an, du bist schließlich mein Schwager. Setz dich, ich bin sowieso gleich fertig.»

Mühsam wandte er den Blick ab und sah angestrengt in eine andere Richtung, um Sally nicht ansehen zu müssen. Sie hatte ihn noch nie in einem solchen Aufzug gesehen wie heute. Er trug einen dicken Rollkragenpullover, Jeans und ausgetretene Schuhe. Sie hatte ihn bisher immer ein bißchen lächerlich gefunden, eine liebenswerte, harmlose Karikatur von einem Mann, ohne Arg und Ehrgeiz. Jetzt merkte sie, daß sie ihn sich noch nie richtig angesehen hatte. Er hatte einen langen Schädel und widerspenstiges Wuschelhaar; nicht gerade auffallend schön, dachte sie, aber ganz passabel mit seinen braunen, traurigen Augen. Traurige Augen – das klang gut, das gefiel ihr. Wörter, besonders Eigenschaftswörter, hatten es ihr angetan.

Billy Clawson blickte verstohlen zu ihr hin. Sally sah auf ihre

Brust hinab, die May Ling nun, nachdem sie zuletzt nur noch mechanisch gesaugt hatte, mit zufriedenem, rosigem Gesicht und geschlossenen Augen freigab, und sie fand, daß diese liebliche, wohlgerundete Brust schon einen verstohlenen Blick wert war. Sie zog die Bluse zu und setzte May Ling in den Kinderwagen. «So einen richtigen Busen habe ich erst mit siebzehn bekommen», sagte sie. «Ich werde nie verstehen, warum die Frauen das Beste, was sie haben, bedecken und verstecken.» Sie knöpfte erst den Stillbüstenhalter und dann die Bluse zu. «Das haben sich natürlich die Männer ausgedacht. Was seid ihr bloß für scheinheilige Tugendbolde!»

«Redest du immer so – unzüchtig?»

«Mein lieber Billy, wir beide haben uns noch nie richtig unterhalten. Das sind hochanständige Worte. Aber was führt dich in diese Gegend? Hier auf Boyle Heights in Los Angeles hätte ich dich am allerwenigsten erwartet. Das hier ist der Barrio, Billy, die schwächste Stelle der Stadt, der Abgrund. Weißt du, daß wir mehr Messerstichwunden behandeln als jede andere Klinik in der Stadt?»

«Ich wollte mit Joe sprechen, aber ich höre, daß er bei seinem Vater in San Francisco ist. Es tut mir sehr leid, daß er einen Herzinfarkt hat. Ich habe Mr. Lavette nur ein- oder zweimal getroffen, aber er schien mir ein sehr interessanter Mann zu sein, sehr vital. Solche Leute kann man sich kaum auf dem Krankenlager vorstellen.» Sally mußte lächeln. Billy schwieg verwirrt und schüttelte den Kopf.

«Entschuldige, bitte», sagte Sally. «Aber du redest so merkwürdig. Ich bin nicht gefühllos, Billy, ich habe Dan Lavette gern, und Joe sagt, daß er durchkommt. Hast du schon gegessen?»

Billy schüttelte wieder den Kopf, er war noch verwirrter als vorher.

«Ich habe hier nämlich ein riesiges belegtes Brot», erklärte Sally und fing an, etwas auszuwickeln. «Schinken und Käse auf Roggenbrot. Bitte, nimm mir eine Hälfte ab. Ich habe auch eine Thermosflasche mit Kaffee mitgebracht. Den Kaffee, den sie hier kochen, kann ich nicht ausstehen. Hier, bitte. Ich kann es wirklich nicht allein schaffen.»

Es war seine erste nicht nur flüchtige Begegnung mit Sally, und er war unsicher, wie er sich verhalten sollte. Widerstrebend nahm er das halbe Brot.

«Kann ich dir irgendwie helfen?» fragte Sally. «Ich meine, wo du die weite Fahrt gemacht hast, um Joe zu sehen. Heute abend ist er bestimmt wieder da.»

«Ich weiß nicht so recht», sagte Billy. «Vielleicht sollte ich wirklich mit dir reden, statt Joe mit meinen Problemen zu behelligen. Mir ist nur der Gedanke gekommen, daß man mich hier vielleicht brauchen könnte. Vielleicht könnte ich hier etwas tun, damit ich mein Leben nicht mehr so vertrödele wie bisher. Klingt das verrückt? Ich bin Geistlicher der Episkopalkirche und kann es nicht ertragen, den Fuß über die Schwelle einer Kirche zu setzen. Das habe ich übrigens noch nie laut zu jemandem gesagt.»

«Und wie du siehst», sagte Sally leise, «hat Gott dich dafür nicht zu Boden geschmettert.»

«Manchmal wünsche ich mir, er täte es. Nur glaube ich nicht besonders an ihn, genaugenommen glaube ich an gar nichts. Ich habe es nie gewollt, aber Mutter bestand darauf: ich sollte Priester werden und mich so vor dem Wehrdienst drücken. Und dann wurde ich Armeegeistlicher im Pazifik, ein Alptraum, der zwei blutige Jahre dauerte, von Guadalcanal bis zum Ende. Seit meiner Entlassung habe ich nichts getan. Absolut nichts. Ich habe nur so von einem Tag zum andern gelebt.»

Sally sah ihn mit wachsendem Erstaunen an. Das war nicht der Mann, den sie ein halbes dutzendmal flüchtig getroffen hatte, über den man klatschte und von dem Joe voller Verachtung sprach. «Was stimmt bloß nicht mit mir?» dachte sie bei sich. «Warum bin ich nur so ein schlechter Menschenkenner? Eine oberflächliche blinde Närrin bin ich, aber nie im Leben eine Dichterin.»

«Weißt du», sagte er unsicher, «ich bewundere Joe. Was er tut, hat einen Sinn. Nichts, was ich tue, hat Sinn. Mein Vater sagt, ich soll in sein Geschäft eintreten. Ich kann ihm nicht begreiflich machen, warum mir das nichts bedeutet. Mutter sagt, ich soll in der Kirche aktiv werden. Sie sieht mich schon in der Grace Cathedral in Amt und Würden. Eher werde ich Schauermann am Hafen, als daß ich mich an einem solchen Ort anketten lasse.»

«Und warum tust du es nicht?»

«Was denn?»

«Als Schauermann in den Hafen gehen?»

«Wahrscheinlich, weil ich nicht den Mumm habe und vielleicht auch, weil ich denken würde, ich nehme einem anderen den Arbeitsplatz weg. Ich dachte, vielleicht gibt es hier etwas für mich zu tun. Auf Bezahlung bin ich nicht angewiesen. Geld habe ich genug.»

«Hast du eine Vorstellung, was das hier für eine widerliche Dreckarbeit ist?» fragte Sally.

«Nein, nicht so richtig.»

«Was könntest du denn hier tun, Billy, du hast doch keine Ausbildung?»

«Ich war zwei Jahre im Pazifik, Sally. Glaubst du etwa, auf den verdammten Inseln brauchten sie einen Priester? Sanitäter brauchten sie, und das habe ich auch die meiste Zeit getan, ich habe als Sanitätsfreiwilliger gearbeitet. Ich weiß nicht viel, aber wie man mit jemandem umgehen muß, den es zerfetzt hat, das weiß ich schon. Das war die einzige vernünftige Ausbildung, die ich je gehabt habe. Und hier kennt mich keiner. Ich sag das zwar nicht gern, aber darauf käme es mir schon an.»

Er schwieg, und Sally blickte ihn an.

«Willst du nicht auch mal etwas sagen?»

«Ich werde mit Dr. Gonzales reden; er ist Joes Partner.»

«Soll ich nicht lieber selbst mit ihm reden?»

«Nein, Billy. Kannst du nachher noch einmal vorbeikommen? Oder ruf uns besser heute abend an. Ich geb dir die Nummer. Ich würde dich gern bei uns übernachten lassen, aber das Haus ist wirklich zu klein.»

«Ach was, das ist nicht nötig. Ich such mir ein Hotel. Heute abend ruf ich an, abgemacht.»

Als er gegangen war, sprach Sally mit Gonzales.

«Sie machen Witze», sagte Gonzales. «Ein Priester der Episkopalkirche? Was soll das überhaupt? Ich dachte, die Episkopalisten hätten nur Pastoren.»

«Wahrscheinlich ist es etwas Ähnliches wie ein Pastor. Sie können heiraten und so. Aber, Frank, der arme Kerl ist am Ende.»

«Ich habe ihn kurz gesehen. Aber nun mal ernsthaft, Sally, was sollten wir mit ihm anfangen?»

«Wir haben doch mehr Arbeit, als wir schaffen können. Vielleicht könnte er mich am Empfang ablösen, dann hätte ich etwas mehr Zeit für das Kind und zum Schreiben. Du weißt doch, wie es hier an schlimmen Tagen zugeht. Immerhin war er Hilfssanitäter, also muß er einiges können.»

Gonzales schüttelte den Kopf. «Er paßt einfach nicht hierher ins Barrio. Nach einem Tag haut er wieder ab.»

«Er stammt aus einer der reichsten Familien von Oakland, und du und Joe, ihr habt eine der ärmsten Kliniken von ganz Kalifornien.»

«Nun mal langsam! Die Klinik läuft. Wir können die Löhne bezahlen. Aber was sagst du da? Er hat Moos?»

«Sein Vater. Was er selbst hat, weiß ich nicht.»

«Sally, du weißt, wie sehr wir noch zehn- oder zwanzigtausend gebrauchen könnten. Na schön, ich rede mal mit Joe.»

«Vielleicht seid ihr seine letzte Hoffnung.»

«Dafür sind andere zuständig.» Er schwieg einen Augenblick. «Sally, du hast ein gutes Herz. Aber drängel nicht so.»

«Was soll denn das heißen?»

«Denk mal drüber nach.»

Barbara kam am folgenden Vormittag kurz nach neun ins Krankenhaus. Jean saß im Wartezimmer und teilte ihr mit: «Er schläft.»

«Wie geht es ihm?»

«Besser, sagen sie. Wer ist bei Sam?»

«Eloise. War Joe heute morgen schon hier?»

«Ja. Er ist auf dem Rückweg nach Los Angeles.»

«Wann kann ich zu Papa?»

«Sobald er aufwacht, denke ich.» Jean versuchte, normal und unbefangen zu sprechen. «Ich hoffe, er kommt durch. Ich habe eine schreckliche Zeit hinter mir. Versteh das, bitte.»

«Das tue ich.»

«Ja. Vielleicht besser als ich. Gestern nacht konnte ich nur eins denken: Wenn er stirbt, ist für mich alles aus. Das ist egoistisch, ich weiß; aber so war ich wohl immer, nicht wahr?»

«Mutter, in einer solchen Situation hilft Selbstmitleid niemandem weiter. Wenn jemand stirbt, leiden immer die Überlebenden, nicht der Tote. Du liebst Papa sehr, mehr, als du dir je selbst eingestanden hast. Natürlich denkst du jetzt, daß für dich alles aus wäre, wenn er stürbe. Aber das stimmt nicht.»

«Du bist so verdammt selbstsicher!» brach es aus Jean heraus, in einem Ton, den sie Barbara gegenüber noch nie angeschlagen hatte. «Hast du dir je klargemacht, daß ich nicht auf Rosen gebettet war? Ich habe mein Leben verpfuscht, wie es ein Mensch nur verpfuschen kann.»

«Doch, das habe ich mir klargemacht.»

«Ich wünsche mir nur noch ein paar glückliche Jahre mit ihm, jetzt, wo ich ihn wiederhabe, nach dreißig jammervollen Jahren.

Mit uns ging von Anfang an alles schief, und keiner hat verstanden, warum und wieso.»

Sie sprach weiter, unaufhaltsam. Der Schmerz brach aus ihr hervor. So hatte Barbara ihre Mutter noch nie gesehen, und sie zögerte, das, was sie hörte, für bare Münze zu nehmen. Drei Jahrzehnte lang hatte Jean Lavette in ihrem kleinen Kreis als die schönste Frau von San Francisco gegolten, und sie hatte mit Freuden in diesem Kreis gelebt. Oder war das alles nur Pose gewesen? Soweit Barbara sich zurückerinnern konnte, hatte sie bei ihrer Mutter nie einen solchen Ausbruch von Selbstmitleid erlebt. Die kühle, strenge, abweisende Jean Lavette war darüber erhaben – oder vielleicht doch nicht? Jetzt breitete sie vor ihrer Tochter ihr Unglück aus, die Tausende von Nächten unaussprechlicher Einsamkeit, die nichtssagenden Beziehungen, die freudlose Fröhlichkeit. Barbara blieb innerlich kühl. Plötzlich wünschte sie sich, weit weg zu sein. Irgendwo in der Welt war so etwas wie Wirklichkeit. Jeans Klagen stießen sie ab, was sie wiederum mit Gewissensbissen erfüllte. Sie war froh, als eine Krankenschwester ihnen mitteilte, sie könnten Mr. Lavette jetzt sehen.

Beim Betreten von Dans Zimmer wandelte sich Jeans Verhalten schlagartig. Es erschien Barbara unglaublich, wie diese jammernde, nörgelnde Frau plötzlich wieder jung, selbstbewußt und attraktiv wurde. Jean, du bist eine außergewöhnliche Frau, dachte sie anerkennend. Bewundernd sah sie, wie sie Dan einen flüchtigen, keinerlei Gefühlsregungen verratenden Kuß auf die Stirn gab und sagte: «Bei dir gibt es keine Halbheiten, was Danny? Du hast mir einen ganz schönen Schreck eingejagt.»

«Mir ging's genau so», antwortete er schwach. «Hallo, Bobby, erkennst du den alten Herrn wieder?»

«Aber klar, Dad. Wie fühlst du dich?»

«Joe sagt, es war kein schlimmer Anfall. Daß ich ein paar Wochen im Bett bleiben muß, ist schlimm. Damit werde ich wohl fertig.»

Etwas später entschuldigte sich Jean und verließ das Zimmer.

«Wo will sie hin?» fragte Dan Barbara.

«Wahrscheinlich will sie draußen weinen. Ich habe Mutter bis gestern abend noch nie weinen sehen, und sonst wohl auch niemand. Diesen Luxus hat sie sich nie gestattet. Ich heule auch gleich los, aber bei mir macht das nichts. Es geht ihr schrecklich nahe, weil sie dich wahnsinnig liebt. Hast du das gewußt? Oder ist das eine dumme Frage?»

«Es ist keine dumme Frage. Ich war mir wirklich nie ganz sicher. Weißt du, Bobby, nach May Lings Tod hatte ich geglaubt, der Gedanke an den Tod hätte jeden Schrecken für mich verloren. Als ich dann nach all den Jahren deine Mutter wiedertraf, hing ich plötzlich wieder am Leben. Wir beide haben schon ein seltsames Leben hinter uns. Gestern abend dachte ich, ich müßte sterben, und ich wollte nicht. Das Leben war gerade so schön.»

Der Flug über den Kontinent ging so glatt, wie Bernie es sich in seinen kühnsten Träumen nicht erhofft hatte. Das Wetter, das sonst im März zu plötzlichen Stürmen neigte, war mild wie im Juni. Die Flugzeuge hielten Sichtkontakt und flogen in einem mäßig auseinandergezogenen Verband. Sie beantworteten Anfragen von Bodenstationen und hatten keinerlei Schwierigkeiten.

In Dodge City, Kansas, wurde aufgetankt. Überall wurden alte Schulden beglichen. Vor mehr als dreißig Jahren hatten ein Jude namens Glazer und ein Ire namens Sweeney Gewehre und Munition nach Dublin geschmuggelt. Sweeneys Sohn hatte inzwischen einen recht gutgehenden Ölhandel, und da er die Briten noch immer haßte und dem früheren Partner seines Vaters etwas schuldig war, hatte er auf einem ruhig gelegenen Flughafen, etwa fünfundzwanzig Kilometer von Dodge City, vier Tankwagen mit Flugbenzin bereitgestellt.

Joe Sweeney, ein Mann mit Hängebauch und um die Fünfzig, hatte eine gute Flasche alten irischen Whisky im Wagen, von dem Bernie und er je einen Pappbecher leerten. «Ich gäbe etwas darum, mit euch fliegen zu können», sagte Sweeny. «Für euch hat das Leben wenigstens noch einen Sinn, für mich nur noch den, daß ich mich zweimal in der Woche besaufe und mir dabei sehr männlich vorkomme.»

Bernie sah ihn mit beiden Armen winken, als sie abhoben. Ohne Zwischenfall ging es weiter nach New Jersey, wo sie am Nachmittag über dem Flugplatz kreisten und auf Landeerlaubnis warteten.

Bernies Maschine schwebte als erste ein, und Jerry Fox setzte so sanft auf, daß man nicht wußte, ob man noch in der Luft oder schon auf der Erde war. «Was für ein Vogel», krähte der Pilot vergnügt. «Zucker!» Als sie ausrollten, bemerkte Bernie eine Gruppe von Männern am Rand des Flugfelds, von denen zwei schon auf die Maschine zurannten, bevor sie stand.

Der Flugplatz, der auf dem kargen, kieferbestandenen Sandboden im Süden New Jerseys lag, war weder groß noch gut ausgerüstet. Er hatte zwei einander kreuzende Rollbahnen, drei Hangars und einen Kontrollturm aus Holz. Fox brauchte die ganze Länge der Rollbahn für seine Landung und steuerte das Flugzeug dann auf einen der asphaltierten Abstellplätze. Die beiden Männer rannten auf die Maschine zu. Die andere Gruppe verließ gerade den einen Hangar und kam ebenfalls auf sie zu. Die zweite C-54 hatte schon aufgesetzt, und die dritte schwebte gerade ein.

«Laß genug Platz für die anderen», rief Bernie Fox zu. Er lief nach hinten und öffnete die Tür. Die beiden Männer schrien ihm etwas zu, aber es ging im Lärm der Motoren unter. Das Flugzeug kam zum Stillstand, und Bernie sprang auf den Boden.

«Wo ist Brodsky?» keuchte der eine, mühsam nach Atem ringend.

Bernie deutete auf die anderen Flugzeuge.

«Wer sind Sie?»

«Cohen, ich leite das Unternehmen jetzt.»

«Bernie Cohen?»

«Ja.»

Der zweite Mann war jetzt auch da, adrett, klein, dunkel, ebenfalls völlig außer Atem. «Jack Feinstein», sagte der, der zuerst gesprochen hatte und gab Bernie einen Eindollarschein. «Nehmen Sie. Keine Zeit für Fragen. Vertrauen Sie mir.»

Bernie nahm den Dollar.

«Vertrauen Sie mir. Keine Zeit für Fragen», keuchte Feinstein. Er zog einige gefaltete Papiere aus der Brusttasche und gab Bernie einen Federhalter. «Unterschreiben Sie hier. Haben Sie Vertrauen.»

Die Papiere flatterten im Sog der landenden Flugzeuge.

«Was zum Teufel unterschreibe ich hier, und wer sind Sie?» fragte Bernie.

«Feinstein. Anwalt der Haganah. Da, sehen Sie», er deutete auf die vier Männer, die auf sie zukamen. «FBI und Zoll. Sie müssen unterschreiben, bevor die hier sind. Es ist ein Kaufvertrag. Für einen Dollar und einige wertvolle Gegenleistungen verkaufen Sie diese zehn Flugzeuge an Señor Luis Montego von den Panama Airlines. Himmel noch mal, nun machen Sie schon!»

Brodsky kam angelaufen. Die vier Männer waren noch fünfzig Schritt entfernt und gingen rasch. «Das ist Feinstein», schrie Brodsky, «er ist in Ordnung.»

«Unterschreiben Sie, Señor, schnell!» drängte Montego.

Bernie nahm den Federhalter und unterschrieb.

«Hier noch eine Paraphe, und hier», sagte Feinstein.

Bernie kritzelte sein Zeichen. Feinstein reichte Montego die Papiere, dann waren die vier Männer da. Das letzte Flugzeug setzte auf. Brodsky, Jerry Fox und Herb Goodman traten auf die Gruppe zu.

Die vier Männer, alle in dunklen Anzügen, blickten unbewegten Gesichts in die wachsende Runde der Piloten, Navigatoren und Funker. Einer von ihnen wies seinen Dienstausweis vor. «Fenton. Zollbeamter der Vereinigten Staaten. Ich habe Auftrag, diese Flugzeuge zu beschlagnahmen. Sie dürfen nicht bewegt oder betreten werden, außerdem darf nichts aus ihnen entfernt werden.»

«Zeigen Sie mal Ihre Vollmacht», sagte Feinstein, der immer noch nach Atem rang.

«Wer sind Sie?»

«Feinstein, Anwalt.»

«Wessen Anwalt?»

«Der Anwalt von Señor Luis Montego von der panamesischen Luftfahrtgesellschaft.»

«Ich weiß nicht, was er damit zu tun hat», sagt der Zollbeamte. «Hier ist der Vollzugsauftrag. Laut Präsident Trumans Direktive zwei-sieben-sieben-sechs unterstehen Verkehrsflugzeuge der Munitionskontrollbehörde.»

«Nur dann», wandte Feinstein ein, «wenn Anlaß zu der Vermutung besteht, daß sie zu militärischen Zwecken außer Landes gebracht werden.»

Wieder zückte einer von den vier seinen Dienstausweis:

«Bentley, FBI. Nach uns vorliegenden Informationen hat gestern ein gewisser Bernie Cohen von einem gewissen Cary Kennedy in Barstow, Kalifornien, diese Flugzeuge mit der Absicht erworben, sie aus den Vereinigten Staaten herauszubringen.»

«So sieht's also mit Kennedy und der Stimme Gottes aus», flüsterte Bernie Brodsky zu.

«Der Schuft!»

«Sie sehen ja selbst, wo die Flugzeuge sind», sagte Feinstein, «hier auf amerikanischem Boden und nicht im Ausland. Sie haben kein Recht, das rechtmäßig erworbene Eigentum eines amerikanischen Staatsbürgers zu beschlagnahmen.»

«Sie kommen sich wohl sehr schlau vor, Feinstein.»

«Ich bin noch schlauer, als Sie glauben. Die Flugzeuge gehören gar nicht Cohen, sondern meinem Mandanten Luis Montego von den Panama Airlines, mit anderen Worten: einer ausländischen Luftfahrtgesellschaft. Und jeder Versuch, sie zu beschlagnahmen, würde zu endlosen Scherereien führen, meine Herren. Señor Montego besitzt alle erforderlichen Genehmigungen und Ausfuhrlizenzen. Bitte, zeigen Sie ihnen den Kaufvertrag, Señor Montego.»

Lächelnd überreichte Montego Bentley den Kaufvertrag, den Bernie eben unterzeichnet hatte. Bentley warf einen kurzen Blick darauf und gab ihn an seine Begleiter weiter. Dann sagte er säuerlich: «Daraus wird nichts, Feinstein. Wir wissen genau, was man mit den Flugzeugen vorhat. Daraus wird nichts, verlassen Sie sich darauf.»

Brodsky stieß Bernie in die Seite. Zwei Männer waren erschienen und hatten angefangen, Aufkleber am Heckleitwerk anzubringen. Auf ihnen stand: LINEAS AEREAS DE PANAMA.

«Hören Sie sofort damit auf!» brüllte der Zollbeamte. Dann wandte er sich an die FBI-Männer: «Tun Sie doch etwas! Das ist doch ein abgekartetes Spiel.»

«Sie kennen die Gesetze», sagte Feinstein. «Sie können Mr. Montegos Exportlizenz nur mit einer gerichtlichen Verfügung annullieren. Wenn Sie einen Bundesrichter dazu bringen, eine einstweilige Verfügung gegen die Ausfuhr dieser Flugzeuge nach Panama zu erlassen und wenn Sie uns diese Verfügung zeigen, werden wir uns fügen. Bis dahin aber werden wir uns mit allen uns zur Verfügung stehenden Mitteln jedem Versuch widersetzen, den Abflug der Flugzeuge zu verhindern.»

«Wollen Sie sich von denen an der Nase rumführen lassen?» fragte Fenton Bentley.

«Wir müssen erst telefonieren, dann sehen wir weiter!»

Als sie gegangen waren, machte Brodsky Bernie und Feinstein miteinander bekannt. Die umstehenden Männer der Besatzungen grinsten vor Vergnügen. Ein dürrer, sorgenvoll dreinblickender Mann gesellte sich zu ihnen. Es war Condon, der Flugfeldleiter. «Ihr seid mir zwar sehr sympathisch», sagte er, «aber das sieht nach Ärger aus.»

«So ist das Leben.»

«Schon möglich. Die Frage ist nur, könnt ihr auftanken und losfliegen, bevor es dunkel wird? Die kriegen ihre gerichtliche Verfügung, da könnt ihr Gift drauf nehmen.»

«Das müßte zu schaffen sein.»

Feinstein führte Bernie, Brodsky und Montego zu seinem Wagen. «Montego hat eine jüdische Großmutter», erklärte er. «Die halbe Welt besteht aus Juden, wenn man genauer hinsieht. Übrigens wird Luis mit euch nach Panama fliegen. Dort hat er Leute, die die Sitze herausreißen und die Maschinen für Transportzwecke umbauen.» Er nahm zwei Lederkoffer aus dem Kofferraum. «Zwei Millionen Dollar, vom guten Baren», sagte er. «Für zehn Messerschmittjäger und so viel Munition, wie ihr für den Rest bekommen könnt. Nutzt es weise, Jungs.»

«Und das», sagte Bernie, «haben Sie einfach so hier im Wagen gelassen?»

«Haben Sie einen Panzerwagen erwartet? Der Kofferraum war doch abgeschlossen.»

Bernie und Brodsky nahmen die Koffer. «So viel Geld», sagte Brodsky, «kriegen wir nie wieder in die Hand – wir sind fast Millionäre!»

Als die Sonne drei Stunden später hinter den Kiefern versank, hoben die Flugzeuge ab. Zoll und FBI hatten sich nicht mehr blikken lassen.

Sarah Levy kam Dan im Krankenhaus besuchen. Sie brachte Nüsse mit und selbstgebackene Kekse und einen Strauß gelber Rosen. «Blumen», sagte sie und sah sich um, «brauchst du nun wirklich nicht. Das ist ja hier der reinste Blumenladen.»

«Ich weiß. Ein Mann kennt seinen Wert in Blumen erst, wenn er tot ist.»

«Aber du bist nicht tot, Danny. Bloß nicht zu viel Selbstmitleid. Du hast Glück gehabt.»

Er konnte es nicht leugnen. Sarahs Mann, sein Partner und bester Freund Mark, war schon vor nahezu zwanzig Jahren an einem massiven Verschluß der Herzkranzarterien gestorben. So sah das Ende aus, das das Schicksal für ihn und seinesgleichen bereithielt: Man rackerte sich ab, raffte zusammen und registrierte allabendlich vor dem Schlafengehen einen neuen Zuwachs an Geld und Macht, und am Ende war alles sinnlos. Für Sarah waren schier endlose Jahre der Einsamkeit und des Wartens gefolgt. Worauf wartete sie so geduldig? Worauf würde Jean warten? Wie alt mochte Sarah jetzt sein? Siebzig? Viel fehlte bestimmt nicht daran. Mit ihrem weißen Haar und dem faltigen Gesicht, ihrer einst so weißen, pfirsichfarbenen Haut, die nun längst den Kampf um die Bewahrung der Jugend aufgegeben hatte, war sie nur noch der Schemen einer Frau. Er erinnerte sich, wie sie bei ihrer Hochzeit mit Mark ausgesehen hatte. Damals trug sie ihr blondes Haar zum Zopf geflochten, der wie eine Krone um ihren Kopf lag. Fünfzig Jahre war das her. Dan war damals erst zehn gewesen, und Mark hatte mit zwanzig geheiratet. Dans Vater hatte ihn mitgenommen zu dem Schiffsausrüster auf Fisherman's Wharf, dem Laden, der dem alten Moe Levy, Marks Vater, gehörte. Moe hatte als Hausierer den Indianern Tand verkauft und war mit einem Planwagen nach Kalifornien gekommen. Sarah war damals gerade angekommen, ein neunzehnjähriges Einwanderermädchen aus Litauen, ohne Anhang. Man hatte ihr ein Schild um den Hals gehängt und sie wie ein Stück Frachtgut quer über den Kontinent geschickt, damit sie einen Mann heiratete, den sie nie zuvor gesehen hatte. Sie glich einem verängstigten schönen jungen Tier, wie sie da Tausende von Kilometern von ihrer Heimat, die sie nie wiedersehen würde, und von den Lauten einer Sprache umgeben, die sie nicht verstand, ihrem Bräutigam entgegengefahren war.

«Du hast Glück gehabt, Dan», sagte sie noch einmal.

«Ja, das habe ich wohl.»

«Laß das Zigarrenrauchen und das Trinken, dann kannst du noch zwanzig Jahre leben.»

Die altbekannten Klischees! Dachte sie eigentlich so, wie sie redete? Stellte sie sich noch Fragen, auf die es keine Antwort gab? Wie gern hätte er eine Zigarre geraucht! Eine lange, kühle, süßduftende Havanna!

«War Joe hier?» fragte sie.

«Noch am selben Abend.»

«Er ist ein guter Junge, so ein guter Junge. Mark wäre glücklich gewesen, wenn er hätte erleben können, daß dein Sohn seine Enkelin heiratet. Aber unsere Sally ist schon ein seltsames Mädchen. Sie kann einen Heiligen zur Raserei bringen.»

«Sie werden sich aneinander gewöhnen.»

«Hoffen wir es. War Jean auch hier?»

«Dauernd. Ich habe sie weggeschickt.» Er wußte, daß Sarah sich nicht damit abfinden konnte, daß er und Jean nach May Lings Tod wieder zueinander gefunden hatten. Er wollte, daß Sarah ginge – und schämte sich des Gedankens sogleich. Wie die

Menschen sich änderten! Früher hatte er Sarah verehrt. Das mußte tausend Jahre her sein.

«Du bist müde», sagte sie.

«Ja.»

«Dann will ich dich ausruhen lassen, Danny. Mach dir keine Sorgen. Werd nur wieder gesund.»

Das Telefon klingelte, und Barbara griff gierig und ängstlich zum Hörer. Die Vermittlung wollte wissen, ob sie bereit sei, ein R-Gespräch von einem Bernie Cohen aus Panama anzunehmen.

«Ja, natürlich.»

Dann war seine Stimme da. «Anders als mit einem R-Gespräch konnte ich dich von hier aus nicht erreichen», entschuldigte er sich.

«Das macht doch nichts, Bernie. Ich bin so froh, daß ich dich höre. Geht es dir gut?»

«Alles bestens. Und wie sieht es bei euch aus?»

«Wir sind beide gesund und wohl und einsam.»

«Du brauchst dich nicht einsam zu fühlen. In ein paar Tagen ist alles erledigt. In höchstens zwei Wochen bin ich aus Palästina zurück.»

«Wie kommst du denn nach Panama, Bernie?»

«Ich bin hier am Tocumen-Flughafen. Das liegt auf der Route, die die Jungs in New York für uns ausgearbeitet haben. In New Jersey sind wir dem Sheriff vor der Nase weggeflogen. Nein, nicht dem Sheriff, aber dem Zoll und dem Bundeskriminalamt, dem FBI. Wir tanken hier, dann geht es weiter nach den Azoren und von da in die Tschechoslowakei. Dort übernehmen wir unsere Ladung für Palästina.»

«Bernie ...», sie zögerte, «mußt du die ganze Strecke mitfliegen? Können sie den Rest nicht ohne dich erledigen?»

«Ich kann jetzt nicht aussteigen. Weißt du, Bobby, ich rufe hauptsächlich an, weil ich Sorge hatte, du könntest es im Radio hören und dich ängstigen.»

«Was könnte ich hören?»

«Wir haben ein Flugzeug verloren. Es ist über der See abgestürzt. Drei ordentliche Kerle – Jesse Levine, Bob Sanders und Al Green. Wenn ich jetzt ausstiege, würden alle in Panik geraten. Das geht auf gar keinen Fall.»

«Aber du hast doch gesagt, die Flugzeuge wären in Ordnung.»

«Das sind sie auch. Aber an dieser Maschine ist ein Motorschaden aufgetreten, und sie ist abgestürzt. Das kommt vor.»

«Es könnte noch einmal vorkommen.»

«Das wird es schon nicht.»

«Aber drei Männer sind tot.»

«Das wissen wir nicht. Vielleicht hat man sie aufgefischt. Wir haben von unterwegs über Funk ihre Position durchgegeben. Es besteht also noch Hoffnung.» Sie schwieg. Schließlich fragte er: «Bist du noch da, Bobby?»

«Ach, ich fühle mich so elend. Das habe ich bisher nie ausgesprochen. Meinst du nicht, daß du das Glück herausforderst?»

«Mir wird schon nichts passieren, Bobby.»

Barbara legte den Hörer auf und saß da und starrte vor sich hin. Als es eine Stunde später an der Tür läutete, hingen ihre Blicke immer noch am Telefon. Jean stand vor der Tür.

«Wie geht es ihm?»

«Viel besser, scheint mir», sagte ihre Mutter. «Störe ich?»

«Nein, ich habe nur dagesessen und das Telefon angestarrt. Bernie hat vorhin angerufen.»

«Von wo?»

«Aus Panama.» Sie berichtete ihrer Mutter, was sich ereignet hatte.

«Ich könnte etwas zu trinken vertragen. Hast du Cognac im Haus?»

«Hast du gegessen?»

«Ein bißchen. Aber ich habe keinen Hunger.»

Barbara sah zu, wie ihre Mutter den Cognac trank. «Ach ja, Männer», sagte Jean. «Es gibt zwei Sorten davon, weißt du.»

«Nein, das weiß ich nicht.»

«Es wird Zeit, daß du es erfährst. Es hat etwas mit Spielen zu tun – das unterscheidet sie von Tieren. Tiere spielen nicht.»

«Und junge Tiere?»

«Nein, auch nicht richtig. Denk an Löwen. Die Löwin jagt, sorgt für Nahrung, bringt die Kinder zur Welt, zieht sie auf. Der Löwe tut nichts. Der gibt nur an und bumst, weiter nichts.»

«Ach, laß mich mit Löwen in Ruhe», sagte Barbara. «Meine Welt ist aus den Fugen geraten. Vorige Woche war ich noch mit einem nüchternen Geschäftsmann verheiratet, der sich Sorgen machte, weil sein Betrieb nichts abwarf. Jetzt liegt mein Vater mit einem Herzanfall im Krankenhaus und mein Mann sitzt mit neun alten Flugzeugen in Panama – was meinst du damit, daß es zwei Sorten Männer gibt?»

«Ist nicht so wichtig», erwiderte Jean und füllte ihr Glas.

«Trink ruhig. Du hast ein Recht darauf», sagte Barbara. «Du kannst heute nacht hierbleiben.»

«Hast du mich schon mal betrunken gesehen? Von Cognac? Nein.»

«Es ist mir aber wichtig. Ich kann Leute nicht ausstehen, die in Rätseln sprechen. Und wir müssen uns sowieso mal unterhalten.»

«Über Männer?»

«Ja.»

«Sie spielen, sie spielen wie Kinder. Es gibt tatsächlich nur zwei Sorten. Zuerst sind sie alle gleich. Sie spielen. Aber dann hört die eine Sorte auf, und die andere spielt weiter. Aber erwachsen werden sie alle nie. Ich muß das schließlich wissen; ich war mit beiden Sorten verheiratet. John Whittier gehörte zu denen, die aufhören zu spielen. Er ist innerlich einfach abgestorben. Männer wie Dan und Bernie spielen weiter. Du bist wie ich, und deswegen hast du dich auch beim Heiraten genauso in die Nesseln gesetzt wie ich.»

«Vielen Dank, Mutter.»

«Ich will dich damit nicht kränken», sagte Jean. «Ich habe mich vor vierzig Jahren in Dan verliebt. Wenn er stirbt, bleibe ich als leere, ausgebrannte Hülle zurück. Aber ich mache mir wenigstens nichts vor. Ich rede eine Menge Unsinn, nicht?»

«Ja und nein.»

«Wenn du bloß nicht immer so selbstgerecht und überlegen wärst. Versuch doch einmal, zehn Minuten lang wieder ein kleines Mädchen zu sein. Sag mir, daß du mich liebhast, damit ich merke, daß es mich gibt.»

«Ich habe dich lieb, und als kleines Mädchen käme ich mir albern vor, auch wenn es nur zehn Minuten wären. Ich bin eine Frau von fünfunddreißig und habe einen Haufen Probleme. Heute in einer Woche muß ich nach Washington fliegen und vor dem Ausschuß gegen Unamerikanische Umtriebe aussagen.»

Jean stellte ihr Glas hin und sah sie fassungslos an. «Ich verstehe überhaupt nicht, wovon du sprichst.» Dann fuhr sie fort: «Das darf doch nicht wahr sein. Das ist unmöglich und absurd. Immerhin bist du eine Seldon.»

Barbara mußte lachen. «Mutter, du bist köstlich, wahrhaftig. Immerhin bin ich eine Seldon. Früher hieß ich Barbara Lavette, jetzt heiße ich Barbara Cohen, aber ich bin eine Seldon. Das ist alles ganz einfach, nicht? Aber so einfach ist es eben nicht.»

«Bitte, erkläre mir, was passiert ist.»

Barbara erzählte ihr von der Vorladung und dem Gespräch mit Harvey Baxter. «Aber das ist meine Sache, Mutter, nicht deine oder Vaters. Er soll nichts davon erfahren, schon gar nicht jetzt, wo er im Krankenhaus liegt. Es soll überhaupt niemand etwas davon erfahren, nicht jetzt.»

«Ich verstehe immer noch nicht. Hat es etwas mit Bernie und seiner Unternehmung zu tun?»

«Nein, es betrifft mich. Ich bin schließlich nicht nur eine einfache Hausfrau, die ihr Kind füttert und zwischendurch Bücher schreibt. Ich habe allerlei erlebt.»

«Ja, das hast du. Was wirst du mit Sam machen?»

«Es dauert nur ein paar Tage.»

«Ich kann ihn gern solange nehmen.»

«Nein, du mußt dich um Vater kümmern. Ich bringe ihn nach Higate zu Eloise und Adam, die nehmen ihn bestimmt gern.»

«Das kommt gar nicht in Frage.»

«Du bist eine erstaunliche Frau», sagte Barbara. «Da behandele ich dich wie ein Kind, aber nur aus purer Dummheit, nicht wirklich im Ernst, und im Grunde bewundere ich dich. Ja, ich liebe dich. Wirklich.»

Wenn man bei Nacht flog, fand Bernie, war das, als ließe man die vertraute Wirklichkeit hinter sich und käme in eine andere Welt. Raum und Zeit verloren ihre Bedeutung, und das Donnern der vier Motoren legte sich über alle anderen Laute des Lebens. Doch jenseits des Motorenlärms herrschte Schweigen. Bernie mußte eingeschlafen sein, denn Jerry Fox schüttelte ihn wach. «Ich habe sie auf den Autopiloten geschaltet. Setz dich mal eine Weile da vorn hin.» Er deutete auf einige Instrumente und Warnleuchten, die Bernie im Auge behalten sollte. «Shlemsky sitzt direkt neben dir. Es kann also nichts schiefgehen.» Fox lehnte sich zurück und schlief auf der Stelle ein. Bernie rieb sich die Augen und betrachtete das Labyrinth der Zeiger vor sich. Shlemsky sang leise vor sich hin. Vor ihnen am Horizont hellte sich das Meer auf, und die erste zarte Morgenröte erschien. Bald konnte Bernie die Unrisse der anderen, in loser Formation fliegenden Flugzeuge erkennen.

«Zählst du sie?» fragte Shlemsky.

«Es sind alle da.»

«Nicht alle, nur neun.»

«Ja, nur neun», stimmte Bernie zu.

«Weck lieber Fox auf.»

Der Rand des Sonnenballs tauchte gerade aus dem Wasser auf, als er Fox wachrüttelte. Eine Stunde später landeten die Flugzeuge eines nach dem anderen auf der großen flachen Ebene des Flugplatzes auf den Azoren.

Dort erwartete sie Phil Kramer, ein New Yorker Buchprüfer. Er war kahlköpfig, hatte ein rundes Gesicht und trug eine Brille mit Goldfassung. In seiner Brusttasche steckten zwei Füllfederhalter und ein Bleistift. Er war ein nervöser kleiner Mann, sehr adrett, sehr genau, der sich laufend in sein Notizbuch Notizen machte. Kaum hatte er Bernie und Brodsky die Hand geschüttelt, als er sich auch schon Bernies Namen und Anschrift notierte, für alle Fälle. Dann erkundigte er sich nach dem Geld.

«Das liegt sicher verstaut in den Flugzeugen.»

«Immerhin sind es zwei Millionen Dollar. Es hat Schweiß und Tränen gekostet, sie aufzutreiben.»

«Das Geld ist sicher», beruhigte ihn Brodsky.

«Ich sehe nur neun Flugzeuge.»

«Wissen Sie noch nichts davon? Wir haben eins auf dem Weg nach Panama verloren.»

«Schlimm, wirklich schlimm. Und die Besatzung?»

«Wir wissen es nicht.»

«Ich will versuchen, etwas in Erfahrung zu bringen. Ich bin seit drei Tagen hier, deswegen habe ich es noch nicht gehört. Für das Auftanken ist alles vorbereitet. Brauchen Ihre Männer Schlaf? Ich könnte ihnen eine Unterkunft besorgen.»

«Wir haben abwechselnd geschlafen. Am besten fliegen wir gleich nach dem Auftanken weiter. Ich weiß nicht, wie weit der Arm des FBI reicht. Schließlich war das hier im Krieg so eine Art amerikanischer Stützpunkt, nicht wahr?» Bernie konnte ein Unbehagen nicht abschütteln.

«Keine Sorge. Jetzt gehört das hier zu Portugal. Ich habe ein paar Hände geschmiert, der Treibstoff ist bezahlt, und im Restaurant können Ihre Jungs sich den Bauch vollschlagen. Essen Sie, was und soviel Sie wollen. Spricht übrigens jemand von Ihnen tschechisch?»

«Ich fürchte nein», sagte Brodsky. «Aber unser Französisch ist ganz gut. Bernies ist besser als meins, aber ich komme auch zurecht. Sie sprechen doch bestimmt französisch.»

«Mag sein. Aber denken Sie daran, daß Sie mit den Tschechen feilschen müssen. Die versuchen garantiert, Sie auszunehmen, wenn Sie nicht aufpassen.» Er nahm einen kurzläufigen achtunddreißiger Revolver aus der Tasche und hielt ihn Bernie mit spitzen Fingern hin.

«Wozu?» fragte Bernie.

«Sie haben doch keine Waffen, oder?»

Sie schüttelten den Kopf.

«Mit zwei Millionen in bar meinten wir, brauchen Sie eine Waffe.»

«Sie haben auch wirklich an alles gedacht», grinste Bernie. «Wirklich an alles.» Er steckte den Revolver ein. «Aber ich glaube nicht, daß wir uns Sorgen machen müssen. Den einen Koffer habe ich bei mir im Flugzeug, den anderen hat Brodsky. Und wohin könnte sich jemand im Flugzeug mit dem Geld verdrücken?»

Als sie nach einem Aufenthalt von vier Stunden weiterflogen, sah Bernie Kramer vor dem Flughafengebäude stehen und sich emsig Notizen in seinem kleinen Buch machen.

«Weißt du, Bernie», sagte Shlemsky, «er hat recht. Wenn man bedenkt, daß Tankstellen wegen fünfzig Dollar überfallen werden, dann ist eine Million ganz schön verlockend. Und wir haben ja nicht lauter Waisenknaben an Bord.»

«Das ist wie beim Töten», sagte Bernie. «Man tut es entweder aus dem Augenblick heraus, oder man muß es sich gründlich und lange überlegen. Keiner von unseren Leuten hat sich zu der Unternehmung entschlossen, um eine oder zwei Millionen zu stehlen. Und es geht alles viel zu schnell, als daß jemand darüber nachdenken könnte, ob er es machen sollte oder nicht.»

In der Abenddämmerung erreichten sie den tschechischen Luftraum und erhielten Weisung, auf einem Militärflugplatz bei Pilsen niederzugehen. Die Rollbahn war beleuchtet, und ein Mann in Uniform gab ihnen von einem Jeep aus auf französisch die Anweisung, ihm zu einem Abstellplatz zu folgen. Der Anblick von mehr als hundert Soldaten um den Abstellplatz herum machte Bernie nervös. Brodsky hatte ihm zwar versichert, sie würden bei der Landung auf tschechischem Boden von Leuten der Haganah erwartet, aber er hatte ein flaues Gefühl im Magen, als er, von Scheinwerfern geblendet, aus dem Flugzeug sprang. Er hatte alle möglichen Geschichten gehört, was hinter dem Eisernen Vorhang passierte oder passieren könnte, und plötzlich wurde ihm klar, wie einfach es wäre, die Flugzeuge und das Geld zu beschlagnahmen. Seine Hand umklammerte den Koffergriff. Brodsky rief ihm etwas zu. Soldaten mit Maschinenpistolen kamen auf ihn zu, und seine Männer drängten sich um ihn, nervös in die Scheinwerfer blinzelnd, die Hände vor die Augen gehoben, als wollten sie sich nicht nur gegen das grelle Licht, sondern auch gegen den Feind – oder den vermeintlichen Feind – schützen. Brodsky, der ebenfalls seinen Koffer fest in der Hand hielt, stand jetzt neben Bernie. Hinter ihnen standen zwei stämmige Männer in Lederjacken.

«Was zum Teufel soll das alles?» fragte Bernie.

«Das ist in Ordnung so.»

Zwei uniformierte Offiziere kamen auf die Gruppe zu.

«Sie haben gerade eine Revolution oder so was», flüsterte Brodsky, «deswegen sind sie so mißtrauisch.»

Einer der Offiziere sagte auf französisch: «Wir müssen die Flugzeuge durchsuchen.»

«Wie Sie wollen», sagte Bernie, «sie sind leer.»

«Das wird sich zeigen.» Kommandos ertönten, und einige Soldaten marschierten auf die abgestellten Flugzeuge zu. Währenddessen sagte einer der beiden Männer in den Lederjacken zu Bernie: «Ist das das Geld, in den Koffern?» Er sprach mit starkem Akzent. Brodsky stellte ihn als Dov Benasch vor. Der andere hieß Zvi Kober. «Sie sind von der Haganah», erklärte Brodsky.

«Wir sollen Sie hier treffen, ja», sagte Benasch. «Und das Geld an uns nehmen.»

«Das behalten wir erst einmal selber», erwiderte Bernie. Kobers Englisch war besser, er sprach mit britischem Akzent. «Brodsky, sag dem Heini, wer wir sind.»

«Er heißt Cohen, Bernie Cohen», sagte Brodsky zu Kober. «Er leitet das Unternehmen, nicht ich. Ich denke, er hat recht. Wir behalten das Geld, bis wir die Ware sehen.»

«Du kennst uns. Traust du uns nicht?»

«Wenn es um zwei Millionen Dollar geht, würde ich nicht einmal meiner eigenen Mutter trauen. Keine Sorge, wir bleiben zusammen. Haltet euch zusammen!» rief er den Piloten zu.

Die tschechischen Offiziere hatten zugehört, verstanden aber offenbar kein Englisch. Bernie stellte sich auf französisch vor und sagte: «Wie ich sehe, wußten Sie, daß wir kommen. Sie haben uns erwartet.»

Der Offizier nickte kühl.

«Meine Leute sind hungrig und müde. Sie brauchen etwas zu essen und einen Platz zum Schlafen. Das ist Irving Brodsky, und mein Name ist Bernie Cohen. Uns geht es genauso. Können wir uns nicht irgendwo hinsetzen und miteinander reden?»

Kober unterbrach ihn auf französisch. «Kommen Sie von Ihrem hohen Roß runter, Cohen.» Dann fragte er den Offizier: «Könnten wir nicht ins Abfertigungsgebäude gehen, Herr Oberst? Nicht nur Sie sind mißtrauisch, er ist es auch. Aber wir haben das Geld und sind bereit zu verhandeln. Wir würden es sehr begrüßen, wenn Sie für die Männer etwas Eßbares auftreiben könnten.» Dann fuhr er auf englisch fort: «Haben Sie Geld, Cohen? US-Dollar?»

«Wieviel?»

«Zwanzig genügen.»

Bernie nahm einen Zwanzigdollarschein aus der Brieftasche und gab ihn Kober. Die tschechischen Offiziere sahen aufmerksam zu. «Sie machen's billig», flüsterte Brodsky. Den gefalteten Geldschein in der Hand, tauschte Kober mit dem Tschechen einen Händedruck. Der Vorgang war so durchsichtig, daß Bernies Männer unverhohlen grinsten.

«Gehen wir ins Gebäude, da ist ein Warteraum», sagte Kober. «Hören Sie, Cohen, Sie müssen Dov und mir schon vertrauen. Sonst haben Sie hier niemanden.» Er senkte die Stimme. «Kümmern Sie sich nicht um die beiden Pfeifen, die haben nichts zu melden.» Er führte die Gruppe an. «Ich kenne Sie auch nicht. Wie ist das eigentlich, Sie sollten doch mit zehn Maschinen kommen, ich sehe aber nur neun.»

«Eine ist über See abgestürzt.»

«Verdammtes Pech.»

Sie mußten den ganzen Flugplatz überqueren. Der sogenannte Warteraum erinnerte Bernie an eine billige Autobahnraststätte. Hinter dem Gebäude zeichneten sich die Umrisse von Fabrikanlagen ab.

«Die Skodawerke», erklärte Kober. «Zur Zeit herrscht hier Hochspannung. Ich glaube, die Kommunisten haben die Macht übernommen. Entweder haben sie es schon geschafft, oder sie sind dabei. Die Stellung von Benesch ist sehr wacklig, und keiner wagt sich jetzt vor. Ich weiß nicht einmal, wie es mit unserem Geschäft steht; denn Geld hin, Geld her, Antisemiten sind sie hier alle.»

«Zwei Millionen Dollar läßt so schnell niemand liegen.»

«Das brauchen sie auch nicht, Cohen, denn die haben sie bereits. Wir sind hier in Pilsen, und das Geld ist ebenfalls hier. Sie können mit uns machen, was sie wollen. Vergessen Sie das nicht.»

Die Soldaten, die sie zum Warteraum begleitet hatten, blieben vor der Tür. Außer ihnen war niemand im Raum. Die Piloten bestürmten Bernie mit Fragen.

«Cohen, wir haben Kohldampf.»

«Was ist mit den Hampelmännern da draußen?»

«Kriegen wir nun endlich was zu futtern, oder was ist?»

«Wo sollen wir eigentlich pennen?»

«Was wird hier gespielt, sind wir verhaftet?»

«Zwanzig Dollar reichen nicht, fürchte ich», sagte Kober.

Bernie gab Benasch noch einmal vierzig Dollar, und Benasch ging nach draußen. Nach einer halben Stunde kam er mit zwei Soldaten zurück, die einen Kasten Bier und einen Korb mit Brot und Würsten trugen.

Bernie, Brodsky und Goodman setzten sich mit den Haganah-Männern an einen der Tische. Die Würste waren hart, das Brot war altbacken und das Bier warm, aber der Hunger ließ sie das vergessen.

«Was tun wir jetzt?» fragte Bernie Kober. «Warten wir, wie's weitergeht?»

«Genau, wir warten. Sie wissen ja, daß wir da sind.»

«Und wo schlafen wir?»

«Weiß der Geier. Wenigstens ist es in diesem verdammten Schuppen warm. Vielleicht können wir hier schlafen. Dahinten ist auch eine Toilette, alles halb so schlimm.»

«Mit wem verhandeln wir eigentlich? Mit der Armee?»

«Schwer zu sagen», antwortete Benasch. «Vielleicht mit der Armee, vielleicht mit der Kommunistischen Partei, vielleicht mit der Geheimpolizei.»

«Aber Sie müssen doch mit jemandem gesprochen haben», beharrte Bernie.

«Da ist ein gewisser Lowatsch, ein ziemlich undurchsichtiger Bursche», berichtete Kober. «Er hat seine Finger überall drin. Er ist Zivilist, aber die Obersten machen Männchen, wenn er was sagt. Daraus schließe ich, daß er von der Partei ist, vielleicht Parteikommissar. Die Armee steckt auf jeden Fall mit drin, denn das hier ist ein Militärflugplatz. Er gehört zu den Skodawerken, und die sind verstaatlicht worden. Lowatsch haben wir durch Max Selnik kennengelernt, einen französischen Filmproduzenten, der hier alle möglichen Leute kennt. Max ist Jude, deshalb hat er das für uns in die Wege geleitet. Die Haganah hat schon früher Waffen von den Tschechen gekauft, aber noch nie einen so dicken Brokken. Ich höre von Brodsky», wandte er sich an Bernie, «daß Sie Waffenfachmann sind.»

«Ich hatte damit zu tun. Ich bin Spanienkämpfer und war dann fünf Jahre in der britischen Armee.»

«Sind Sie Kommunist?»

«Ich fürchte nein.»

«Schade. Einem Genossen gegenüber wären sie vielleicht aufgeschlossener. Kennen Sie sich mit deutschen Waffen aus?»

«Etwas. Aber von tschechischen Schußwaffen verstehe ich nichts.»

«Keine Angst. Sie werden uns keine tschechischen Waffen anbieten. Sie wollen den deutschen Schrott loswerden, den sie sich bei Kriegsende eingehandelt haben.»

«Es muß nicht unbedingt Schrott sein, nicht, wenn die Sachen in gutem Zustand sind.»

«Könnten Sie das beurteilen?»

«Bei Waffen, ja. Bei den Messerschmitts nicht.»

«Dov ist Mechaniker. Das ist seine Sache.»

«Was brauchen Sie am dringendsten?» fragte Bernie.

«Handfeuerwaffen. Gewehre, Maschinengewehre. Und Mörser. Und wenn wir sie bekommen können, kleine Feldgeschütze. Aber wir müssen wohl nehmen, was sie uns geben – wenn sie uns überhaupt etwas geben.»

Erst nach drei Stunden schien sich jemand ihrer zu erinnern. Die meisten der Männer hatten sich auf den Boden gelegt, einige schliefen, andere spielten Karten, ein paar kauten noch auf Resten von Brot und Wurst herum. Alle, die noch wach waren, rauchten. Die Luft war verqualmt. An der einen Seite des Raumes war ein Tresen, hinter dem ein Spiegel mit einem auffallenden Barockrahmen hing. Offenbar war der Raum früher als Speisesaal oder als Bar benutzt worden; es hingen noch Pappschilder an der Wand, auf denen Preise in Kronen und Hellern standen. Es standen vier Tische im Raum. An dreien wurde gepokert, am vierten saßen

Bernie, Brodsky, Goodman und die Haganah-Männer. Unter dem Tisch standen die Koffer, jeder fest zwischen zwei Füßen eingeklemmt. Bernie hörte schläfrig zu, wie Kober die politische Lage in der Tschechoslowakei beschrieb. Gerüchten zufolge hatten radikale Linke vor ein oder zwei Tagen Jan Masaryk, den Außenminister, ermordet. «Er soll», sagte Kober, «aus dem Fenster seines Zimmers im Czernin Palais gefallen sein. Ziemlich ungeschickt von ihm, falls man das glauben sollte. Man hat Regierungsmitglieder aus allen opponierenden Parteien rechts und links verhaftet, das heißt, die Linke zahlt es der Rechten heim, und es sieht ganz so aus, als ob wir kurz vor einer kommunistischen Machtübernahme stünden. Na ja, uns geht das nichts an. Wir müssen nur zusehen, daß wir die verdammten Flugzeuge und die Waffen bekommen, und dann nichts wie weg hier.»

In dem Augenblick sah Bernie zwei Männer hereinkommen. Einer von ihnen war sehr korpulent und trug Zivil. Sein rotes, schwitzendes Gesicht saß auf einem Kranz von Fettwülsten, und beim Eintreten wischte er sich die Stirn. Er hatte dünnes, blondes Haar, kleine blaue Augen und einen auffallend sinnlichen Mund. Zu seinem grauen Anzug trug er eine schwarze Krawatte, und um den rechten Ärmel war ein Trauerflor genäht. «Das ist Lowatsch», flüsterte Kober. «Der Trauerflor gilt Masaryk. Eigenartiger Sinn für Humor. Ein gerissenes Schwein.» Der andere trug Uniform und hatte drei Reihen Orden auf der Brust. Er war groß und grauhaarig, ging betont aufrecht. «Den anderen kenn ich nicht», sagte Kober.

Lowatsch, der Kober und Benasch erspäht hatte, führte den Offizier an ihren Tisch. Bernie zog zwei Pokerspielern am Nebentisch die Stühle unter dem Hintern weg und erstickte ihre Proteste mit barschen Worten.

Lowatsch verbeugte sich steif, als Kober die Amerikaner vorstellte. «Das ist General Anulko», sagte er dann auf englisch, mit starkem Akzent. Dann sagte er etwas auf tschechisch zu dem General, und Bernie verstand ihre fünf Namen und das Wort Haganah.

«Cohen und Brodsky sprechen französisch», sagte Kober.

«Wir sprechen englisch, ja? Der General spricht kein Französisch.»

«Setzen Sie sich, bitte», sagte Bernie.

«Danke. Sie haben Geld?»

«Wir haben Geld», antwortete Kober.

«Wieviel?»

«Zwei Millionen. Amerikanische Dollar.»

«Wo?»

«Darüber reden wir später», sagte Kober.

«So? Versuchen Sie nicht, mich zum Narren zu halten. Entweder Sie zeigen mir das Geld, oder ich gehe sofort wieder.»

Sie sahen sich an. «Zeig ihm das Geld», sagte Bernie. «Es spielt doch sowieso keine Rolle.»

Kober zuckte mit den Schultern. Benasch nickte. Er hatte ein Gesicht wie ein Falke, dunkel, kalt und hart, die blauen Augen zu Schlitzen verengt. «Wenn mich nicht alles täuscht», dachte Bernie, «hat er eine Knarre in der Tasche und den Finger am Abzug. Er ist ein Killer, und wie alle Killer ein bißchen verrückt. Am liebsten würde er diesem Lowatsch eine Kugel in den Bauch jagen – das fehlte uns gerade noch!»

Laut sagte er: «Ich leite das Unternehmen, Mr. Lowatsch.» Kober und Benasch blickten ihn überrascht an, sagten aber nichts. «Erlauben Sie mir, daß ich zunächst der großen tschechoslowakischen Volksdemokratie, und natürlich auch Ihnen, meinen Dank ausspreche. Das Geld bedeutet nichts, es ist nur ein Symbol. Der Kampf für die Freiheit ist alles.» Er lächelte und griff nach dem Koffer unter dem Tisch. Brodsky tat es ihm nach, und sie hievten die Koffer auf den Tisch. Sie waren nicht einmal bei der Übergabe durch Feinstein geöffnet worden, und Bernie durchzuckte der Gedanke, daß sie vielleicht beide gar kein Geld enthielten. Wie lang war die Reihe derer, denen man vertrauen mußte? Wie viele waren es vor Feinstein gewesen? Welche unbegreifliche Macht hielt sie alle in ihrem Bann? Bernie hatte nie geglaubt, daß es eine stärkere Kraft als die menschliche Habgier geben könnte, aber offenbar war der Wille, aus einem dürren Streifen Wüste am Mittelmeer etwas zu schaffen, doch noch stärker. Seine und Brodskys Blicke trafen sich. Das feine Lächeln in Brodskys Gesicht konnte bedeuten, daß er dieselben Gedanken hatte wie Bernie. Die Koffer waren nicht einmal verschlossen, sie wurden lediglich von Lederriemen und den Schnappschlössern zusammengehalten. Er und Brodsky ließen die Schlösser aufspringen, und alle am Tisch erhoben sich, als sie die Deckel aufklappten. Beide Koffer waren voller dicker Bündel von Hundert- und Fünfhundert-Dollar-Noten.

Alle im Raum schienen die geradezu magische Ausstrahlung des

Geldes zu spüren. Die Pokerspieler hörten auf, und die Gespräche verstummten. Schweigend versammelte sich die ganze Mannschaft um den Tisch.

Mit Ehrfurcht in der Stimme sagte einer: «Heiliger Strohsack.»

Damit ist alles gesagt, dachte Bernie. «Schluß jetzt, Leute», fuhr er sie an. «Ihr habt doch alle schon mal einen Dollar gesehen. Laßt uns allein. Wir haben Geschäfte.»

Widerstrebend zogen sie sich zurück, während Bernie die Koffer verschloß. «Wollen Sie nachzählen?» fragte er Lowatsch.

Der Dicke wischte sich die Stirn. «Nicht nötig.» Er zog ein Notizbuch. «Wir handeln jeden Kauf einzeln aus, und Sie bezahlen jeweils, sobald wir uns geeinigt haben.»

«Kommt nicht in Frage!» sagte Kober kurz.

«Wäre es nicht einfacher, nach dem Verladen alles auf einen Schlag zu bezahlen?» wollte Bernie wissen.

«Sie müssen mir schon vertrauen», sagte Lowatsch. «Ich vertraue Ihnen, Sie müssen mir auch vertrauen.»

«Sobald die Ware verladen ist.»

«Sie machen es mir schwer. Wissen Sie nicht, Mr. Cohen, daß hier im Augenblick alles drunter und drüber geht? Sie dürfen mich nicht zu sehr unter Druck setzen. Ich könnte durchaus Ihre Flugzeuge und das Geld beschlagnahmen. Das wollen Sie doch nicht, oder?»

Sie saßen einander eine Weile schweigend gegenüber. Dann sagte Bernie, er wolle sich mit seinen Freunden beraten. «Natürlich», sagte Lowatsch. «Tun Sie das.» Die fünf gingen in eine Ecke des Raumes und steckten die Köpfe zusammen.

«Wir hatten alles genau mit ihm verabredet», flüsterte Kober.

«Vergessen Sie es», antwortete Bernie. «Er will sich das Geld selbst zuschustern, er und dieser Hurensohn von General. Wollen wir ihm sagen, er soll sich zum Teufel scheren? Gibt es hier nicht ein paar zuverlässige Leute, mit denen man verhandeln kann?»

«Soll das ein Witz sein?»

«Die Frage ist», flüsterte Bernie, «ob er liefert!»

«Der liefert, darauf können Sie sich verlassen. Die Frage ist nur, zu welchem Preis. Er hat uns, und wir haben ihn. Ich schlage vor, wir zahlen seinen Preis und sehen zu, daß wir hier rauskommen. Wenn wir darauf bestehen, erst nach dem Verladen zu zahlen, dann ist er raus aus diesem Geschäft. Und das läßt das fette Schwein nicht mit sich machen.»

Sie kehrten an den Tisch zurück. «Abgemacht», sagte Bernie.

«Ah, ich sehe, Cohen, Sie sind ein vernünftiger Mann. Fangen wir mit den Messerschmitts an. Zehn Stück.»

«Sie sind zerlegt und zum Verladen bereit», sagte Kober. «Aber wir können nur neun mitnehmen. Wir haben eins unserer Flugzeuge unterwegs verloren.»

«Zehn waren vereinbart, und Sie bezahlen zehn.»

«Wir können keine zehn gebrauchen», warf Bernie ein. «Gott im Himmel, da sitzt eine Handvoll Menschen in Palästina, die vielleicht schon morgen um ihr Leben kämpfen müssen. Für sie kommt es auf jeden Dollar an.»

«Bitte, rufen Sie nicht Gott an. Zehn Messerschmitt waren bestellt, zehn werden geliefert, zehn werden bezahlt. Bei sechzigtausend pro Stück macht das sechshunderttausend Dollar.»

«Fünfzigtausend waren vereinbart!» rief Brodsky.

«Der Preis hat sich geändert.»

«Was ist los, Mr. Lowatsch? Sie wollen unbedingt ihr Pfund Fleisch, was?»

«Ah, Shakespeares *Kaufmann von Venedig*. Ich bin kein Jude, Mr. Cohen. Der Jude sind Sie. Sie wollen Ihr Pfund Fleisch, aber nicht von mir, oh nein. Ich schachere nicht. Schachern ist eine jüdische Angewohnheit. Wir bieten Ihnen Leben, und Sie schachern.» Er schürzte seine sinnlichen Lippen und machte ein säuerliches Gesicht. «Widerwärtig. Hören Sie auf zu schachern, oder ich gehe. Dann können Sie und Ihre Juden zur Hölle fahren. Haben Sie mich verstanden?»

Bernie nickte. Benaschs Gesicht wurde noch verbissener und eisiger. Kober lächelte freundlich. «Passen Sie auf, daß Benasch keine Dummheiten macht», flüsterte Bernie Kober in gebrochenem Neuhebräisch zu. Immer noch lächelnd sagte Kober zu Benasch, ebenfalls auf hebräisch: «Mach keinen Quatsch, Dov, sonst bringe ich dich um. Ich schwöre es dir.»

«Ich habe leider nur eine Pistole», antwortete Benasch. «Wenn ich ein Messer hätte, würde ich dem fetten Schwein das Herz rausschneiden.»

«Sprechen Sie bitte englisch», sagte Lowatsch.

«Ja, selbstverständlich», stimmte Bernie zu. «Wir akzeptieren den Preis.»

«Dann das Geld», sagte Lowatsch und schrieb etwas in sein Notizbuch.

«Jetzt sofort?»

«Ja, natürlich jetzt. Wir haben gerade ein Geschäft abgeschlossen – Zug um Zug.»

«Irv», sagte Bernie, «zähl ihm sechshunderttausend ab.»

Brodsky zählte. Das bloße Zählen einer so gewaltigen Summe brachte die zuschauenden Piloten wieder auf die Beine. Sie traten näher an den Tisch.

Lowatsch studierte sein Notizbuch. «Ich habe sehr gute russische Gewehre, dreitausend Stück zu zweihundertzwanzig Dollar.»

«Keine russischen Gewehre», beschied Bernie ihn. «Ich höre, Sie haben auch deutsche.»

«Die russischen Gewehre sind hervorragend.»

«Mach den verdammten Koffer zu!» fuhr Bernie Brodsky an. «Zum Teufel, wir sind hier, um ein Geschäft zu machen, nicht, um uns ausplündern zu lassen. Sie können versuchen, uns das Geld abzunehmen, aber kampflos geht das nicht ab. Die meisten von uns sind amerikanische Staatsbürger. Wenn Sie glauben, Lowatsch, daß Sie dreißig Amerikaner einfach umbringen oder einsperren können, ohne daß ein Hahn danach kräht, dann versuchen Sie es doch mal! Sie laden uns jetzt die neun Messerschmitt ein, und dann fliegen wir ab. Versuchen Sie ja nicht, uns aufzuhalten!» Seine Stimme hatte sich zu einem wütenden Gebrüll gesteigert. Brodsky und Goodman sahen ihn fassungslos an. Kober lächelte, und zum erstenmal verlor auch Benaschs Gesicht etwas von seiner Verbissenheit, während die Flieger belustigt grinsten.

Lowatsch hob die Hände. «Wer redet denn von Ausplündern?»

Der General sagte etwas auf tschechisch. Lowatsch antwortete, und sie unterhielten sich ein paar Minuten. Dann sagte Lowatsch noch einmal: «Wer redet von Ausplündern? Ich habe lediglich russische Waffen vorgeschlagen. Die Rote Armee ist die beste der Welt. Glauben Sie, die kämpfen mit Mistgabeln? Sie wollen deutsche Gewehre haben? Schön, sprechen wir über deutsche Gewehre. Was wollen Sie haben?»

«Sturmgewehre, Typ 44», sagte Bernie.

«Ah, Sturmgewehre. Und warum keine Mauser? Davon hätte ich fünftausend.»

«Was ist denn ein Sturmgewehr?» wollte Kober wissen.

«Ein leichter Karabiner, wiegt gut vier Kilo. Kaliber 7,62, mit einem Magazin für dreißig Schuß. Eine phantastische Waffe. Die will ich haben», sagte er zu Lowatsch.

«Das wird Sie aber einiges kosten, Mr. Cohen.» Er sah in sein Notizbuch. «Zweihundert davon können sie haben, mehr nicht. Hundert Dollar das Stück.»

Bernie nickte Brodsky zu, und dieser zählte zwanzigtausend Dollar ab.

«Munition?»

«Sechzig Schuß pro Gewehr.»

«Wir brauchen mindestens das Doppelte.»

Wieder zählte Brodsky das Geld hin.

«Außerdem Schmeisser», sagte Bernie.

«Schmeisser, Schmeisser!» rief Lowatsch. «Warum nicht gleich Diamanten?»

Brodsky stieß ihn fragend in die Seite. «Das sind Maschinenpistolen», sagte Bernie. «Das Beste, was es gibt. Siebenhundertfünfzig Schuß in der Minute.»

«Keine Schmeisser», sagte Lowatsch. «Schluß. Keine Schmeisser.»

«Warum nicht?»

«Wollen Sie etwa tausend Dollar pro Stück bezahlen?»

Kober schüttelte den Kopf. «Kaufen Sie die Mauser», flüsterte er Bernie zu.

Sie feilschten noch eine ganze Stunde. Zweiundzwanzig leichte Maschinengewehre vom Typ MG-42, fünftausend Mausergewehre, verschiedene Typen von Luger-Pistolen. Das Geld türmte sich vor Lowatsch und dem General auf dem Tisch. Der General konnte den Blick nicht davon abwenden. Wie hypnotisiert starrte er auf die Berge amerikanischer Dollar.

«Ich bekomme dann noch fünfzigtausend Dollar für Flughafengebühren, Verladekosten und Treibstoff», sagte Lowatsch schließlich.

«Fünfzigtausend Dollar!» rief Bernie.

«Wie sagten Sie doch?» lächelte Lowatsch. «Ein Pfund Fleisch. Wir beladen die Flugzeuge heute nacht. Bei Morgengrauen können Sie abfliegen. Sie können Ihren Juden in Palästina sagen, daß wir auch gute Geschäftsleute sind. Wir sind zwar Marxisten, aber das heißt noch lange nicht, daß uns kapitalistische Methoden nicht vertraut sind.» Während Lowatsch sprach, sortierte der General, der ein Ordnungsfanatiker zu sein schien, das Geld wieder in die

Koffer. Er stapelte die Bündel liebevoll übereinander und streichelte sie dabei mit seinen schmalen, sorgsam manikürten Fingern. «Ich will Sie nicht drängen», sagte Lowatsch. «Aber wir haben eine Revolution im Lande. Ich bin ein Freund der Juden, andere sind es nicht. Je eher Sie hier wegkommen, um so besser für Sie.»

«Wann fangen Sie mit dem Verladen an?» fragte Bernie ihn.

«In einer Stunde.»

«Wir wollen sehen, was Sie einladen.»

«Sie trauen mir nicht?»

«Es geht um zwei Millionen Dollar», erwiderte Bernie. «Wir wollen das Einladen überwachen.»

Lowatsch zuckte die Schultern. «Wie Sie wollen.» Er und der General standen auf, jeder ergriff einen Koffer. Lowatsch nickte lächelnd. «Ganz wie Sie wollen. Wir sehen uns dann bei den Flugzeugen.» Sie drehten sich um und gingen aus dem Raum.

Einen Augenblick lang herrschte Stille, dann entlud sich die Spannung der Flieger in einer Flut von Flüchen und Schimpfworten. Schließlich wurde es Bernie zu viel. «Schluß jetzt! Wollt ihr alles zunichte machen?»

«Die haben uns reingelegt!» schrie einer der Männer.

«Vielleicht, vielleicht auch nicht. Versucht jetzt zu schlafen. Wenn wir morgen früh fliegen, braucht ihr vorher etwas Schlaf.»

«Wo denn? Auf dem Fußboden?»

«Ihr sagt es – auf dem Fußboden. Wir haben niemandem eine Vergnügungsreise versprochen. Heute war es schlimm, morgen wird es noch schlimmer. Also schlaft. Und haltet die Klappe. Wenn der eine nicht schlafen kann, kann es vielleicht der Nachbar.»

Kober summte eine Melodie. Benasch hatte einen 45er Colt aus der Tasche gezogen und prüfte die Trommel.

«Wollen Sie sich den Weg freischießen?» fragte Bernie ihn.

«Wenn es sein muß.»

«Was hältst du von der Sache?» fragte Brodsky.

«Die werden liefern und die Flugzeuge beladen», sagte Bernie. «Er will uns so schnell wie möglich los sein, denn er hat uns ganz schön zur Ader gelassen. Das einzige, was wir tun können, ist, daß wir beim Laden aufpassen.»

«Sie sind ein Optimist», bemerkte Kober.

«Nein. Sehen Sie, Kober, der Mann ist ein Waffenschieber. Ich weiß nicht, wer außer dem General noch mitmacht, aber es ist doch klar, daß er seinen Anteil riskiert, wenn etwas schiefgeht. Wir haben zwar alles doppelt bezahlt, aber wir haben auch eine ganz schöne Menge Waffen bekommen – und wir haben die neun Messerschmitt.»

«Wenn er liefert.»

«Das werden wir sehen.» Er wandte sich an Goodman. «Du solltest etwas schlafen, Herb, du bist Navigator. Wir vier sind nur Passagiere, also werden wir das Laden überwachen. Einverstanden?»

Benasch steckte seinen Colt wieder ein, und die vier gingen über den Flugplatz. Die Flugzeuge wurden von tragbaren Scheinwerfern angestrahlt. Zwei Lastwagen mit Teilen der zerlegten Messerschmitt-Jäger fuhren bereits rückwärts an die Transportmaschinen heran. Es waren etwa hundert Männer dort, teils in Uniform, teils in Arbeitskleidung.

«Sieht so aus, als ob Lowatsch Wort hält», sagte Kober.

«Diese alte antisemitische Drecksau», antwortete Brodsky.

«Eine schöne Art, deine Dankbarkeit zu zeigen.»

Kurz danach erschien Lowatsch. Das Beladen dauerte fast bis zum Morgengrauen. Kober und Benasch blieben bei den Flugzeugen, und Bernie und Brodsky gingen zum Aufenthaltsraum zurück, um die Männer zu holen. Der Himmel war verhangen, und es begann zu nieseln. Die Männer waren mißmutig und reizbar, als sie sich mit schmerzenden Gliedern vom Fußboden erhoben.

«Kommt schon, Jungs», sagte Bernie freundlich. «Morgen habt ihr Sonnenschein, weiche Betten, anständiges Essen und einen freien Tag am Strand.»

Sie gingen durch den Regen über den Flugplatz. Bernie setzte sich auf den Platz des Kopiloten neben Al Shlemsky. Mit Mühe hielt er sich während des Starts wach. Er war eingeschlafen, bevor das Flugzeug die Wolkendecke durchbrach. Erst beim Landeanflug auf den Flughafen von Tel Aviv wachte er wieder auf.

Daß Bernie gut in Tel Aviv angekommen war, erfuhr Barbara am selben Tag aus einem überschäumenden Telegramm: «Großartige Geschichten zu erzählen. Grüße Dan von mir. Bin bald zurück, und dann nie wieder Gemecker wegen dreckigem Mechaniker.» Aber es stand kein Wort über den genauen Zeitpunkt seiner Rückkehr darin. Barbara mußte an diesem Vormittag an einer Vorstandssitzung der Lavette-Stiftung teilnehmen, und nachmittags wollte sie sich mit Harvey Baxter, ihrem Anwalt, treffen. Zwischendurch war sie bei Jack's in der Sacramento Street mit Jean zum Mittagessen verabredet.

Barbara war zuerst da, und als Jean eintrat, sah sie sofort, daß sorgenvolle Erkundigungen nach Dans Zustand überflüssig waren. Jean war wieder ganz sie selbst in ihrem perlgrauen Chanel-Kostüm aus Mohair, das Blau der Bluse passend zur Farbe ihrer Augen und zum Paspel an der Jacke. «Offensichtlich geht es Vater viel besser», begann Barbara das Gespräch, und Jean stimmte zu: «Ganz der alte. Er wollte mich dazu bringen, ihm eine Zigarre ins Krankenhaus zu schmuggeln. Ich habe ihm gesagt, daß er das Rauchen aufgeben muß, und ihm fiel dazu nichts Besseres ein als der abgedroschene blöde Witz, daß eine Frau nur eine Frau sei, eine gute Zigarre aber etwas – zum Rauchen. Er hat eben als Straßenjunge im Tenderloin angefangen, und das schlägt durch. Vielleicht macht ihn das lange Liegen im Bett so unleidlich. Wenn Männer nicht so bemitleidenswert wären, könnte man sie alle verachten. Was um alles in der Welt hast du denn da an, Bobby?»

«Das sieht man doch, Mutter. Ein Twinset und einen Rock.»

Jean schüttelte den Kopf. «Der Pullover löst sich ja schon auf, und solche Röcke trägt man seit langem nicht mehr. Wann wirst du es endlich lernen, dich vernünftig anzuziehen?»

«Wahrscheinlich nie. Möchtest du etwas trinken?»

«Ja. Einen steifen Martini. Ich trinke darauf, daß ich noch nicht Witwe bin! Muß ein furchtbarer Zustand sein. Neues von Bernie?»

«Es ist wirklich bewundernswert, wie elegant dein Geist von einem Thema zum anderen springt. Er hat mir ein Telegramm aus Tel Aviv geschickt. Sie haben die neun Flugzeuge heil abgeliefert, Auftrag erledigt. Nach dem Telegramm zu urteilen, schwebt er wie auf Wolken.»

«Dann haben wir beide Grund zum Trinken. Er ist schon ein bemerkenswerter Mann, dein Bernie. Wie hast du ihn eigentlich kennengelernt? Das hast du mir nie genau erzählt.»

«Tatsächlich?» Sie bestellte die Getränke. «Nein, wahrscheinlich nicht. Es war nicht die Art Erlebnis, die man seiner Mutter erzählt.»

«Ich wüßte nicht, womit du mich schockieren könntest. Jede Generation lebt in der Illusion, die vor ihr lebende habe im Zustand kindlicher Unschuld gelebt. Natürlich gibt es in jeder Generation unschuldige Gemüter, aber ich gehöre nicht dazu. Übrigens habe ich gestern Tom getroffen und ihm von Dans Herzinfarkt erzählt. Ich glaube, es ist ihm nahe gegangen.»

Barbara bezweifelte das. Es war nicht schwierig, dem Gedankengang ihrer Mutter zu folgen. Ein homosexueller Bruder war nicht so schlimm wie ein homosexueller Sohn.

«Er denkt ans Heiraten», sagte Jean.

«Das wußte ich noch nicht.» Barbara zögerte. Es gab Dinge, über die sie nicht gut mit ihrer Mutter sprechen konnte. «Lucy Sommers, vermute ich.»

«Wie kommst du auf sie?»

«Man sieht sie häufig zusammen. Weißt du», sagte sie nach einer Pause, «ich kann Tom vieles nachsehen, aber daß er jetzt nicht hingeht und sich mit seinem Vater verträgt, finde ich unverzeihlich.»

«Zum Vertragen gehören zwei, und Dan hat ihm nicht gerade goldene Brücken gebaut.» Der Ober kam, und sie gaben ihre Bestellung auf. Dann fragte Jean: «Wo waren wir stehengeblieben?»

«Du wolltest wissen, wie ich Bernie kennengelernt habe. Ich kann es dir gern erzählen. Ich kann mir gar nicht vorstellen, daß ich es dir nie gesagt habe. Aber ich war damals eben noch sehr jung. Er hat, das weißt du vielleicht, bei den Levys auf dem Weingut gearbeitet.»

«Nein, das wußte ich nicht.»

«Es ist schon lange her, wohl so um 1922 oder '23. Damals war er noch ein halbes Kind. Aber er blieb mit ihnen in Verbindung. Später dann schloß er sich der Abraham-Lincoln-Brigade an. Er hatte immer seine eigenen, sonderbaren Gründe für alles, was er tat. Er arbeitete auf dem Gut und lernte, wie man Wein anbaut, weil er glaubte, daß er eines Tages in Palästina Wein anbauen würde. Er war Waise und schuf sich seine Traumwelt, in der alles, was in seinem Leben schiefgelaufen war, einen Sinn bekommen sollte. Diese Traumwelt war Palästina. Er studierte Landwirtschaft, weil sie in Palästina sein Lebensinhalt sein sollte. Und er schloß sich der Brigade an, um kämpfen zu lernen. Als die Levys mir schrieben, daß sie nach Paris kommen würden, erwähnten sie, daß Bernie in der Lincoln-Brigade sei. Da kannte ich ihn noch nicht, er war für mich nur ein Name. Aber dann ging Marcel, der französische Journalist, mit dem ich damals zusammenlebte, für seine Zeitung nach Spanien, um über die Lincoln-Brigade zu berichten, und ich nannte ihm Bernies Namen. Einfach, damit er mit jemand Verbindung aufnehmen könnte. Er traf ihn auch, und beim Rückzug über den Ebro, der so viele das Leben gekostet hat, rettete Bernie ihm praktisch das Leben. Er ist mit ihm durch den Fluß geschwommen und hat ihn kilometerweit auf dem Rücken geschleppt. Marcel hat mir das alles aus dem Krankenhaus in Toulouse geschrieben», setzte Barbara langsam hinzu. «Das habe ich dir wahrscheinlich auch nie erzählt. Sein Bein war nicht zu retten. Erst wollte er es nicht amputieren lassen, und als ich ihn schließlich überredet hatte, war es zu spät. Er starb an Gasbrand.»

«Du brauchst nicht darüber zu sprechen, wenn du nicht willst.»

«Jetzt kann ich schon wieder darüber sprechen. Marcel war ein wunderbarer Mann. Eigentlich war sein langes, knochiges Gesicht häßlich, aber auf seine Weise auch wieder sehr schön. Einen solchen Menschen habe ich nie wieder getroffen. Er war voller Freude und Zuversicht und steckte alle um sich herum damit an. Er hatte mich eines Tages einfach auf den Champs-Élysées angesprochen und ist neben mir hergegangen, um mir klarzumachen, daß er sich, wenn ich aus seinem Leben wieder verschwände, zerstört fühlen würde. Das war der Anfang. Wir waren lange zusammen und wollten eigentlich heiraten. Aber das wußtest du wohl schon.»

«Ja», sagte Jean leise.

«Er war ganz anders als Bernie. Merkwürdig, nicht wahr? Aber ich wollte dir ja von Bernie erzählen. Das war mehrere Monate später. Der Spanische Bürgerkrieg war vorbei, und die Internationalen Brigaden wurden aufgelöst. Bernie kam zu Fuß über die Pyrenäen nach Frankreich, verkaufte seine Pistole für ein paar Franc und schlug sich irgendwie nach Paris durch. Er wollte zu Marcel, der in Spanien offenbar von nichts anderem geredet hatte als von dem wunderbaren amerikanischen Mädchen, das er heiraten wollte. Bernie wußte nicht, daß Marcel tot war, und da Marcel der einzige Mensch war, den er in Paris kannte, ging er zur Redaktion von Marcels Zeitung *Le Monde*. Dort erfuhr er, was mit Marcel passiert war, und sie gaben ihm meine Adresse. Irgendwann läutete er dann an meiner Tür, und vor mir stand dieser Brocken von einem Mann, in Hemd und Jeans und mit einem zwei Tage alten Bart. Nun, wir redeten und gingen essen, dann kam er mit zu mir nach Hause, hat geduscht und sich rasiert, und ich habe seine völlig verdreckten Sachen gewaschen. Dann sind wir ins Bett gegangen. Ja, so war es. Ich glaube, ich habe mich schon ein bißchen in ihn verliebt, als er an der Tür stand, so traurig und abgerissen, und nicht wußte, was er sagen sollte. Möglicherweise brauchte ich auch ganz einfach einen Menschen, den ich lieben konnte und der mich liebte. Oder es lag daran, daß er Marcel das Leben gerettet hatte und für mich die letzte Erinnerung an ihn war. Er war so zartfühlend und lieb. Und ich brauchte jemanden, der so zu mir war. Ja, so habe ich Bernie Cohen kennengelernt.»

Jean stocherte in ihrem Essen herum. Barbara fiel ein, daß sie ihre Mutter noch nie richtig hatte essen sehen, jedenfalls nicht mit dem Genuß und der herzhaften Freude, die man bei vielen Menschen beobachtet. Vielleicht war sie deshalb so schlank und ihre Gesichtshaut so straff.

«Wie lange war er damals eigentlich bei dir?» fragte Jean.

«Als ich am nächsten Morgen aufwachte, war er weg. Er hatte einen Zettel dagelassen, daß er pleite sei, daß er mich liebe und daß er mir nicht auf der Tasche liegen wolle. Ich habe ihn erst sechs Jahre später wiedergesehen. Er ging nach Palästina, diente in der britischen Armee. Sechs Jahre lang.»

«Und da liebtest du ihn immer noch?»

«Nein, ich war in einen romantischen Traum verliebt. Aber dann lernte ich ihn kennen. Er machte es einem nicht schwer, er hat ein einfaches Gemüt und einen geraden Charakter, aber er ist auch schrecklich kompliziert. Nicht wie ein Intellektueller, bei ihm liegt das auf einer anderen Ebene.»

Jean nickte.

«Nun iß doch endlich etwas. Du sitzt nur da und stocherst rum. Ich habe Hunger, und wenn ich dich so sehe, bekomme ich ein schlechtes Gewissen. War ich als Kind eigentlich dick?»

«Nein, nie. Ich esse mittags nie richtig, Bobby.»

«Aber irgendwo in mir steckt ein dickes, schuldbewußtes Mädchen. Warst du je beim Psychiater, Mutter? Ich meine, hast du dich mal psychoanalysieren lassen?»

«Wie kommst du nur darauf? Nein, natürlich nicht.»

«Nun reg dich nicht gleich auf. Wir reden heute über sehr persönliche Dinge, findest du nicht? Mir ist nur aufgefallen, daß du dich sehr verändert hast.»

«Habe ich das? Das ist mir nicht klar. Ich war immer die verwöhnte Tochter eines sehr reichen Mannes. Als das damals in Spanien war, hatte ich nur eine sehr verschwommene Vorstellung davon, worum es ging. Ich war immer mit mir selbst beschäftigt. Sogar der Weltkrieg hat mich kaum berührt.»

«Aber immerhin kannst du darüber sprechen.»

«Worüber?»

«Ich meine, du kannst dich von außen betrachten und ein Urteil über dein Verhalten fällen, ob es richtig oder falsch war.»

«Ist das ein Vorzug?»

«Ich weiß nicht», sagte Barbara unsicher. «Ich versuche, mich von außen zu sehen, aber ich gewinne einfach nicht den nötigen Abstand zu mir selbst. Als ob uns da etwas fehlt. Ich frage mich, ob ich je erwachsen werde, und wann.»

«Du bist sehr erwachsen», sagte Jean, «du bist der reifste Mensch, den ich kenne.»

«Was für eine schöne Illusion! Erstaunlich, wie man die eigene Mutter täuschen kann. Wir sind beide verwöhnte Töchter sehr reicher Männer. Nur kannst du offenbar damit leben. Ich habe mich, so fürchte ich, nicht damit arrangieren können.»

Irv Brodsky versuchte Bernie dazu zu bringen, daß er in Palästina blieb und in die Haganah eintrat. «Du glaubst ja gar nicht, wie dringend wir dich brauchen. Seit der UNO-Deklaration spielen die Araber verrückt, und die Briten scheren sich keinen Deut darum. Sie halten sich aus allem heraus und stehen Gewehr bei Fuß, um so schnell wie möglich abzuhauen. In den letzten Monaten sind mehr Juden umgebracht worden als in den zwanzig Jahren davor. Bernie, wir haben uns beide auf diesen Augenblick vorbereitet. In ganz Palästina gibt es keine zehn Männer, die so viel von Taktik und moderner Kriegsführung verstehen wie du. Wie kannst du uns jetzt sitzenlassen? Erinnerst du dich noch an Hyam Kadar?»

Bernie hatte eine undeutliche Erinnerung an einen schmächtigen Jungen mit krausem schwarzen Haar.

«Er war 1939 mit uns im Kibbuz. Vor drei Tagen ist er gefallen. Er hat versucht, mit einem Konvoi nach Jerusalem durchzubrechen. Die Araber hatten die Straße in der Schlucht unterhalb von Bab el-Wad mit Baumstämmen blockiert, und dann haben sie sie einfach abgeschlachtet. Etwa dreitausend Araber gegen eine Handvoll von unseren Leuten. So geht das jeden Tag. Mir ist schleierhaft, wie du uns in dieser Lage sitzenlassen kannst.»

«Ich habe das nie als meine Sache angesehen», antwortete Bernie, «und daran hat sich nichts geändert. Ich bin fast zweiundvierzig, habe eine Autowerkstatt in San Francisco und eine wunderbare Frau, die für meine Verrücktheiten schier grenzenloses Verständnis aufbringt. Dabei ist sie nicht mal Jüdin. Genaugenommen begreife ich überhaupt nicht, wieso ich mich auf dieses Abenteuer hier eingelassen habe. Vermutlich konnte ich die Vorstellung nicht ertragen, die nächsten zehn Jahre in einer Autowerkstatt zu verbringen. Ich habe meine Schuldigkeit getan. Ich habe das Geld für die Transportflugzeuge besorgt und die Sache durchgezogen. Jetzt ist mein Auftrag erledigt. Ich habe eine Frau und ein Kind, zu denen muß ich zurück. Vom Krieg habe ich endgültig die Schnauze voll.»

Brodsky und er saßen mit einer Frau namens Lena Polda in einem Straßencafé auf dem Dizengoff-Boulevard in Tel Aviv. Die Sonne schien, und die Luft war mild und angenehm. Männer in Hemdsärmeln und Frauen in Sommerkleidern gingen vorüber. Kinder spielten auf der Straße. Nichts erinnerte an Krieg. Lena Polda war eine dunkelhaarige, wache Frau um fünfundzwanzig. Sie war weitläufig mit Brodsky verwandt und arbeitete als Buchhalterin in Tel Aviv. Brodskys Mutter, die immer noch auf dem Grand Concourse in der Bronx in New York lebte, hatte sie angerufen, um zu erfahren, wie es ihrem Sohn ging. Der Anruf war sogar durchgekommen, ein kleines Wunder im Palästina des Jahres 1948. Lena war zum Flugplatz gefahren und war dort, als die Flugzeuge landeten. Jetzt, zwei Tage später, saß sie mit den beiden Männern beim Essen und hatte bisher kaum etwas gesagt. Sie sprach recht gut englisch, wenn auch mit starkem Akzent. Geboren war sie in Litauen, in Wilna. Sie war mit siebzehn ins Konzentrationslager gekommen, wo man ihre Eltern vergast und sie selbst als Prostituierte der Lageroffiziere mißbraucht hatte. Sie gehörte zu den wenigen, die den Schrecken überlebt hatten, und war 1945 nach Palästina gekommen.

Unvermittelt wandte sie sich jetzt an Bernie. «Wieso meinen Sie, daß Sie Ihre Schuldigkeit getan haben, Mr. Cohen? Waren Sie denn etwas schuldig?» Es war ihr erster Beitrag zum Gespräch.

«Mehr oder weniger. Das ist nur eine Redensart.»

«Erzählen Sie.»

«Bernie meint», warf Brodsky ein, «daß er in zwei Kriegen gekämpft hat, im Spanischen Bürgerkrieg und im Weltkrieg.»

«So?» Sie streckte den Arm aus, so daß auf der Innenseite ihres

Unterarms die eintätowierte Nummer sichtbar wurde. «Habe ich meine Schuldigkeit getan? Ja?»

Bernie nickte langsam.

«Sollte ich auch nach Hause gehen?»

«Ihr Zuhause ist hier, meines nicht.»

«Nein? Nein, tatsächlich, ich glaube, da haben Sie recht.» Sie erhob sich. «Ich muß wieder an die Arbeit. Vielen Dank für die Einladung zum Essen.»

Als sie gegangen war, sagte Brodsky: «Nimm dir das nicht zu Herzen. Sie hat einen Knacks weg, wie alle, die im Lager waren.»

Eine Weile schwiegen sie verlegen. Dann sagte Bernie: «Es ist wirklich komisch. Als Kind habe ich nur davon geträumt, hierher zu kommen. Ich haßte Hitler, aber ich bin nicht in die Brigade eingetreten, weil ich Antifaschist war, sondern weil ich lernen wollte, zu kämpfen, für Palästina zu kämpfen. Als ich 1939 hier ankam, hatte ich das großartige Gefühl, endlich dort zu sein, wo ich hingehöre, wie ein Seefahrer, der nach langer Fahrt heimkehrt. Und jetzt will ich nur noch zu Barbara und dem Jungen zurück. Ich kann Lena verstehen, Irv, aber ich selbst empfinde ganz anders. Es hat keinen Zweck, mich umzustimmen, Irv.»

«Und was willst du tun? Diese Woche bekommst du kein Flugzeug mehr, das ist ausgeschlossen.»

«Ich weiß. Ich habe eine Schiffspassage von Haifa nach Neapel gebucht. Von dort kann ich nach London fliegen, und dann weiter nach Hause.»

«Wann?»

«In drei Tagen.»

«Na schön. Wir fahren sowieso nach Haifa. Sie setzen mich bei unserem alten Kibbuz ab. Du könntest mitkommen und dir ansehen, was sich alles verändert hat. Dann kämst du immer noch rechtzeitig nach Haifa.»

«Wer fährt dich hin?»

«Dov Benasch und Zvi Kober. Ihre Haganah-Einheit ist da oben stationiert. Abfahrt morgen früh.»

Als Bernie am folgenden Morgen in dem kleinen Zimmer des heruntergekommenen Hotels Schalom in der Allenbystraße erwachte, das er mit Brodsky teilte, brauchte er einige Sekunden, bis er wußte, wo er war. Es war heiß im Zimmer, an den Fenstern hingen keine Vorhänge und das Sonnenlicht flutete herein, und einen Augenblick lang dachte er, er sei wieder in Nordafrika. Traum und

Wirklichkeit mischten sich, und er geriet in Panik. In diesem Augenblick war sein Leben mit Barbara nur Traum. Noch im Halbschlaf, stöhnte er vor Schmerz auf.

«Ist etwas, Bernie?» rief Brodsky, der sich am Waschbecken rasierte.

«Schon gut, alles in Ordnung.»

Zu sehr hatten sich in den letzten Tagen die Ereignisse überschlagen und gedrängt. Die Flugplätze in Kansas und New Jersey, der Flugplatz in Panama, auf den Azoren, das Feilschen um die Waffen mit Lowatsch, dem fetten Tschechen – und dann das Ende, so alltäglich und so beiläufig. Ein großer Blonder namens Yigal Allon hatte ihm flüchtig die Hand geschüttelt, ‹Gute Arbeit, Cohen› gesagt und sich dann anderen Dingen zugewandt, als sei es die natürlichste Sache von der Welt, daß jemand in San Francisco hundertzehntausend Dollor für zehn alte Transportmaschinen herausrückt, die dann ein gewisser Bernie Cohen auf verschlungenen Wegen um die halbe Welt bringt, um sie vollgepackt mit Flugzeugteilen und Waffen in Palästina abzuliefern. Aber irgendwie paßte alles zusammen. Wo sonst auf der Welt würde man zwei Koffer mit zwei Millionen Dollar so behandeln, als enthielten sie nichts als normales Reisegepäck? Von dem Geist, der hier herrschte, ging etwas aus, das die Menschen überall auf der Welt packte, sie erschütterte und für eine Weile verwandelte, so wie auch er verwandelt, um Jahrzehnte seines Lebens zurückversetzt worden war, noch mit all den verworrenen, goldenen Jugendträumen vor sich, nicht hinter sich. Aber jetzt fühlte er sich ernüchtert, enttäuscht. Daß er für diese Unternehmung gebraucht wurde, hatte er sich nur eingeredet. Sicher, Brodsky hatte ihn bedrängt, das Kommando zu übernehmen, aber wenn er sich geweigert hätte, hätte Brodsky die Angelegenheit eben selbst erledigt. Hatte er etwa erwartet, Allon, der die Palmach kommandierte, jene winzige Kampftruppe eines kleinen, in einen verzweifelten Kampf ums Überleben verstrickten Volkes, werde ihm um den Hals fallen und eine Rede halten, in der er Cohen als Retter des Vaterlandes pries?

«Wenn du wirklich nichts hast», sagte Brodsky, «dann sieh zu, daß du jetzt mit dem Hintern aus den Federn kommst. Die anderen wollten um sieben unten sein, und jetzt ist es fast halb acht.»

Er rasierte sich, zog sich an und packte seine Flugtasche, die seine beiden schmutzigen Hemden, Unterwäsche und Socken aufnahm. Plötzlich hielt er den Revolver in der Hand, den Kramer ihm auf den Azoren gegeben hatte. Er stutzte, dann gab er Brodsky die Waffe.

«Was ist das?»

«Kramer hat ihn mir gegeben, der Mann, den wir auf den Azoren getroffen haben. Er meinte, das Geld müsse beschützt werden. Ich brauche ihn nicht mehr, aber hier bei euch zählt jede Waffe.»

Brodsky steckte den Revolver ein. Sie gingen hinunter, Brodsky beglich die Rechnung, und Bernie trat vor die Tür. Der Jeep stand vor dem Hotel, Benasch und Kober saßen auf den Vordersitzen. Sie aßen aus fettglänzenden Papiertüten gebratenen Fisch, dazu brachen sie sich Stücke von einem Laib Brot ab.

«Hier, iß», sagte Kober, «Fisch mit ohne Pommes. Nicht so gut wie in London, aber auch nicht schlecht. Das Brot ist erstklassig.»

Bernie griff in die Tüte, und Benasch brach ihm ein Stück Brot ab. Beim ersten Bissen merkte Bernie, wie groß sein Hunger war. «Es reicht für uns alle», sagte Kober. Der Fisch war kalt, schmeckte aber gut. Auch Brodsky nahm davon, als er aus dem Hotel kam. Bernie deutete fragend auf vier Holzkisten, die im Wagen standen.

«Unser Anteil an dem Klumpatsch», sagte Kober. «Vierzig Mausergewehre und zwei Kisten Munition. Wir bringen sie nach Haifa. Vielleicht gibt es unterwegs Schwierigkeiten. Ihr solltet euch Gewehre nehmen und eure Taschen mit Muni füllen.» Benasch hatte vorn im Wagen zwei Gewehre, und in seinem Gürtel steckte eine Pistole. «Die Kiste da ist offen.»

Sie fuhren los. Kober saß am Steuer, Bernie und Brodsky saßen hinten. Die Mauser waren dick eingefettet. Bernie nahm ein T-Shirt aus seiner Flugtasche und säuberte sie. Dann luden er und Brodsky ihre Gewehre.

Die Küstenstraße führte nach Norden, machte bei Natanya einen Knick ins Landesinnere und dann wieder nach Norden, in Richtung Hadera. Es war ein Tag wie im tiefsten Frieden, sie begegneten nicht einmal einer britischen Patrouille. Nur drei ausgebrannte Lastwagen neben der Straße erinnerten daran, daß Krieg war. Über den Hügeln im Osten lag noch morgendlicher Dunst. Männer und Frauen, die mit Gewehren über der Schulter auf den Feldern arbeiteten, winkten ihnen zu. Araber im Burnus hüteten Schafe und Ziegen, träge und unbeteiligt. Der Anblick des Landes, wie es friedlich und ruhig im Sonnenschein lag, gab Bernie das Gefühl, als hätte er das alles schon einmal gesehen, als hätte er dieses seltsame, ihm stets gegenwärtige Land nie verlassen. Außerhalb von Tel Aviv mit seiner Hektik und seinen Stuckfassaden schien die Zeit stillzustehen.

Sie aßen in Hadera zu Mittag, dann nahmen sie die Straße nach Nordosten durch die Ausläufer des Karmel-Gebirges nach Nazareth. Sie kreuzten die Eisenbahnstrecke. Von hier waren es nur noch knappe fünfundzwanzig Kilometer bis zum Kibbuz Ben Jussef, wo Bernie und Brodsky 1939 gearbeitet hatten, und wo Brodsky seither lebte. Im Jahre 1942 hatte Brodsky geheiratet; seine Frau war nach einem Monat von einem arabischen Scharfschützen getötet worden, und er hatte nicht wieder geheiratet. Jetzt sprach er zum erstenmal von ihr. «Sie hat einmal gesagt, daß du für sie wie ein alter Freund wärst», sagte er zu Bernie. «Nur, weil ich ihr so viel von dir erzählt habe. Sie hat immer gehofft, dich eines Tages kennenzulernen. Aber so geht es eben. Übrigens wirst du den Kibbuz kaum wiedererkennen. Zweihundert Orangenbäume, siebzig Morgen mit Weizen und Gerste. Und Kühe, wir haben über vierzig Kühe. Kindergarten, Schule. Und ich bin Agronom. Hättest du das für möglich gehalten? Irv Brodsky aus der Bronx, Ecke Grand Concourse und Hundertdreiundsechzigste Straße – Agronom. Ich war sechs Monate auf der Schule in Tel Aviv, aber das meiste habe ich aus den Büchern. Halbe Nächte lang lese ich Weber und Batchelor.»

«Wer sind Weber und Batchelor?»

«Die besten Experten für den Anbau von Zitrusfrüchten, aus deiner Ecke der Welt, aus Kalifornien.»

«Und was, bitte, ist der Grand Concourse?» fragte Kober. «Klingt nach einem der großen Debütantinnenbälle, die es in Amerika gibt.»

«Nur eine breite, häßliche Straße in der Bronx.»

Nach dem Überqueren der Bahnlinie ging es nur noch langsam voran. Die Regengüsse des Frühjahrs hatten die Straße ausgewaschen und tiefe Rinnen hinterlassen. Streckenweise mußten sie im ersten Gang Schrittempo fahren. Die Landschaft war jetzt durch niedrige Hügelketten geprägt, auf denen hier und dort Araberdörfer mit ihren Lehm- und Steinhütten standen. Das Land war noch nicht urbar gemacht worden. Aus den steinigen Hängen ragten weiße Felsen hervor, Ziegen hatten die Vegetation bis auf die Wurzeln abgefressen, und die kahlen Hänge wurden nur an wenigen Stellen von einem Olivenhain belebt. Sie passierten eine antike Ruine, aus der eine einsame Säule in den Himmel ragte. Als sie in die Nähe eines der Dörfer kamen, verschwanden Männer, Frauen und Kinder in den Häusern.

«Das gefällt mir nicht», sagte Brodsky. Er griff nach der Mauser und lud durch.

«Kannst du nicht schneller fahren?» fragte Bernie.

«Dann geht die Karre zu Bruch. Haltet die Augen offen und achtet auf Scharfschützen. Wir sind vier Leute, und bewaffnet; einen offenen Angriff werden sie also nicht wagen. Wie weit ist es noch?»

«Etwa fünfzehn Kilometer.»

Sie hörten den Schuß nicht. Auf einmal war ein Loch in der Windschutzscheibe, umgeben von einem Spinnennetz aus Sprüngen im Glas. Die Kugel prallte zwischen Bernie und Brodsky vom Metall des Wagens ab. Kober brachte das Fahrzeug zum Stehen.

«Warum hältst du an?»

Sie hörten einen zweiten Schuß. Die Kugel pfiff meterweit am Jeep vorbei.

«Genau vor uns», sagte Benasch und wies auf das Loch in der Scheibe. «Acht- oder neunhundert Meter.»

Bernie nickte. «Wenn's näher wäre, würde es nicht so splittern. Verdammt schlechte Schützen.»

«Sie schießen sich vielleicht noch ein.» Er lenkte den Jeep rechts von der Straße herunter in die Deckung eines Felsvorsprungs. Sie hörten noch mindestens fünf weitere Schüsse, von denen aber nur einer den Jeep traf. Dann waren sie in Deckung. Kober sah Bernie an. «Also los, alter Junge, du bist hier der Taktikfachmann. Sie sind zwar keine guten Schützen, aber wer ist das schon auf achthundert Meter Entfernung. Der Schuß da», er drehte den Kopf zur Windschutzscheibe, «hätte dich den Kopf kosten können. Diese Halunken haben meistens einfache alte Selbstspanner ohne Magazin, Lee-Enfields oder Martinis, also sitzen da vorn mindestens ein halbes Dutzend Leute, und sie fangen erst an. Jeder Dreckskerl in Hörweite kommt jetzt angehechelt, um bei dem Schlachtfest dabeizusein.»

«Dann sollten wir umdrehen und zum letzten Kibbuz zurückfahren.»

«Und wie komme ich nach Hause?» fragte Brodsky.

«Du fährst mit uns nach Haifa», sagte Kober. «Ich bin froh, daß Cohen mehr für die Vernunft ist als fürs Heldentum. Ich hasse Streit.» Er drehte den Zündschlüssel, aber der Motor blieb stumm.

Bernie stieg aus und öffnete die Motorhaube. «Ach, du großer Gott», sagte er. Eine Kugel hatte den Kühler durchschlagen und die Batterie getroffen. Der Kühler leckte, und das Batteriekabel war durchtrennt.

«Kannst du das reparieren?»

«Das dauert seine zwei bis drei Stunden.»

«Können wir die verdammte Kiste starten?»

«Ausgeschlossen.» Er sah sich um. Auf der Kuppe des Hügels, etwa hundert Meter von ihnen entfernt, lag eine verfallene Hirtenhütte, eine dachlose Ruine aus Lehm und Feldsteinen. «Von da oben könnten wir uns verteidigen.»

«Vielleicht könnten wir uns zu Fuß zu dem Kibbuz hinter uns durchschlagen», spekulierte Brodsky. «Es ist zwar weit, aber sie sind auch nur zu Fuß, und wir haben einen Vorsprung.»

«Ausgeschlossen!» sagte Kober knapp. «Nach dieser Schießerei hier werden sie überall auf uns warten. Sie würden uns abknallen wie Spatzen. Mit ein paar Gewehrschüssen wären wir erledigt.»

«Ich bleib bei den Gewehren», sagte Benasch. «Macht ihr, was ihr wollt, ich will nicht, daß ihnen die Gewehre in die Hände fallen.»

«Also dann sehen wir zu, daß wir da oben raufkommen», sagte Bernie. «Aber schnell, bevor die sich da einnisten.» Er warf sich das Gewehr über die Schulter und ergriff eine der Munitionskisten, die bestimmt einen Zentner wog. Brodsky nahm die zweite Munitionskiste. Die Kisten mit den Gewehren ließen sich nur zu zweit tragen, so daß eine davon im Jeep zurückblieb, während Kober und Benasch die andere nach oben schleppten. Als sie aus der Dekkung des Felsens kamen, wirbelten die Kugeln um sie herum Staubfontänen auf. Da es bergauf ging und alle schwer beladen waren, kamen sie nur sehr langsam voran. Es schien Bernie eine Ewigkeit zu dauern, bis er endlich seine Last im Innern der verfallenen Hütte abwerfen konnte. Benasch bekam als einziger etwas ab, einen Streifschuß am Arm. Als Bernie ihn mit seinem Taschentuch verbunden hatte, machte Benasch, der behauptete, der Kratzer habe nichts zu bedeuten, Anstalten, die Hütte wieder zu verlassen.

«Wo zum Teufel willst du hin?»

«Im Jeep sind noch zwanzig Gewehre.»

«Sie sind keine achthundert Meter mehr weg. Sieh dich doch um.»

Zwei Araber kamen gerade um die Kante des Hügels. Als sie den Jeep sahen, rannten sie darauf zu. Benasch hob sein Gewehr und schoß. Einer der Araber fiel zu Boden. Der zweite hielt inne, sah Benasch im Eingang der Hütte stehen und feuerte ohne zu zielen auf ihn, Benasch schoß ein zweites Mal. Der Kopf des Mannes flog nach hinten, dann sackte er zusammen.

Benasch sagte etwas auf hebräisch und brüllte Bernie dann auf englisch zu: «Ich hol jetzt die Gewehre.»

«Nein!»

«Leck mich doch, du Yankee», sagte Benasch und stürzte in wilden, kraftvollen Sätzen den Hügel hinunter.

«Gebe Gott, daß es nur die beiden waren», sagte Kober.

Zusammengekauert beobachteten die drei vom Eingang der Hütte aus, wie Benasch den Jeep erreichte, sich die Gewehre auflud und den Rückweg antrat. Ein dritter Araber trat aus der Dekkung am Fuß des Hügels. Mechanisch hob Bernie sein Gewehr und schoß. Der Mann fiel. «Ich habe einen Menschen getötet, Gott helfe mir», sagte eine Stimme in seinem Innern. Steinsplitter spritzten von der Umrandung der Türöffnung. Kober und Brodsky ließen sich fallen, Bernie blieb stehen. Die Araber schossen jetzt von beiden Seiten, und drei von ihnen hatten den Felsvorsprung erklettert, hinter dem der Jeep in Deckung stand. Benasch hatte noch dreißig Schritt bis zur Hütte, als er getroffen wurde. Er stolperte noch drei oder vier Schritte vorwärts, die Gewehre glitten ihm von der Schulter und blieben wie eine Fährte hinter ihm liegen, dann brach er, mit dem Gesicht nach unten, zusammen. Mit ein paar Sätzen war Bernie bei ihm, riß ihn hoch und schleppte ihn auf dem Rücken zur Hütte. Es dauerte keine halbe Minute, aber Bernie kam es wie eine Ewigkeit vor. Brodsky und Kober gaben ihm vom Eingang der Hütte aus Feuerschutz, was die Magazine hergaben, aber er war dem feindlichen Feuer voll ausgesetzt. Bernie fühlte, wie Benaschs Körper noch zweimal getroffen wurde. Benasch war tot, als sie ihn auf den Boden der Hütte legten. Schon der erste Schuß, der seinen Körper von der Seite durchschlagen hatte, mußte tödlich gewesen sein.

Brodsky und Kober lagen flach im Eingang und schossen ununterbrochen durch den leichten Rauchschleier. «Dov ist tot», sagte Brodsky.

«Armer, eigensinniger Narr!»

«Auf was schießt ihr eigentlich? Könnt ihr sie sehen?»

«Nein.»

«Dann hört auf, Munition zu verplempern.»

Sie stellten das Feuer ein und wälzten sich vom Eingang weg in den Schutz der Mauer.

«Munition satt, alter Junge», sagte Kober. «Die hält länger vor als wir.»

Da die Hütte kein Dach hatte, konnte Bernie über ihre niedrigen Mauern hinwegsehen, wenn er sich aufrichtete. In der Ferne waren die winzigen Gestalten der Araber zu erkennen. Er zählte mindestens dreißig.

«Wir sind selbst schuld», sagte Kober. «Du als Außenstehender kennst die Verhältnisse hier nicht; aber Brodsky und ich hätten es besser wissen müssen.»

«Als ich vor sechs Monaten hier durchfuhr, waren sie so sanft wie die Lämmer», sinnierte Brodsky.

«Das kann man ihnen jetzt nicht mehr nachsagen, was?»

«Werden sie uns angreifen?» fragte Bernie.

«Bei Tageslicht? Nein, warum sollten sie? Sie kommen heute nacht und werfen ein paar Handgranaten. Feierabend.»

«Haben sie denn welche?»

«Aber ja. Dafür haben der Mufti und die Tommies gesorgt. Das ist der Fluch der Juden, Cohen: Niemand liebt uns.»

«Wir müssen also hier raus, bevor es ganz dunkel ist. Sie werden wahrscheinlich abwarten, bis es wirklich Nacht ist.»

«Du gefällst mir immer besser, Cohen», sagte Kober. «Ich dachte zuerst, du wärst genauso ein überheblicher Scheißer wie ein paar andere, die ich kenne. Aber ich muß sagen, wie du die Dinge anpackst, gefällt mir.» Er wandte sich an Brodsky. «Hör auf, Trübsal zu blasen, Irv. Das Beste oder Schlimmste kommt noch. Wie es auch sei, es wird eine Abwechslung sein, und das ist doch was. Kennt ihr den Geruch? Schafsdung. Sie sammeln ihn und verwenden ihn als Brennmaterial.»

«Was machen wir mit Benasch?»

«Ja, was? Begraben können wir ihn nicht. Mitnehmen auch nicht. Unsere Chancen stehen so schlecht, daß wir ihn nicht mal richtig beweinen können.»

«Was dagegen, wenn ich Kaddisch über ihn spreche?» fragte Brodsky bitter.

Kober sah ihn seltsam an und schüttelte den Kopf. Er nahm sein Gewehr und legte sich in den Eingang. Die Araber hatten wieder angefangen zu schießen. Es war später Nachmittag, und die Hügel warfen lange, dunkle Schatten, in denen die Araber unsichtbar blieben. Die Landschaft bekam etwas Samtartiges, und die Hügel leuchteten in sanftem Rot, wo die Sonne hinschien. Bernie schloß Benasch die Augen, und Brodsky legte ihm sein Taschentuch übers Gesicht. Bernie spürte, daß sie beide an dasselbe dachten, daran, daß die Araber tote Juden kastrierten, ihnen die Eingeweide herausfetzten und oft auch die Köpfe abschnitten. Der grimmige Ausdruck war aus Benaschs Gesicht gewichen, es war jetzt das Gesicht eines kleinen Jungen. Immer wieder spritzten Steinsplitter durch die Hütte. «Irv, fang an», sagte Bernie leise. Brodsky begann das Totengebet zu intonieren, wobei er den Oberkörper leicht von einer Seite zur anderen wiegte, wie Bernie es vor vielen Jahren bei Reb Blum gesehen hatte, der ihn aus dem Waisenhaus holte und großzog. Blum hatte nie ein lebendes Wesen getötet, nicht einmal eine Fliege. Er, Bernie, war ein Außenseiter. Er lebte sein Leben als Außenseiter. Hatte das nicht Kober vorhin noch zu ihm gesagt? Von Trauer überwältigt lauschte er den altaramäischen Worten des Kaddisch. Es war zu spät. Alles kam jetzt zu spät.

«Saget Amen», schloß Brodsky das Gebet in traditioneller Form.

«Amen», flüsterte Bernie.

Kober lag ganz still. Das Feuer draußen lebte wieder auf, wurde stärker. Noch ungefähr zwei Stunden bis Sonnenuntergang.

«Zeig Flagge», sagte Bernie mit rauher Stimme zu Kober. «Gib ihnen Zunder, sie werden zu frech.»

Kober regte sich nicht. Brodsky kroch zu ihm hinüber. «Er ist tot.» Die Kugel hatte die Stirn durchschlagen. Er war auf der Stelle tot gewesen, ohne einen Laut von sich zu geben.

«Wir sind umzingelt», sagte Brodsky tonlos. «Wir kommen hier nicht mehr heraus, Bernie.»

Mit dem Gewehrkolben schlug Bernie einen Stein aus der hinteren Mauer. «Nimm du die Rückseite», sagte er zu Brodsky. «Ich nehme den Eingang. Schieß Dauerfeuer. Vielleicht hatte Kober recht und sie greifen erst in der Dunkelheit an. Wir versuchen uns vorher wegzuschleichen.»

Als Bernies Mauser schwieg, wartete Brodsky darauf, daß Bernie das Feuer wieder aufnahm. Er selbst schoß blindlings durch die von Bernie geschlagene Bresche, denn außer Rauch und den tiefen Schatten des Zwielichts war nichts zu sehen. Aber Bernies Gewehr blieb still.

«Oh mein Gott», flüsterte Brodsky. Dann schrie er: «Bernie! Bernie! Laß mich hier nicht allein!»

Er lief zu dem bewegungslosen Körper am Eingang und schüttelte ihn. Als er aufstand, sah er sich drei Arabern gegenüber. Es blieb ihm gerade noch Zeit, den Anblick zu registrieren, dann schossen sie, und sein Körper fiel über Bernies Körper.

III
Voruntersuchung

Es gab Leute, die fanden, Lucy Sommers sei eine herbe Person. Sie war dunkelhaarig, eine Frau von großer Intensität, um die Vierzig, das einzige Kind von Alvin Sommers, dem ehemaligen Vorstandsvorsitzenden der Seldon Bank, der jetzt im Ruhestand lebte. Jeder Mensch hat seinen eigenen Lebensrhythmus; beim einen liegt der Höhepunkt schon in der frühen Jugend, bei einem anderen kommt er erst in späteren Jahren. Sommers hatte erst mit fünfundsechzig den Vorsitz der Bank übernommen und war jetzt, mit neunundsiebzig, dürr und ausgetrocknet und gleichsam konserviert für ein langes Leben. Lucy war groß, hübsch, hatte eine gute Figur. Sie lächelte selten, benutzte kein Make-up, trug keine aufwendige Frisur und tat auch sonst nichts, um ihr Aussehen zu unterstreichen. Sie war die Art Frau, von der modebewußtere Geschlechtsgenossinnen gern sagen: «Was könnte ich mit dem richtigen Make-up und der richtigen Kleidung in zwei Stunden aus diesem Gesicht und dieser Figur machen!» Doch niemand tat es oder sprach es auch nur in Lucys Gegenwart aus.

Als die paar hundert Leute, die sich in San Francisco für ‹die Gesellschaft› hielten, erfuhren, daß Tom Lavette wieder heiraten wolle und daß Lucy Sommers die Auserwählte sei, fehlte es nicht an zahlreichen und lautstarken Bekundungen der Ungläubigkeit. Tatsächlich gab es in dem ganzen Kreis keinen Menschen, der ein krasserer Gegensatz zu Eloise Clawson, Toms erster Frau, war als Lucy Sommers.

Tom selbst fühlte sich bei Lucy Sommers geborgen, und dieses Gefühl hatte er bei Eloise nie gehabt. In gewisser Weise erinnerte ihn Lucy an seine Mutter, obwohl sie kaum mehr miteinander gemeinsam hatten als den hohen Wuchs. Eloise war scheu, zurückhaltend und in Toms Gegenwart immer unsicher gewesen. Lucy hingegen war gelassen und selbstsicher, und sie wußte genau, was sie von einer Ehe erwartete.

«Es heißt, man soll über Verstorbene nichts Böses sagen», meinte sie einmal zu Tom. «Ich sehe nicht ein, wieso. Ich finde es viel schlimmer und abträglicher, Böses über die Lebenden zu sagen. Mein Mann ist tot, aber ich wüßte kaum etwas Gutes über ihn zu sagen. Er war ein Tier. Ich möchte, daß du das weißt, Tom. Ich weiß nicht, ob ich Gefallen am Sex gefunden hätte, wenn ich mit einem anderen Mann verheiratet gewesen wäre. Er jedenfalls hat alles in dieser Hinsicht zunichte gemacht. Nach einem Jahr haben wir uns getrennt, aber ich muß sagen, die Erinnerung ist noch lebendig. Du hast mich gefragt, ob ich deine Frau werden will. Sei dir also bitte darüber klar, was für eine Art von Ehe das sein würde.»

«Ich will, daß du meine Frau wirst, nicht meine Bettgenossin.»

«Und daran findest du nichts Merkwürdiges?»

«Nein. Ich kenne ein Dutzend Ehen, in denen das so ist. Der Unterschied bei uns ist nur, daß wir die Karten offen auf den Tisch legen.»

«Hast du eine Geliebte?» fragte sie geradeheraus.

«Nein.»

«Ich hätte nichts dagegen. Aber ich hätte etwas dagegen, wenn es sich herumspräche. Ich will nicht Gegenstand von Gelächter und Verachtung sein. Ich respektiere dich, und ich glaube, du respektierst mich auch. Wir sind beide sehr wohlhabend und beide ehrgeizig. Mein Vater besitzt ein Grundstück von drei Morgen auf Pacific Heights, das er mir versprochen hat. Ich glaube, du kennst es. Von dort hat man eine großartige Aussicht. Du weißt, was ich von dir erwarte.»

«Ich habe doch schon ein Haus auf Pacific Heights», sagte Tom etwas lahm.

«Ich weiß, aber so etwas schwebt mir nicht vor, außerdem ist es das Haus einer anderen Frau. Ich heirate dich, weil ich dich mag, Tom. Ich heirate dich auch, weil ich glaube, daß wir gemeinsam Erfolg haben können. Für dich bedeutet Erfolg Reichtum und politische Macht. Ich verstehe das. Aber ich bin eine Frau und habe meine eigenen Träume. Ich möchte die gesuchteste und erfolgreichste Gastgeberin an der Westküste werden, und wenn es so weit ist, auch in Washington. Ich weiß nicht, ob du dir darüber klar bist, wie sehr du jemanden wie mich brauchst. Mir ist bekannt, daß unser Kreis sich ein bestimmtes Bild von mir gemacht hat. Das ist mir völlig gleichgültig. Wenn die Zeit gekommen ist, wird eine Einladung zu uns so viel bedeuten wie eine Einladung ins Weiße Haus. Politik spielt sich nicht nur auf der offiziellen Ebene ab, nicht nur im Amtssitz des

Gouverneurs oder in der gesetzgebenden Versammlung. Politik ist eine Frage der Macht und des Umgangs mit den Leuten, die Macht haben.»

Nach diesem Gespräch änderte Tom seine Meinung über Lucy Sommers. Zwischen Furcht und Bewunderung schwankend, war er nahe daran, von dieser Eheschließung Abstand zu nehmen. Er witterte Gefahr und verspürte doch zugleich Verlangen, sich ganz in die Hände dieser starken Frau zu geben. Sein Bedürfnis nach Sicherheit gewann schließlich die Oberhand.

Nach der Unterhaltung mit seiner Mutter erzählte er Lucy von Jeans Vorschlag, sie sollten im Ausland heiraten.

«So ein Unsinn!» rief Lucy.

«Von ihrem Standpunkt aus nicht. Sie will ohne meinen Vater nicht zur Hochzeit kommen.»

«Dann wird es höchste Zeit, daß du dich mit deinem Vater aussöhnst. Wir werden genug Feinde haben und brauchen sie nicht auch noch in der Verwandtschaft.»

«Das geht nicht, Lucy. Ich habe mit dem Mann seit zwanzig Jahren kein Wort gewechselt.»

«Er liegt doch jetzt im Krankenhaus. Eine bessere Gelegenheit für eine Versöhnung gibt es gar nicht. Wenn du es jetzt nicht tust, tust du es nie.»

Harvey Baxters Mitarbeiter, ein kluger junger Mann namens Boyd Kimmelman, hatte seinen Dienst im Kriege im Büro des Staatsanwalts abgeleistet und ein Jahr später seine juristische Ausbildung abgeschlossen. Die aggressive Schärfe seines Denkens gefiel Baxter, auch wenn er sich oft darüber ärgerte. Gerade jetzt vertrat er wieder heftig einen ganz anderen Standpunkt als Baxter.

«Aber das ist doch sonnenklar», sagte er zu Barbara, «sie werden Sie fragen, ob Sie Mitglied der Kommunistischen Partei sind oder es jemals waren.»

Barbara saß mit den beiden Anwälten in Baxters Kanzlei. Am folgenden Tag mußte sie nach Washington abreisen. Sam nuckelte zufrieden an seinem Schnuller und beobachtete die Szene wohlwollend von seiner Sportkarre aus.

«Deswegen mache ich mir keine Sorgen», antwortete Barbara. «Ich bin es nicht und bin es nie gewesen. Ich brauche nur die Wahrheit zu sagen.»

«Genau», sagte Baxter.

«Aber nein, Entschuldigung. So einfach ist das nicht. Diese Kameraden haben doch alle Trümpfe in der Hand. Nehmen wir nur einmal an, Sie waren bei einer Versammlung von Bürgerrechtlern oder bei einer Demonstration für die Rechte von Saisonarbeitern in der Landwirtschaft. Nach dem, was Harvey sagt, interessieren Sie sich doch für solche Dinge, nicht wahr?»

«Da haben Sie nicht unrecht, Mr. Kimmelman.»

«Sagen Sie ruhig Boyd zu mir, Mrs. Cohen. Harvey wird Ihnen bestätigen, daß ich viel zu vorlaut bin, um irgendwelchen Respekt zu verdienen.»

«Also gut, Boyd. Ja, ich habe an solchen Versammlungen teilgenommen. Ich war bei Bürgerrechtsversammlungen, und vor zwei Monaten war ich bei einer Versammlung zur Unterstützung der Drehbuchautoren von Hollywood. Das darf man doch, oder?»

«Heutzutage? Wer weiß? Worauf ich hinaus will, ist: die Schnüffler des Ausschusses für Unamerikanische Umtriebe haben Zugang zu allen möglichen Informationsquellen, auch zu den Akten des FBI. Sie müssen davon ausgehen, daß das FBI bei allen solchen Protestversammlungen ist und scharf die Augen offen hält. Und Sie sind ja hier in der Stadt nicht gerade unbekannt, Mrs. Cohen. Nehmen wir einmal an, Sie bestreiten unter Eid, jemals Mitglied der Kommunistischen Partei gewesen zu sein, und einer von ihren bezahlten Zuträgern steht auf und schwört, daß er Sie auf einer kommunistischen Versammlung gesehen hat.»

«Er würde lügen.»

«Könnten Sie denn beschwören, daß die Sache nicht von Kommunisten organisiert war?»

«Aber Boyd», warf Baxter ein, «dadurch ist sie doch noch keine Kommunistin!»

«Kann sie das beweisen? Angenommen ein Spitzel beschwört das Gegenteil?»

«Aber ich bin nun einmal keine», sagte Barbara. «Wie könnte jemand das Gegenteil beschwören? Was für Beweise könnte er vorbringen?»

«Sie sind altmodisch», sagte Kimmelman ungeduldig. «Diese Biedermänner sind kein Gerichtshof. Beweise oder Beweisregeln interessieren sie nicht. Sie stehen da vor einer Sternkammer. Alles was die wollen, sind Schlagzeilen. Und die machen sie, indem sie Sie festnageln. Ich weiß, Sie sind keine Jüdin, aber Sie tragen einen jüdischen Namen, und das werden sie als erstes ausschlachten.»

«Na, na, Boyd», sagte Baxter ärgerlich, «Sie wittern überall Antisemitismus.»

«Nur da, wo er existiert.»

«Barbara kann die Antwort auf eine sachdienliche Frage nicht verweigern. Das wäre Mißachtung des Gerichts, und dem möchte ich sie nicht aussetzen.»

«Mißachtung ist nur ein Vergehen, das mit Gefängnis bis zu einem Jahr bestraft werden kann – wenn sie sie überhaupt dafür belangen. Meineid ist ein Verbrechen, Gefängnis bis zu fünf Jahren. Wollen Sie sie dieser Gefahr aussetzen?»

«Einen Augenblick, bitte», mischte sich Barbara ein. «Wenn man Sie hier über Gefängnisstrafen von einem Jahr oder von fünf Jahren reden hört, kommt man sich ja vor wie in einem Buch von Kafka. Ich bin doch keine Verbrecherin. Ich habe kein Gesetz übertreten. Ich bin eine Hausfrau aus San Francisco mit einem kleinen Kind, und ich habe nicht die Absicht, ins Gefängnis zu gehen.»

«Das sollen Sie auch nicht», beruhigte Baxter sie. «Boyd veranstaltet hier eine groteske Geisterbeschwörung. Ich kann mir nicht vorstellen, daß jemand beschwören würde, daß Sie Kommunistin sind?»

«Ich schon», sagte Kimmelman.

«Angenommen, ich wäre Mitglied in der Kommunistischen Partei», fragte Barbara, «könnte ich deswegen ins Gefängnis kommen? Ich bin bisher von der offenbar überholten Illusion ausgegangen, daß wir in einer Demokratie leben.»

«Das tun wir auch», bestätigte Baxter. «Und ich lasse mich nicht von einer Handvoll scheinheiliger Schnüffler in Washington vom Gegenteil überzeugen. Falls Sie Kommunistin wären, könnten Sie das ruhig zugeben, wenn man Sie fragt, vorausgesetzt, Sie wären bereit dazu. Niemand kann für eine wahrheitsgemäße Aussage bestraft werden.»

«Was für ein Kinderglaube», sagte Kimmelman.

«Boyd», sagte Baxter, «unsere Auffassungen vom Recht sind nun einmal grundverschieden. Für mich ist es ein Schild, den der Mensch im Laufe der Geschichte zur Verteidigung der Errungenschaften der Zivilisation errichtet hat. Für Sie ist das Recht ein Gegner, dem man zuvorkommen und den man überlisten muß. Nein, nein, ich bin noch nicht fertig», sagte er, als Kimmelman protestieren wollte. «Haargenau diese Eigenschaften schätze ich ja an Ihnen; aber Sie sind jung und zynisch. Wenn ich in einer solchen Situation wie dieser hier stecke, überlege ich immer, was wohl Sam Goldberg getan hätte. Er hätte Barbara geraten, jede Frage offen und wahrheitsgetreu zu beantworten, da bin ich ganz sicher. Ich kann Ihre Sorge vor Spitzeln und Informanten einfach nicht teilen. Barbara den Rat zu geben, sie solle eine Frage nicht beantworten, weil sie dahinter eine Falle vermuten muß, wäre in meinen Augen blanker Unsinn.»

«Ihr Wort in Gottes Ohr», seufzte Kimmelman.

«Da sitzen wir und reden von diesem albernen Ausschuß», sagte Barbara, «und dabei beunruhigt mich viel mehr, daß ich nichts von meinem Mann gehört habe. Seit zwei Tagen versuche ich, in Tel Aviv anzurufen, aber ich komme einfach nicht durch. Ich habe auch schon telegrafiert, aber ich habe keine Antwort bekommen. Er muß doch irgendwie zu erreichen sein.»

«Die Lage dort ist sehr undurchsichtig», sagte Baxter. «Das wissen Sie doch, Barbara. Palästina ist im Aufruhr, praktisch im Kriegszustand.»

«Ich weiß. Und gerade das macht mir solche Sorgen, Harvey. Es muß doch einen Weg geben. Sie kennen sicher Leute, die Nachforschungen anstellen können und denen man auch Auskünfte gibt.»

«Mrs. Cohen», sagte Kimmelman, «ich glaube eher, daß Ihr Mann Ihnen eine ganze Reihe von Telegrammen geschickt hat. Aber sie kommen nicht durch. Und die Telefonleitungen werden von dringenden Gesprächen blockiert. Ich kenne hier jemanden in der Zionistischen Organisation, der vielleicht ein dringendes Gespräch anmelden kann. Ich treffe ihn heute nachmittag und werde sehen, ob wir nicht durchkommen. In Tel Aviv ist jetzt allerdings fast Mitternacht, wir werden also etwas warten müssen. Ein Vetter von mir ist Offizier in der Haganah – das ist die Schutztruppe der jüdischen Siedler –, vielleicht kann ich mit seiner Hilfe etwas in Erfahrung bringen. Allerdings kann das einige Tage dauern. Womöglich ist Ihr Mann schon auf dem Weg nach Hause. Ich glaube nicht, daß er mit dem Flugzeug aus Palästina herauskommt. Er versucht es vielleicht per Schiff nach Italien oder Frankreich. Wenn er ein Telegramm geschickt hat, könnte es verlorengegangen sein oder sich verspäten. Warum machen wir es nicht einfach so, daß ich mich um diese Angelegenheit kümmere, während Sie mit Harvey in Washington sind?»

«Ich wäre Ihnen wirklich sehr dankbar dafür», sagte Barbara. «Und, bitte, geben Sie mir sofort Nachricht, sobald Sie etwas erfahren.»

«Natürlich.»

Sammy wurde ungeduldig und schrie plötzlich aus voller Lunge.

«Ich muß ihn nach Hause bringen», sagte Barbara. «Dieser Ton paßt nicht in ein Anwaltsbüro.»

«Wieso denn nicht? Es ist die Stimme des Lebens», protestierte Baxter. «Ich hole Sie morgen früh um sieben ab, Barbara, und dann fahren wir zum Flughafen. Ich glaube nicht, daß wir länger als einen Tag in Washington sein werden.»

Zu Hause fütterte Barbara Sam, dann stellte sie ihn mitsamt seinem Körbchen ins Auto und fuhr zum Weingut nach Higate im Napatal. Es war früher Nachmittag, als sie die Fernstraße 29 verließ und über den Schotterweg zu der Ansammlung von alten, efeuumrankten Steingebäuden fuhr. Ein Besuch in Higate gab Barbara immer ein Gefühl der Wärme und Geborgenheit, allein schon, weil es alt war, jedenfalls nach den in Kalifornien geltenden Maßstäben. Die ältesten Steingebäude waren um 1870 von italienischen Maurern errichtet und später von den Levys umgebaut und ergänzt worden. Und die große Herzlichkeit der Levys gab ihr immer das Gefühl, stets willkommen zu sein.

Als Barbara mit Eloise alles besprochen hatte, was sie für die Versorgung von Sam für die nächsten Tage wissen mußte, ließ sie sich von Clair Levy überreden, zum Abendessen zu bleiben. Sarah Levy, Jakes Mutter, hatte endlich ihr großes Anwesen in Sausalito verkauft und lebte nun bei Sohn und Schwiegertochter in Higate. So saßen um den Tisch außer Jake und Clair, Adam und Eloise auch noch Sarah und Sally, die mit ihrer Tochter von Los Angeles gekommen war, und Barbara. Als offiziellen Grund für ihren Besuch hatte Sally angegeben, Sarah müsse sich einmal an ihrer Urenkelin May Ling sattsehen können. In Wirklichkeit konnte sie es nicht ertragen, daß Barbara, die sie so sehr verehrte, nach Washington fuhr, ohne daß sie sie noch einmal gesehen hatte.

Sie saßen um den großen, aus rohen Brettern gezimmerten Tisch in Clairs gekachelter Küche unter der hohen Balkendecke. Er war mit Speisen überladen – Platten mit Brathuhn, Schüsseln mit Kartoffeln, Spargel, Broccoli, Schmoräpfeln, Tomaten, drei verschiedene Arten von sauren Appetithappen. Es war, als sollte dieser Reichtum an Speisen Zeugnis davon ablegen, daß es noch so etwas wie Vernunft und normales Leben gab. Barbara wußte nicht, ob sie lachen oder weinen sollte. Sie hatte keine Vorstellung davon, was für ein Mensch Jake Levy früher einmal gewesen war, jetzt war er auf alle Fälle ein typischer Farmer, groß, sonnengebräunt, von engstirnigem Mißtrauen und Zorn gegen die Leute da draußen und da oben, gegen die Leute in Washington, die nie einen Pflugsterz in die Hand nahmen und nie eine Ernte einbrachten, sondern statt dessen Amerika das Mark aus den Knochen sogen. Der Gedanke, daß man Barbara nach Washington vor einen Untersuchungsausschuß lud, versetzte ihn in Wut. Clair war gefaßter, aber ebenso wütend.

Seltsamerweise mußte Barbara sich noch rechtfertigen. «Mir wird schon nichts geschehen. Im Gegenteil, die Sache interessiert mich. Ich sage mir, es gehört zu meinem Dasein als Schriftstellerin, ist ein Teil des Preises, den man in diesem Beruf zahlen muß. Es hat auch sein Gutes, daß ich einmal wieder etwas wachgerüttelt werde. Wenn ich mit Sammy im Huntington Park bei den anderen jungen Müttern sitze, vergesse ich manchmal, daß es noch eine andere Welt gibt als diese. Es wird mir also ganz gut tun. Und wenn ich endlich eine Nachricht von meinem verrückten Mann hätte, würde ich dieser neuen Erfahrung ganz ruhig und sogar mit Vergnügen entgegensehen.»

«Mir würde das kein Vergnügen machen», sagte Jake, «ich finde es einfach empörend.»

«Ich weiß, was Barbara meint», sagte Sally. «Wenn Oscar Wilde nicht im Gefängnis gewesen wäre, hätte er nicht die *Ballade vom Zuchthaus zu Reading* schreiben können, und Bunyan nicht seine *Pilgerreise* und Cervantes nicht den *Don Quijote*. Wißt ihr eigentlich, daß man Thoreau ins Gefängnis gesteckt hat, weil er sich weigerte, Steuern zur Finanzierung des mexikanischen Krieges zu zahlen? Als Emerson ihn dort besuchte und mit den Worten begrüßte: ‹Henry, was tust du da drinnen?› antwortete Thoreau: ‹Waldo, was tust du draußen?› Ich weiß genau, was Bobby meint, trotzdem ist es eine Schande.»

«Ich komme nicht ins Gefängnis, und ich finde, wir könnten jetzt über ein angenehmeres Thema sprechen. Der Wein schmeckt so gut. Wie nennt ihr ihn?»

«Vater sagt, es ist ein Chablis», antwortete Adam, «das stimmt aber nicht. In Kalifornien gibt es keinen Chablis.»

«So ein Unsinn», schnaubte Jake. «Unser Chablis ist genauso gut wie jeder französische.»

«Womit wir beim Kern der Sache wären. Chablis ist die Gattungsbezeichnung für die weißen Burgundertrauben aus der Gegend von Chablis in Frankreich. Dieser Wein hier ist besser als alle Chablis, die ich je gekostet habe. Er ist delikater und hat ein feineres Bukett. Behalt ihn mal einen Augenblick im Mund, bevor du ihn runterschluckst, Bobby. Kein herber Geschmack, oder fast keiner. Es ist kalifornischer Wein, reiner kalifornischer Wein. Außer im Napa- und im Sonomatal wird keine Rebe gezüchtet, die einen solchen Wein ergibt. Wir machen die besten Weine der Welt, aber wir haben einen so großen Minderwertigkeitskomplex, daß wir ihnen französische Namen geben und so tun, als produzierten wir französische Weine.»

«Er ist auch so schon schwer genug zu verkaufen», wandte Jake ein. «Ohne den Namen Chablis würden wir keine fünfhundert Liter verkaufen.»

«Wie würdest *du* den Wein nennen wollen, Adam?» wollte Barbara wissen.

«Ich weiß nicht. Irgendeine Bezeichnung aus der Gegend, oder einfach Eloise.»

«Oh, vielen Dank», sagte Eloise. «Aber ich möchte, bitte, kein Wein sein. Ich bekomme schon von einem einzigen Glas eine solche Migräne, daß mir fast der Kopf zerspringt. Weiß der Himmel, was passieren würde, wenn du diesem Wein meinen Namen gäbest.»

«Du trinkst also nie Wein?» fragte Barbara.

«Nie. Ich wage es nicht. Und dabei mag ich Wein. Ist das nicht eine ziemliche Ironie des Schicksals, mit einem Winzer verheiratet zu sein und keinen Wein trinken zu dürfen?»

Sally griff nach Barbaras Hand, als sie vom Tisch aufstanden. «Bobby, ich muß mit dir reden. Fährst du jetzt nach Hause?»

«Ja, ich muß leider. Morgen früh fliege ich nach Washington.»

«Nur ein paar Minuten, bitte.»

Sie gingen in Sallys früheres Zimmer. Sally setzte sich und nahm May Ling in die Arme. «Ist sie nicht süß, Bobby?» sagte sie. «Und für eine Einjährige schon ziemlich klug. Ich meine, mit zwölf Monaten kann man noch nicht viel erwarten, nicht? Ich finde, sie sieht sehr chinesisch aus, aber Joe sagt, chinesische Kinder haben kein so helles Haar. Aber bei sieben- oder achthundert Millionen Chinesen sind solche Verallgemeinerungen doch lächerlich – »

«Sally», unterbrach Barbara sie, «darüber wolltest du bestimmt nicht mit mir sprechen.»

«Nein. Es geht um meine Ehe. Es sieht schlecht aus. Ich könnte heulen, wenn ich daran denke – da bin ich mit deinem Bruder verheiratet, und die Ehe geht vor die Hunde.»

«Aber das hat doch nichts damit zu tun, daß er mein Bruder ist. Joe ist dein Mann. Was ist denn los?»

«Ich habe mich aufgelöst. Es gibt mich nicht mehr. Wir sind zwei lausige Jahre verheiratet, und es gibt mich nicht mehr.»

«Sally, rede keinen Unsinn. Was soll das heißen: es gibt dich nicht mehr?»

«Das will ich dir sagen. Er steht um halb sieben auf und geht um sieben zur Klinik. Um zehn fährt er ins Krankenhaus, zum Operieren, danach arbeitet er in der Klinik weiter. Dann wieder ins Krankenhaus. Dann wieder in die Klinik. Wenn ich Glück habe, kommt er abends um acht nach Hause. Sonst erst um neun oder zehn – gerade noch rechtzeitig genug, um etwas zu essen und ins Bett zu fallen. O nein, er ist nicht grausam oder bösartig oder gemein zu mir. Du kennst ja Joe. Er hätte nicht einmal zu Adolf Hitler gemein sein können, er hätte ihn bloß untersucht und ihm Pillen gegen seinen Wahnsinn verschrieben.»

«Hast du mit ihm gesprochen?»

«Natürlich. Aber er hört mich gar nicht. Ich habe meine Gedichte und May Ling, das hält er für ein erfülltes Leben. An unsere Ehe denkt er überhaupt nicht. Ich liebe ihn so, Bobby, aber wie es jetzt ist, macht es mich verrückt.»

«Sally, Liebling», sagte Barbara, «ich weiß auch keine Patentlösung. Vielleicht gibt es auch keine, aber ich glaube nicht, daß deine Ehe vor die Hunde geht, nicht, solange du es nicht willst. Laß mich diese alberne Ausschuß-Geschichte hinter mich bringen; dann setze ich mich mit euch zusammen und wir reden drüber. Vielleicht hilft es.»

«Würdest du das wirklich tun, Bobby?»

«Ich verspreche es dir.»

Sam schlief schon in seinem Tragebettchen. Barbara gab ihm einen Kuß, bedankte sich herzlich bei Eloise und Adam und fuhr dann allein zurück nach San Francisco. Das Telegramm steckte unter der Haustür. Sie riß es auf und sah, daß es fünf Tage alt war. Es lautete: «Telefonisch kein Durchkommen. Flug erfolgreich, Waren gekauft, alle Flugzeuge sicher gelandet. Rückflug von hier unmöglich. Habe Schiffspassage Haifa–Neapel gebucht. Hoffe Heimflug von London. Zehn Tage höchstens. Ich liebe dich. Verspreche dich nie wieder allein zu lassen. Bernie.»

Jean stand im Flur vor Dans Krankenzimmer, als Tom erschien. Sie war so verblüfft, daß sie kein Wort herausbrachte und ihn nur ansah.

«Nun, Mutter, ich bin kein Geist. Ich bin wirklich», klärte Tom sie auf.

«Ja, das weiß ich», sagte Jean schleppend.

«Wie geht es ihm?»

«Viel besser.»

«Kann ich ihn sehen?»

«Ich möchte nicht, daß er sich aufregt», antwortete Jean. «Und auch nicht, daß du ihn verletzt. Er hat genug mitgemacht. Was willst du eigentlich hier?»

«Das ist ja ein schöner Empfang», beschwerte sich Tom. «Da will ich tun, was sich gehört, und du reagierst feindselig.»

«Nicht feindselig, nur besorgt. Du hast seit zwanzig Jahren nicht mit deinem Vater gesprochen.»

«Und er nicht mit mir.»

«Na schön, Tommy. Es ist nicht der Augenblick, alten Streit aufzuwärmen. Und wenn du da hineingehst, tu es, bitte, auch nicht. Machst du dir Sorgen um ihn?»

«Ich glaube schon», sagte Tom unsicher; in Wahrheit wußte er es selbst nicht.

«Wenn du hineingehst, vergiß, was war. Ich möchte nicht, daß du von etwas anderem redest als von deiner Sorge um ihn.»

«Ich werd's versuchen.»

«Das genügt mir nicht. Du mußt es mir versprechen.»

Tom nickte.

«Ich gehe zuerst hinein und bereite ihn darauf vor. Er darf sich nicht erschrecken.» Sie wandte sich zur Tür. «Aber warte hier. Verlier nicht die Nerven und lauf nicht weg.»

«Ich bleibe hier.» Er fand, daß sie ihn immer noch wie einen bockigen kleinen Jungen behandelte.

Dan saß aufrecht im Bett und las in einem zerlesenen Exemplar von Masefields *Salzwasserballaden*. May Ling hatte es ihm vor dreißig Jahren geschenkt. Ihre Widmung stand innen im Umschlag: «Für einen liebevollen und zärtlichen Salzwassermann.» Jean hatte das Buch unter seinen Sachen gefunden und es ihm mitgebracht, ohne die Widmung zu erwähnen. Das wunderte ihn, aber schließlich gab es manches an Jean, über das man sich wundern konnte. Er legte das Buch nieder und sagte: «Ach, ich wünschte, du hättest etwas für Segelboote übrig!»

«Es käme auf die Größe an, vielleicht könnte ich es noch lernen.»

«Ich denke an ein Boot von etwa dreißig Fuß Länge, mit Schaluppentakelung, etwas, was wir beide allein handhaben könnten. Ich würde es selbst bauen – nicht gerade mit eigenen Händen, aber ich würde den Riß zeichnen und den Bau in jeder Phase überwachen. Es müßte aus Teak sein, nicht aus diesem elenden Kunststoff, den sie heute nehmen. Es braucht deswegen nicht aufwendig zu sein. In der Bucht gibt es genug Wasser und Küste, um einen auf Jahre hinaus zu beschäftigen. Ich würde dir das Segeln beibringen. Weißt du, davon habe ich seit unserem Hochzeitstag geträumt, und glaub mir, du würdest es von jemandem lernen, der wirklich was davon versteht.»

«Es ist eine Überlegung wert.»

«Nun sag schon, Jeanie, würdest du mitmachen?»

«Werde erst einmal gesund. Ich habe nicht nein gesagt. Übrigens, draußen wartet ein Besucher. Ich dachte, ich melde ihn an, bevor er hereinkommt.»

«Wer?»

«Tom.»

«Tom?»

«Unser Tom. Dein Sohn.»

Leise sagte Dan: «Nein, also, das ist ja ... Er kommt zu mir?»

«Ganz recht. Willst du ihn sehen?»

«Natürlich will ich ihn sehen.»

«Gut, Danny. Aber die Vergangenheit laß begraben sein, sonst hat es keinen Zweck, mit ihm zu reden.»

«Gemacht.»

«Ich schicke ihn herein und bleibe draußen. Am besten sprichst du allein mit ihm.»

Dan wartete aufgeregt, sein Herz schlug schneller, und er fragte sich, ob das gut oder schlecht für seinen Zustand war. Es war nicht wörtlich zu nehmen, daß er seinen Sohn seit zwanzig Jahren nicht gesehen hatte. San Francisco ist keine sehr große Stadt, und er hatte Tom in den letzten Jahren mindestens dreimal gesehen, einmal erst kürzlich, aus der Ferne, und davor waren sie zweimal bei offiziellen Anlässen im selben Raum gewesen. Seine Empfindungen Tom gegenüber waren sehr widersprüchlich. Einerseits hielt er Tom für einen Schurken reinsten Wassers, andererseits gab er sich selbst die Schuld daran und milderte die harte Charakterisierung. Dann war da noch die Tatsache, mit der Dan nicht gut zurechtkam, daß sein Sohn homosexuell sein sollte. Da aber sein Wissen über Homosexualität ziemlich gering war, redete er sich ein, es stimme gar nicht wirklich, es sei nur eine leichtfertige Deutung von Dritten oder aber eine vorübergehende Abweichung von der Normalität. Weder Intoleranz noch Unversöhnlichkeit gehörten zu Dan Lavettes Fehlern. Immerhin hatte er vor zwei Generationen, als die Chinesen von der Mehrheit der weißen Bevölkerung in San Francisco noch wie Aussätzige behandelt wurden, May Lings Vater als Buchhalter eingestellt und ihn später zum Geschäftsführer aller seiner Unternehmen gemacht. Sein Urteil über sich selbst war so schonungslos, daß er zögerte, über andere den Stab zu brechen. Was nun Tom betraf, so hatte Dan seit langem schon den sehnlichen Wunsch gehabt, daß der Junge eines Tages seinen Groll überwinden und zu ihm zurückkehren werde. Er hatte Tom nie das Recht bestritten, ihn, seinen Vater, zu verachten, denn auch seiner eigenen Einschätzung nach hatte er gegenüber seinen Kindern versagt. Wenn Barbara und Joe ihm das vergaben und ihn trotzdem liebten, war das ihr Verdienst, nicht seins. Als er Bernie Cohen die hundertzehntausend Dollar gab, hatte er behauptet, damit eine Schuld gegenüber Mark Levy tilgen zu wollen. In Wahrheit hatte er es getan, weil eines seiner Kinder, Barbara – vertreten durch ihren Mann –, mit einer Bitte zu ihm gekommen war. Er hatte geben dürfen, und das war das einzige, worauf es ihm ankam. In ihm steckte immer noch die eigentümliche Angst des in Armut aufgewachsenen Kindes, dessen Familie jetzt zum Establishment gehörte. Er maß die Gabe nach wie vor an ihrem materiellen Wert.

Als Jean ihn bat, die Vergangenheit ruhen zu lassen, kämpfte sie in Wahrheit gegen ihre eigenen Schreckgespenster an. Dan dachte überhaupt nicht an die Vergangenheit, als Tom den Raum betrat. Ohne es zu wissen, lächelte er. Er fand, sein Sohn sah gut aus, groß und gut gewachsen – den Körperbau hatte er vom Vater, Teint und Aussehen von der Mutter. Er war mit seinen sechsunddreißig Jahren einer der sechs reichsten und mächtigsten Männer in Kalifornien. Dan machte sich nichts aus Macht und Reichtum, aber sie waren Wertmesser bei dem Spiel, das er sein Leben lang gespielt hatte.

«Hallo, Vater», sagte Tom zögernd. Auch er war aufgeregt. Dan streckte ihm die Hand entgegen, und Tom nahm sie mit festem Griff. «Wie geht es dir?»

«Nicht schlecht», antwortete Dan. «Das hier ist ein jüdisches Krankenhaus, weißt du. Sie haben ein merkwürdiges Wort für Herzinfarkt: Sie sagen, das ist die Bar Mizwa – damit wird man in die Gemeinschaft der Erwachsenen aufgenommen.» Dan wußte nicht, warum er das sagte. Albern, damit anzufangen, dachte er: Warum konnte ich nicht den Mund halten? «Wahrscheinlich weißt du nicht, was das heißt», fügte er lahm hinzu.

«Doch, sicher. Aber es trifft nicht zu. Du warst schon als Kind ein Mann. Leuten wie mir macht das Erwachsenwerden zu schaffen.»

Dan sah ihn an und fragte sich, ob er das ernst meinte. Er hatte die Stimme eines Knaben in Erinnerung. Das hier war die kräftige, wohlklingende Stimme eines Mannes, der gewohnt war, daß man auf ihn hörte.

«Ich freue mich, daß du gekommen bist», sagte Dan. «Es hat viel zu lange gedauert.»

«Ja, da hast du recht.»

«Nimm dir einen Stuhl und setz dich.»

«Ich hätte Blumen mitbringen sollen», sagte Tom.

«Was zum Teufel soll ich mit Blumen? Ich bin ja nicht tot. Den ganzen Tag kommen Blumen, und ich schicke sie runter in den Krankensaal. Weißt du, was du mir hättest mitbringen sollen? Eine Zigarre.»

«Ich wünschte, ich hätte daran gedacht! Aber Mutter hätte mich umgebracht.»

«Wahrscheinlich. Sie paßt auf wie ein Schießhund. Du siehst gut aus. Achtest du auf deine Gesundheit?»

«Ich gebe mir Mühe.»

«Wie geht das Geschäft?» fragte Dan, unfähig, von den hundert Dingen zu sprechen, die ihm auf der Seele brannten: ob er den Kindern gefehlt hatte, ob sie ihn liebten, schätzten, haßten? Ob sein Sohn glücklich war oder ob er sich einsam fühlte oder ausgefüllt, oder ob er dem Schicksal grollte?

«Nun, die in Washington sagen, die Welt gehört uns, es sei unser Jahrhundert. Ich war immer der Ansicht, Geschäft hätte etwas mit Geldverdienen zu tun. Aber eines Tages bedeutet Geld nichts mehr, und das Spiel geht um etwas anderes.»

«Ich kenne das Gefühl», sagte Dan.

«Ich vermute, ein sehr wesentlicher Teil der Welt gehört uns bereits. Ich muß mir allmählich überlegen, was ich als nächstes tun soll.»

Dan zögerte auszusprechen, was er dachte.

«Ich werde für den Kongreß kandidieren.»

Dan nickte. «Ich habe davon gehört.»

«Und was hältst du davon?»

Dan nickte wieder. «Ich glaube, du könntest es schaffen. Willst du Whittier dann die Leitung der Firma überlassen?»

«Um keinen Preis», sagte Tom. «Ich weiß, du schätzt John nicht besonders, und dafür hast du vermutlich deine Gründe. Er ist kein Mensch, den man liebt oder haßt, er ist ein alter Narr und Hypochonder. Ich liege ihm ständig in den Ohren, daß er sich endlich vom Geschäft zurückziehen soll, und er wird es wahrscheinlich demnächst auch tun. Weißt du, ich will wieder heiraten.»

«Ja, Jean hat es mir erzählt.»

«Lucy Sommers.»

«Ich kannte ihren Vater, sie selbst nicht. Sie ist sicher ein prächtiges Mädchen.»

«Eine prächtige Frau, Vater. Ein oder zwei Jahre älter als ich. Aber das spielt keine Rolle.»

«Natürlich nicht.»

In diesem Augenblick trat Jean ein. Tom erhob sich und sagte, er wolle Dan nicht überanstrengen. Er schüttelte ihm die Hand, gab Jean einen Kuß und ging.

«Wie war es?»

Dan zuckte die Schultern. «Ganz gut.»

«War er nett?»

«O ja.»

«Worüber habt ihr gesprochen?»

«Dies und das – nichts Besonderes.»

«Du warst doch auch nett zu ihm, Danny, oder?»

«Ich war so verdammt froh, ihn wiederzusehen ...»

«Aber was ist denn geschehen?»

«Nichts. Absolut nichts.» Dann fügte Dan fast schmerzlich hinzu: «Er war ein völlig fremder Mensch, Jeanie. Ich hatte alles mögliche erwartet, aber nicht das. Eigentlich hätte ich damit rechnen müssen.»

Am nächsten Tag, als Barbara bereits auf dem Weg nach Washington war, war die Nachricht von ihrer förmlichen Ladung bis zur Presse in San Francisco durchgedrungen. Die Schlagzeile des *Chronicle* lautete: SCHRIFTSTELLERIN AUS SAN FRANCISCO VOR DEN KONGRESSAUSSCHUSS GELADEN. Der *Examiner* schrieb: BARBARA LAVETTE COHEN SOLL VOR DEM AUSSCHUSS ÜBER UNAMERIKANISCHE UMTRIEBE AUSSAGEN. Da Dan früher oder später sowieso davon erfahren würde, setzte Jean ihn lieber gleich ins Bild und versicherte ihm, weder Barbara noch Harvey Baxter nähmen die Sache besonders schwer. «Sie wollen wahrscheinlich nur Barbaras Erlebnisse in Deutschland ausschlachten. Aber die sind ja kein Geheimnis, sie hat in ihrem Buch darüber geschrieben, und Tausende von Menschen kennen sie. So sind Presseleute nun einmal, sie wollen Schlagzeilen haben! Du darfst dich nicht darüber aufregen, Dan.»

«Diese verfluchten Schweinehunde», sagte Dan. «Was zum Teufel geht da vor, Jean? Was ist mit diesem Land los? Und warum hat Barbara mir nichts erzählt? Wann hat das alles angefangen?»

«Ungefähr vor zehn Tagen. Und es ist doch wohl klar, warum sie dir nichts erzählt hat.»

«Hast du davon gewußt?»

«Ja, sie hat es mir gesagt.»

«Und du hast mir nichts erzählt?»

«Danny, kannst du das nicht verstehen?»

«Sie braucht den besten Rechtsbeistand, der aufzutreiben ist.»

«Sie hat Harvey Baxter.»

«Harvey Baxter ist ein altes Waschweib. Du hättest es mir erzählen müssen, Jean. Ich kenne doch ein paar Leute in Washington. Ich hätte das Ganze verhindern können.»

«Du hättest gar nichts machen können, Dan. Ich habe mit Harvey gesprochen; er sieht keine Gefahr.»

«Wo ist das Kind?»

«In Higate bei Eloise und Adam. Bitte, mach dir keine Sorgen.» Das war leichter gesagt als getan.

John Whittier kam in Toms Büro und legte ihm den *Chronicle* auf den Schreibtisch. Whittier, ein rotgesichtiger Mann mit Übergewicht, sah kränklich aus.

«Ich habe es schon gesehen», sagte Tom. «Geht es dir nicht gut?»

«Ich weiß nicht. Entweder ist es der Magen oder das Herz. Das hier ist eine Katastrophe, eine Riesenkatastrophe, Tom.»

«Ja.»

«In knapp drei Monaten sind die Vorwahlen.»

«Ich kann zählen, John.»

«Und was willst du tun? Deine verdammte Schwester hat uns seit dem Tag, wo ich deine Mutter kennenlernte, nichts als Ärger und Sorgen gemacht.»

«Ich weiß. Niemand sucht sich seine Verwandten aus.»

«Hast du von der Sache gewußt?»

«Nein, ich habe erst heute davon erfahren und bin genauso verärgert wie du.»

«Warum, um alles in der Welt, hat sie uns nichts davon gesagt? Wir hätten doch etwas unternehmen können.»

«Das mußt du sie fragen, nicht mich.»

«Hat die Presse sich schon bei dir gemeldet?»

«Noch nicht. Aber das werden sie schon noch tun.»

«Wie zum Teufel kannst du nur so ruhig dasitzen? Hast du sie angerufen, mit ihr geredet?»

«Sie wird wohl schon unterwegs sein nach Washington. Ich habe in ihrer Wohnung angerufen, aber es nimmt keiner ab.»

«Was wollen sie von ihr? Ist sie Kommunistin? Ich habe schon immer so etwas vermutet.»

«Sei nicht albern, John.»

«Oder hängt es mit ihrem jüdischen Mann zusammen? Von dem hört man ja die unglaublichsten Geschichten.»

«John, ich weiß nicht mehr als du. Ich habe mit dem Vorsitzenden für Kalifornien und mit dem County-Vorsitzenden telefoniert, konnte ihnen allerdings auch nichts sagen. Ich habe meine Sekretärin angewiesen, keine Anrufe durchzustellen, damit ich nachdenken kann. Ich finde, du solltest wieder in dein Büro gehen und dasselbe tun.»

Kurz nachdem Whittier gegangen war, fragte Janet Loper, seine Sekretärin, ob er für Mrs. Carter zu sprechen sei. Carter hatte Lucy Sommers' erster Mann geheißen, aber sie hatte nach seinem

Tod wieder ihren Mädchennamen angenommen. Tom mußte einen Augenblick überlegen, ehe er wußte, wer ihn da sprechen wollte, dann ließ er sich mit Lucy verbinden.

«Seit wann nennst du dich Mrs. Carter?» fragte er.

«Habe ich das gesagt? Daran siehst du, wie es in meinem Kopf aussieht. Tom hast du der Presse schon irgendeine Erklärung abgegeben?»

«Nein, bisher nicht.»

«Dann tu es bitte auch nicht. Verlaß dein Büro. Kannst du mich in einer halben Stunde bei Casper zum Essen treffen? Es ist sehr ruhig dort, und vielleicht ist niemand da, der uns kennt. Wir müssen besprechen, wie das weitergehen soll.»

«Ich kann jetzt nicht aus dem Büro weg. Alle Welt versucht, Verbindung mit mir aufzunehmen.»

«Gerade deshalb solltest du verschwinden. Bitte, vertrau mir.»

Casper war ein kleines, unauffälliges französisches Restaurant in der Leavenworth Street. Lucy erwartete Tom in einer der Nischen hinten im Lokal. Tom ließ sich ihr gegenüber auf die gepolsterte Bank sinken und sah sie wortlos an.

«Armer Kerl», sagte sie. «Ich habe dir einen schottischen Whisky bestellt. Ich mußte dich da herausholen, das war doch klar.» Sie strahlte so viel Gelassenheit und ruhige Überlegenheit aus, daß Tom sich entspannte. «Weißt du», sagte sie, «ich bin eigentlich ganz froh, daß wir diese Sache gemeinsam anpacken können. Es ist nicht der Weltuntergang, aber wir müssen uns über einige Dinge klar werden, bevor die Angelegenheit ihren Lauf nimmt. Das Wichtigste zuerst. Ist Barbara Kommunistin?»

«Das hat John mich auch gefragt. Ich habe ihm gesagt, er soll nicht albern sein.»

«Aber ganz sicher bist du nicht?»

«Woher soll man so etwas wissen? Ich treffe meine Schwester drei- oder viermal im Jahr. Wir sind nicht gerade das, was man liebende Geschwister nennt. Barbara hat in ihrem Leben schon ein paar verdammt seltsame Dinge getan.»

«Im *Examiner* heißt es, sie sei als nicht wohlwollende Zeugin geladen. Was soll das eigentlich bedeuten?»

«Ich habe meinen Anwalt gefragt. Offenbar hat man sie vorgeladen, und sie hat keinerlei Kooperationsbereitschaft erkennen lassen.»

«Vielleicht hat sie ein reines Gewissen.»

«Lucy, Barbara hat einige Dummheiten begangen, zum Beispiel die Geschichte mit der Lavette-Stiftung, aber ich habe nie auch nur im entferntesten daran gedacht, daß sie eine Rote sein könnte.»

«Nehmen wir einmal das Schlimmste an. Wie würden die Republikaner reagieren? Würden sie dich auch dann noch aufstellen?»

«Sie sind wankelmütig.»

«Na schön, Tom. Dann dürfte es das Beste sein, wenn wir keine Erklärungen abgeben und mit niemandem reden, bis wir wissen, was bei der Geschichte in Washington herausgekommen ist. Ich habe ein hübsches Landhäuschen oben in Nicasio im Marin County. Dorthin könnten wir uns für die nächsten zwei, drei Tage zurückziehen. Wir könnten dort nachdenken und Pläne schmieden und einander etwas besser kennenlernen.»

Tom sah sie an. Daß sie so einfach ‹wir› sagte, beunruhigte ihn; andererseits hatte noch nie jemand für ihn und sein Schicksal die Verantwortung übernommen. Als er das energische Gesicht dieser gutaussehenden Frau betrachtete, empfand er so etwas wie Erleichterung. Zum erstenmal an diesem Tag hatte ihm jemand einen praktischen Vorschlag gemacht, der ihm weiter half.

«Mein Wagen steht vor der Tür. Soll ich jetzt die Bestellung aufgeben?»

Tom nickte.

«Ich bedaure es jetzt sehr, daß ich mich nicht den Freimaurern angeschlossen habe», sagte Harvey Baxter ohne erkennbaren Anlaß zu Barbara. «Sam Goldberg hat es mir immer wieder nahegelegt. Er selbst war vierzig Jahre lang Freimaurer.» Sie saßen in der Maschine nach Washington. Barbara fragte ihn, wieso er gerade jetzt darauf komme.

«Es könnte uns nützen. Ich zerbreche mir schon die ganze Zeit den Kopf nach etwas, was uns helfen könnte. Es wäre immerhin möglich, daß im Ausschuß ein Freimaurer sitzt, allerdings ist das nicht sehr wahrscheinlich. Auf jeden Fall hätte ich Freimaurer werden sollen. Meine Frau hat es mir ausgeredet. Sie meinte, es gäbe schon genug Dinge in meinem Leben, die mich von ihr fernhielten. Sie haben meine Frau nie kennengelernt, nicht wahr, Barbara?»

«Sie muß überaus liebenswert sein, Harvey.»

«Aber sie ist sehr besitzergreifend, wie alle Frauen. Es gibt nur wenige Ausnahmen, wie etwa Sie, Barbara. Wenn ich so etwas wie Ihr Mann getan hätte und einfach weggefahren wäre, hätte sie Schreikrämpfe bekommen. Nicht, daß ich mich auf eine solche Unbesonnenheit eingelassen hätte», fügte er hinzu. «Als Ihr Anwalt muß ich sagen, daß seine Handlungsweise unbesonnen war. Verstehen Sie das?»

«Natürlich, Harvey.»

«Schon eine kurze Dienstreise wie diese macht sie nervös. Vielleicht, weil wir beide allein reisen.»

«Immerhin sind Sie ein ansehnlicher Mann, Harvey.»

«Wirklich? Ich habe ihr versichert – »

«Natürlich haben Sie das, Harvey. Nun lassen Sie uns von dem reden, was uns bevorsteht. Wird es ebenso zugehen wie bei den Verhören der Drehbuchautoren aus Hollywood? Mit Presse, Rundfunk, Fernsehen und so weiter?»

«Das glaube ich nicht. Donald Jay hat mir gesagt, die Sache werde verhandelt. Er ist der Anklagevertreter des Ausschusses und wird einen Teil der Befragung leiten.»

«Und was bedeutet das?»

«Es bedeutet, daß Presse und Publikum während der Vernehmung keinen Zutritt haben. Der Ausschuß tagt in einem Sitzungsraum des Parlamentsgebäudes, und nur Sie werden anwesend sein. Sie sind sich ihrer Sache nämlich noch nicht ganz sicher und tappen eigentlich im dunkeln. Ich vermute, sie wollen sich gern mit einer ganzen Anzahl von Schriftstellern anlegen, und sie versuchen es erst einmal mit Ihnen, weil sie glauben, daß Sie verwundbar sind.»

«Und warum?»

«Wahrscheinlich wegen der Sache mit den Nazis. Ich gebe nur wieder, was sie glauben. Meiner Ansicht nach kann man Ihnen nichts anhaben. Vielleicht haben sie auch etwas ganz anderes im Sinn. Aber darauf kommt es nicht an. Sie haben nichts zu befürchten.»

«Es freut mich, daß Sie so optimistisch sind, ich bin es nämlich nicht. Sagen Sie, Harvey, ist das nicht genau das, was Boyd sagte: ein Verhör vor der Sternkammer? Genau wie damals in England, wenn mich meine Geschichtskenntnisse nicht im Stich lassen, wo die Sternkammer den Angeklagten ohne Rechtsbeistand und ohne Geschworene aburteilte? Ist das hier nicht etwas ganz Ähnliches?»

«O nein, ganz und gar nicht, Barbara. Der Kongreß arbeitet mit

Ausschüssen. Theoretisch wurde dieser Ausschuß gebildet, um Gesetzesentwürfe zum Schutz der Vereinigten Staaten vor Subversion zu erarbeiten. Und als solcher hat er das Recht, Zeugen vorzuladen und Aussagen zu erzwingen, die bei der Abfassung von Gesetzesentwürfen helfen können. Allerdings haben sie noch nie einen Gesetzesentwurf vorgelegt, und ich persönlich halte gar nichts von ihren Methoden. Aber der Ausschuß selbst arbeitet auf gesetzlicher Grundlage. Er ist kein Gerichtshof, sondern ein reiner Untersuchungsausschuß, und solange Sie sachdienliche Fragen offen und ehrlich beantworten, haben Sie nichts zu befürchten. Ich teile Boyds diesbezügliche Bedenken in keiner Weise.»

«Werden Sie mich zur Sitzung begleiten?»

«Der Ausschuß hat zwar das Recht, mich auszuschließen, ich glaube aber nicht, daß er es tut. Jay war sehr höflich am Telefon, sehr entgegenkommend.»

«Und was sind sachdienliche Fragen?»

«Das ist im voraus schwer zu sagen. Sie arbeiten mit einem sehr breiten Spektrum. Wir müssen das von Fall zu Fall entscheiden. Ich weiß, Barbara, das alles ist zeitraubend und unerfreulich, in diesen Zeitläufen aber nicht zu vermeiden.»

«Vermutlich nicht.»

Durch die fünfstündige Zeitverschiebung war es fast dunkel, als sie in Washington landeten. Sie nahmen eine Taxe zum Shoreham Hotel, wo Baxter Zimmer für sie gebucht hatte. Barbara schützte Müdigkeit vor und ließ ihn allein zu Abend essen. Sie sagte, sie werde sich belegte Brote und Kaffee aufs Zimmer kommen lassen. Sich Harvey Baxters Auslassungen noch länger anzuhören, erschien ihr mehr, als sie zu ertragen vermochte.

In ihrem Zimmer packte sie den Koffer aus und legte sich fast eine Stunde lang in die Badewanne. Bis zum Hals im Wasser, so warm, wie sie es gerade noch vertragen konnte, träumte sie mit geschlossenen Augen vor sich hin. Dann öffnete sie die Augen und begann, ihren Körper zu betrachten und zu begutachten. Die einst so häßliche Narbe des Kaiserschnitts war zu einem kaum wahrnehmbaren Rosa verblaßt. Ihr Körper war straff, ihre Brüste fest, der Umfang ihrer Taille maß kaum drei Zentimeter mehr als vor zehn Jahren. Da sie Bestätigung brauchte, genoß sie das Gefühl, noch wohlgestaltet und anziehend zu sein. Sie stellte sich eine zweite Narbe auf ihrem Unterleib vor. Sie konnte ohne weiteres noch ein Kind bekommen. Dr. Kellman hatte ihr versichert, ein zweiter Kaiserschnitt sei nicht gefährlicher als eine normale Geburt. Er hatte gut reden, er wurde ja nicht aufgeschnitten. Immerhin, sie näherte sich dem Alter, in dem die Entscheidung fallen mußte. Aber nicht heute abend. Sie würde es mit Bernie besprechen. Von Bernie wanderten ihre Gedanken zu Marcel. Je größer der zeitliche Abstand wurde, desto weniger konnte Barbara sich mit Marcels Tod abfinden. Es war so leicht, sich der Vorstellung hinzugeben, sie seien nur getrennt und würden sich eines Tages wiedersehen. Lag das daran, weil Frankreich so weit weg war und Paris fast wie ein unwirklicher Traum? In ihren Träumen war Paris immer voller Sonne, eine Traumstadt voller Leben und Liebe. Wie mochte es jetzt, nach dem Krieg, wohl dort aussehen? Würde sie je dorthin zurückkehren? Wünschte sie es? Marcel lag in Toulouse begraben. Seltsam, daß sie nicht den Wunsch verspürte, nach Toulouse zurückzukehren und sein Grab zu besuchen. Sie gehörte nicht zu den Menschen, die an Gräbern Verstorbener weinen und sie mit Blumen schmücken. Die Vergangenheit lebte in ihren Gedanken und nahm Gestalt an, wann immer sie es wollte.

Nach dem Bad bestellte sie sich etwas zu essen aufs Zimmer und las die *Washington Post*, die sie am Flughafen gekauft hatte. Die Nachricht von ihrem Erscheinen vor dem Kongreßausschuß stand auf der ersten Seite, und in dem Artikel nannte man sie die «attraktive Millionenerbin aus San Francisco, die sich der Schriftstellerei verschrieben hat». Sonst war der Artikel neutral. Selbst liberale Blätter hüteten sich, Partei zu ergreifen, und Barbara spürte, daß niemand mehr völlig frei war von der Furcht, die ihren Schatten über das ganze Land warf. War es wirklich so wie in Deutschland zur Zeit Hitlers? Sie versuchte sich an das Berlin des Jahres 1939 zu erinnern. Nein, so weit wollte sie nicht gehen, das konnte man nicht miteinander vergleichen.

Es war noch nicht zehn Uhr, und sie hatte keine Lust, zu Bett zu gehen, zumal es eine schlaflose Nacht zu werden versprach. Sie beschloß, an Bernie zu schreiben. Zwar wußte sie nicht, wohin sie den Brief senden sollte, aber es war schön, sich vorzustellen, daß er vielleicht schon in San Francisco war, wenn sie zurückkehrte. Sie würde ihm dann einfach den Brief in die Hand geben und sagen, hier kannst du lesen, wie ich mich am Abend vor meinem Gang in den Tigerkäfig gefühlt habe.

«Mein lieber, riesengroßer Mann», begann sie – und zerriß ärgerlich das Blatt. Warum mußte sie immer auf seine Statur anspielen? Vielleicht, weil sie in ihm den kleinen, verschüchterten Jungen sah, der sich sein Leben lang abmühte, mit seinen Ängsten fertigzuwerden? «Bernie, Liebster» – das war besser. Und sie fuhr fort: «Hier sitze ich in einem Hotel in Washington und versuche zu verstehen, warum ich Dir nichts von dieser Sache gesagt habe. Zuerst fand ich es sehr edel von mir, daß ich Dir die förmliche Ladung verschwieg, die einen Tag vor Eurem Aufbruch zu diesem Wahnsinnsunternehmen eintraf. Wenn ich es Dir erzählt hätte, wärst Du vielleicht zu Hause geblieben, um mich dem Kongreßausschuß gegen Unamerikanische Umtriebe nicht allein gegenübertreten zu lassen. Bei genauerem Nachdenken bin ich mir aber darüber klargeworden, daß ich es für mich behalten habe, weil ich fürchtete, Du würdest mir nie verzeihen, wenn ich Deine Abenteuerpläne durchkreuzt hätte. Ich liebe Dich, und ich kenne Dich gut genug, um zu wissen, wie viel Dir daran lag, diese Maschinen nach Europa zu bringen und den tapferen Juden zu helfen, die Du – wie Du meinst – im Stich gelassen hast, als Du mich geheiratet und die Werkstatt übernommen hast. Aber Du sollst auch wissen, daß ich einige schlimme Tage durchlebt habe, bis gestern endlich Dein Telegramm kam. So konnte ich hierher fliegen, ohne mir über etwas anderes Sorgen zu machen als über die Frage, wie ich zwei Tage voller juristischer Ratschläge mit Harvey Baxter überstehen sollte. Müssen Juristen eigentlich immer so reden? Ach, das wirst Du mir auch nicht beantworten können.

Harvey Baxter und ich haben nicht die leiseste Ahnung, was man von mir will. Um mein leichtsinniges Abenteuer damals in Berlin kann es eigentlich nicht gehen, denn darüber habe ich ja ein Buch geschrieben, und jeder kann es nachlesen. Ich habe natürlich nichts dagegen, es den Primaten hier noch einmal zu erzählen. Heute war ich sowohl im San Francisco *Chronicle* wie auch in der *Washington Post* auf der Titelseite – du siehst, ich bin eine Berühmtheit. Dabei fällt mir ein, daß der arme Tom es jetzt schwer haben wird, all das seinen republikanischen Parteifreunden zu erklären. Was werden sie von einem konservativen Kandidaten halten, dessen Schwester rot ist wie der Abendhimmel? Ich werde ihn wohl entlasten müssen, indem ich öffentlich erkläre, daß wir noch nie gleicher Meinung gewesen seien. Schließlich war Booths Karriere auch nicht beendet, nur weil sein Bruder Lincoln erschossen hat. Oder doch? Ich muß das einmal nachprüfen.

Genauso wie Du Deine Seele, wie gerade jetzt, mit so dummen

Eskapaden erquicken mußt, so muß ich als Schriftstellerin meine Nase in alle möglichen Dinge stecken. Sicher hätte Papa mit all seinen Beziehungen vom Schiffbau her erreichen können, daß das lächerliche Verfahren niedergeschlagen wurde. Aber er hatte einen leichten Herzanfall und liegt im Krankenhaus, und ich konnte ihn unmöglich damit belästigen. Er ist auf dem Wege der Besserung, aber er soll von der Angelegenheit erst erfahren, wenn er wieder bei Kräften ist. Außerdem muß ich gestehen, daß ich sehr begierig darauf bin, zu erfahren, wie die Unterdrückung im eigenen Lande aussieht. Und schließlich und endlich bin ich, ob Du es glaubst oder nicht, zum erstenmal in Washington. Ich soll morgen um zehn vor dem Ausschuß erscheinen, und wenn sie mich nicht zu lange dabehalten, werde ich den Rest des Tages mit einer Stadtbesichtigung verbringen, denn ich muß erst um fünf wieder am Flughafen sein.

Um Sam brauchst Du Dir keine Sorgen zu machen. Unser schönes Kind ist oben in Higate und wird von Eloise gut versorgt. Wir haben wirklich gute und liebe Freunde. Harvey Baxter ist ein sehr freundlicher Herr, aber ich glaube, er hat ein Brett vor dem Kopf. Wenn Du mich fragst, warum ich mir keinen anderen Anwalt genommen habe, muß ich Dir antworten, daß sich das nicht gehört. Er war Sam Goldbergs Sozius, also muß er etwas können. Notfalls kann ich mich auf meinen eigenen gesunden Menschenverstand verlassen, und deshalb bin ich auch nicht besorgt, sondern eher neugierig auf das, was mir bevorsteht.

Jetzt aber zu Bett, und bitte, bitte, sei zu Hause, wenn ich morgen abend ankomme! Dann können wir unser vernünftiges, arbeitsames Leben wieder aufnehmen. Du solltest froh sein, daß ich in einer Welt voller Unzufriedenheit so leicht zufriedenzustellen bin. Ich bin gern Hausfrau und Mutter, und wenn Du Dir alle Grillen aus dem Kopf geschlagen hast, können wir uns gern über ein zweites Kind unterhalten. Ich weiß, daß ich das halbe Dutzend nicht mehr schaffen kann, das Du eigentlich wolltest, aber zwei sind auch schon eine nette runde Zahl. Komm nach Hause.»

Sie unterstrich die letzten drei Wörter.

Stephan Cassala öffnete vorsichtig die Tür zum Krankenzimmer. Seit Dans Herzanfall hatte er ihn täglich besucht, und heute brachte er seinen Sohn mit. Und eine Aktentasche. Ralph war schlank, aber nicht besonders groß, und er ähnelte seinem Vater sehr. Er war einundzwanzig und stand kurz vor dem Abschluß seines Studiums an der Universität Stanford. Er war Steves einziges Kind, sehr zum Kummer von Steves Mutter, denn Steves Schwester Rosa hatte sie zur fünffachen Großmutter gemacht.

«Kommt rein», rief Dan. Erleichtert hörte Stephan, wie kräftig Dans Stimme jetzt wieder klang. Er saß im Bett und hatte ein halbes Dutzend Zeitungen vor sich auf der Bettdecke.

«Ich habe mit Ralph in der Stadt gegessen», erklärte Stephan. «Er wollte dich gern besuchen, da habe ich ihn mitgebracht.»

«Gute Idee.» Dan schüttelte dem jungen Mann die Hand. Er hatte ihn seit zwei Jahren nicht gesehen. «Du siehst gut aus.»

«Wie geht es Ihnen, Sir?»

«Gut, was treibst du so zur Zeit, Ralph?»

«Nun, Sir, ich bin im letzten Studienjahr. Sie haben mir erlaubt, selbständig über die Wilsonsche Nebelkammer zu arbeiten, und ich glaube, ich habe einen Weg zur Verbesserung der Methode gefunden.»

«Physik?»

«Ja. Das habe ich mir immer gewünscht.»

Er gab Dan zum Abschied die Hand und ging. Stephan schüttelte den Kopf. «Was er tut, sind böhmische Dörfer für mich, und wenn ich mich auch noch so anstrenge – es geht über meinen Horizont. Du wirst es nicht für möglich halten, aber es sieht ganz so aus, als sei er auf dem Weg zum Nobelpreis. Einundzwanzig Jahre alt. Und vor zwei Generationen saßen die Cassalas noch in einem sizilianischen Nest voller Unwissen und Aberglauben. Wir haben es ganz schön weit gebracht.»

«Das finde ich auch. Wie geht es Joanna?»

Stephan hob die Schultern. «Wie lange kann eine leere Ehe weitergehen? Sie lebt, ich lebe. Es hat wenig Sinn, darüber zu reden. Wie fühlst du dich?»

«Ganz gut. Noch eine Woche, dann holt Jean mich nach Hause. Wie ich die Woche hier durchhalten soll, das steht auf einem anderen Blatt. Tom war übrigens hier.»

Stephan war überrascht, sagte aber nichts.

«Es war nicht so schlimm. Außerdem wurde es Zeit.»

«Das stimmt», sagte Stephan.

«Ich habe gerade etwas über meine Tochter gelesen», sagte Dan und deutete auf die Zeitungen.

«Ich weiß. Ich habe mit Senator Claybourne gesprochen. Er

war zufällig gestern in der Stadt, und ich habe alle Hebel in Bewegung gesetzt, um bis zu ihm vorzudringen. Zehn Minuten hat er mir gegeben.»

«Wir haben dem Kerl zehntausend Dollar gegeben.»

«Na ja, das macht tausend Dollar pro Minute. Viel hat er dafür nicht rausgerückt. Die Wahrheit ist, Dan, er hat Schiß. Gott helfe mir, aber dieser McCarthy und sein Ausschuß versetzen das ganze Land in Angst und Schrecken. Er sagt, weder er noch irgendein anderer Senator könnten auch nur das Geringste gegen den Ausschuß unternehmen. Er will nichts damit zu tun haben. Es scheint eine ansteckende Krankheit bei uns zu sein! Du bist schuldig durch den Umgang, den du hast.»

«Hast du etwas bei ihm erreicht?»

«Nichts. Er meinte, du könntest ja mal den Präsidenten anrufen. Du kennst ihn doch, oder?»

«Ich bin ihm einmal begegnet, wie zehntausend andere auch.»

«Ich habe auch mit Richter Fredericks gesprochen. Er sagt, du sollst dich nicht aufregen und den Dingen ihren Lauf lassen. Sie werden Barbara Fragen stellen, Barbara wird ihnen antworten, sie bekommen ihre Schlagzeilen, und damit hat es sich. Schadet das ihrer Karriere, nun, dann ist das bereits geschehen, und sie wird es überleben. Ich hatte die verrückte Idee, den Ausschuß zu verklagen ...»

«So verrückt ist das gar nicht.»

«Es kommt aber leider überhaupt nicht in Frage, Dan. Man kann einen Kongreßausschuß nicht verklagen.»

«Ich würde diesen Leuten gern mal in einer dunklen Straße begegnen. Aber das ist nur Spinnerei. Ich spucke hier große Töne, und dabei kann ich überhaupt nichts für das Kind tun. Was hast du denn da in der Tasche?» Dan deutete auf Stephans Aktentasche.

«Ich dachte, wir könnten einiges durchsprechen.»

Dan schüttelte den Kopf. «Nein, kommt nicht in Frage Steve. Geschäfte sind das Letzte, was mich jetzt interessiert. Ich liege hier und versuche dahinterzukommen, warum und wofür ich sechzig Jahre auf dieser Erde gelebt habe. Ich bin so durcheinander, du würdest keinen klaren Gedanken aus mir herausbekommen. Hast du übrigens Bernie erreichen können?»

«Nein. Zu Hause ist niemand, und in der Werkstatt wissen sie nichts.»

Obwohl Barbara erst gegen drei Uhr morgens einschlief, war sie um sieben schon wieder wach. Der Gedanke, daß sie noch vor Mitternacht kalifornischer Zeit wieder zu Hause sein würde, machte sie munter und vertrieb all ihre Müdigkeit. Jean hatte sehr darauf bestanden, daß Barbara etwas Ordentliches anzog; denn in ihren Augen war ihre Tochter eine Erzfeindin der Mode. Um dem Wunsch ihrer Mutter nachzukommen, hatte Barbara zugesagt, sie werde in marineblauem Kostüm, weißer Bluse und schwarzen Pumps vor dem Ausschuß erscheinen. Ihr welliges, hellbraunes Haar bot keine Schwierigkeiten. Sie trug es schulterlang und gescheitelt, so daß es ohne großen Zeitaufwand zu kämmen war. Ihre Gesichtsfarbe war frisch, und nach einem kurzen Blick in den Spiegel entschied sie sich, auf ein Make-up zu verzichten.

Vor dem Frühstück ging sie durch den bezaubernden Park des Hotels. Außer ihr war nur noch ein Farbiger dort, der die Rosen schnitt und ihr einen guten Morgen wünschte.

«Es ist wirklich ein schöner Morgen», antwortete Barbara. «Gibt es hier viele so schöne Tage?»

«Einige schon. Aber nicht in dieser Jahreszeit. Sie sind nicht von hier?»

«Nein. Ich komme aus Kalifornien, aus San Francisco.»

«Das ist weit weg.»

«Ja. Das ist es.»

Sie ging in den Speisesaal. Harvey Baxter saß bereits beim Frühstück. Er sprang auf, als er Barbara hereinkommen sah.

«Bleiben Sie sitzen, Harvey. Ich fühle mich großartig. Wir werden es mit Mr. Drake und seinem Ausschuß aufnehmen und sie besiegen! Auf in den Kampf denn!»

«Barbara, ich wünschte, Sie nähmen das ernst. Es ist nicht Mr. Drakes Ausschuß. Er ist bei uns nur so bekannt, weil er unseren Staat vertritt. Ich will ihn nicht in Schutz nehmen, denn die meisten seiner Methoden finde ich beklagenswert. Aber wir müssen die Sache jetzt sehr ernst nehmen. Vorhin bekam ich einen Anruf vom Büro des Abgeordneten Hood. Er ist das ranghöchste oder dienstälteste Ausschußmitglied. Das Verfahren, die eigentliche Anhörung, wird öffentlich sein. Zwar ohne Wochenschau und Fernsehen, aber die Presse ist zugelassen.»

«Warum haben sie ihre Pläne geändert?»

«Ich weiß es nicht, und das beunruhigt mich. Sie müssen etwas ausgegraben haben. Barbara, sind Sie sicher, daß wir über alles gesprochen haben, worüber wir sprechen müßten?»

«Ich denke, ja. Harvey, bitte, machen Sie sich doch keine Sorgen.»

«Einen schwachen Trost gibt es immerhin: Bei dieser Art von Anhörung sitze ich neben Ihnen, so daß Sie sich jederzeit mit mir beraten können.»

«Gut. Und nun lassen Sie die dem Untergang Geweihte erst einmal richtig frühstücken.»

Sie nahmen eine Taxe zum Bürogebäude des Abgeordnetenhauses, und Barbara, die während der Fahrt aus dem Fenster sah, sagte: «Eine hübsche Stadt. Nur schade, daß man alles schon von Bildern kennt.»

«Ich muß immer daran denken, daß Sam Goldberg wahrscheinlich alles viel gründlicher vorbereitet hätte», sagte Baxter bedrückt.

«Ich glaube, die Vorladung verdirbt mir das Vergnügen an dieser Stadt. Und Sie waren schon so oft hier, so daß Washington keinen Reiz mehr für Sie hat. Da ist das Kapitol, Harvey.» In Wahrheit war Barbara jetzt einfach ungehalten. Ihre gute Laune vom frühen Morgen war vergangen, und sie ärgerte sich darüber, daß eine Handvoll Männer hier das Recht haben sollte, sie über den ganzen Kontinent hinweg herbeizuzitieren, um sie zu vernehmen, und ihr gleich eine Strafe für den Fall anzudrohen, daß sie sich weigerte. Am Eingang des Gebäudes wurden ihre Namen notiert, und man sagte ihnen, in welchen Raum sie sich zu begeben hätten. Er lag im Erdgeschoß. Vor der Tür stand eine Traube von Männern, die sich die Zeit mit Rauchen vertrieben. Sie musterten Barbara und Baxter, als sie den Raum betraten, aber keiner von ihnen richtete das Wort an sie, und Barbara fragte sich, ob es wohl Zeitungsleute waren.

Es waren bereits fünf Männer im Raum: drei saßen am Pressetisch, der vierte saß vor einer erhöhten Plattform, auf der ein langer Tisch stand, und hantierte an einer Stenographiermaschine, der fünfte, ein hochgewachsener Mann von grauer, leichenähnlicher Gesichtsfarbe, trat auf sie zu. Er hatte kleine, dunkle Augen, die unter buschigen Brauen hervorschauten, eingesunkene Wangen und ein langes, spitzes Kinn. Er stellte sich als Donald Jay, Anwalt des Ausschusses, vor. Er schüttelte Baxter die Hand. Als Barbara sah, wie schmutzig seine Fingernägel waren, beschloß sie, seine Hand zu übersehen, falls er sie ihr anbieten sollte.

«Sie beide können hier Platz nehmen», sagte er zu Harvey Baxter und deutete auf ein Tischchen, das seitlich versetzt vor dem Pressetisch stand.

Am Pressetisch selbst standen nur sechs Stühle, dahinter waren aber noch etwa ein Dutzend Stühle, sei es für weitere Pressevertreter oder für ein paar Zuhörer. Der Raum maß etwa vierzehn mal acht Meter. Auf dem langen Tisch, der auf der erhöhten Plattform stand, sah man fünf Pappschilder mit den Namen der Abgeordneten, die die Untersuchung durchführten: Arthur Hood, Norman Drake, Lomas Pornay, John Mankin und Alvin Bindle. Barbara kannte nur den Namen Drakes, der einen Wahlkreis in der Bucht von San Francisco vertrat.

Kurz nachdem Barbara und Baxter sich gesetzt hatten, kamen mehr Leute in den Raum: ein Vollzugsbeamter, ein dicker Mann in dunklem Anzug, mit dem Dienstabzeichen eines US-Marshal am Jackett, mehrere Journalisten. Als alle Stühle am Pressetisch und vier der dahinterstehenden besetzt waren, kamen schließlich die Abgeordneten. Hood, gedrungen, schmallippig, mit blaßblauen Augen hinter goldgefaßten Gläsern; Drake, ausdruckslos und mit unschuldig wirkendem pausbäckigen Gesicht; Pornay, dick, mit Nackenwülsten, hellrosa Gesichtsfarbe, die Karikatur eines korrupten Politikers der Tammany Hall aus dem neunzehnten Jahrhundert; Mankin, der älteste, dessen Gesicht in Falten herabhing wie bei einem verärgerten Bassetrüden; und als letzter Bindle, ziemlich jung, gut aussehend und nervös lächelnd. Sie nahmen die ihnen zugedachten Plätze ein, griffen nach den vor ihnen liegenden Bleistiften und warteten, den Blick ausdruckslos auf die Gruppe vor ihnen gerichtet.

Nach einer ihm offenbar angemessen erscheinenden Zeitspanne sagte schließlich Mankin mit dem breiten Akzent des Südstaatlers: «Sitzung des Kongreßausschusses gegen Unamerikanische Umtriebe, sechzehnter März neunzehnhundertachtundvierzig. Vermerken Sie im Protokoll, daß wir beschlußfähig sind.»

«Ist vermerkt», sagte Donald Jay.

«Ist die erste Zeugin anwesend?»

«Jawohl, Sir.»

«Vereidigen Sie die Zeugin», sagte Mankin.

Der Marshal hielt Barbara eine Bibel hin. «Legen Sie Ihre Hand auf die Bibel», sagte er. «Schwören Sie, die Wahrheit zu sagen, die reine Wahrheit und nichts als die Wahrheit?»

«Ich schwöre», sagte Barbara.

«Nehmen Sie zu Protokoll, daß die Zeugin vereidigt worden ist», sagte Jay. Er war zur Seite getreten, so daß er keinem der Abgeordneten die Sicht nahm, und stand nun mit gekreuzten Armen da.

«Nennen Sie uns bitte Ihren vollen Namen», forderte er Barbara auf.

«Barbara Cohen.»

«Mrs. oder Miss?»

«Mrs.»

«Ist das Ihr einziger Name?» fuhr Dixon dazwischen.

«Ich verstehe nicht, was Sie meinen.»

«Sind Sie unter einem anderen Namen bekannt?» fragte Jay.

«Barbara Lavette», antwortete sie zögernd.

«Ist das ein Pseudonym?»

«Nein, mein Mädchenname. Ich schreibe unter diesem Namen.»

«Warum?»

«Weil ich schon publiziert habe, bevor ich heiratete. Meine Leser kannten mich als Barbara Lavette. Ich habe keinen Grund gesehen, diesen Namen zu ändern.» Dann flüsterte sie Baxter zu: «Das ist doch blödsinnig. Muß ich solche albernen Fragen beantworten?»

Baxter nickte. «Ja, Sie müssen. Bitte, Barbara.»

«Wollen Sie bitte Ihren Beruf angeben», sagte Jay.

«Meinen Beruf? Den habe ich Ihnen doch gerade eben genannt.»

«Beantworten Sie bitte die Frage.»

Barbara seufzte. «Also schön. Ich bin Schriftstellerin und Hausfrau. Außerdem Mutter. Ich übe drei Berufe aus und habe den Eindruck, daß jeder von ihnen sinnvoller für das Leben dieser Nation ist als der eines Kongreßabgeordneten.»

«Die Zeugin», unterbrach sie Hood, «möge sich auf die Beantwortung der Fragen beschränken.»

«Um Himmels willen», flüsterte Baxter, «verärgern Sie sie nicht.»

«Ich sehe, die Zeugin hat Humor», bemerkte Jay trocken. «Aber der ist hier kaum angebracht. Jetzt bitte ich Sie, meine nächste Frage sorgfältig zu bedenken. Sind Sie gegenwärtig oder waren Sie jemals Mitglied der Kommunistischen Partei?»

Barbara überlegte nicht eine Sekunde. «Ich bin nicht Mitglied der Kommunistischen Partei und bin es nie gewesen.»

«Aha», sagte Jay. Er wandte sich zu Drake, der mehrere Blätter Papier aus der Brusttasche nahm, sie vor sich ausbreitete und eine ganze Weile mit geschürzten Lippen studierte.

«Mrs. Cohen», sagte er dann, «wo haben Sie sich im Mai 1939 aufgehalten?»

Also doch, dachte Barbara beinahe erleichtert. «Ich habe damals in Paris gelebt.»

«Aha. Und in welcher Eigenschaft? Ich meine, waren Sie Studentin, oder Touristin?»

«Journalistin. Ich war die Pariser Korrespondentin des *Manhattan Magazine*.»

«Und was waren Ihre Aufgaben in dieser Position?»

«Ich habe jede Woche einen Artikel geschrieben, über neue Bücher, neue Stilrichtungen, über Erstaufführungen und Kunstausstellungen – und dergleichen mehr.»

«Dann waren Sie also keine politische Korrespondentin?»

«Nein, eigentlich nicht.»

«Aber dennoch haben Sie sich im März 1939 von zwei französischen Kommunisten, Claude Limoget und seiner Frau Camille Limoget, dazu bestimmen lassen, eine kommunistische Mission für sie zu unternehmen?»

«So wie Sie die Frage formulieren», antwortete Barbara, «soll offenkundig meine vorhin gegebene Antwort als Lüge hingestellt werden.»

«Bitte beantworten Sie die Frage!»

«Und zu allem Überfluß beziehen Sie Ihr Wissen aus meinem eigenen Buch», rief Barbara, lauter werdend. «Ich habe offen darüber geschrieben. Es hatte eine hohe Auflage und wurde auch von Buchklubs veröffentlicht. Tausende von Menschen wissen genau, was sich damals ereignet hat.»

«Verweigern Sie die Antwort auf diese Frage?» beharrte Dixon.

«Barbara, bitte», flüsterte Baxter, «beantworten Sie die Frage.»

«Ich verweigere die Antwort nicht. Ich werde Ihre Frage beantworten. Da hier aber Protokoll geführt wird, will ich nicht, daß darin der Anschein erweckt wird, Sie hätten einen dunklen Punkt in meinem Leben entdeckt.» Sie wurde immer erregter und ärgerlicher, versuchte aber, sich zur Ruhe zu zwingen.

«Beantworten Sie bitte die Frage», wiederholte Jay.

«Ja. Ich habe diese Mission für sie unternommen. Aber es handelte sich nicht um eine kommunistische Mission.»

«Wie würden Sie sie denn bezeichnen?» wollte Dixon wissen. «Ihrem Buch zufolge fuhren Sie nach Deutschland, um Kontakt mit der Kommunistischen Partei aufzunehmen.»

«Claude und Camille Limoget waren Kommunisten. Sie haben kein Geheimnis daraus gemacht», sagte Barbara leise.

«Sprechen Sie lauter!»

«Ich sagte, die Limogets waren Kommunisten. Ich aber nicht. Das war der Grund, warum sie sich an mich wandten. Sie sagten mir, die französische KP habe jeglichen Kontakt mit den Kommunisten in Deutschland verloren, es sei für sie ungeheuer wichtig, irgendeine Art von Kontakt aufrechtzuerhalten. Sie meinten, als Journalistin ohne kommunistische Verbindungen könnte ich ohne Gefahr nach Deutschland reisen.»

«Sie sagen, Sie waren keine Kommunistin, und doch haben Sie bereitwillig Ihr Leben aufs Spiel gesetzt, als Sie nach Nazideutschland fuhren, um diesen Kontakt herzustellen?»

«Ich hatte nicht den Eindruck, mein Leben zu gefährden. Ich war Journalistin, und mein Chefredakteur war sehr angetan von der Aussicht, von mir Berichte aus Deutschland zu bekommen.»

«Aber unternommen haben Sie diese Mission für die Kommunistische Partei Frankreichs?» beharrte Dixon.

«Ja.»

«Und hatten Sie Erfolg?»

«Nein», sagte Barbara leise. «Der Mann war tot.»

«Sprechen Sie lauter!»

«Nein.»

«Und Sie leugnen immer noch, jemals Mitglied der Kommunistischen Partei gewesen zu sein?»

«Ich war niemals Mitglied der Kommunistischen Partei.»

Dixon lehnte sich zurück und lächelte fein.

«Alles in Ordnung», flüsterte Baxter. «Nichts als Theaterdonner.»

Jay ließ die Arme sinken. «Kennen Sie Harry Bridges?» fragte er Barbara.

«Nicht persönlich. Aber ich weiß, wer er ist.»

«Haben Sie nicht 1934, bei den Unruhen im Hafen von San Francisco, die unter dem Namen ‹Blutiger Donnerstag› bekannt sind, an einem kommunistischen Erste-Hilfe-Posten mitgearbeitet?»

«Nein. Ich weiß von keinem kommunistischen Erste-Hilfe-Posten. Ich hatte Verbandsmaterial im Wagen, Binden und dergleichen, und wir haben verwundete und blutende Hafenarbeiter versorgt.»

«Wen meinen Sie mit *wir*?»

«Mich selbst und einen Hafenarbeiter.»

«Wie hieß er?»

«Ich kann mich nicht erinnern. Es ist vierzehn Jahre her.»

Jay ging zum Tisch und nahm ein Blatt Papier zur Hand. «Ich habe hier die eidliche Aussage eines gewissen Manuel Lopez, Hafenarbeiter in San Francisco. Ich verlese sie für das Protokoll. ‹Im Juli 1934, an dem als *Blutiger Donnerstag* bekannten Tag, half ich mit, in einem Lieferwagen in der Zweiten Straße in San Francisco ein Feldlazarett einzurichten. Der Wagen gehörte Barbara Lavette. Sie arbeitete ebenfalls im Lazarett. Ich war damals Mitglied der Kommunistischen Partei, und ich ging davon aus, daß auch sie Mitglied der Kommunistischen Partei war.› Würden Sie bitte dazu Stellung nehmen, Mrs. Cohen?»

«Aber sicher», sagte Barbara. «Es ist eine schamlose Lüge. Ich kenne keinen Manuel Lopez. Es gab kein Feldlazarett, wie er es nennt. Es gab nur einen Lieferwagen mit etwas Verbandszeug, Jod, Peroxid und so weiter. Es hatte nichts mit der Kommunistischen Partei zu tun, und ich war weder damals ihr Mitglied noch jemals davor oder danach.»

Jay trat an den Tisch und beriet sich mit den Ausschuß-Mitgliedern. Barbara fragte flüsternd Baxter: «Harvey, was hat es mit diesem Lopez auf sich?»

«Sind Sie ganz sicher, daß Sie ihn nicht kennen?»

«Absolut sicher.»

«Dann haben sie ihn aus irgendeinem Grund dazu gebracht, sich diese Lüge aus den Fingern zu saugen. Zwar widerstrebt mir die Vorstellung, daß sie Zeugen zum Meineid anstiften, aber auszuschließen ist es wohl nicht. Aber machen Sie sich keine Sorgen. Ihre Antworten waren offen und klar, machen Sie so weiter. Wenn sie diesen Lopez vor Gericht auftreten lassen, kann ich seine Aussage in der Luft zerfetzen.»

«Vor Gericht, Harvey? Ich bin doch keine Verbrecherin. Was um Gottes willen wird hier eigentlich gespielt?»

«Bitte, Barbara, regen Sie sich nicht auf. Das hört sich alles schlimmer an, als es ist.»

«Ein schöner Trost», sagte sie bitter. «Es hört sich alles schlimmer an, als es ist.»

Jay trat vom Tisch zurück und ging langsam wieder an seinen Platz. Er zog ein kleines Notizbuch aus der Tasche und studierte es nachdenklich. Dann klappte er es zu und fragte: «Mrs. Cohen, kannten Sie einen Mann namens Marcel Duboise?»

«Ja.»

«Welcher Art war Ihre Beziehung zu diesem Mann?»

«Ich habe ihn geliebt. Wir wollten heiraten.»

«Sie haben ihn aber nie geheiratet?»

«Nein. Er ist vorher gestorben.»

«Ich verstehe. Was war sein Beruf?»

«Er war bei der Zeitung, er arbeitete für die französische Zeitung *Le Monde*.»

«Haben Sie und Marcel Duboise in Paris eine gemeinsame Wohnung bewohnt?»

«Muß ich darauf antworten?» flüsterte sie Baxter zu.

«Es steht in Ihrem Buch, Barbara, es ist also allgemein bekannt. Sie könnten die Antwort verweigern, weil es keine sachdienliche Frage ist, aber wozu?»

«Ja», sagte Barbara zu Jay, «das haben wir.»

«War Marcel Duboise Mitglied der Kommunistischen Partei?»

«Nein.»

«Hat er als Angehöriger der sogenannten Fünfzehnten Brigade im Spanischen Bürgerkrieg mitgekämpft?»

«Nein, er war als Reporter für *Le Monde* in Spanien.» Ihr war, als legte sich ihr ein eiserner Ring um die Brust. Sie schloß die Augen und atmete tief.

«Meine Mandantin ist sehr angestrengt», schaltete sich Baxter ein. «Wir bitten um eine kurze Verhandlungspause.»

«Wir können die Sitzung auf eine Viertelstunde unterbrechen», sagte Mankin großzügig, «wenn die Dame es wünscht.»

Nachdem sich die Tür des kleinen Wartezimmers zwischen ihnen und den Reportern geschlossen hatte, schlug Baxter vor, eine Vertagung der weiteren Untersuchung auf den folgenden Tag zu beantragen.

«Unter keinen Umständen», erklärte Barbara. «Ich will das

hinter mich bringen und diese elende Stadt so schnell wie möglich verlassen.»

«Glauben Sie, daß Sie durchhalten?»

«Ich schaffe es schon, Harvey. Aber was tun diese Leute mit mir? Sie verdrehen alles und versuchen, mich als eine Art unzurechnungsfähige rote Agentin hinzustellen. Und dann dieser Lopez. Wer ist das überhaupt?»

«Ich weiß es nicht. Machen Sie sich deswegen keine Sorgen. Bis jetzt haben sie keine Beziehung zwischen Ihnen und der Partei nachweisen können. Sie haben die Wahrheit gesagt, und dabei bleiben wir auch. Ich glaube nicht, daß sie noch viel vorzubringen haben.»

Für Barbara war das nur ein schwacher Trost, und ihr Vertrauen zu Harvey Baxter begann merklich zu sinken. «Vor allem provozieren Sie sie nicht», riet Baxter. «Drake ist rachsüchtig. Lassen Sie es ruhig angehen, Barbara, und spielen Sie die Vorteile aus, die Sie als Dame Herren gegenüber haben.»

Sie sah ihn an, als habe er den Verstand verloren. «Herren?»

«Na ja, das sagt man so», versuchte Baxter zu erklären. «Je widerspenstiger Sie sich zeigen, um so aggressiver werden sie. Sind Sie sicher, daß Sie weitermachen können?»

«Wie lange wird es dauern?»

«Höchstens eine halbe Stunde. Ich nehme an, dieser Lopez war ihre einzige Trumpfkarte, damit dürfte das Schlimmste überstanden sein.»

Die Reporter sahen sie neugierig an, als sie mit Baxter wieder in den Sitzungssaal zurückkehrte, aber keiner von ihnen stellte eine Frage. Diese Zurückhaltung schien nichts Gutes zu verheißen. Die Kongreßabgeordneten warteten bereits auf ihren Plätzen.

«Sie stehen noch unter Eid», erinnerte Donald Jay sie.

Barbara bemerkte, daß Pornay ihr Buch vor sich liegen hatte. Jay sah Pornay an, und Pornay nickte.

«Ihr Mann heißt Bernie Cohen. Ist das richtig?» begann Jay.

«Ja.»

«Er hat in der Abraham-Lincoln-Brigade in Spanien gekämpft.»

«Ja.»

«War das eine kommunistische Organisation?»

«Das weiß ich nicht.»

«Ist Ihr Mann oder war er jemals Mitglied der Kommunistischen Partei?»

«Das brauchen Sie nicht zu beantworten», flüsterte Baxter ihr zu.

«Ich will es aber.» Dann sagte sie laut: «Nein, er war nie Mitglied der Kommunistischen Partei. Er war und ist überzeugter Zionist, und das dürfte kaum mit der Mitgliedschaft in der Kommunistischen Partei vereinbar sein.»

Jay trat zum Tisch und sprach einige Minuten lang leise mit Drake und Pornay. Danach wechselte er auch einige Worte mit Mankin. Schließlich ging er an seinen alten Platz zurück, kreuzte die Arme und sagte: «Sie stehen der Lavette-Stiftung vor – ist das richtig, Mrs. Cohen?»

Barbara wandte sich flüsternd an Baxter. «Gehört das zur Sache? Was hat die Stiftung damit zu tun?»

«Ich weiß es nicht. Aber wenn Sie die Antwort verweigern, benutzen sie es als Aufhänger für etwas anderes. Warum sagen Sie es nicht einfach?»

«Ja», sagte Barbara laut.

«Was ist der Zweck dieser Stiftung?»

«Sie ist eine wohltätige, gemeinnützige Stiftung, die finanzielle Zuwendungen auf den verschiedensten Gebieten gewährt, zum Beispiel für medizinische, wissenschaftliche, künstlerische Zwecke.»

Wieder beriet Jay sich mit den Abgeordneten. Dann sah er Barbara gedankenverloren an und fragte fast beiläufig: «Was ist das Sacré-Cœur-Krankenhaus?»

Barbara wechselte einen Blick mit Baxter, der offensichtlich ebenso überrascht war wie sie. Er zuckte die Schultern und nickte.

«Ein Krankenhaus in Toulouse, in Südfrankreich», antwortete Barbara.

«Haben Sie je etwas mit diesem Krankenhaus zu tun gehabt?»

«Marcel Duboise kam nach seiner Verwundung im Spanischen Bürgerkrieg dorthin. Er starb dort», schloß sie leise.

«Die Zeugin soll gefälligst lauter sprechen!» sagte Drake scharf.

Sie wiederholte ihre Antwort.

«Lassen Sie mich die Frage anders formulieren», fuhr Jay fort. «Haben Sie gegenwärtig etwas mit dem genannten Krankenhaus zu tun?»

«Worum handelt es sich?» erkundigte Baxter sich leise. «Was ist mit diesem Krankenhaus? Soll ich noch eine Verhandlungspause beantragen? Ich weiß überhaupt nicht, wovon sie reden.»

«Nein, Harvey», flüsterte sie. «Wir wollen es hinter uns bringen. Die Sache ist ganz einfach.» Zu Jay gewandt sagte sie: «Die Lavette-Stiftung hat 1945 dem Sacré-Cœur-Krankenhaus hunderttausend Dollar gespendet und später noch zwei weitere Zuwendungen gemacht.»

«Zu welchem Zweck?»

«Für einen Anbau, in dem die überlebenden Verwundeten der ehemaligen republikanischen Armee und ihre Familienangehörigen versorgt werden können.» Dann fügte sie hinzu: «Da Sie das alles protokollieren, bitte ich Sie, auch zu Protokoll zu nehmen, daß wir uns mit den zuständigen Behörden abgestimmt haben, bevor die Zuwendungen vorgenommen wurden. Wir haben schriftliche Unterlagen, aus denen hervorgeht, daß die Zuwendungen im Rahmen des allgemeinen Stiftungszwecks liegen.» Barbara war froh, daß ihr das rechtzeitig eingefallen war. Sie war jetzt ruhig und beherrscht und bis zu einem gewissen Grade gelassen. Ihr Herz schlug wieder normal, und ihre Hände zitterten nicht mehr.

«Sind alle diese sogenannten Spenden oder Zuwendungen von der Lavette-Stiftung gekommen?» wollte Jay wissen.

«Ja.»

«Waren Sie an der Beschaffung weiterer Spenden für das Sacré-Cœur-Krankenhaus beteiligt?»

«Ja. Etwas über zwölftausend Dollar wurden von Privatleuten aufgebracht, um Penicillin und andere Medikamente zu kaufen.»

«Geschah das im Namen der Lavette-Stiftung?»

«Nein. Die Lavette-Stiftung sammelt keine Spendengelder von privater Seite. Ich habe das als Privatperson getan.»

«Und wie viele Leute haben bei dieser privaten Spendenaktion Gelder gegeben?»

Barbara dachte nach, wen sie alles angesprochen hatte. «Es können achtzehn oder neunzehn gewesen sein.»

«Waren darunter auch Mitglieder der Kommunistischen Partei?»

«Ich habe nicht die leiseste Ahnung. Es wäre das Letzte gewesen, was ich sie gefragt hätte.»

Wieder beriet Jay sich mit den Abgeordneten. Dann trat er beiseite, und Drake übernahm die Befragung.

«Mrs. Cohen, bitte nennen Sie dem Ausschuß die Namen der Personen, die Ihnen seinerzeit Spenden gegeben haben.»

Damit hatte sie nicht gerechnet. Später wurde ihr klar, daß sie von Anfang an darauf hätte gefaßt sein müssen. Am Ende dieser zermürbenden, umständlichen Fragerei hatten sie die Katze aus dem Sack gelassen. Sie hätte es wissen müssen. Es war jedesmal so gewesen. Jede Befragung dieses Ausschusses hatte nichts anderes zum Ziel gehabt als Namen. Sie wollten Namen wissen, sonst nichts, Namen, die sie verwenden konnten, um das Netz der Ängste und Verdächtigungen immer enger zu knüpfen. Sie dachte an eine zweiundachtzigjährige Frau aus San Francisco, die ihr tausend Dollar gegeben hatte. «Diese Männer haben für die Erhaltung unserer Werte gekämpft, meine Liebe», hatte sie gesagt. «Und jetzt sind sie krank und bedürftig. Solche Menschen läßt man nicht im Stich.» Barbara stellte sich die alte Frau vor diesem Ausschuß vor – durch eine förmliche Ladung mit Strafandrohung hierher zitiert. Sie dachte auch an einen Professor in Berkeley, der ihr hundert Dollar gegeben hatte. Wenn sie seinen Namen preisgäbe, würde er an keiner Universität des Kontinents mehr beschäftigt werden. Dann war da Dr. Kellman, der zweitausend Dollar gespendet hatte. Würde das Krankenhaus seine Türen vor ihm verschließen und ihm das Belegrecht nehmen? Sie hatte von solchen Fällen gelesen. Sie hatte alle Zeitungsberichte über die Verhöre durch diesen Ausschuß gelesen, mit dem beruhigenden Gefühl des Nichtbetroffenseins, mit dem der Normalbürger die Morgenzeitung zu lesen pflegt. Jetzt war sie kein Normalbürger mehr: sie saß hier im Verwaltungsbau des Parlaments in Washington, und sie war betroffen.

Harvey Baxter sah sie an. Warum sagt er nichts? fragte sie sich. Jay sah sie an. Drake sah sie mit seinen kleinen Knopfaugen unverwandt an.

«Nein!» sagte sie.

Jay wiederholte: «Man hat Sie aufgefordert, die Namen derer zu nennen, die Ihnen Spenden für den von Ihnen privat aufgebrachten Hilfsfonds zur Unterstützung des Sacré-Cœur-Krankenhauses gegeben haben. Wollen Sie sie bitte nennen?»

«Nein», sagte Barbara noch einmal. «Das will ich nicht.»

«Einen Augenblick bitte», schaltete sich Baxter ein. «Sie können die Antwort nicht verweigern, Barbara», flüsterte er. «Es wäre Mißachtung der Parlamentshoheit. Wir können uns nicht einmal auf den Ersten Zusatzartikel zur Verfassung berufen wie die Drehbuchautoren aus Hollywood. Er ist hier einfach nicht anwendbar. «Sie haben Ihnen den kleinen Finger gereicht, nun müssen Sie ihnen auch die ganze Hand lassen. Es hilft nichts, Sie müssen die Namen preisgeben.»

«Und mich zur Denunziantin machen? Menschen, die mir vertraut haben, diesen Mistkerlen ausliefern? Sind Sie von Sinnen, Harvey?»

«Sie sind meine Mandantin, und ich bin in erster Linie meinen Mandanten verpflichtet. Ich werde nicht zulassen, daß Sie sich wegen dieser Lappalie eine Mißachtungsklage einhandeln.»

«Bitte, seien Sie still, Harvey», flüsterte sie zurück. Dann sagte sie zu Jay gewandt: «Nein, Mr. Jay, ich beabsichtige nicht, die Namen der Spender zu nennen.»

«Sind Sie sich darüber im klaren, daß wir Ihre Bücher und Unterlagen beschlagnahmen lassen können?»

«Die einzigen Unterlagen, die es über diese Spenden gibt, habe ich im Kopf. Und wenn es andere Unterlagen gäbe, würde ich sie vernichten, bevor Sie Ihre schmutzigen Finger danach ausstrecken könnten. Darauf dürfen Sie sich verlassen.»

«Oh, mein Gott», flüsterte Baxter. «Sagen Sie bloß nichts mehr.»

«Mrs. Cohen», sagte Drake, «ist Ihnen bewußt, daß Ihre Aussageverweigerung einer Mißachtung dieses Ausschusses gleichkommt?»

«Ich verstehe nicht ganz, was das bedeutet», sagte Barbara langsam. «Aber ich denke, es heißt, daß ich für Sie und Ihre Spießgesellen Verachtung empfinde. Und damit hätten Sie allerdings recht.»

«Keine weiteren Fragen an die Zeugin, Mr. Jay!» Drake versuchte, das Gelächter zu überschreien, das vom Pressetisch kam. «Führen Sie sie hinaus!»

Barbara empfand Mitleid mit Harvey Baxter. Auf dem Rückflug nach Kalifornien versuchte sie, ihn aufzuheitern. «Davon geht die Welt nicht unter, Harvey. Wir waren beide gleich dumm. Wir haben uns nicht vorstellen können, daß es darauf hinauslaufen könnte.»

«Warum haben Sie mir nichts von diesen Spenden gesagt, Barbara? Ich bin doch Ihr Anwalt.»

«Weil es mir nicht eingefallen ist, Harvey. Wie hätte ich darauf kommen können, daß sie hinter meinen Freunden her sind, die mir Geld für Medikamente gegeben haben? Wer kann ahnen, daß so etwas Mißbilligung hervorruft, und dann noch bei diesen Kriechern!»

«Wir hätten es einkalkulieren müssen.»

«Hätte das etwas geändert? Ich hätte diesen Halunken die Namen um keinen Preis genannt. Ach, reden wir nicht mehr davon. Washington! Noch nie im Leben war ich so froh, eine Stadt hinter mir zu wissen! Nicht einmal als erste Präsidentin der Vereinigten Staaten würde ich hierher zurückkehren. Lieber würde ich die Hauptstadt nach Omaha in Nebraska oder nach Tulsa in Oklahoma verlegen. Diese widerlichen, fanatischen Heuchler! Gott sei Dank ist das jetzt vorbei. Und hoffentlich sind Bernies verrückte Ideen und Eskapaden jetzt auch vorbei. Wäre das schön, wenn er mich zu Hause erwartete, oder sogar am Flughafen! Mutter weiß, mit welchem Flugzeug wir kommen. Das wäre eine wunderbare Überraschung!»

«Es ist nicht vorbei», sagte Baxter düster.

«Die Sache mit der Mißachtung, meinen Sie? Deshalb mache ich mir keine Sorgen.»

«Ich aber, Barbara.»

«Na schön. Was wollen sie tun? Mich einkerkern? Auspeitschen?»

«Als erstes werden sie Sie zu einem Gerichtstermin laden, da bin ich sicher. Jay hat so etwas angedeutet. Darüber muß der Kongreß abstimmen. Stimmt er der Ladung zu, geht die Sache an das Justizministerium. Und das leitet dann Ihre Festnahme und die Gerichtsverhandlung in die Wege.»

«Als Schwerverbrecher? Als russische Agentin?»

«Das ist nicht zum Lachen, Barbara. Wenn man Sie für schuldig befindet, können Sie zu Gefängnis bis zu einem Jahr verurteilt werden. Ich glaube natürlich nicht, daß es dahin kommt, aber man muß auf alles gefaßt sein. Der einzige Lichtblick ist, daß ein Verfahren wegen Mißachtung jederzeit niedergeschlagen werden kann, bis zum Zeitpunkt der Urteilsverkündung, und sogar noch danach.»

«Sie sind wirklich unmöglich, Harvey», erklärte Barbara. «Seien Sie doch für einen Augenblick mal kein Anwalt, sondern ein ganz normaler amerikanischer Bürger. Wegen einer solchen Sache, die ich gerade getan habe, steckt man doch keinen Menschen ins Gefängnis. Ich weiß, es sind schlimme Zeiten; aber es ist immer noch das Land, in dem ich geboren und aufgewachsen bin.»

«Ja, ich nehme es an», sagte Baxter düster.

«Was meinten Sie, als Sie sagten, das Verfahren könne niedergeschlagen werden ?»

«Ganz einfach. Die Mißachtung besteht in der Weigerung, Namen zu nennen. Ich glaube nicht, daß man von Ihnen erwartet, alle achtzehn Namen zu nennen. Wenn Sie ihnen nur drei oder vier nennen – selbstverständlich mit Zustimmung der Betroffenen –, wären sie vielleicht schon zu einer Niederschlagung bereit. Ich habe Jay darauf angesprochen, und er scheint geneigt –»

«Harvey!»

«Kein Grund, sich aufzuregen.»

«Ich rege mich aber auf, und zwar sehr, wenn Sie noch einmal davon anfangen. Wenn ich ins Gefängnis muß, dann gehe ich. Es ist wohl wenig wahrscheinlich, aber wenn es sein muß, tue ich es. Aber jetzt will ich nicht mehr daran denken und auch nicht darüber reden.»

«Könnten Sie sich dazu entschließen, wenigstens mir die Namen zu nennen?»

«Nein!»

«Heißt das, daß Sie kein Vertrauen zu mir haben?»

«Nein, das heißt es nicht», sagte Barbara etwas freundlicher. «Ich vertraue Ihnen und bin sicher, daß Sie Ihr Bestes getan haben, um mich zu schützen und mir zu helfen. Ich weiß das zu schätzen. Aber das hier muß ich allein durchstehen, ohne Ihre Hilfe und ohne die von Bernie. Sie sollten nicht immer die hilflose Frau in mir sehen. Ich bin weder schwach noch hilflos. Und jetzt tun Sie mir bitte einen Gefallen und lesen Sie die *Washington Post*, lassen Sie mich eine Stunde lang mit meinen Gedanken allein. Ich muß über vieles nachdenken.» Sie legte ihre Hand beruhigend auf seine. «Und machen Sie sich bitte keine Gedanken mehr wegen der Geschichte.»

Jean erwartete sie am Flughafen. Bis sie Baxter vor seiner Wohnung abgesetzt hatten, sprach Jean nur von Dans rascher Genesung und vom Wetter. Sie hatte mit Eloise telefoniert; Barbaras Sohn ging es gut, er aß viel und schien die Mutter nicht sehr zu vermissen.

Als sie allein im Wagen waren, fragte Jean: «War es schlimm?»

«Ja. Während der Verhandlung war es scheußlich. Sie haben die ganze Vergangenheit aufgewärmt, Dinge, die ich in Frankreich erlebt habe, und ich fürchte, ich habe ziemlich emotional reagiert.

Ich bin froh, daß es vorbei ist. Ich möchte nicht mehr daran denken.»

«War Harvey dir eine Hilfe?»

«Nicht besonders. Nein. Der arme Mann hat sein Bestes getan.»

«Dan hält ihn für einen Trottel.»

«Das ist er nicht. Aber er weigert sich einfach zu begreifen, was hier geschieht. Vor allem kann er nicht glauben, daß man so mit einer Lavette oder einer Seldon umspringen kann.»

«Das kann ich auch nicht. Fahren wir zu dir oder zu mir, Kind?»

«Zu mir, Mutter. Ich will mich umziehen, und vielleicht ist eine Nachricht von Bernie da. Du hast noch nichts gehört, sonst hättest du es mir schon gesagt.»

«Nein, ich habe nichts gehört.»

In ihrem Haus in der Green Street ging Barbara ihre Post durch. Nichts von Bernie. Kein Telegramm unter der Tür. «Weißt du», sagte sie zu ihrer Mutter, «ich habe mir einzureden versucht, daß er mich am Flughafen erwarten würde. Ich habe im Flugzeug gesessen und mir vorgestellt, wie ich ihm von diesem Tag in Washington erzähle. Ich habe mir ausgemalt, daß ich es ihm witzig erzählen würde und geistreich, etwa so, wie Dorothy Parker darüber berichten würde. Ich finde sie großartig. Wenn ich nur so schreiben könnte wie sie!» Sie ließ sich in einen Sessel fallen, schlug die Hände vors Gesicht und fing an zu weinen.

«Liebling, weinst du jetzt, weil du nicht so schreiben kannst wie Dorothy Parker, oder weil du noch nichts von deinem verrückten Mann gehört hast?» Jean stand vor ihr und sah sie hilflos an.

«Es ist schon gut, Mutter. Ich bin nur hundemüde. Vorige Nacht habe ich kaum geschlafen. Nach allem, was ich erlebt habe, sollte mich das nicht mehr erschüttern können. Aber es war so mies, Mutter, so hundsgemein und mies.»

«Wie ist es denn ausgegangen, Bobby?»

«Hast du ein Papiertaschentuch?» Barbara wischte sich die Augen. «Offenbar habe ich die Heulphase immer noch nicht hinter mir. Ich wage nie, mir die Wimpern zu tuschen, aus Angst, daß mir die schwarze Schmiere über das Gesicht läuft. Ach, es ging eigentlich ganz gut. Bis sie zum Schluß mit den Namen anfingen. Sie wollten wissen, wer Geld für den Medikamentenfonds des Krankenhauses in Toulouse gespendet hat. Ich habe mich geweigert, die Namen zu nennen, und damit habe ich den Ausschuß mißachtet.»

«Ich habe dir doch auch Geld dafür gegeben. Das hättest du ihnen ruhig sagen können. Mir wäre das völlig gleichgültig gewesen.»

«Mutter», sagte Barbara, «sei so lieb und sprich jetzt nicht mehr davon. Ich will nur noch ein Bad nehmen und dann zu Bett gehen. Wir sprechen morgen weiter. Ich hole Sammy ab und komme mit ihm ins Krankenhaus. Gegen vier. Bist du dann auch da?»

Ein Vertreter von Associated Press hatte die Ausschußsitzung verfolgt, und die führenden Zeitungen von San Francisco, der *Chronicle* und der *Examiner*, berichteten auf der Titelseite darüber. Ab neun Uhr morgens klingelte bei Barbara ununterbrochen das Telefon. Sie war zu dieser Zeit bereits unterwegs zum Napatal, so daß ihr die Anrufe der Zeitungsleute bis zum frühen Abend, als sie mit Sammy nach Hause kam, erspart blieben.

John Whittier hatte weniger Glück. Nachdem er mehreren Anrufern erklärt hatte, er habe nicht die leiseste Ahnung, wo Thomas Lavette sich aufhalte, nahm er keine Anrufe mehr an und gab sich ganz dem Kummer hin, den die Familie über ihn gebracht hatte, seit er sich vor siebzehn Jahren dazu entschlossen hatte, Jean Lavette zu heiraten. Ein Anruf von Tom aus Nicasio, den seine Sekretärin beschlossen hatte ihm durchzustellen, trug nicht gerade zur Hebung seiner Stimmung bei.

«Deine verdammte Schwester ist unverantwortlich», fauchte er Tom an.

Tom versuchte ihn zu beruhigen, und Whittier fragte gereizt, wie Tom eigentlich darauf komme, sich da oben im Marin County zu verstecken.

Tom berichtete Lucy von dem Anruf. Sie mußte lächeln, und unwillkürlich lächelte auch Tom. «Whittier hat die Hosen voll», sagte er. «Er zittert vor Ronny Brinks, dem Geschäftsführer der Republikaner in der Stadt.»

«Ich kenne Ronny», nickte Lucy. «Eine Null. Für zehntausend Dollar kann man ihn kaufen, und für weitere fünftausend legt er Frau und Kinder mit dazu. Es wird Zeit, daß wir John Whittier in die Wüste schicken.»

Wieder sagte sie ‹wir›, aber diesmal hatte Tom nichts dagegen einzuwenden. Lucy war kurz vorher im Dorf gewesen und hatte die Zeitungen aus San Francisco und Oakland geholt. Sie hatte die Artikel aufmerksam gelesen, insbesondere einen ausführlichen Hintergrundbericht in der *Oakland Tribune*, der sehr anschaulich berichtete, was während der Verhandlung vor dem Ausschuß passiert war.

«Und wie sollen wir das machen?» fragte Tom. «Ich bin durchaus deiner Ansicht – nur, wie schicken wir ihn in die Wüste?»

«Ach, es gibt da menschenfreundliche und weniger menschenfreundliche Möglichkeiten. Man könnte ihm zum Beispiel klarmachen, daß er Ruhe braucht, und ihm vorschlagen, sich zurückzuziehen. Nicht ganz so menschenfreundlich wäre es, ihn einfach auszubooten. Papa besitzt zwölftausend Aktien der Great Cal Shipping, und wenn ihr eure Stimmen zusammenwerft, habt ihr die Mehrheit. Es sei denn, du hättest Gewissensbisse.»

«Wegen John? Nein, ganz bestimmt nicht.»

«Also gut. Wenn es an der Zeit ist, wird John sich wohlverdient zur Ruhe setzen. Jetzt aber zu dieser Angelegenheit in Washington», fuhr Lucy fort. «Ich bin eigentlich froh, daß es so gekommen ist.»

«Wieso denn das?» fragte Tom überrascht. «Es bringt uns doch nichts als Ärger.»

«Wirklich? Du weißt ja, Tom, ich habe deine Begeisterung für die Politik nie richtig verstanden. Es ist eine romantische Vorstellung, daß Politiker und Parlamente die Zügel in der Hand halten. Dieses Land wird von den Reichen und Mächtigen regiert. Glaube mir, im Innersten deines Wesens bist du ein Seldon, und das weißt du auch. Ich verstehe deinen Wunsch durchaus, in der Politik mitzuspielen. Es ist immer noch das beste Spiel für Männer, die nie erwachsen werden. Aber ich weigere mich zu denken, daß du zu denen gehörst, die nie erwachsen werden. Wie ich deine Schwester kenne, wird sie keinen Schritt zurückweichen, und damit wird die Angelegenheit zu einer *cause célèbre* werden. Und was wird man von dir erwarten? Etwa, daß du dich öffentlich von ihr distanzierst? Das würde deinem Ansehen kaum nützen. Nein, mein Lieber, es ist viel besser, einen Politiker zu besitzen, als selbst einer zu sein. Es gibt nur einen einzigen Namen für das Spiel: Macht. Aber nicht die Macht der Politiker, denn die gibt es nicht, sie ist eine Illusion.»

Tom sah sie aufmerksam an. «Du überraschst mich immer wieder, Lucy. Du hast Qualitäten, von denen ich mir nichts hätte träumen lassen.»

«Wie darf ich das verstehen?»

«Als Kompliment. Ich glaube, wir sind uns einig. Kein Zündstoff für unseren ersten richtigen Krach.»

«Könntest du es ertragen, daß ich dir etwas aus der *Oakland Tribune* vorlese?» Sie las ihm den Hintergrundbericht von der Anhörung vor.

«Arme Barbara», sagte Tom. «Eigentlich tut sie mir leid.»

«Wie man sich bettet, so liegt man. Idealisten gefällt so etwas. Aber ich dachte eigentlich mehr an Norman Drake als an Barbara.»

«Ein ziemlicher Halunke, was?»

«Aber er wird seinen Weg machen, wenn mich nicht alles täuscht, mein Lieber. Außerdem stammt er aus unserer Gegend, hier aus der Bucht von San Francisco. Wir hier an der Küste haben jahrelang die zweite Geige gespielt. Selbst Texas hat mehr Einfluß als wir, und das ist ja wohl nicht ganz in Ordnung. Immerhin sind wir heute nicht mehr Grenzregion, sondern wir sind das Kernland.» Sie schwieg und sah ihn vielsagend an.

«Sprich weiter», drängte Tom.

«Ich meine, wir sollten Mr. Drake mal kennenlernen.»

«Das sähe zwar seltsam aus, aber vielleicht bringt es etwas», stimmte Tom zu.

Sally hatte sich entschlossen, bis zu Barbaras Rückkehr aus Washington in Higate zu bleiben. Ihrer Mutter gegenüber begründete sie ihren Entschluß damit, daß es nicht schwieriger sei, zwei Säuglinge zu versorgen als einen, und daß ihre Anwesenheit daher eine große Entlastung für Eloise bedeute. Clair brauchte keine Begründung. Sie war überglücklich, ihre beiden Kinder und die Enkel um sich zu haben. Sie hatte den Tod ihres Sohnes Joshua, der wenige Jahre zuvor im Pazifik gefallen war, nur langsam und nur teilweise verwunden. Die Zeit, die angeblich viele Wunden heilen soll, konnte ihrem Gedächtnis nichts anhaben. Und so gab es nach all den Jahren noch Momente, in denen das Bild des hübschen, klugen Jungen, den sie geboren und großgezogen hatte und der irgendwo in den Tiefen des Pazifiks sein unbekanntes Grab gefunden hatte, ihr so deutlich vor Augen trat, als lebe er noch. In solchen Augenblicken schloß sie sich von Tränen überwältigt in ihr Zimmer ein.

Keiner ihrer Angehörigen ahnte etwas davon. Sie galt als eine Frau, die nicht weinte, und nicht einmal ihr Mann Jake konnte sich erinnern, sie je weinen gesehen zu haben, auch nicht, als die Nachricht vom Tod ihres Sohnes eintraf. Clair war eine starke Frau, nicht nur körperlich, sondern auch seelisch, und mit ihren achtundvierzig Jahren war sie noch recht schlank und ansehnlich. Sie konnte zupacken, verstand etwas von ihrer Arbeit, und wenn sie nach achtundzwanzig Jahren landwirtschaftlicher Tätigkeit in Jeans und groben Baumwollhemden nicht sehr modebewußt war, so tat ihr das in Jakes Augen, für den sie so schön war wie eh und je, keinen Abbruch.

Doch trotz ihres Entzückens, einige Tage mit ihren beiden Kindern zu verbringen, erzählte sie Jake, daß sie sich Sorgen um Sallys Ehe machte. «Ich glaube, es ist weniger der Wunsch, bei Barbara und dem Baby zu sein, als der, von Joe wegzukommen. Ich fürchte, mit ihrer Ehe stimmt was nicht, und ich mache mir Sorgen, Jake.»

«Woher willst du das wissen?»

«Das merke ich.»

«Du hast einen bewundernswerten Spürsinn, Clair. Aber willst du dich da einmischen? Wenn die Ehe zu Bruch geht, kannst du nichts machen. Gibt es denn noch Ehen, in denen alles stimmt? Und unsere Tochter ist nun einmal ziemlich verdreht.»

«Wirklich, du hast eine reizende Meinung von ihr. Und Joe ist natürlich ein edler Charakter, der reinste Heiland.»

«Auf jeden Fall ist er ein anständiger, solider, aufopferungsvoller Arzt.»

«Und Sally ist ein zartes, kluges, empfindsames Kind.»

«Sie ist kein Kind. Sie ist eine Frau und hat selbst ein Kind.»

«Sie ist zweiundzwanzig, und damit ist sie für mich noch ein Kind. Ich will dir mal sagen, was mit dir los ist, Jake. Du sitzt hier oben in deinem eigenen Reich, und siehst nichts anderes und interessierst dich für nichts anderes. Ich kann mich noch sehr gut daran erinnern, wie du deinem Vater das Herz aus dem Leib reißen wolltest, weil er am Krieg verdient hatte, und Dan auch. Früher haben wir mit unseren paar Weinbergen einige tausend Flaschen abgefüllt, und heute sind es ein paar hunderttausend. Und du fährst täglich in dein Büro in der Montgomery Street!»

«Sachte, sachte! Was habe ich denn gesagt oder getan? Ich habe nur gesagt, daß Joe ein anständiger, schwer arbeitender Kerl ist ...»

Clair wandte sich empört ab und ging weg. Jake blieb verdutzt zurück.

Es bedurfte keines besonderen Spürsinns bei Clair, um Sallys Ehe richtig einzuschätzen. Das früher so überschäumende, lebenslustige Mädchen, das so keck dahergeredet und sich in pseudo-literarischen Ergüssen gefallen hatte, war jetzt still und in sich gekehrt.

Sie hatte Joe am Abend des Tages, als Barbara nach Washington flog, im Krankenhaus angerufen und ihn praktisch vom Operationstisch weggeholt.

«Was ist los, Sally? Ich habe nicht viel Zeit.»

«Ich bin noch in Higate.»

«Willst du nicht lieber nach Hause kommen?»

«Was für einen Unterschied macht das schon?»

«Das klingt aber merkwürdig.»

«Du bist ja doch nie da, was soll ich also dort?»

«Ich versuche, zu Hause zu sein, so viel ich kann. Aber ich habe schließlich zu arbeiten», erklärte er ungeduldig.

«Ich weiß.»

«Was soll das wieder heißen? Du weißt doch, daß ich nicht mit Weibern rumziehe, sondern hier im Krankenhaus arbeite.»

«Das weiß ich doch.»

«Wann kommst du nach Hause?»

«Ich warte, bis Barbara zurückkommt. Also wohl in zwei oder drei Tagen. Ich helfe Eloise, sich um Sammy zu kümmern.»

«Dafür brauchen sie dich nun wirklich nicht. Es gibt genug Leute dort.»

«Die kümmern sich um den Wein, aber nicht um Kleinkinder.»

«Sehr lustig.»

«Das ist gar nicht lustig», sagte Sally. «Ich versuche, am Leben zu bleiben. Ich bin zweiundzwanzig, und ich versuche, am Leben zu bleiben.»

«Jetzt versuch bitte, verständlich zu reden.»

«Ach, laß nur, Joe. Mach dir nichts daraus. Ich komme, sobald Barbara aus Washington zurück ist.»

«Meinetwegen. Paß auf dich auf.»

Sie legte den Hörer auf. Er hatte sich nicht einmal nach seinem Töchterchen erkundigt.

Als Barbara nach Hause kam, nachdem sie Sam in Higate abgeholt und Dan im Krankenhaus besucht hatte, war es schon Abend, und sie war nicht sehr erbaut, einen Reporter des *Examiner* vor ihrer Tür zu finden. Es war ein forscher junger Mann, der sich auch durch ihren Hinweis, daß sie müde sei und ihr Kind erst trocken legen und füttern müsse, nicht abwimmeln ließ. Er versuchte, durch seine Bewunderung des viktorianischen Dekors an der Fassade des Hauses ihre Gunst zu erringen.

«Wenn Sie das so interessiert», sagte Barbara, «dann bleiben Sie hier draußen sitzen und sehen es sich an, und ich rede mit Ihnen, wenn ich mit allem fertig bin.»

«Aber ich bitte Sie, warum kann ich denn nicht drinnen warten?»

«Weil ich Sie drinnen nicht haben will.»

Als sie eine Stunde später die Tür öffnete, war er noch da. «Ihre Ausdauer ist bewundernswert», sagte sie. «Kommen Sie rein.»

«Sie machen es einem nicht gerade leicht, Mrs. Cohen. Ich will ja gar nichts von Ihnen. Ich will Ihnen ja nur helfen.»

«Auf die Hilfe des *Examiner* kann ich ganz gut verzichten.»

«Ja, aber ich nicht auf Ihre. Die machen mich fertig, wenn ich mit leeren Händen zurückkomme. Ich habe versucht, Ihren Mann in seiner Werkstatt zu erreichen. Man hat mir aber gesagt, er sei weggefahren. Wohin?»

«Ich glaube, das hat nichts mit der Sache zu tun. Fragen Sie ihn selbst, wenn er wieder da ist.»

«Na schön. Ich drängele nicht. Was halten Sie von dem Ausschuß des Kongresses, nachdem Sie ihn nun persönlich kennengelernt haben?»

«Sehr wenig.»

«Geringschätzung.» Er machte sich Notizen. «Ich bin übrigens Ihrer Meinung. Ich habe Ihr erstes Buch gelesen. In Übersee in einer Feldpostausgabe. Sie kennen sie sicher noch, diese lappigen Bücher. Ihr zweites Buch werde ich auch lesen. Was hat es mit den Namen auf sich?»

«Was soll es mit den Namen auf sich haben?»

«Sind es Leute von hier?»

«Die meisten, ja.»

«Es hat wohl keinen Zweck, Sie zu fragen, wer diese Leute sind?»

«Nein.»

«Angenommen, der Kongreß belangt Sie wegen Mißachtung. Würden Sie ins Gefängnis gehen?»

«Ich hoffe nicht, daß es dahin kommt.»

«Was halten Sie von der Kommunistischen Partei? Ich meine, glauben Sie, daß das Umstürzler sind? Also ich meine, glauben Sie, daß die Kommunisten auf einen gewaltsamen Umsturz der Regierung hinarbeiten?»

«Ich habe nicht die leiseste Ahnung.»

«Würden Sie sich als Antikommunistin bezeichnen?»

«Sie sind ein schlauer Bursche», sagte Barbara. «Wenn ich jetzt ja sage, ziehe ich am selben Strick wie diese Kretins in Washington, und sage ich nein, haben Sie einen phantastischen Aufhänger für Ihren Artikel. Wissen Sie, was ich glaube? Sie sollten jetzt besser gehen.»

«Aber nun seien Sie doch nicht so. Sie sind doch selber von der Zeitung. Ich muß es eben versuchen. Nur noch eine oder zwei Fragen. Was ist mit Ihrem Bruder?»

«Was soll mit ihm sein?»

«Man hört, daß er vielleicht von den Republikanern für den Kongreß aufgestellt wird. Wie wirkt sich diese Geschichte auf seine Pläne aus? Stehen Sie sich gut miteinander?»

«Gute Nacht, junger Mann», sagte Barbara und schob ihn aus der Tür, ohne auf seine Proteste zu achten. «Also, meine Liebe», sagte sie zu sich, als sie die Tür hinter ihm schloß, «der Vergnügungsausflug ist vorüber. Du bist kein kleines Mädchen mehr. Du bist für das alles verantwortlich. Das Schlimme ist nur, du hast ganz und gar nichts getan, um dir diese Sporen zu verdienen.»

Endlich kam sie zu ihrer Post. Es war ein Brief ihres Verlegers dabei, ein durchaus ermutigender. Aber im letzten Absatz drückte er die Hoffnung aus, ihr neues Buch möge nicht ‹allzu politisch› sein. Sie ging nach oben, fand Sam fest schlafend vor, ging wieder nach unten und setzte sich an die Schreibmaschine. Schuldbewußt dachte sie an die verlorenen Tage, aber es gelang ihr nicht, sich zu konzentrieren. Fast eine Stunde lang starrte sie auf die Tasten, aber ihre Gedanken schweiften immer wieder ab, und die Worte wollten nicht kommen. Vor zwei Wochen hatte sie mit Sam im Hungtington Park gesessen und sich mit einem französischen Kindermädchen unterhalten. Sie hatte sich gefreut, endlich wieder einmal französisch sprechen zu können. Nach einer Viertelstunde hatte das Kindermädchen sie gefragt, aus welchem Teil Frankreichs Barbara stamme, und kaum glauben wollen, daß sie Amerikanerin war. Ob sie auch Kindermädchen sei, hatte sie gefragt. «In gewisser Weise ja», hatte Barbara ihr erklärt. «Ich komme wirklich schrecklich gern mit meinem Jungen hierher. Ich bin Schriftstellerin, ich schreibe Bücher.» «Und damit verplempern Sie ihre Zeit?» hatte das Kindermädchen ungläubig zurückgefragt.

Barbara machte nicht den Versuch, die letzten fünfzehn Jahre ihres Lebens zu erklären. Sie hatte drei Leben gelebt, und jetzt gestand sie sich ein, daß sie sich nichts sehnlicher wünschte, als daß ihr gegenwärtiges, ihr drittes Leben, fortdauern möge. Sie wünschte sich ihre Welt so, wie sie war, nicht größer als das enge viktorianische Haus in der Green Street. Sie wünschte sich, daß ihr großer, mürrischer Mann im Zimmer nebenan säße und sich Schallplattenaufnahmen des *Wohltemperierten Klaviers* anhörte. Seine Vorliebe für Bach war ebenso widersprüchlich wie vieles andere an ihm. Er hatte mehr als dreihundert Bach-Platten und kannte die meisten so gut, daß er sie, wenn auch falsch, mitsummen konnte. Sie hatte nicht mehr den Wunsch zu reisen, und sie wollte auch nicht mehr in ihrer Vergangenheit herumstöbern. Sie liebte ihr winziges Arbeitszimmer mit den Wänden voller Bücherregale. So, wie sie es sah, hatte sie ihre Schuldigkeit getan; die Gewissensbisse, die sie bei ihrer Erbschaft von nahezu fünfzehn Millionen Dollar empfunden hatte, hatte sie durch die Gründung der Lavette-Stiftung zum Schweigen gebracht. Sie war romantisch genug, um an dem Verzicht auf ihr Erbe Gefallen zu finden. Und im übrigen sah sie sich als ganz normales, anständiges Menschenkind. Es gab unter ihren Freundinnen kaum eine, die nicht psychoanalysiert oder geschieden war, und sie war leidenschaftlich entschlossen, die heile Welt der kleinen hölzernen Burg, die ihr Heim war, zu schützen und zu bewahren.

All diese Überlegungen machten die vergangenen zwei Wochen nur noch unwirklicher. Im Kern ihres Wesens war Barbara ein lebensbejahender Mensch, der kaum zur Niedergeschlagenheit neigte. So machte sie sich jetzt, da sie ohnehin nichts zu Papier zu bringen vermochte, daran, die Rechnungen zu bezahlen, die seit Bernies Abreise unerledigt liegengeblieben waren. Um elf hörte sie die Nachrichten im Radio.

Sie und Bernie hatten mehrfach über den Erwerb eines Fernsehers gesprochen. Die meisten Bekannten besaßen bereits einen, aber Barbara konnte sich nicht zu einer solchen Anschaffung entschließen. Ihr gefiel die Vorstellung nicht, daß Bilder von Fremden wie ungeladene Gäste in ihr Haus kamen. Bernie hatte das ganz anders gesehen. «Mein Gott, Barbara», hatte er gesagt, «das ist doch auch nicht anders als beim Radio. Ich kann mich noch daran erinnern, wie es war, als es kein Radio gab. Und du sicher auch. Als Kind habe ich mir einen Kristall-Detektor zusammengebaut. Das Ding kostete ganze sieben Dollar, und ich weiß noch genau, wie ich Rabbi Blum gebeten habe, einmal die Kopfhörer aufzusetzen. Ich dachte, er würde wütend, aber er war aufgeregt wie ein kleiner Junge. Er sagte, er habe immer versucht, sich vorzustellen, wie Gott sich den Menschen mitteile, und nun wisse er es endlich. Natürlich sagte er nicht, wer der Geldgeber für ein solches Programm sein sollte – solche Erwägungen waren ihm fremd.»

Sie hatte nicht damit gerechnet, ihre eigene Stimme zu hören. Sie konnte sich nicht vorstellen, daß sie selbst Gegenstand einer Nachrichtensendung war. Aber es war ihre eigene Stimme, die da auf die Fragen antwortete. Viel wichtiger waren ihr die Nachrichten aus Palästina, die quälend gleichförmig waren. Die Leute des Mufti hatten mit Handgranaten und Maschinengewehren einen Bus überfallen. Zwölf israelische Kinder und vier Erwachsene waren getötet, zweiundzwanzig verletzt worden. Es drohte offener Krieg. Die arabischen Staaten bereiteten die Invasion des winzigen Judenstaates auf breiter Front vor. Man hatte ein Kibbuz dem Erdboden gleichgemacht, siebenunddreißig Kibbuznik, Männer, Frauen und Kinder, waren dabei ums Leben gekommen. Die Stimme des Sprechers klang unbeteiligt, und Barbara ging der Gedanke durch den Kopf, daß die Welt sich inzwischen an die Tötung von Juden gewöhnt habe.

«Und ich», flüsterte Barbara, «bilde, bei Gott, keine Ausnahme. Ich fühle nur Erleichterung, daß Bernie auf dem Rückweg ist. Warum ist ihr Schmerz nicht meiner? Ich bin doch mit einem Juden verheiratet. Wie kann ich nur so dasitzen und ruhig zuhören?»

Sie stellte das Radio ab und ging nach oben. Die angenehme Wärme des Bades entspannte sie und machte sie schläfrig, doch als sie in ihr kaltes Bett schlüpfte, war sie wieder hellwach.

Eine Zeitlang bemühte sie sich einzuschlafen, doch dann ließ sie ihre Gedanken schweifen. Sie hatte die Vorstellung, daß Bernie etwas zustoßen könnte, nie ganz beiseiteschieben können, und jetzt gewann sie die Oberhand. In all den Kriegsjahren war Bernie nicht ein einziges Mal verwundet worden, er hatte nicht die kleinste Schramme abbekommen. Einmal hatte er ihr berichtet, ein indischer Soldat in Nordafrika habe das auf sein Karma zurückgeführt. Barbara hatte etwas verschämt in der Bibliothek nachgesehen, was das ist, hatte aber lediglich erfahren, daß der Buddhismus darin die Auswirkung früherer Daseinsstufen auf die gegenwärtige sieht. Da sie das nicht mit ihrem eigenen Glauben vereinbaren konnte, hatte sie sich nicht weiter damit beschäftigt. Jahrelang hatte sie nicht mehr daran gedacht, aber jetzt klammerte sie sich an diese Vorstellung, genauso, wie einige ihrer Bekannten sich an die Voraussagen ihres Horoskops klammerten. Sie schlief nicht gern allein. Der männliche Körper neben ihr gab ihr das Gefühl der Ganzheit, allein fühlte sie sich wie ein Fragment. Wenn man nachts aufwachte, mußte man neben sich im Bett einen Körper spüren, so mußte es sein. Die Einsamkeit dieser Nacht beschwor nur Schatten und Ängste herauf.

Am Morgen rief sie Jean an und bat: «Mutter, bist du wohl so lieb und paßt ein paar Stunden auf den Kleinen auf? Ich muß zu Dr. Kellman ins Krankenhaus und könnte bei der Gelegenheit bei Dad hereinschauen.»

«Bis du etwa krank?»

«Nein, mir geht es gut. Es geht auch nicht um eine Behandlung, sondern um etwas anderes.»

«Dan wird morgen entlassen, deshalb brauchst du also nicht hinzugehen. Du hast ihn ja gestern erst besucht.»

«Ich weiß. Ich gehe ja auch hin, um mit Dr. Kellman zu sprechen.»

Im Krankenhaus saß Dan aufrecht im Bett und wetterte dagegen, wie der *Examiner* mit seiner Tochter umgesprungen war. «Diese Schufte!» rief er. «Ich hätte Lust, den Laden aufzukaufen und die ganze Bande rauszuschmeißen.»

«Mr. Hearst verkauft nicht», sagte Dr. Kellman, «und wenn Sie nicht hübsch ruhig sind, behalte ich Sie hier.»

«Wie steht es denn nun wirklich um ihn?» fragte Barbara den Arzt, als sie über den Flur zu seinem Büro gingen.

«Er kann es noch zwanzig Jahre machen, wenn er es langsam angehen läßt. Aber jetzt sagen Sie mal, Barbara, wenn es um das Geld geht, das ich Ihnen damals für das französische Krankenhaus gegeben habe, für die Medikamente, also meinen Namen können Sie denen ruhig sagen, ich habe nichts dagegen.»

«Nein, darum geht es nicht. Und ich möchte über die Sache mit niemandem sprechen, nicht einmal mit Ihnen. Es betrifft nur mich.»

«Ich wollte es Ihnen nur etwas leichter machen.» Er zündete sich eine Zigarette an und blickte Barbara fragend über den Schreibtisch hinweg an. Er war mager, etwa fünfzig und kahl. Sein Lächeln war vertrauenerweckend, sehr vertrauenerweckend für einen Arzt, dachte Barbara. «Also?» fragte er. «Krank sind Sie nicht. Sie sehen zwar bedrückt aus, aber gesund.»

«Haben Sie schon mal Geld für jüdische Siedler in Palästina gespendet?» fragte sie geradeheraus.

«Mit dieser Frage habe ich nun wirklich nicht gerechnet. Ja, ein bißchen. Aber nicht genug.»

«Wie stellt man das an? Ich meine, gibt es hier eine Organisation, die Verbindungen zu Palästina hat?»

«Warum wollen Sie das wissen, Barbara?»

«Bitte, ich habe meine Gründe.»

«Nun, es ist kein Geheimnis. Sie heißt United Jewish Appeal. Ich glaube schon, daß sie Verbindung zu Palästina hat.»

«Wissen Sie, wer sie leitet?»

«Ich kenne den Mann, er heißt Alex Denaman.»

«Können Sie mir den Gefallen tun und ihn jetzt anrufen, ob er Zeit für mich hat?»

«Aber sicher.» Er nahm den Hörer ab und telefonierte. Dann sagte er: «Er wird Sie in einer halben Stunde empfangen. Es ist drüben in der Market Street. Ich schreibe Ihnen die Adresse auf.»

Als Barbara das kleine, einfach eingerichtete, mit Aktenordnern vollgestopfte Büro betrat, wurde sie von einem untersetzten, freundlichen Mann begrüßt, der sich für die Unordnung entschuldigte. «Ich bin auf der Suche nach einer Sekretärin», erläuterte er. «Ich kann hier zwar keine unterbringen, aber meine Schreibmaschinenkenntnisse ... Wir arbeiten mit freiwilligen Hilfskräften, und Sie wissen ja, wie so etwas ist ... Auf jeden Fall herzlich willkommen, Mrs. Cohen. Freunde von Doktor Kellman sind mir immer willkommen. Was kann ich für Sie tun? Haben Sie Ihr Scheckbuch mitgebracht?» Als er ihren Gesichtsausdruck sah, fuhr er schnell fort: «Oh, entschuldigen Sie, bitte. Das war nur ein Scherz. Bitte, nehmen Sie Platz.» Er stellte ihr einen alten Stuhl hin. «Ein Scherz, ja und auch nein. Wir brauchen dringend Geld. Wir haben immer dringend Geld gebraucht und im Augenblick ... Aber das ist mein Problem, nicht Ihres. Was kann ich für Sie tun? Oder was können Sie für mich tun?»

«Ich bin keine Jüdin», sagte Barbara.

«Das dachte ich mir schon.»

«Mein Mann ist Jude. Ich will Ihnen erzählen, worum es geht, dann können Sie mir vielleicht helfen. Ich muß Sie allerdings um Vertraulichkeit bitten, da mein Vater auch an der Sache beteiligt ist.»

«Also gut, Vertraulichkeit. Sie haben nicht nur ein hübsches, Sie haben auch ein ehrliches Gesicht. Warten Sie! Natürlich, Sie sind doch die Barbara Cohen, von der man in allen Zeitungen liest?»

Barbara nickte. «Ja, ändert das etwas?»

«Nein, nein. Sprechen Sie nur.»

Er hörte aufmerksam zu, während sie ihm die Geschichte von Bernie und den zehn C-54 erzählte. Als sie fertig war, sagte er bewegt: «Das nenne ich eine Geschichte. Das ist wirklich etwas. Davon wußte ich noch nichts. Wirklich großartig. Und Sie meinen, sie sind mit den Flugzeugen, den Waffen und den zerlegten Messerschmitts heil nach Tel Aviv gekommen?»

«Ja. Mein Mann hat mir telegrafiert.»

«Er muß wirklich ein Mordskerl sein, Ihr Mann!»

«Ja, das ist er. Aber sein Telegramm ist neun Tage alt. Er hatte eine Schiffspassage von Haifa nach Neapel gebucht, wollte von dort mit dem Flugzeug nach England und von England nach Hause fliegen, so stand es im Telegramm. Seither habe ich nichts mehr von ihm gehört und mache mir schreckliche Sorgen.»

«Vielleicht wurde er in Haifa aufgehalten. Die Schiffe verkehren nicht regelmäßig.»

«Dann hätte er mich angerufen. Ich kenne ihn!»

«Ja, aber das ist nicht ganz leicht, junge Frau. Ich habe schon drei, vier, fünf Tage warten müssen, bis ich nach Haifa durchgekommen bin. Manchmal klappt es überhaupt nicht, und mit Telegrammen ist es nicht anders.»

«Aber neun Tage!»

«Was soll ich Ihrer Meinung nach tun? Wie Sie das erzählen ... Ihr Vater nimmt einfach so hundertzehntausend Dollar aus dem Unternehmen – meine Güte, ich bin sprachlos.»

«Können Sie feststellen, was mit meinem Mann ist? Ob es ihm gut geht und wo er sich aufhält?»

«Eins kann ich versuchen: Ich rufe in unserem New Yorker Büro an und stelle das Ganze als äußerst geheimnisvolle Angelegenheit von höchster Dringlichkeit hin. Wenn es menschenmöglich ist, werden sie nicht nein sagen. Aber machen Sie sich keine Sorge. So jemand wie Ihr Mann – wirklich, keine Sorge. Das kommt schon in Ordnung.»

«Ich hoffe es sehr», sagte Barbara. «Ich weiß gar nicht, wie ich Ihnen danken soll.»

«Danken Sie mir noch nicht. Wir wollen erst einmal sehen, was sich machen läßt.»

Barbara gab ihm ihre Adresse und Telefonnummer, und als sie aus dem Gebäude auf die Straße trat, fühlte sie sich schon wohler. Während sie im Cable-car die California Street hinauffuhr, konnte sie bereits über ihre Ängste und ihre Hilflosigkeit lächeln. Wenn Bernie auf dem Heimflug war, warum sollte er sich dann noch groß bei ihr melden? Es konnte sich doch nur um Tage handeln, bis er vor der Tür stand und klingelte und sich über ihr Gesicht freute, wenn sie aufmachte. Wie hatte sie sich nur bei Dr. Kellman und Denaman so aufführen können!

All das teilte sie Sam mit, als sie ihn am Nachmittag in den Huntington Park fuhr. Sie hatte irgendwo gelesen, daß Mütter, die Zuflucht zu einseitigen Unterhaltungen nehmen, ein stark neurotisches Verhalten an den Tag legen. Aber Barbara war kein besonders redseliger Mensch. Im Unterschied zu ihrer Schwägerin Sally litt sie nicht an Wortdurchfall, wie sie deren Neigung zum unausgesetzten Geplapper zu bezeichnen pflegte. Und da Sam noch kein kritisches Vermögen besaß und außer seinem Stammeln nur zwei Worte sagen konnte – das eine war ‹Mama›, das andere so etwas Ähnliches wie ‹Bonbon›, gab er einen verständnisvollen und wohlwollenden Zuhörer ab. Er hörte sich ihre Entschuldigungen gutmütig an, und sie sagte ihm, er werde sicher eines Tages ein guter Diplomat werden. «Oder Kraftfahrzeugmechaniker», sagte sie. «Das ist auch nicht zu verachten. Die Fähigkeit, ein Fahrzeug zu reparieren, wird in unserer Gesellschaft bald wichtiger sein als alle anderen, und beide Zweige meiner Familie haben sich mit ihrer Hände Arbeit hochgebracht. Daddy hat als Fischer angefangen – als Krabbenfischer. Deshalb ißt er heute noch keine. Er ist schuldig am Tod von Gott weiß wieviel tausend Krabben, und mit einer solchen Schuld belastet, kann er natürlich keiner mehr in die Augen sehen. Mutter ist allerdings schon als Säugling in eine goldene Wiege gelegt worden, und ihre Familie stand auf der höchsten

Sprosse der gesellschaftlichen Leiter, wie man in San Francisco sagt, was bedeutet, daß man seit zwei Generationen zum Geldadel gehört. Ihr Vater, mein Großvater Thomas, hatte es immerhin bis zum Vorstandsvorsitzenden der Seldon Bank gebracht. Doch der ganz dunkle Punkt in der Familiengeschichte ist, daß sein Vater noch Goldwäscher war. Es heißt allerdings auch, er habe ein Tanzlokal betrieben, das aber in Wirklichkeit nur ein großes Zelt war, also keineswegs ein wirkliches Tanzlokal, wenn du verstehst, was ich damit sagen will. Aber das will ich dir in deinem jugendlichen Alter nicht näher erläutern. Er merkte jedoch bald, daß sich mit Wucher mehr verdienen läßt als mit dem ältesten Gewerbe der Welt, und heute sitzen wir beide hier, knapp hundert Jahre später. Meine Großmutter stammte aus einer sehr vornehmen Bostoner Familie, sie war eine geborene Asquith. Ich kann mich nicht sehr gut an sie erinnern. Sie war eine große dürre Frau mit einer langen, schmalen Nase. Wir sind anscheinend alle groß und langgliedrig. Dads Vorfahren waren alle Fischer, das vereinfacht die Sache ungemein ...»

Sie brach ab, als sie sah, daß zwei alte Damen sich auf der Bank gegenüber niederließen und sie mißtrauisch beäugten. «Er ist zwar noch klein», versuchte Barbara ihnen zu erklären, »aber er versteht schon eine Menge. Ich will sagen, er ist älter, als er aussieht.»

Sie ging mit Sam davon und lachte herzhaft, als sie außer Hörweite waren. Sie konnte es sich nicht erklären, warum ihr nach dem Gespräch mit Mr. Denaman so leicht ums Herz war. Aber es war so. Als sie Sam zu Hause gebadet, gefüttert und ins Bett gebracht hatte, machte sie sich zwei Rühreier und Toast zum Abendbrot und setzte sich dann hin, um Sinclair Lewis' neuestes Buch *Der königliche Kingsblood* zu lesen. Ein Kapitel genügte ihr – sie konnte die Begeisterung ihres Vaters für Lewis nicht teilen.

Danach ging sie ins Arbeitszimmer, um, wie allabendlich, an ihrem eigenen Buch weiterzuarbeiten. Sie hatte noch nicht angefangen zu schreiben, als es klingelte. Sie erwartete niemanden, freute sich aber, als sie sah, daß es Alex Denaman war. Sie begrüßte ihn herzlich, sah dann sein Gesicht und wußte, was er zu sagen hatte. Nie würde sie seinen Gesichtsausdruck vergessen. Denaman verstand sich nicht darauf, Gefühle zu verbergen.

«Kommen Sie herein», sagte sie. Was man weiß, tut einem nichts mehr an. Der eine Teil des Geistes schaltet den anderen aus. Der Tod ist nichts, was man erfahren kann, nur das Leben gehört der Erfahrung an. Der Tod existiert außerhalb jeder Vorstellung, ist unvorstellbar. So oft sie ihm auch in der Vergangenheit schon begegnet war, er war der unheilvolle Fremde geblieben, der ungebeten kommt. Alle Türen werden vor ihm verschlossen, aber er schreitet ungehindert durch sie hindurch.

Denaman stand ihr in dem kleinen Wohnraum gegenüber, den Hut in den fleischigen Händen, einen alten grauen Filzhut, den er zwischen den Fingern drehte. Sein Mantel war fadenscheinig, das Leder seiner hochglanzpolierten Schuhe war rissig. Wer 1948 in San Francisco Geschäftsführer des United Jewish Appeal war, wurde nicht reich dabei.

«Sagen Sie mir, was Sie wissen», sagte Barbara. Ihre Stimme war sanft und freundlich, als hätte sie Mitleid mit ihm. Immer würde Denaman sich daran erinnern.

«Was ich über Ihren Mann in Erfahrung gebracht habe, Mrs. Cohen, hat mich veranlaßt, selbst hierher zu kommen.» Jedes Wort schien ihn zu schmerzen.

«Ist er tot?» fragte sie zögernd. «Wollen Sie mir das sagen?»

«Ja.»

Sie sahen einander an und schwiegen. Barbara bemerkte, daß sich nichts in ihr regte. Sie empfand nur Leere, als sei sie von Kopf bis Fuß in eine zerbrechliche, leere Hülle verwandelt. Sie trat einen Schritt zurück und ließ sich in einen Sessel sinken.

«Möchten Sie etwas, ein Glas Wasser?»

«Nein», sagte sie leise, «nein, danke, Mr. Denaman.» Sie formte die Worte langsam und mühevoll wie ein Kind. «Setzen Sie sich bitte und erzählen Sie, was Sie wissen. Vielleicht ist es ein Irrtum.» Sie dachte, wie seltsam, ihm zu sagen, daß er sich vielleicht irrte.

Er saß auf der Kante eines Stuhls, sah sie an und drehte nervös seinen Hut.

«Fühlen Sie sich denn ...»

«Ja.»

«Ich bin nach Tel Aviv durchgekommen. Ihr Mann ist mit einem gewissen Irv Brodsky und zwei Männern von der Haganah mit dem Wagen von Tel Aviv nach Haifa aufgebrochen. Das war einen Tag, nachdem er Ihnen telegrafiert hatte. Vielleicht sollte ich», unterbrach er sich, «jemanden anrufen, Ihre Mutter? Sie sind hier ja ganz allein.»

«Bitte erzählen Sie weiter.»

«Ihr Jeep wurde von Arabern beschossen. Bei dem Angriff sind alle umgekommen. Am nächsten Tag hat die Haganah ihre Leichen gefunden, aber niemand konnte sie identifizieren. Gestern hat man dann einige Araber gefangengenommen und bei ihnen Sachen aus dem Besitz der Toten gefunden. Die Brieftasche Ihres Mannes war dabei, und einige Karten. Heute hat ein Mann namens Goodman sie identifiziert. Er hat ihren Mann auf dem Flug in die Tschechoslowakei begleitet. Ein Irrtum ist also ausgeschlossen.»

Der eiserne Ring legte sich ihr wieder um die Brust. Sie rang nach Atem. «In der Küche finden Sie eine Papiertüte, Mr. Denaman», sagte sie.

«Ich weiß, ich weiß», sagte er, erleichtert, daß er etwas tun durfte. Barbara deutete auf die Küchentür, und nach wenigen Augenblicken war er mit der Tüte zurück. Sie beugte sich darüber und blieb eine Minute lang so sitzen.

«Es geht schon wieder», sagte sie dann. «Ich habe gehört», sie schluckte und setzte noch einmal an, «ich habe gehört, daß die Araber ihre Gefangenen foltern. Wissen Sie, wie mein Mann gestorben ist?»

«Ja. Durch einen Kopfschuß. Er war sofort tot.»

«So.»

«Man wird sich mit Ihnen in Verbindung setzen, Ihnen seine Sachen schicken.»

«Ja.» Ihr Gesicht verzog sich, und Tränen liefen über ihre Wangen.

«Soll ich vielleicht doch jemanden für Sie anrufen?»

«Nein», flüsterte sie.

«Soll ich bei Ihnen bleiben, Mrs. Cohen?»

«Nein.» Von oben kam Kindergeschrei. «Ich muß mich um meinen Jungen kümmern. Gehen Sie jetzt, Mr. Denaman. Ich danke Ihnen, aber ich möchte jetzt lieber allein sein.»

«Ich verstehe.» An der Tür blieb er stehen und drehte sich um.

«Gute Nacht», sagte Barbara.

Er schloß die Tür hinter sich.

Barbara ging nach oben. Sam war naß. Beim Windelwechseln bewegten sich ihre Hände wie von selbst, in ihrem Hirn vernebelte der Schmerz alles Denken. Dann ging sie ins Schlafzimmer, stolperte in der Dunkelheit, brachte es nicht fertig, Licht zu machen, ließ sich aufs Bett fallen. Sie lag auf dem Rücken und starrte ins Dunkel. Als ihre Augen sich daran gewöhnt hatten, sah sie ihre

Hand an. Sie bewegte die Finger. Das war Leben. Bernie war tot. Er würde nicht zurückkommen. Das Bett würde kalt bleiben, Nacht für Nacht. Und leer. Die ganze Welt war leer.

IV
Prozeß

Am vierzehnten Mai 1948, an dem Tag, als mit dem Ende der britischen Mandatsherrschaft über Palästina nach nahezu zweitausend Jahren erstmals ein jüdischer Staat geschaffen wurde, unterbrach der Kongreß der Vereinigten Staaten auf einige Minuten sein erhabenes Tun der Gesetzgebung für das mächtigste Land der Welt und verabschiedete zwischen anderen welterschütternden Obliegenheiten eine Vorlage, derzufolge sich eine gewisse Barbara Cohen der Mißachtung der Parlamentshoheit schuldig gemacht hatte, weil sie sich weigerte, vor dem Ausschuß gegen Unamerikanische Umtriebe eine der Wahrheitsfindung dienenende Frage zu beantworten.

Harvey Baxter rief Barbara an und teilte ihr die Neuigkeit mit. «Es fällt mir nicht leicht, Ihnen jetzt auch noch das aufzuhalsen, zu allem anderen. Aber ich bin der Ansicht, Sie sollten es sofort erfahren. Ich hatte gehofft, der Kongreß würde den Antrag niederstimmen, aber die Vorlage ist durchgegangen.»

«Was bedeutet das genau, Harvey?»

«Die Sache geht jetzt ans Justizministerium. Es handelt sich um ein Vergehen gegen Bundesgesetze und kann mit Gefängnis bis zu einem Jahr geahndet werden, falls Sie für schuldig befunden werden. Aber ziehen Sie keine voreiligen Schlüsse. Es ist keineswegs ausgemacht, daß Ihnen ein Jahr Gefängnis bevorsteht. Es ist nicht einmal sicher, ob überhaupt Anklage erhoben wird. Das ist alles noch in der Schwebe. Am besten kommen Sie möglichst bald einmal hier vorbei, damit wir alles besprechen können.»

Barbara war es müde, darüber zu reden, doch sie stimmte zu. «Morgen oder übermorgen, Harvey.»

Sie war unfähig, mit den Begriffen Anklageerhebung oder Gefängnis irgendwelche konkreten Vorstellungen zu verbinden. Es waren nur Wörter, und Wörter, so wichtig sie ihr früher gewesen waren, hatten jegliche Bedeutung für sie verloren. Dr. Kellman hatte mit ihr behutsam über Depressionen und ihre Auswirkung gesprochen.

«Es geht vorüber», hatte er ihr versichert.

Was würde vorübergehen? «Der Schmerz wird nachlassen und

dann bin ich wieder so munter wie ein Fisch im Wasser», sagte sie zu sich. Aber da war kein Schmerz mehr, nur noch Leere, Totenstille und Leere.

Es war nicht das erste Mal. «Ich habe zwei Männer begraben und mit ihnen alles Glück, das mir in meinem Leben beschieden war.» Eins dieser Gräber würde sie niemals besuchen können. Bernie lag irgendwo dort begraben, wo jetzt, seit heute, der Staat Israel war. Denaman hatte sich erkundigt und ihr gesagt, es gebe eine Möglichkeit, die Leiche in die Vereinigten Staaten zu überführen. Es würde schwierig und langwierig sein, aber die Möglichkeit bestand. Barbara hatte gesagt, man möge ihn dort beisetzen, es wäre sicher auch sein Wunsch gewesen, in der Erde des Landes zu ruhen, für das er sein Leben gelassen hatte. Sie war nicht der Mensch, der an Gräbern betete und grübelte. Auch Marcels Grab in Toulouse hatte sie nie besucht. Alles, was von ihm und Bernie übriggeblieben war, war in ihr.

Das Leben ging weiter, das wußte sie aus Erfahrung. Das Leben blieb nicht stehen. Sam machte in die Windeln, ließ sich widerwillig ans Töpfchen gewöhnen, aß, schlief und spielte in seiner wundersamen Kinderwelt, in der nur dann Tränen flossen, wenn sein Magen knurrte oder seine Windeln naß waren. In seiner Welt der Ausschließlichkeit gab es keinen Tod. Er würde seinen Vater nur von Bildern her kennen und aus den Geschichten, die seine Mutter ihm erzählte. Was für ein Bild würde er sich von dem großen, unbeschwerten, freundlichen Mann machen, der sein Vater war? Er würde einen jüdischen Namen tragen, doch nach mosaischem Gesetz, wie Barbara wußte, nicht als Jude gelten. Der Makel, die Last oder die Auszeichnung, Jude zu sein, wird ausschließlich von der Mutter vererbt.

Nach der ersten schrecklichen Nacht weinte sie nur wenig. Jean, die nie sehr gut mit Todesfällen fertig wurde, hatte ihr einen Gedenkgottesdienst vorgeschlagen, aber Barbara hatte es abgelehnt. Außer ihr hatte niemand auf Erden diesen Menschen, der ihr Mann gewesen war, wirklich gekannt, und sie würde es nicht dulden, daß sich andere in rührseligen, leeren Lobpreisungen über den Toten ergingen. Sie selbst neigte nicht zu falscher Überhöhung, sie hatte Bernie stets als den gesehen, der er war. Es war nur so, daß sie von allen Männern, die sie je gekannt hatte, nur mit diesen beiden, mit Marcel und mit Bernie, hatte leben und zusammensein wollen.

Man hatte sie im Glauben der Episkopalkirche aufgezogen, sie war aufgewachsen in Sichtweite der Grace Cathedral, doch der Kirchenglaube bedeutete ihr so wenig wie die Märchen ihrer Kindheit. Zum letztenmal war sie im Sarah Lawrence College zur Kirche gegangen. Sie war nicht religiös, hatte aber auch nichts gegen die Religion. Das körperlose Leben nach dem Tod schien ihr jedoch weder glaubhaft noch erstrebenswert zu sein. Sie hatte immer Gefallen an ihrem Körper gefunden, der gesund, kräftig und ansehnlich war. Es war ein Körper, den Männer liebten und bewunderten, und dafür war sie keineswegs unempfänglich gewesen. Als ihr erstes Buch erschien, das von ihren Erlebnissen in Frankreich und Deutschland handelte, hatte ein Kritiker geschrieben: «Man sollte von Barbara Lavette keinen Tiefgang erwarten. Sie bleibt an der Oberfläche und ist im wesentlichen ein normaler, liebenswerter, lebensfroher Mensch, der sich einer gespenstischen, verrückt gewordenen Welt gegenübersieht. Und gerade das macht ihr Werk erregend und bedeutend.» Der Kritiker, der nach Tiefe suchte, hatte entdeckt, daß es hier keine Trübsal und keinen Pessimismus gab, Eigenschaften, die so oft mit Tiefsinn verwechselt werden. Barbara erging sich weder in Trübsinn noch in Tiefsinn, sie durchlebte nur Wochen eines totalen, verheerenden Elends. Aber auch währenddessen existierte sie weiter, versorgte ihr Kind und trat Angehörigen und Bekannten gefaßt gegenüber, wenn diese sie besuchten. Selbst in jener ersten Nacht hatte sie sich zu sagen vermocht: «Bernie ist tot. Aber ich lebe, und Sam lebt.»

Es dauerte Wochen, bis ihr bewußt wurde, daß ein Teil von ihr außerstande war, sich mit Bernies Tod abzufinden. Nicht, daß sie an der Tatsache zweifelte. Nach einiger Zeit war ein Päckchen eingetroffen, das Bernies Brieftasche, Karten und seltsamerweise auch Autoschlüssel enthielt, wahrscheinlich die Schlüssel des Jeeps, mit dem sie gefahren waren. Herb Goodman hatte einen Brief dazugelegt, in dem es hieß: «Ich schreibe ungern darüber, aber ich meine, daß ich es Ihnen schuldig bin, von der Identifizierung zu berichten. Es gibt keinen Zweifel daran, daß es sich um Bernie handelt. Sein Gesicht war nicht entstellt. Es wirkte friedlich, er hat wohl nicht gelitten. Ich kannte Ihren Mann gut und habe ihn sehr geschätzt. Er war tapfer und aufrecht. Ohne ihn hätten wir nie vollbringen können, was wir getan haben ...» An seinem Tod war also nicht zu zweifeln, und doch wartete ein Teil von ihr auf seine Rückkehr.

Sie sprach darüber mit Clair Levy. Und Clair sagte: «Ich kenne das, Bobby. Mir geht es mit Josh genau so. Ich ertappe mich immer wieder bei der Frage, wann er wohl zurückkommt und wie alt er jetzt ist. Vielleicht liegt es daran, daß kein Grab da ist, kein Grab, das man ansehen kann. Da bist du im Vorteil. Eines Tages wirst du hinüberfahren und sein Grab besuchen.»

«Und dann werde ich wissen, daß er nicht mehr zurückkommt?»

«Ja, das glaube ich.»

«Und bis dahin denke ich jedesmal, wenn es an der Tür klingelt ...»

«Ich bin kein Schwächling», sagte Clair. «Du weißt ja, wie ich aufgewachsen bin. Als Säugling haben mich Huren gehütet, und mit zwölf Jahren konnte ich fluchen wie jeder Seemann an der Redwood-Küste. Wenn Vater mal für eine Woche verschwand, was oft vorkam, kam ich ganz gut zurecht. Aber als Josh im Pazifik fiel, bin auch ich gestorben. Ich weiß nicht, was es für eine Mutter Schlimmeres gibt, als einen Sohn zu verlieren. Ich erinnere mich noch, daß ich damals dachte, so sehr ich Jake auch liebe, warum nicht er – oder ich? Ich fühlte mich so leer. Ich wollte nicht leben, nicht lachen, nicht sprechen, wollte morgens nicht aufstehen.»

«Das Gefühl kenne ich», sagte Barbara.

«Und ich glaubte nicht, daß sich das je ändern würde, ändern könnte. Der Gedanke, ich könnte mich je wieder über etwas freuen, erschien mir abwegig und ungehörig. Aber, weißt du, es hat sich doch geändert. Ich habe mich geändert. Nicht, daß der Kummer verschwunden wäre, aber ich lebe mit ihm, so wie Eloise mit ihren fürchterlichen Kopfschmerzen lebt. Und ich bin glücklich, sehr glücklich sogar. So wird es dir auch ergehen, glaube mir.»

«Es ist mir schon so ergangen. Ich mache das jetzt zum zweitenmal durch», sagte Barbara. «Mit Marcels Tod ist auch ein Teil von mir gestorben. Mach dir keine Sorgen um mich, Clair.»

Stück für Stück nahm Barbara die Fäden ihres Lebens wieder auf. Wieder mit dem Schreiben anzufangen, war ein langsamer, schmerzhafter Prozeß, war Selbstquälerei, denn schon der Anblick der Schreibmaschine beschwor Erinnerungen herauf und ließ sie in Selbstbetrachtung versinken. Kein Schriftsteller, das wurde ihr damals klar, erfindet wirklich. Er nimmt hier etwas und dort etwas, formt, verändert, erfindet etwas hinzu, aber immer etwas, was mit seinem eigenen Leben zu tun hatte. Was hatte nicht alles mit ihrem Leben zu tun! Ihr fiel ein Tag im Jahre 1946 ein, als sie gerade aus Nordafrika und Südostasien zurückgekehrt war, wo sie zwei Jahre als Kriegsberichterstatterin gearbeitet hatte, und Sam Goldbergs Haus in der Green Street erworben hatte. Ihre Mutter kam zu Besuch und traf sie bei der Arbeit an einem Artikel über Spodeporzellan für eine Frauenzeitschrift an. «Spodeporzellan!» hatte Jean verblüfft gesagt. Aber genau diese Art von Flucht aus der Wirklichkeit hatte sie damals gebraucht. Und jetzt brauchte sie sie nicht minder – doch keine der Frauenzeitschriften, die sie bis zu ihrem Auftritt vor dem Ausschuß ständig mit Bitten um Artikel bestürmt hatten, wollte jetzt etwas von ihr.

Sie versuchte, an ihrem Roman weiterzuschreiben, aber es war nahezu unmöglich. Die Worte kamen ihr hohl vor. Sie konnte sich auf dem Papier nicht mitteilen. Dafür nahm die Arbeit für die Lavette-Stiftung sie um so mehr in Anspruch. Die Finanzbehörde, die nicht hinter dem Kongreßausschuß zurückstehen wollte, schickte einen ganzen Trupp von Steuerprüfern, um die Bücher der Stiftung zu prüfen. Zwei Wochen lang suchten, überprüften, addierten, subtrahierten und kontrollierten sie. Barbara fragte Harvey Baxter, was sie suchten. Aber er wußte es auch nicht und meinte, wahrscheinlich wüßten sie es selbst nicht. Er beruhigte sie. «Die Bücher sind in Ordnung, wir haben sie mit der allergrößten Sorgfalt geführt.»

Auch Bernies Werkstatt beanspruchte einen Teil ihrer Zeit, und sie war dankbar dafür. Da sie den Betrieb nicht selbst weiterführen wollte, einigte sie sich mit Francis Gomez, dem Meister, daß er ihn übernahm und in Raten abzahlte, soweit die Gewinnlage das gestattete. Seine Dankbarkeit rührte sie, und auch seine tiefe, aufrichtige Betroffenheit und die der anderen Mechaniker bei der Nachricht von Bernies Tod. «Er war ein guter Mensch», sagte Gomez. «Glauben Sie mir, Mrs. Cohen, er hat keinen zu kurz kommen lassen.»

Barbara hielt das nicht für den schlechtesten Grabspruch.

Als Barbara am Tag nach der Kongreßabstimmung Baxters Büro aufsuchte, nahm sie Sam mit. Seit Bernies Tod hatte sie das Gefühl, sie dürfe Sam nie wieder allein lassen. Sie wußte, daß sich dieses Gefühl wieder geben würde, aber jetzt konnte sie nicht anders. Sam kletterte schon allein aus seiner Sportkarre, und sein Freiheitsdrang und sein Erkundungstrieb nahmen sprunghaft zu. In Baxters Büro bat sie die Sekretärin, Sam zu beschäftigen, während sie mit den Anwälten sprach.

«Man wirft mir jetzt also Mißachtung vor», sagte sie zu Baxter. «Und vorher war es keine Mißachtung? Was ist das für ein Verwirrspiel? Wo ist der Unterschied?»

«Da gibt es schon einen Unterschied, Barbara. Der Ausschuß für Unamerikanische Umtriebe hat gegen Sie ein Verfahren wegen Mißachtung eingeleitet. Der Kongreß hat dann darüber abgestimmt, ob es sich tatsächlich um Mißachtung handelt. Bis dahin gab es sozusagen keinen Anklagebeschluß und damit auch keine wirkliche Anklage.»

«Und jetzt?»

«Jetzt liegt alles Weitere beim Justizministerium. Wenn die Dinge ihren normalen Gang nehmen, wird gegen Sie ein richterlicher Haftbefehl erlassen.»

«Sie scherzen.»

«Ich wünschte, es wäre so. Aber verstehen Sie bitte, daß es nur eine Formalität ist. Man wird Sie vor das Bundesbezirksgericht hier am Ort laden und dann entweder ohne Kaution von der Untersuchungshaft verschonen, das heißt, Sie könnten wieder nach Hause gehen, oder man setzt eine nominelle Kaution fest, vielleicht fünfhundert Dollar. Es ist also nichts, worüber man sich groß aufregen müßte. Sobald Ihnen der Haftbefehl zugestellt wird, falls es überhaupt dazu kommt, rufen Sie uns an, und Boyd oder ich kümmern uns darum. Sie brauchen nicht für eine Stunde ins Gefängnis, verstehen Sie?»

«Ich versuche es. Ich versuche auch, nicht verrückt zu werden. Ich sitze hier in den Vereinigten Staaten, im Jahre 1948, eine Hausfrau, Mutter und Witwe, und man eröffnet mir, daß die Regierung mich verhaften lassen will. Kommt Ihnen das nicht verrückt vor, Harvey? Was habe ich getan?»

«Mrs. Cohen», mischte Kimmelman sich ein. «Ich möchte versuchen, diese verzwickte Angelegenheit zu erläutern. Was Sie getan haben, ist im Grunde sehr einfach. Sie haben achtzehn Leute gedeckt, von deren Geldspenden Sie Medikamente für ein Krankenhaus in Toulouse gekauft haben. Das war mutig und ehrenhaft, und in normalen Zeiten hätte man Ihnen dafür allenthalben Beifall gezollt. Weitere Folgen hätte es nicht gehabt. Was Sie getan haben, sowohl das Sammeln von Spenden als auch, daß Sie sich vor die achtzehn Spender stellen, ist kein Verbrechen. Aber die

Zeiten sind nun einmal nicht normal. Das Land spielt verrrückt und ist dem Hexenwahn verfallen. Sie sind mitten in eine Hexenjagd hineingeraten. Wie man gerade auf Sie gekommen ist, leuchtet Ihnen vielleicht nicht ganz ein, aber mir schon. Ich habe das Protokoll Ihres Verhörs genau gelesen. Dieser Manuel Lopez, dessen Aussage Donald Jay zitiert hat, ist entweder ein Lockspitzel des Ausschusses oder des FBI, oder er ist ein Verbrecher, der sich damit freikauft, daß er dem Ausschuß Namen liefert. Diese Schufte sind unersättlich. Falls Lopez je Kommunist war, würden ihm bald die Namen ausgehen, und er müßte sich welche ausdenken. Er war Hafenarbeiter, also wußte er, daß Sie etwas mit dem vierunddreißiger Streik zu tun hatten. Etwas Besseres konnte ihm doch gar nicht einfallen, als Barbara Lavette zu nennen, die Tochter von Dan Lavette, die Enkelin von Thomas Seldon, die mit den Crockers, den Hearsts, den Huntingtons und den Gianninis zur Creme der Gesellschaft an der Westküste gehört – und jetzt obendrein noch mit einem Juden verheiratet. Das war zu verlockend für sie. Solche Schlagzeilen haben sie seit dem Fall der Drehbuchautoren nicht mehr gehabt.»

«Und verhaften sie mich nun, weil sie mich für eine Kommunistin halten?»

«Oh, nein. Nicht dafür. Als man Ihnen damit kam, haben Sie unter Eid ausgesagt, daß Sie weder Kommunistin waren noch sind. Wenn man Sie damit zur Strecke bringen wollte, müßte man Ihnen einen Meineid nachweisen, nicht nur Mißachtung. Die Frage, ob Sie Kommunistin sind oder waren, haben Sie ja beantwortet, es lag also in dem Fall keine Mißachtung vor, und sie sind schlau genug, um zu wissen, daß sie mit einer Anklage auf Meineid nie durchkämen. Vor Gericht könnten sie damit nicht bestehen, und ich bezweifle, ob sie es wagen würden, Lopez in den Zeugenstand zu schicken. Deshalb haben sie es immer weiter versucht, bis sie eine Frage hatten, auf die Sie die Antwort verweigerten. Und das ist eben Mißachtung – die Verweigerung der Aussage.»

«Aber Sie können die Sache noch aus der Welt schaffen», warf Harvey ein. «Es steht uns noch offen. Es gibt unter den Leuten doch mit Sicherheit einige, die nichts dagegen hätten, daß Sie ihre Namen nennen. Wahrscheinlich würde man sie nicht einmal vor den Ausschuß laden.»

«Harvey», sagte Barbara kalt, «ich habe Ihnen bereits gesagt, daß ich darüber nicht mit mir reden lasse.»

«Mrs. Cohen», ergriff Kimmelman wieder das Wort, «wir sollten das alles nicht noch einmal aufwärmen. Wichtig ist nur dies: Falls es zum Prozeß kommt, wird es ein sehr bedeutsamer Prozeß sein. Daran ändert auch die Tatsache nichts, daß es sich nur um ein Vergehen handelt. Und in diesem Falle sollte unsere Sozietät meiner Meinung nach nicht Ihre Verteidigung übernehmen. Ich sage das nicht, weil wir aus dem Fall aussteigen wollten, sondern weil ich glaube, daß Sie sich vor Gericht von einer Kapazität vertreten lassen sollten, von einem Mann, der das Gericht beeindruckt und den Richter veranlaßt, es sich zweimal zu überlegen, bevor er das Strafmaß festsetzt.»

«Teilen Sie Boyds Ansicht, Harvey?» fragte Barbara.

«Ja, vollkommen. Zwar schießt er wieder einmal über das Ziel hinaus, denn ich bin keineswegs davon überzeugt, daß es zum Prozeß kommt, aber wenn es der Fall sein sollte, wäre es wichtig und richtig, einen hervorragenden Juristen für unsere Sache zu gewinnen.»

«Haben Sie einen bestimmten Mann im Auge?»

«Ich habe an Richter James Fredericks gedacht. Er ist gut mit Ihrem Vater bekannt und hat sich nach einer großartigen Karriere vor Gericht zur Ruhe gesetzt.»

«Und er ist verdammt eindrucksvoll», fügte Kimmelman hinzu.

Als Sally Lavettes Töchterchen May Ling dreizehn Monate alt war, brachte Joe seine Frau dazu, sie nicht mehr zu stillen, sondern mit der Flasche zu ernähren. Sally gab nur widerstrebend nach, denn zum erstenmal in ihrem Leben hatte ihre Brust eine Größe erreicht, wie sie sich ihrer Ansicht nach für eine Durchschnittsamerikanerin gehörte. Sie hatte irgendwo gelesen, daß nach der Entwöhnung des Kindes die Brust auf eine Größe schrumpft, die noch unter der ursprünglichen liegt. Joe machte ihr zwar klar, das sei wissenschaftlich nicht haltbar, aber bis er sie davon überzeugt hatte, stritt sie erbittert mit ihm.

Streit gab es nun immer öfter. Solche Auseinandersetzungen blieben jedoch meist einseitig, weil Joe sich nicht mit Worten verteidigte und nie die Beherrschung verlor und so Sally keine Gelegenheit gab, auf die wirklichen Ursachen ihrer Unzufriedenheit zu sprechen zu kommen. Sie waren ohnehin ein seltsames Paar. Sally war dreizehn gewesen, als der neun Jahre ältere Joe in den Semesterferien auf das Weingut in Higate kam, um dort zu arbeiten.

Schon damals hatte sie ihm klargemacht, daß sie ihn umbringen würde, falls er eine andere Frau als sie heiratete. Sie war ein ungewöhnlich intelligentes und ungewöhnlich schwärmerisches junges Mädchen gewesen und hatte sich ihr eigenes Bild von Joe geschaffen, wie manche Frau das tut, das allerdings in keiner Weise der Wirklichkeit entsprach.

Joseph Lavette war ernst, nüchtern und phantasielos, doch fehlte es ihm keineswegs an Intelligenz. Beim Studienabschluß hatte er zu den ersten fünf seines Jahrgangs gehört und im Krankenhaus, in dem er operierte, genoß er bereits hohes Ansehen wegen seiner Geschicklichkeit und seiner Zuverlässigkeit. Während der drei Jahre auf dem pazifischen Kriegsschauplatz hatte er mehr Lebenserfahrung gesammelt als andere in ihrem ganzen Leben, aber der Preis dafür waren seine Jugendträume, seine romantischen Vorstellungen und eigentlich alle seine Illusionen gewesen. Er besaß nicht den fröhlichen Optimismus seiner Halbschwester Barbara, ihre tiefe, unerschütterliche Freude, am Leben zu sein. Als er aus dem Pazifik heimkehrte, war Sally Levy alles, woran er sich klammern konnte. Es war nicht im geringsten erstaunlich, daß der grüblerisch veranlagte dunkelhaarige junge Mann halb chinesischer und halb italienischer Abstammung sich in Sally verliebte. Sie war ein fröhlicher Mensch, ein junges Reh mit geschmeidigen, langen Gliedern. Ihr naturblondes Haar, das sie selbst als ‹strohfarben› bezeichnete, fiel auf kräftige Schultern. Sie war nie besonders hübsch gewesen, bis sie plötzlich an einem bestimmten Punkt ihres Heranreifens zu einer richtigen Schönheit wurde, mit blauen Augen, die tief unter geraden Brauen lagen, und hochstehenden Backenknochen, die ein nicht alltägliches, faszinierendes Gesicht umrahmten. Das Irritierendste an ihr war, daß sie mit einem Bein fest auf der Erde, mit dem anderen aber völlig außerhalb der Welt stand. Ihre Phantasie war wild und ungezügelt, und die Veröffentlichung ihres ersten Gedichtbandes ‹Gesänge aus dem Napatal› brachte ihr Anerkennung, wenn auch keinen Reichtum.

Joe war nur mit einem Teil ihres Wesens einverstanden. Er wollte sie zwar nicht anders haben, aber er wollte sie auch nicht so, wie sie war. Der Krieg hatte ihn nicht zum Zyniker gemacht, er wollte kein medizinischer Halsabschneider sein, brutal, rücksichtslos, selbstzufrieden und erfolgbesessen, und auch kein herzloser, nur mit dem Verstand beteiligter Arzt. Er ähnelte eher einem Heiligen, der sich selbstlos der Armut verschrieben hatte. Anfangs war Sally davon beeindruckt gewesen und voller Bewunderung, aber später gesellte sich diesen Empfindungen Enttäuschung und sogar Verärgerung zu, weil sie es nicht schaffte, ihn zu einer Konfrontation zu veranlassen. Ein Wutausbruch von Joe hätte die Atmosphäre reinigen können, aber so weit ließ er es nie kommen.

Sally hatte kein Armutsgelübde abgelegt. Sie mochte die Klinik nicht, mochte die Arbeit dort nicht und auch Boyle Heights nicht. Die Armut und das Elend der Menschen ließen sie keineswegs kalt, aber sie glaubte, ein Anrecht auf ein eigenes Leben zu haben. Zunächst versuchte sie, Joes Leben in der Klinik zu teilen. Sie arbeitete am Empfang, säuberte Krankenzimmer, sterilisierte Instrumente. Sie tröstete die Mütter kranker Kinder und überließ ihr eigenes Kind sich selbst, um sich den kranken und verprügelten Kindern zuzuwenden, die man in die Klinik brachte. Sie tat all das wegen der romantischen Vorstellung, die sie sich von Joes Arbeit machte, und als die Romantik, was unausbleiblich war, verblaßte, wurde ihr die Arbeit zu einer sinnlosen Plackerei.

Vor allem eine Nacht würde sie nie vergessen. Sie war im sechsten Monat schwanger und half Joe im Krankenhaus. Draußen prasselte ein tropischer Sturzregen nieder, wie häufig im Winter in Los Angeles. Kurz vor Mitternacht wurden drei Chicanojungen eingeliefert, zwei waren sechzehn, der dritte siebzehn. Sie waren bei einem Straßenkampf zwischen zwei Banden übel zugerichtet worden. Frank Gonzales war schon nach Hause gegangen, so daß Joe und Sally allein in der Klinik waren.

Joe ging mit den drei Jungen in den Untersuchungsraum. Die Jungen, die sie in die Klinik gebracht hatten, verdrückten sich verständlicherweise, da es mit Sicherheit eine polizeiliche Untersuchung geben würde. Joe bat Sally, einen Krankenwagen zu rufen, und das tat sie. Erst am nächsten Morgen erfuhren sie, daß dieser Krankenwagen in dem dicht herabprasselnden Regen frontal mit einem Lastwagen zusammengestoßen war. Als Sally das Telefongespräch beendet hatte, hörte sie, daß Joe nach ihr rief. Als sie in den Untersuchungsraum kam, schrie sie vor Entsetzen auf und preßte die Hände vor den Mund, um sich nicht zu übergeben. Zwei der Jungen lagen blutüberströmt auf den Untersuchungstischen. Der dritte lag am Boden, in seiner Brust stak ein Eispickel, der sich im Rhythmus seiner Atemzüge bewegte. Der Junge hatte die Augen offen und stammelte flehend auf spanisch: «Bitte, helft mir, ich sterbe.»

Sally wandte sich zur Tür, und Joes Stimme traf sie wie ein Peitschenhieb. «Bleib hier! Ich brauche dich. Ich schaffe es nicht allein!»

«Ich kann nicht.»

«Du kannst, verdammt noch mal, und du bleibst hier!»

Am nächsten Tag las Sally Joes Aufzeichnungen über den Befund: «*Fortez*, Stichwunde, Einstich links unterhalb der Rippen, eine Handbreit vom Nabel entfernt. Tiefe verschmutzte Wunde, Trümmer. Vier Zentimeter lang. Sofortige Prüfung, ob Milz perforiert. *Aguila*, Schußwunde. Glatter Einschuß in der Brust, rechts, unterhalb der zweiten Rippe. Keine Austrittswunde. Bei Bewußtsein. Klagt über Schmerzen in der rechten Achselhöhle, Paresthesie in der rechten Hand einschließlich der Finger. Müßte geröntgt werden, keine Anlage im Haus. Hat Glück gehabt. Kugel sitzt in der Achselhöhle nahe dem Armvenengeflecht. Zufriedenstellende Aussichten. *Name* des dritten *unbekannt*. Eispickel ins Herz getrieben, bei Bewußtsein. Wunde links neben dem Brustbein unterhalb der dritten Rippe.» Aber das alles las sie erst am nächsten Tag. Jetzt drang Joe in sie: «Ich brauche dich, Sally.»

«Ich kann so etwas nicht. Das weißt du.»

«Gib mir die Schere. Hast du den Krankenwagen angerufen?»

«Himmel, ich bin im sechsten Monat!»

«Gib mir endlich die verdammte Schere!» schrie er sie an. «Der Junge da auf dem Boden soll sich nicht bewegen. Sprich mit ihm.» Er nahm ihr die Schere ab. «Hast du den Krankenwagen angerufen?»

«Ja.»

«Gut, jetzt rede mit ihm. Setz dich da hin und rede mit ihm. Sag ihm, er soll stilliegen, sich auf keinen Fall bewegen. Mach schon, dein Spanisch ist besser als meins.»

Sie kniete sich neben den Jungen mit dem Eispickel in der Brust. Sie glaubte, sie würde ohnmächtig, und noch viel später hatte sie oft Angstträume, in denen der Eispickel vorkam, der sich mit jedem Atemzug des Jungen auf und ab bewegte. Während Joe dem Jungen mit dem Messerstich die Kleider aufschnitt, kniete sie sich auf den Boden und flüsterte, kaum der Worte mächtig: «*Lo compadezco*, bitte, lieg still. Es wird alles gut.»

Seine Hand bewegte sich zu dem Eispickel hin und Joe sagte scharf: «Nicht! Er darf ihn nicht anrühren. Mach ihm das klar. Sonst stirbt er. Er darf ihn nicht herausziehen. Mach ihm das klar!»

«Warum kannst du dich nicht zuerst um ihn kümmern?»

«Weil der Junge eine perforierte Milz hat, und er stirbt, wenn ich sie nicht raushole. Außerdem kann ich sowieso nichts mehr für ihn tun. Wenn der Eispickel in seinem Herzen steckt, und das tut er wahrscheinlich, brauchte ich eine Herz-Lungen-Maschine. Ich brauche ein Krankenhaus, verdammt noch mal. Wo zum Teufel bleibt denn der Krankenwagen?»

Sie sagte zu dem Jungen: «Bitte, du mußt ruhig liegenbleiben. Du darfst das Ding in deiner Brust nicht anfassen. Du wirst es schaffen, aber nur, wenn du ruhig liegenbleibst.»

Er weinte und umklammerte ihre Hand.

«Ruf Frank an», sagte Joe plötzlich. «Sag ihm, er soll so schnell wie möglich rüberkommen. Und dann mit etwas freundlicherer Stimme: «Und dann komm wieder her, mein Kind, bitte, ich brauche Hilfe.»

Sie flüchtete aus dem Raum und rief Joes Mitarbeiter Frank an. Er schlief schon. «Hier liegen drei Männer im Sterben», rief sie, «komm sofort her!» Dann ging sie zur Toilette und übergab sich. Sie stand einige Augenblicke vor dem Becken, umklammerte ihren vorgewölbten Leib und wartete, daß das Würgen aufhörte. Dann ging sie in Joes Büro und rief noch einmal im Krankenhaus an. Der Krankenwagen sei unterwegs, wurde ihr gesagt. Dann verständigte sie die Polizei.

Sie zwang sich, in den Untersuchungsraum zurückzugehen. «Frank ist in zehn Minuten hier», sagte sie steif. «Ich habe die Polizei angerufen.»

«Wie fühlst du dich?»

«Es geht schon.»

«Bei ihm hier eilt es. Seine Milz ist verletzt, und wenn ich sie nicht herausnehme, stirbt er. Sobald Frank da ist, operieren wir. Frank macht die Anästhesie, aber dich brauchen wir auch, Sally, du kannst mit dem Sterilisator umgehen.»

Also half sie. Ein Krankenwagen kam erst, als es zu spät war. Der Junge mit dem Eispickel in der Brust starb. Sally überstand die nächsten zwei Stunden, ohne ohnmächtig zu werden und ohne sich noch einmal zu übergeben, aber der Schrecken dieser Nacht blieb in ihr. Sie hatte nicht das Gefühl, etwas geleistet, menschliches Leiden gelindert zu haben. Rein verstandesmäßig konnte sie sich das einreden, aber sie spürte nicht den geringsten Triumph, daß die zwei Operationen, durchgeführt mit den begrenzten Mitteln des Untersuchungsraumes, geglückt waren. Sie konnte dieses Gefühl nicht mit Joe teilen. Sie empfand nur Entsetzen, über solche sinnlosen Bandenkriege und all das Elend, das in die Klinik strömte.

«Du und ich», sagte sie zu Joe, «wir sind zwei verschiedene Menschen, mit zwei verschiedenen Körpern.»

«Das verstehe ich doch.»

«Nein, du verstehst es eben überhaupt nicht. Du siehst in mir nur deine Frau.»

«Na und? Das bist du doch auch», sagte er besänftigend.

«Ich bin überhaupt nichts! Ich bin doch nicht dein persönliches Eigentum!»

«Habe ich so etwas behauptet?»

«Ja, auf hunderterlei Arten. Hauptsächlich zeigst du es mir dadurch, daß alles, was du tust, von größter Wichtigkeit, und das, was ich tue, nur kindischer Spielkram ist.»

«So sehe ich das aber ganz und gar nicht», protestierte Joe.

«Natürlich nicht. Wenn du die Dinge nur ein einziges Mal so sehen könntest wie ich, wäre es ja auch anders. Aber du siehst in deiner überlegenen, herablassenden Art nur auf mich herab. Du hast ja nicht einmal so viel Achtung vor mir, daß du wütend auf mich bist.»

«Soll das heißen, daß ich dich nur achte, wenn ich mich vergesse und dich anschreie?»

«Ja, das glaube ich tatsächlich. Es gäbe mir wenigstens das Bewußtsein, daß ich überhaupt da bin.»

«Sally», sagte Joe verzweifelt. «Ich gebe ja zu, daß ich mich in meine Arbeit vergrabe. Nicht nur, weil ich sie gern tue, sie ist ein Teil von mir, ich lebe dafür. Ich weiß, ich arbeite zuviel, aber was soll ich denn tun? Frank Gonzales arbeitet genausoviel wie ich, und seine Frau beklagt sich nicht.»

«Natürlich nicht. Sie ist ja auch eine Chicano.»

«Also wirklich! Das hätte ich nun nicht von dir erwartet.»

«Ich will nur damit sagen, daß man aus den Chicano-Frauen jeden Funken Selbständigkeit herausgeprügelt hat. Ich sage ja nichts gegen Mexikaner, wenn ich sage, daß sie alles Leben in ihren Frauen niederknüppeln. Ach, ich geb's auf! Es hat ja doch keinen Sinn!»

Einige Tage nach diesem Streit rief Billy Clawson an und fragte Sally, ob er mal bei ihr hereinschauen dürfe. Seit seinem ersten Besuch in der Klinik arbeitete er dort ohne Bezahlung und wohnte in einem möblierten Zimmer in Boyle Heights. Sally war sich nicht darüber klar, ob sie ihn mochte; aber sie konnte auch nicht sagen, daß er ihr mißfiel. Sie fand, er und Joe waren zwei entgegengesetzte Beispiele für das, was sie im stillen den Jesus-Komplex nannte. «Joseph», sagte sie sich, «ist ein starker, kriegerischer Heiliger, der einem auf den Wecker geht, und Billy ist eher der sanfte, kriecherische Typ, aber auf den Wecker geht er einem auch. Ein schönes Paar! Auch wenn kriecherisch vielleicht nicht das richtige Wort ist.» Billy war sanft und verwirrt und erweckte stets den Eindruck, als sei er nur aus Versehen auf diese Welt gekommen. Trotz seiner dreißig Jahre war er zaghaft wie ein Zwanzigjähriger und wie seine Schwester Eloise von seiner eigenen Wertlosigkeit überzeugt.

Als Billy das Haus am Silver Lake betrat, war Sally gerade dabei, May Ling in den Kinderwagen zu setzen. «Wir wollten spazierengehen», sagte sie zu ihm. «Komm doch mit.»

Er trug denselben Rollkragenpullover wie vor einigen Wochen, dieselbe Art ausgebeulter Kordhosen und schwere Arbeitsschuhe.

«Ach ja. Ein Spaziergang wäre schön.»

Er ging schweigend neben ihr her, so daß sie sich zu fragen begann, ob er nur gekommen war, um sie anzuschweigen. Nach einigen nichtssagenden Bemerkungen über das Wetter und May Lings Gesundheit fragte sie: «Und was kann ich für dich tun, Billy?»

«Für mich eigentlich nichts. Aber ich fühle mich Barbara gegenüber so schuldig.»

«Barbara? Aber wieso denn?»

«Na ja, sie hat doch so viel durchmachen müssen. Erst den Mann verloren und dann dieser miese Ausschuß in Washington. Nun ... sie gehört der Episkopalkirche an, weißt du, und ich als Geistlicher dieser Kirche ... Wir sind doch befreundet, allerdings nicht sehr gut, und da wollte ich mal hören, was du meinst, ob es für sie ein Trost wäre, wenn ich mal nach San Francisco fahre, um mit ihr zu sprechen?»

«Mit Barbara?»

«Na ja, mit Barbara.»

Sally hielt den Kinderwagen an und wandte sich Billy zu. «Billy», sagte sie, «du bist ein netter Mensch und sehr freundlich. Aber das ist kaum eine gute Idee. Ich glaube, der Trost eines Geistlichen ist das Letzte, was Barbara jetzt braucht.»

«Ich freue mich, daß du das sagst. Ich bin auch nicht sehr gut im Trösten.»

«Ach, das glaube ich schon. Nur bei Barbara wäre das schwierig. Du bist schon ein seltsamer Kerl.»

«Ja, das scheint mir auch so.»

«Bist du eigentlich homosexuell?» fragte sie ihn unvermittelt. Und als er sie groß ansah, fügte sie hinzu: «Nun sieh mich nicht so an. Eine offene Frage ist doch besser als all diese Gerüchte. Mir macht es übrigens nichts aus, ob du es bist.»

«Nein», sagte er langsam, «bin ich nicht. Ich verstehe, wieso du darauf kommst. Aber ich bin es nicht.»

Sie setzten ihren Spaziergang fort. «Mir will nicht in den Kopf», sagte Sally, «wie du dir dein Leben einrichtest.»

«Wie denn?»

«Naja, ich meine diese Arbeit in der Klinik, halb Krankenpfleger und halb Hausmeister und ohne Lohn.»

«Ich brauche ihn nicht. Ich habe genug Geld.»

«Gefällt dir denn deine Arbeit?»

«Ja.»

«Aber fragst du dich nicht manchmal, wohin dich das eigentlich führen soll?»

«Wohin führt denn das Leben überhaupt?» fragte er, offenbar verwirrt. «Deins zum Beispiel? Nicht, daß mich das etwas anginge. Aber es ist eine merkwürdige Frage, finde ich.»

«Es ist überhaupt keine merkwürdige Frage. Ich frage es mich schon die ganze Zeit. Früher dachte ich, Gedichte zu schreiben sei das Richtige für mich – da wußte ich, wohin mein Leben führte. Aber mit Gedichten erzwingt man weder Achtung noch Reichtum, und wenn ich nicht genug Geld habe, zu tun, was ich will, fühle ich mich nicht lebendig und nicht unabhängig. Deshalb habe ich jetzt eine neue Richtung eingeschlagen: Ich schreibe ein Drehbuch. Damit kann man mehr verdienen, und wenn man schon einen Steinwurf von Hollywood entfernt lebt, soll man sich das auch zunutze machen.»

«Wenn du Geld brauchst, Sally ...»

Sie brach in Gelächter aus. «Oh, Billy, das kann ich einfach nicht glauben. So was wie dich gibt's nur einmal.»

«Wieso?»

«Wolltest du mir wirklich Geld anbieten?»

«Ja, wenn du es brauchst.»

«Jetzt muß ich mal fragen: Warum? Warum zum Teufel solltest du mir Geld anbieten?»

«Weil ich dich gern mag», sagte er. «Weil du eine großartige Frau bist. Weil du Joes Frau bist», schloß er lahm.

«Das hat mir gerade noch gefehlt», fuhr sie ihn an.

Sie gingen schweigend weiter. Sie war verärgert, und er wußte nicht, warum. Schließlich fragte sie: «Warum gibst du das Geld nicht der Klinik?»

«Ich habe ihnen schon etwas gegeben. Fünftausend Dollar. Ich wollte nicht darüber reden.»

«Natürlich nicht», sagte sie gereizt. «Das fünfte Gebot des heiligen Lebens. Sprich nicht von deinen bescheuerten guten Werken.»

Während Dan im Krankenhaus lag, war Jean zu dem Schluß gelangt, daß der Traum, in San Francisco ein existenzfähiges Museum für moderne Kunst zu errichten, in der Tat nur ein Traum gewesen war. Daher hatte sie beschlossen, das Haus auf Russian Hill wieder nur zu einem Heim für sich und Dan zu machen. Ihr neunundfünfzigster Geburtstag stand vor der Tür. Sie erinnerte Eloise daran, als sie ihr eröffnete, daß sie die Galerie schließen und das Haus neu einrichten wollte. «Es soll alles fertig sein, wenn Dan aus dem Krankenhaus kommt. Ich weiß nicht, wie lange er noch lebt, aber ich möchte noch ein paar gute, normale Jahre mit ihm verbringen.»

«Ich verstehe das natürlich, aber es trifft mich doch sehr», sagte Eloise. «Es hat mir so viel bedeutet. Nicht nur die Galerie, sondern die ganze Welt der Kunst. Das alles verdanke ich dir, Jean. Alles, was ich gelernt habe. Alle Kurse, die ich besucht habe. Ich weiß, daß es töricht klingt, aber ich habe mir eingeredet, daß hier eines Tages ein großes, prächtiges Museum für moderne Kunst sein würde und du die Kuratorin und ich deine Assistentin oder eine deiner Assistentinnen. Ich war sicher, daß du mindestens ein halbes Dutzend haben würdest.»

Sie saßen oben in Jeans Frühstückszimmer im Haus auf Russian Hill. Unten waren bereits Tapezierer und Anstreicher am Werk, denn Jean ließ ihren Entschlüssen stets die Tat auf dem Fuße folgen. Und sie hatte es sich in den Kopf gesetzt, das Haus vor Dans Rückkehr fertig zu haben.

Es ist wohl richtig …

...Geld vermittelt einem das Gefühl, lebendig und unabhängig zu sein. Und ebenso richtig ist es sicherlich, daß man in manchen Berufen größere Möglichkeiten hat, viel Geld zu verdienen, als in anderen.

Aber mehr oder weniger Geld zu verdienen ist nur der erste Schritt. Es dann auch gut anzulegen (oder wenigstens einen Teil davon) ist mindestens ebenso wichtig.

«Wenigstens ein halbes Dutzend», wiederholte Jean lachend. «Nein, nein, meine Liebe. Verwöhnte reiche Damen werden keine Kuratorinnen – sie werden eigentlich überhaupt nie etwas. Unser Fluch ist der Dilettantismus, er ist genauso eine Krankheit der Reichen wie die Gicht im alten England. Aber etwas Gutes hat es doch gehabt, nicht wahr? Du hast viel gelernt. Ich möchte wetten, daß es in dieser Stadt keine fünf Leute gibt, die so viel von modernen Malern verstehen wie du.»

«Aber ich weiß nicht, was ich mit diesem Wissen anfangen soll. Ich fühle mich so verloren, und, was am schlimmsten ist, ich werde keinen Vorwand mehr haben, in die Stadt zu kommen. Mir gefällt es draußen im Tal, aber hierher zu kommen – Jean, du bist der liebste Mensch von der Welt.»

Das war Jean fast zu viel Lob. Man hatte sie so oft als kalt, eisig, arrogant, aristokratisch, versnobt und gefühllos bezeichnet, daß Eloises Worte ihr fast die Tränen in die Augen trieben. Wie gern hatte sie diese freundliche, zurückhaltende Frau, die sich von Anfang an so für die Galerie eingesetzt hatte!

«Liebste», sagte sie. «Such dir bitte das Bild aus, das du am liebsten hast. Als Geschenk von mir.»

«Aber nein, das geht doch nicht, Jean. Sie sind unbezahlbar. Jedes einzelne von ihnen.»

«Nichts ist unbezahlbar.»

«Aber ich kann es nicht annehmen.»

«Damit würdest du mich sehr kränken, und das willst du doch sicher nicht?»

«Jean, ich brächte es nicht übers Herz.»

«Aber ich. Also such ich dir eins aus. Komm mit nach unten.»

Eloise folgte Jean nach unten, wo die Bilder jetzt standen, in der früheren Küche, die der Galerie als Büro gedient hatte und bald wieder Küche sein würde. Jean wählte einen herrlichen Mondrian im Format sechzig mal neunzig aus. «Das ist etwas, wo man nicht lange nach einer Bedeutung zu suchen braucht. Das schlichteste und bezauberndste Arrangement von Farbe und Form, auf das ein Mensch kommen kann. Ich glaube, es wird Adam besser gefallen als ein Klee oder ein Kandinsky oder eines von den anderen, bei denen man erst einen philosophischen Kopfstand machen muß, um sie zu verstehen.»

Eloise schüttelte fassungslos den Kopf. «Jean, es ist doch der einzige. Es gibt keinen anderen Mondrian in San Francisco und auch in ganz Kalifornien nicht. Ich kann das nicht annehmen. Es ist Tausende von Dollars wert.»

«Dann müssen wir uns ganz fürchterlich streiten und werden hinterher überhaupt nicht mehr miteinander sprechen. Willst du das?»

«Nein», sagte Eloise kläglich.

«Also reden wir nicht mehr davon. Nimm es.»

Als Dan aus dem Krankenhaus entlassen wurde, war die Renovierung des Hauses zum größten Teil abgeschlossen. Die weißgetünchten Wände der Ausstellungsräume waren jetzt mit Tapeten beklebt. Das Haus, in das Jean nun Dan mit langsamen Schritten führte, war jenem, das sie vor dreißig Jahren bewohnt hatten, nicht ganz unähnlich. Dan stand in dem erst halb eingerichteten Wohnzimmer und sah sich mit dem merkwürdigen Gefühl um, daß die Zeit tatsächlich zurückgedreht worden war. Gedämpftes Lampenlicht erhellte den Raum, Jean stand einige Schritte von ihm entfernt, das Gesicht im Halbschatten, so daß man sie für die junge Frau halten konnte, in die er sich vor einer Ewigkeit hoffnungslos verliebt hatte. Worte waren nie seine Stärke gewesen und nun fiel ihm schon gar nichts ein, was er hätte sagen können. Jean wartete. Endlich deutete er, fast linkisch, auf die Couch und sagte: «Das ist ja dasselbe. Dasselbe verdammte Sofa.» Es klang, als habe sie ein besonders gelungenes Zauberkunststück vollführt.

«Aber nein, Danny. Ich habe es anfertigen lassen. Es ist nur im selben Stil, Lawson. Aber jetzt will ich dir etwas verraten. Wenn du durch die Tür da in das Zimmer gehst, das früher dein Arbeitszimmer war – nein, komm. Ich zeig es dir.» Sie führte ihn in das Zimmer. Sie hatte es mit bequemen, üppig gepolsterten Ledermöbeln ausstatten lassen, und über dem Kaminsims hing ein etwas primitiv gemaltes Bild seines ersten Schiffes, der *Oregon Queen*.

«Ich werd verrückt», sagte Dan leise. «Wo hast du denn das aufgetrieben?»

«Es gehörte Sarah Levy. Als sie hörte, was ich hier vorhatte, bestand sie darauf, es mir für dich mitzugeben.»

«Augenblick mal», sagte Dan. «Das ist dein Haus. Ich wohne doch gar nicht hier.»

«Ich weiß. Das gehört sich auch so. Du hast deine Wohnung in Oakland und benutzt das hier als eine Art privater Puff.»

«Dein Wortschatz ist beachtlich. Redet eine bessere ältere Dame so?»

«Oh, ich habe noch einige Jährchen vor mir, Danny. Würdest du nicht gern hier einziehen?»

«Was heißt hier einziehen? Hast du das Haus deswegen so aufgedonnert? Um mich in Versuchung zu führen?»

«In gewisser Weise schon. Ich möchte dich heiraten.»

«Was?»

«Du hast richtig gehört. Ich mache dir einen Heiratsantrag. Ich kann zwar keine Kinder mehr bekommen, und ich nehme an, daß du mit all deinem Geld auch ein junges Ding kriegen könntest, wenn du wolltest, aber schließlich habe ich immer noch eine ganz gute Figur, und wir haben alles in allem vierzig Jahre lang immer mal wieder miteinander geschlafen, so daß wir wohl aus dem Gröbsten raus sind. Und außerdem liebe ich dich.»

«Sekunde», sagte er und ließ sich in einen Sessel fallen. «Laß mich mal einen Augenblick nachdenken.»

«Schön. Willst du was zu trinken?»

«Ja. Scotch mit Soda. Ist mit den neuen Möbeln nicht zufällig auch eine Kiste Zigarren ins Haus gekommen?»

«Zigarren sind gestrichen, Danny, und zwar endgültig, sagt Dr. Kellman. Er sagt, du bist so gut wie neu, solange du die Finger von Zigarren und einigen anderen Dingen läßt.»

«Ach, sagt er das? Das werden wir ja sehen.»

Jean ging aus dem Zimmer, um ihm seinen Drink zu holen, und Dan saß da und sah das Bild der *Oregon Queen* an. Nach ein paar Minuten kam sie zurück.

«Du trinkst nichts?»

«Nein, ich möchte einen klaren Kopf behalten. Was ist, Danny? Gespenster oder zu viel Vergangenheit?»

«Von beidem etwas.»

«Das Leben des Menschen währet siebzig Jahre.»

«Wenn er Glück hat.»

«Sechzig davon haben wir hinter uns.»

«Zum Teufel damit! Vielleicht können wir aus den nächsten zehn etwas machen. Bist du sicher, daß du mich heiraten willst? Ich hatte einen Herzinfarkt und bin nur noch ein halber Mensch.»

«Diese Hälfte ist immer noch besser als alles andere, was ich sonst so gesehen habe. Ja. Ich habe lange darüber nachgedacht.

Es wäre mir zwar lieber gewesen, der Antrag wäre von dir gekommen, aber ich hatte keine Lust mehr zu warten.»

«Was für eine Hochzeit?»

«Ziviltrauung.»

«Joe ist zu beschäftigt, um zu einer Hochzeit heraufzukommen und über Tom würden wir uns nur ärgern», sagte Dan. «Nehmen wir doch Barbara als Trauzeugin.»

In eben dem Augenblick klingelte das Telefon, und Barbara teilte ihnen mit leiser, beherrschter Stimme mit, daß Bernie tot war.

Zwei Monate danach wurden Jean und Dan auf dem Standesamt zum zweitenmal getraut. Barbara war die einzige Trauzeugin. Jean Seldon Whittier war wieder Jean Seldon Lavette.

Thomas Lavette und Lucy Sommers heirateten einen Monat später, am letzten Samstag im Juni des Jahres 1948. Die zehn Tage vor der Hochzeit waren für beide sehr hektisch. Da sie eine zweiwöchige Hochzeitsreise nach Europa planten, hielten sie es für richtig, vorher alles zu regeln, was zu regeln war, damit sie in der Gewißheit abreisen konnten, daß alles in guter Ordnung war. Nummer eins auf ihrer Liste war John Whittier.

Er begrüßte Tom vorwurfsvoll, als dieser in sein Büro kam, und hielt ihm vor, daß er in den letzten zwei Wochen fast nichts von ihnen gehört oder gesehen habe. «Entscheidungen werden ohne mich getroffen, Sitzungen finden ohne mich statt, und auch dieser Schiffsvertrag mit Milton wird ohne mich gemacht. Nicht einmal die Einzelheiten der endgültigen Fassung habe ich zu sehen bekommen. Ich erfahre von der Sache erst aus einem Brief von Leonard Milton, der mir für den Vertrag dankt. Was zum Teufel ist eigentlich in dich gefahren, Tom? Noch bin ich Vorstandsvorsitzender der Great Cal, und sie ist immer noch eine Whittier-Gesellschaft. Ich bin noch nicht tot!»

«Nein.»

«Na, wenigstens etwas, worüber wir uns einig sind.»

«Du verstehst mich falsch, John. Es ist keine Whittier-Gesellschaft mehr, sondern eine Lavette-Gesellschaft.»

«Was soll das heißen, verdammt noch mal?»

«Ich habe das Stimmrecht für Alvin Sommers' zwölftausend Aktien. Er hat sie an Lucy und mich als gemeinsame Inhaber verkauft. Damit verfüge ich über eine klare Stimmenmehrheit.» Toms

Stimme klang freundlich, aber es gab keinen Zweifel an dem, was er sagen wollte.

Whittier hatte es die Sprache verschlagen.

«John, John», sagte Tom. «Das mußte doch eines Tages kommen. Du hast es doch gewußt. Du bist müde, und in der letzten Zeit ist es dir nicht besonders gut gegangen. Du brauchst jetzt Ruhe, mehr als alles andere.»

«Und ich dachte, du wolltest dich um einen Sitz im Kongreß bewerben», sagte Whittier langsam.

«Das war nur ein dummer Einfall. Ich habe nichts mit Politik im Sinn.»

«Und was willst du?»

«Daß du zurücktrittst.»

«Und du übernimmst den Posten.»

«Ja.»

«Du bist ein hinterhältiger Schuft! Du und alle anderen Lavettes!»

«Das sind unpassende Worte.»

«Es mußte nur mal gesagt werden.»

«Ich dachte, wir könnten das wie Gentlemen und alte Freunde besprechen», sagte Tom.

«Für mich bist du weder ein Gentleman noch ein Freund.»

Tom stand auf. «Na schön, John, wenn du das so siehst ...» Er hob die Schultern. An der Tür wandte er sich noch einmal um und sagte: «Ich habe übrigens für heute nachmittag eine Vorstandssitzung anberaumt. Du kannst teilnehmen oder nicht, wie du willst. Auf jeden Fall wünsche ich, daß morgen hier klar Schiff ist und du deine Sachen zusammengepackt hast.»

«Fahr zur Hölle», fauchte Whittier.

Tom schloß die Tür hinter sich.

Auf der Sitzung am Nachmittag wurde Tom zum Vorstandsvorsitzenden der Gesellschaft gewählt, und Lucy bekam einen Sitz im Vorstand. Auf Lucys Vorschlag wurde der Name der Gesellschaft in GCS geändert. Sie wünschte ein einfaches, einprägsames Kürzel. Der Name Great Cal Shipping erschien ihr in seiner Bedeutung zu eingeengt, da die Interessen des Unternehmens weit über den Rahmen der Schiffahrt hinausgingen, und außerdem kam er ihr schwerfällig vor. Nach einigem Nachdenken schloß Tom sich ihrer Meinung an.

Bevor sie sich dem nächsten Punkt auf ihrer Abhakliste zuwandten, sprach Lucy mit Tom über seine Familie.

«Ich freue mich, daß du den Bruch mit deinem Vater gekittet hast. Das war ein intelligenter Schritt», sagte sie. «Aber wir sollten uns nicht zu sehr mit ihnen einlassen.»

«Du denkst dabei an Barbara.»

«Mehr oder weniger, ja. Du hast da aber auch noch einen Halbbruder, Joseph Lavette, mit seiner Klinik in Los Angeles. Aber hauptsächlich geht es um Barbara. Sie ist in Schwierigkeiten und wird es immer sein.»

«Ach du liebe Zeit, Lucy, du hältst sie doch nicht etwa für eine Kommunistin?»

«Ich weiß nicht, was sie ist. Ich sage ja auch nicht, daß du einen offenen Bruch herbeiführen sollst. Ich sage nur: Hände weg. Vergiß es bitte nicht: Hände weg.»

«Ich habe Barbara im letzten Jahr kaum dreimal gesehen, und wir sprechen sowieso nicht dieselbe Sprache.»

«Du weißt, daß ihr Mann in eine Art Waffenschmuggel nach Israel verwickelt war?»

«Ich habe etwas davon läuten hören.»

«Barbara ist alt genug, um zu wissen, daß man so schläft, wie man sich bettet, Tom.»

Er nickte.

«Du verstehst, worauf ich hinaus will?»

«Mich mußt du nicht überzeugen. Das Affentheater in Washington hat mir schon genug Kummer gemacht.»

«Und das ist erst der Anfang, glaub mir das. Wir leben in höchst interessanten Zeiten. So etwas hat es in den Vereinigten Staaten noch nie gegeben. Aber für uns werden es keine schlechten Zeiten sein.»

Norman Drake war der nächste auf der Liste. Toms Sekretärin rief in Washington an und erfuhr, daß er am folgenden Tag nach Berkeley kommen würde. Sie fragte, ob er geneigt sei, in San Francisco mit Mr. Lavette zu Abend zu essen. Als sie Tom von dem Gespräch berichtete, lachte er und schüttelte den Kopf.

«Halt! Nicht weiterreden. Ich weiß, was er geantwortet hat: Wenn ich etwas von ihm will, soll ich gefälligst nach Berkeley kommen.»

«Stimmt», antwortete Janet. «Woher wußten Sie das?»

«Dieser kleine Dreckskerl meint, jetzt Oberwasser zu haben. Haben Sie ihm gesagt, ich würde kommen?»

«Ja.»

«Gut. Sagen wir übermorgen zum Abendessen. Teilen Sie ihm das mit und seien Sie besonders nett. Bestellen Sie uns einen Tisch für drei oder für vier, wenn er seine Frau mitbringen will.»

«In Berkeley? Wo denn da?»

«Natürlich bei Frederick's. Lassen Sie bei der Tischbestellung seinen Namen fallen und sagen Sie, man solle uns einen guten Tisch geben.»

Lucy hatte noch weiter über Drake nachgedacht. «Ich traue ihm nicht», sagte sie. «Und seine Rolle in Barbaras Angelegenheit macht alles noch schwieriger.»

«Wir sind ja nicht gerade auf der Suche nach einem Ehrenmann.»

«Er verursacht mir Magendrücken, wenn ich ihn nur sehe.»

«Hauptsache, er spielt mit. Und alle, die ihn kennen, sind sich einig, daß er mitspielen wird.»

Tom und Lucy trafen als erste im Restaurant ein. Tom gab dem Oberkellner zwanzig Dollar und beeindruckte noch zusätzlich durch die Anweisung, Mr. Drake sei zu behandeln wie das Mitglied eines regierenden Königshauses. Lucy kannte Berkeley nur flüchtig und war noch nie bei Frederick's gewesen. Sie lächelte skeptisch, als Tom ihr versicherte, ihr Tisch, der ganz vorn im Restaurant stand, gehöre zu den drei oder vier begehrtesten im Lokal.

«Es wird wohl stimmen», sagte Lucy nur. «Es ist ein unerfreuliches Lokal.»

Der Oberkellner führte Drake an ihren Tisch. Er war Mitte Dreißig, schlank und rundlich zugleich und hatte einen kleinen runden Bauch und kleine runde Backen. Er verhielt sich abwartend. Er war allein gekommen und hatte die Einladung, seine Frau mitzubringen, ignoriert. Er war auf der Hut, sein Händedruck verriet keine Begeisterung.

«Meine Verlobte», sagte Tom, als er Lucy vorstellte. Der Gesichtsausdruck des Abgeordneten Drake machte deutlich, daß er ihre Anwesenheit bei dieser, wie er meinte, geschäftlichen Besprechung für überflüssig hielt. «Sie ist zugleich meine Teilhaberin», erklärte Tom und bemühte sich mit Erfolg, seine Verachtung für den kleinen, fuchsgesichtigen Mann zu verbergen. Lucy hatte schon recht gehabt mit ihrer Meinung über Politik. Dieser Mann, der einen Sitz im Repräsentantenhaus hatte, war schäbig, schäbig in seinem Auftreten und schäbig in seinen Ansprüchen. Er hatte keine Ahnung, wie Tom zu seiner Schwester stand, und wenn er einen Funken Anstand und Rechtschaffenheit besessen hätte, wäre er dieser Begegnung aus dem Wege gegangen. Tom fragte sich, was Drake sich wohl davon erwartete. Daß man den Fall Barbaras mit Geld aus der Welt schaffen wollte? Zu welchem Preis? Oder war es dazu schon zu spät, wie Lucy meinte, weil der Kongreß bereits über den Mißachtungsantrag abgestimmt hatte? Was sonst mochte ihn veranlaßt haben zu kommen? Achtung vor dem Geld? Das spielte sicher auch eine Rolle. Er wußte, welchen Reichtum und welche Macht Tom repräsentierte, und es wurde Tom klar, daß er selbst erst anfing zu begreifen, was Reichtum und Macht auszurichten vermochten. Lucy war da schon viel weiter.

Er empfand plötzlich so etwas wie Besitzerstolz darüber, daß Lucy neben ihm saß. Zur Hölle mit denen, die sie nicht für anziehend hielten! Für ihn war sie es. Sie war eine selbstbewußte und seiner Ansicht nach auch hübsche Frau. Sie waren nie miteinander ins Bett gegangen, waren sich in keiner Weise körperlich nahegekommen. Aber jetzt erregte ihn der Gedanke an ihre Nähe, wie ihn schon lange keine Frau mehr erregt hatte.

All das ging Tom durch den Kopf, während Lucy mit dem Abgeordneten plauderte. Tom bestellte Getränke, Whisky und Soda für alle.

«Lassen Sie mich eines gleich klarstellen», sagte Drake, ebenso beiläufig wie unerwartet. «Für Ihre Schwester kann ich nichts mehr tun. Es ist zu spät. Ich möchte Ihnen nur sagen, daß ich nicht wußte, daß es sich um Ihre Schwester handelt, als der Ausschuß sie vorlud. Für uns hieß sie Barbara Cohen. Erst später merkte ich, wer sie ist. Sie war unverschämt und aggressiv, aber darum geht es nicht. Es geht darum, daß sie selbst die Anklage wegen Mißachtung des Ausschusses jederzeit entkräften kann, wenn sie das will. Sie braucht nur die Namen zu nennen, nach denen wir gefragt haben.»

Tom sah Drake lange nachdenklich an. Lucy beobachtete ihn, sie war gespannt, wie er weiter vorgehen wollte. Schließlich sagte er: «Das müssen wir wohl meiner Schwester überlassen, meinen Sie nicht auch?»

Drake war einen Augenblick lang verblüfft und nickte nur.

«Wir stehen einander nicht besonders nahe», fuhr Tom mit kühler Stimme fort, die keinerlei Bewegung verriet. «Sie ist eine erwachsene Frau und hat mich nie um Rat gefragt. Ich hätte noch gewartet, bis wir einander etwas besser kannten, Mr. Drake, vielleicht nach zwei oder drei Drinks, aber da Sie gleich zur Sache kommen, will ich mich auch nicht zieren. Ich habe Sie nicht um dieses Gespräch gebeten, um mit Ihnen über meine Schwester zu sprechen. Ich wollte mit Ihnen über die Lavettes sprechen, denn von ihnen haben Sie offensichtlich sehr wenig gewußt, als Sie meiner Schwester die Ladung ins Haus schickten.»

In die Verteidigung gedrängt, beteuerte Drake noch einmal, daß ihm nicht bewußt gewesen sei, wer Barbara war.

«Klar», sagte Tom. «Schwamm drüber. Lassen Sie mich nur eins sagen. Ich bin Vorstandsvorsitzender und Inhaber der Aktienmehrheit des fünftgrößten Konzerns in diesem Staat. Ich spreche nicht nur von der Seldon Bank, sondern von einer Interessenverflechtung, die bis in jeden Winkel dieses Staates und noch darüber hinaus reicht. Mehr brauche ich wohl nicht zu sagen. Sie stehen im Herbst zur Wiederwahl an, und mir ist zu Ohren gekommen, daß Sie ganz gern Gouverneur werden möchten. Ich glaube nicht, daß die Republikanische Partei in Kalifornien ohne unsere Hilfe einen Gouverneur ins Amt bringen könnte.»

«Ich weiß wirklich nicht, was ich zu diesem Zeitpunkt noch für Ihre Schwester tun könnte», sagte Drake hilflos.

«Nichts, gar nichts, das weiß ich doch. Es ist Pech, daß meine Schwester da hineingeraten ist. Sprechen wir lieber von Ihren Plänen, Mr. Drake.»

Während der nächsten Stunden lauschten Tom und Lucy der großspurigen Wichtigtuerei von Norman Drake. Sie ließen Speisen und Getränke auffahren, priesen seinen Scharfsinn und Patriotismus, und er seinerseits schmolz zusehends unter Entschuldigungen wegen seiner Unwissenheit dahin.

Schließlich fuhren Tom und Lucy ihn nach Hause, nach San Pablo, da er zu betrunken war, um selbst zu fahren. Da sie zu müde waren, um nach Pacific Heights zurückzukehren, nahmen sie in einem nahegelegenen Hotel getrennte, aber nebeneinanderliegende Zimmer.

Tom badete und zog, da sie ohne Gepäck gekommen waren, nach dem Bad Hemd und Hose wieder an. Er war nicht sehr müde. Die Art und Weise, wie sie mit Drake umgesprungen waren, hatte ihn angeregt und in Hochstimmung versetzt. Zugleich war er nervös wie ein Schuljunge bei einem unerlaubten Rendezvous. Er hatte große Lust, zu Lucy hinüberzugehen, fand aber nicht den

Mut dazu. Sie erlöste ihn aus diesem Dilemma, indem sie ihrerseits an seine Tür klopfte. Sie hatte einige Zeitschriften im Arm.

«Hier, falls du nicht schlafen kannst.» Sie stand vor ihm und sah ihn aufmerksam an.

«Du bist schön», antwortete er.

«Danke – für das Kompliment, nicht für das, was dahinter steckt. Es hat mich sehr beeindruckt, wie du den Mistkerl behandelt hast.»

«Aber, Lucy, nicht so hart. Von jetzt an ist er doch unser kleiner Mistkerl.»

«Und was mit Barbara geschieht, ist dir wirklich egal?»

«Schockiert dich das?»

«Nein. Ich habe nicht viel für deine Schwester übrig. Ehrlich gesagt, halte ich sie für ein sentimentales Schaf. Aber ich muß sagen, daß ich meine Meinung über Drake gar nicht in Worte fassen kann. Was für ein schmieriger, widerlicher Typ! Glaubst du wirklich, daß jemand wie er eine große Zukunft hat?»

«Wenn wir ihn aufbauen – warum nicht?»

«Ihn aufbauen, das scheint mir treffend gesagt.»

«Er wird sehr folgsam sein, und ich glaube nicht, daß er die Hand beißen wird, die ihn füttert. Er hat Schuldgefühle wegen Barbara, und er läßt sich nicht davon überzeugen, daß mir die Sache völlig gleichgültig ist. Vielleicht will ich ihn auch gar nicht überzeugen.»

Lucy ließ sich aufs Bett fallen. «Komm her, Thomas.»

«Ja?» Er trat ans Bett und sah auf sie hinab.

«Hat dich jemals eine Frau körperlich geliebt?»

«Lucy, ich bin sechsunddreißig.»

«Das heißt nur, daß du mit Frauen im Bett warst. Aber das, mein lieber Junge, habe ich nicht gemeint. Ich meine, ob eine Frau dich jemals geliebt hat?» Sie ergriff seine Hand. «Sag nichts. Zieh diese alberne Hose aus und leg dich neben mich.»

Als er die Knöpfe öffnete, zitterten seine Hände wie die eines Jünglings bei seinem ersten Liebesabenteuer. Lucy lächelte ihn an, ihr langes eckiges Gesicht wirkte beinahe hübsch. Sie streifte ihre Schuhe ab, ihr Kleid, ihre Unterwäsche. Zum erstenmal sah Tom sie nackt. Ihr Körper war kräftig und muskulös, die Hüften schmal, die Brüste klein. Er zitterte vor Erregung. Keine Frau hatte ihn je so erregt. Endlich hatte auch er sich aus seinen Kleidern befreit.

«Leg dich hin», sagte sie und rückte zur Seite. «Leg dich hin und vergiß alles, was dich bekümmert.» Er streckte sich aus, und sie begann ihn zu streicheln, zu liebkosen, bis sein Körper unter ihren Händen bebte. Er wollte die Liebkosungen erwidern, aber sie flüsterte: «Nein, nicht, jetzt bin ich an der Reihe.»

«Soll ich das Licht ausmachen?»

«Nein, so ist es besser.»

Als er sie streicheln wollte, schob sie seine Hände zurück aufs Bett. Er sah sich als ihren Gefangenen, ihr Schoßtier und Spielzeug, und der Gedanke versetzte ihn in erotische Ekstase. Als sie schließlich mit einem Lächeln, als triumphiere sie, rittlings auf ihm saß und sich vorbeugte, so daß ihre schwarzen Haare über sein Gesicht fielen und er ihre winzigen schwingenden Brüste über sich sah, schüttelte es ihn mit solcher Gewalt, daß sein ganzer Körper erbebte und er schließlich ermattet dalag, unfähig, einen Gedanken zu fassen.

Später sagte Lucy: «Ich glaube, wir passen gut zueinander, Thomas. Aber ich werde nicht die eifersüchtige Ehefrau spielen, und du bitte auch nicht den eifersüchtigen Ehemann. Ich denke, wir sind ein interessantes Gespann.»

Drei Tage später heirateten sie in San Francisco im Hause ihres Vaters. Da es für beide die zweite Eheschließung war, beschränkte sich die kleine Hochzeitsgesellschaft auf den engeren Familienkreis – Alvin Sommers, Lucys Vater, sehr alt und welk, ein Onkel und eine Tante der Braut, dann Jean und Dan Lavette sowie Barbara. Joe, Toms Halbbruder, hatte man nicht eingeladen. Er und Tom waren sich noch nie begegnet. Alvin Sommers, der nach Jeans Rücktritt den Vorsitz im Vorstand der Seldon Bank übernommen hatte, war höchst erbaut von dieser Eheschließung und kicherte greisenhaft vor Freude über die Aussicht, daß seine Familie erneut die Kontrolle über das wachsende Seldon-Vermögen gewinnen würde. Abgesehen von der finanziellen Freude des Alten war die Stimmung der kleinen Gesellschaft eher kühl und verhalten; die Küsse und Umarmungen, die die Familienbande geboten, wurden zu flüchtigen, höflichen Andeutungen. Man brach früh auf; Dan und Jean nahmen Barbara auf einen Drink mit zu sich, um sich etwas zu entspannen.

Eine Woche zuvor hatte Barbara Anna Gomez eingestellt, die neunzehnjährige Tochter des Mechanikers Francis Gomez, der Bernies Werkstatt übernommen hatte. Anna war ein sympathisches, ehrliches Mädchen. Sie sollte in der Green Street leben, sich um den Haushalt kümmern und auf Sammy achtgeben, wenn Barbara unterwegs war. Barbara mochte sie und vertraute ihr. In die Trauer um Bernies Tod mischte sich jetzt die Erkenntnis, daß sie sich mit den neuen Gegebenheiten abfinden mußte und als alleinstehende Frau für die Sorge ums tägliche Leben und auch für ihre Arbeit mehr Zeit brauchen würde.

«Was sind wir bloß für eine Familie», sagte Barbara zu Jean. «Was für eine lieblose, freudlose Feier! Ich mag Tom zwar nicht besonders, aber er tut mir leid, vor allem dann, wenn er meint, Grund zum Jubeln zu haben.»

Dan brachte Cognac, und sie setzten sich im Wohnzimmer des Hauses auf Russian Hill vor den Kamin.

«Einen Grund zum Jubeln würde ich es nicht nennen», antwortete Jean. «Aber wahrscheinlich ist es auch nicht schlimmer als in den meisten Ehen.»

«Diese Frau ist ein Barracuda», sagte Dan, «aber Tom selbst hat ja auch etwas von einem Piranha.»

Barbara mußte lachen. «Was für ein hübscher Angler-Vergleich! Das sieht meinem lieben Fischervater ähnlich!»

«Ich fürchte, ich denke wie Bobby», sagte Jean. «Mir tut er leid.»

«Er kommt schon auf seine Kosten. Habt ihr schon die Sache mit John Whittier gehört?»

«Nein. Was ist mit ihm?»

«Tom hat ihn ausgebootet. Er ist mit dem Stimmrecht von Al Sommers Aktienpaket aufgekreuzt und hat John hochkantig rausgeworfen. Der alte Grant Whittier wird sich im Grabe umdrehen.»

«Sag mal, wovon redest du eigentlich?» fragte Jean.

«Habe ich doch gerade gesagt. John Whittier ist weg vom Fenster. Die Great Cal Shipping heißt jetzt GCS, und Tom ist jetzt der Vorstandsvorsitzende.»

«Woher weißt du das schon wieder?»

«Das spricht sich herum.»

«Aber Tom war sein Schützling. John verehrte ihn.»

«John Whittier hat nie in seinem Leben jemanden anders verehrt als John Whittier», warf Barbara ein.

«Ich weiß, daß du nie viel für ihn übrig hattest, Bobby. Aber Tom mochte er wirklich. Es war seine Idee, die Bank mit seiner

Gesellschaft zu verbinden. Warum um alles in der Welt mußte Tom das tun? John ist doch ein alter, kranker Mann.»

«Tom kann nun mal nicht warten», sagte Dan. «Ich würde keine Tränen um John Whittier vergießen. Er hat seine Aktien und genug Millionen, um angenehm leben zu können.»

«Meinst du, daß es Lucys Idee war?»

«Möglich. Sie hat ihm die fehlenden Stimmrechte eingebracht. Aber unterschätze unseren Kleinen nicht, Jeanie. Der weiß auch allein, was gut für ihn ist.»

Eines Tages, als Barbara mit ihrem Sohn im Huntington Park mit dem Ball spielte, ertappte sie sich dabei, wie sie bei dem einfachen Spiel mit dem großen, weichen rollenden Ball, den zu greifen sie Sam beizubringen versuchte, immer munterer und fröhlicher wurde und schließlich unbefangen lachte.

Es war also geschehen. Das unmittelbar darauf folgende schlechte Gewissen verflog rasch. «Lachen ist keine Sünde», sagte sie sich, empfand es aber dennoch als Sünde, so fröhlich und vollkommen lebendig zu sein. Aber es war nun einmal geschehen, und sie war nicht der Mensch, der sich absichtlich in den Zustand der Niedergeschlagenheit versetzte. Wie es ohne Sam um sie gestanden hätte, wußte sie nicht. Der Gedanke, ihm könnte etwas zustoßen, erfüllte sie mit Schrecken. Er verkörperte das einzig Gesunde, das einzig Gültige, das es in ihrer Welt noch gab. Sie wußte, daß sie kein weiteres Kind mehr haben würde. Sie war fast fünfunddreißig, was an sich nicht viel besagte, aber selbst wenn sie sich mit einem zweiten Kaiserschnitt abfand – an eine neue Ehe mochte sie nicht denken. Jean hatte vorsichtig versucht, darüber zu sprechen, aber Barbara hatte sich dem entzogen.

Komme, was da wolle, sie hatte ihren Sohn, ein Jahr und sieben Monate alt, knapp vierzehn Kilo schwer, der schon nicht mehr in die Sportkarre gesetzt werden wollte und ihren Finger mit festem Griff umschloß, wenn er neben ihr einen Fuß vor den anderen setzte. Das Leben ging weiter, wenn auch unter neuen Vorzeichen. Die Sonne ging jeden Morgen auf, der kühle Wind wehte vom Pazifik; gewiß, es war ein Klischee, zu sagen, daß das Leben den Lebenden gehört, aber es stimmte. Sam staunte, wenn die Cable-cars vorüberrumpelten, und sein Vergnügen kannte keine Grenzen, wenn sie ihn auf den Arm nahm und in einen der Wagen einstieg. Sie dankte Gott, daß sie so groß und kräftig war; vierzehn Kilo waren keine Kleinigkeit. Sie fuhren von einer Endstation zur anderen, und Sam krähte vor Vergnügen, wenn der Wagen die Kuppe eines Hügels erklomm und der ganze lange Abhang zur Bucht hinunter vor ihnen lag. Wenn sie dann nach Hause kamen, übergab Barbara den Jungen Anna und setzte sich an ihre Schreibmaschine.

Sie konnte wieder schreiben und entdeckte in dem, was sie schrieb, eine neue Tiefe und neue Kraft. An Einfällen mangelte es ihr nicht und doch fiel es ihr schwer, über Dinge zu schreiben, die sie selbst nie erlebt hatte. Sobald sie über etwas schrieb, was sie sich nur ausgedacht hatte, erschien es ihr ohne Schwung und Bedeutung. Obwohl sie sich kaum vorstellen konnte, daß man sie früher oder später verhaften und vor Gericht stellen würde – so ganz konnte sie diesen Gedanken nie aus ihrem Kopf verbannen, und sie fühlte sich unter dem Zwang, ihr Buch beenden zu müssen, bevor das eintraf.

Das Buch war anders als alles, was sie bisher geschrieben hatte. Ihr erstes Buch handelte von ihren Erlebnissen in Berlin und Paris vor dem Krieg, ihr zweites von den Kriegsjahren, die sie in Nordafrika, Indien und Burma verbracht hatte. Ihr neuer Roman war eine täuschend einfache Liebesgeschichte von einem Kriegsheimkehrer, der heiratete und sich in San Francisco niederließ, gewiß nichts, das ihrem Verleger, der sie gebeten hatte, es nicht zu politisch zu machen, Kopfschmerzen bereiten würde. Sie hatte beim Schreiben viel mehr Schwierigkeiten als bei ihren früheren Büchern, zumal die Nachricht von Bernies Tod sie erreicht hatte, als sie mitten in dem Buch steckte. Sie hatte wochenlang nicht schreiben können; jetzt kam sie jeden Tag ein Stückchen voran und hatte das Gefühl, daß es gut war.

Anfang Juli kam ein Brief von Herb Goodman aus Israel. Ihm lag ein Foto bei, das ein Grab zeigte, eines von vielen, ordentlich in Reih und Glied ausgerichteten Gräbern, wie man sie von Soldatenfriedhöfen kennt. Ihre Augen wurden feucht, und sie mußte schlucken; lange saß sie mit dem Bild in der Hand und konnte den Brief nicht lesen.

Es war nur ein kurzer Brief: «Liebe Mrs. Cohen! Ich dachte mir, daß Sie vielleicht gern ein Bild von Bernies Grab hätten. Er liegt auf dem Soldatenfriedhof in den Hügeln außerhalb von Jerusalem, zusammen mit anderen guten und tapferen Männern, die im Kampf um eine jüdische Heimat gefallen sind. Nächste Woche heirate ich und zwar eine Sabra, das heißt, ein Mädchen, das hier in Israel geboren ist. Wir werden unser erstes Kind Bernie nennen, gleich, ob es ein Junge oder ein Mädchen wird, nicht nur, weil ich ihn gern hatte, sondern auch, weil er einer von den Besten war. Das zweite Kind soll dann Irv heißen, nach Irv Brodsky, der mit Bernie umgekommen ist. Ich weiß nicht, ob Ihnen das etwas bedeutet, aber ich dachte, Sie sollten es erfahren. Ich lege außer dem Foto eine genaue Karte bei, die Ihnen hilft, das Grab zu finden, wenn Sie einmal herkommen und das Grab sehen wollen. Jetzt, wo der Krieg vorbei ist, werden die Gräber auf den Soldatenfriedhöfen gut gepflegt. Ich weiß nicht, was ich noch schreiben soll, außer, daß ich Ihnen alles Gute wünsche. Ich kann Ihre Trauer nachempfinden, denn der Bruder meiner Verlobten ist gleichfalls in diesem Krieg gefallen, und fast jeder, den man trifft, hat nahe Angehörige verloren. Wir hoffen nur, daß der Krieg jetzt endgültig vorüber ist.»

Anna kam herein und sah, daß Barbara mit dem Brief in der Hand dasaß und weinte. «Sind es schlimme Nachrichten, Señora?»

Barbara schüttelte den Kopf. «Nur ein Brief von einem Freund meines Mannes.»

Einige Tage später kam Sally, um Barbara in San Francisco zu besuchen. Ihr Kind hatte sie in der Obhut von Lola Gonzales gelassen, der Frau von Joes Partner in der Klinik. «Ich mußte einmal raus», erklärte sie Barbara. «Ich hatte das Gefühl, zu ersticken und zu vertrocknen und langsam abzusterben. Ach, ich bin unmöglich, Bobby. Ich habe keine Geduld, ich bin eine schlechte Hausfrau und mache den armen Joe unglücklich. Er ist der beste, anständigste Mensch, den man sich vorstellen kann; er verdient wirklich etwas Besseres als mich. Ich bin selbst ganz unglücklich. Kann ich heute nacht hierbleiben? Dann fahre ich morgen früh zurück.»

«Willst du nicht deine Angehörigen in Higate besuchen?»

«Nein, das ertrage ich nicht. Sie sind so glücklich und zufrieden, sie denken an nichts anderes als an ihren kostbaren Wein. Mit Eloise verstehe ich mich nicht sehr gut. Sie sieht ihren einzigen Lebensinhalt darin, aus sich selbst einen perfekten Dienstboten für meinen tumben Bruder Adam zu machen – oh, Bobby, mir ist so elend.»

«Also gut», sagte Barbara. «Natürlich kannst du über Nacht bleiben. Bring deine Sachen ins Gästezimmer rauf und dann nimm erst einmal ein richtig heißes Bad. Das ist immer noch die beste Medizin gegen alle Arten von Elend. Dann essen wir und unterhalten uns.»

Beim Abendessen sagte Barbara: «Sally, nun hör doch endlich auf, Joe einen Heiligenschein aufs Haupt zu setzen. Er ist zwar mein Bruder, aber ich mag dich auch. Erzähl endlich, was los ist.»

«Wirklich, Bobby, magst du mich?»

Was für ein seltsames Mädchen, dachte Barbara. Ich kenne keinen Menschen, der seinen Gesichtsausdruck so schnell ändert wie sie. In dem einen Augenblick tragische Maske, im nächsten köstlicher Clown, mit ihrem großen Mund und ihren unglaublichen hellblauen Augen und dem langen blonden Haar. Sie sollte es sich wirklich kurzschneiden lassen. Aber dazu müßte sie erst einmal erwachsen werden. «Ja, ich mag dich», sagte sie.

«Du weißt, wie wahnsinnig und abgöttisch ich Joe geliebt habe ...»

«Ich glaube, da machst du dir was vor.»

«Aber, Bobby!»

«Geliebt hast du sicher, oh ja. Aber Joe? Vielleicht warst du nur verliebt?»

«Ich weiß es nicht. Ich habe alles so satt, ich könnte heulen. Ich liebe meine Kleine – jedenfalls meistens. Sie ist süß. Aber wer bin ich? Was bin ich? Unser Haus deprimiert mich. Wenn Joe nach Hause kommt, ist er sogar zum Reden zu müde. Und wenn wir wirklich einmal reden könnten, wissen wir nicht, worüber wir reden sollen. Wenn ich ihm meine Gedichte vorlese, tut er nur so, als ob er zuhört. Einmal ist er mittendrin eingeschlafen. Er ist nie gemein oder rücksichtslos, und ich weiß, daß er sich ganz für die Klinik aufopfert. Dabei könnte er haufenweise Geld verdienen, wenn er eine eigene Praxis aufmachen würde. Man sagt, er sei einer der besten Chirurgen von Los Angeles. Und manche, die nicht halb so viel können wie er, verdienen hunderttausend im Jahr und wohnen oben auf Beverly Hills in vornehmen Villen ...»

«Ist es das, was dir fehlt, Sally? Geld und ein großes Haus in Beverly Hills?»

«Ach, daran liegt mir nichts, das weißt du doch, Bobby. Aber ich möchte genug Geld haben, um jemanden für May Ling einzustellen und ein ordentliches Auto zu haben, statt der alten Schrottmühle, die ich jetzt fahre. Deswegen habe ich auch das Drehbuch geschrieben.»

«Ein Drehbuch?»

«Na ja, als Lyriker ist man doch so eine Art öffentliches Dienstleistungsunternehmen. Ich war so aufgeregt, als mein erster Gedichtband veröffentlicht wurde. Er hat ganze sechsundachtzig Dollar eingebracht. Wenn ich ein Gedicht an eine Zeitung oder Zeitschrift verkaufe, bekomme ich zehn oder fünfzehn Dollar dafür. So wird man nicht reich. Und wenn ich an all diese abscheulichen Filme denke – das kann ich bestimmt besser, jedenfalls bin ich davon überzeugt. Also habe ich das hier geschrieben, ich habe es mit. Würdest du es wohl lesen? Es dauert nur eine Stunde, bitte, Bobby.»

«Natürlich, gern», willigte Barbara ein.

«Und außerdem hatte Joe mir, glaube ich, mal vor Jahren erzählt, daß dein Vater für einen bekannten Regisseur in Hollywood eine Yacht gebaut hat. Stimmt das?»

«Ja, das war Alex Hargasey. Ich habe erst vor einigen Monaten einen Film von ihm gesehen. Er hieß *Verzehrende Leidenschaft* oder so ähnlich.»

«Ja, das war der Name. Ob Dan wohl mal bei ihm anrufen würde, damit ich ihm mein Manuskript einmal vorlegen kann?»

«Das würde er wohl tun», meinte Barbara. «Ich lese es erstmal durch.

Barbara war von dem Manuskript nicht sonderlich angetan. Sie fand es süßlich, kitschig und ohne dramatische Kraft. Aber, wie sie Sally erklärte: «Ich verstehe nicht viel von Drehbüchern. Ich habe vorher noch nie eines gelesen, habe also keine Ahnung, was es da für Grenzen und Maßstäbe gibt.»

«Aber hat es dir gefallen? Ich meine, nur so als Leser?»

Barbara dachte daran, wie sie May Ling einmal einige Seiten ihres ersten Buches zu lesen gegeben hatte. Sie lebte damals bei Dan und May Ling in Westwood und unternahm gerade ihre ersten Gehversuche als Schriftstellerin. May Ling hatte ihr aufrichtig ihre Meinung gesagt und keine Gnade walten lassen. Barbara hatte die Seiten zerrissen, und nachdem ihre Wut auf May Ling verraucht war, noch einmal von vorn angefangen, diesmal mit mehr Erfolg. Aber bei Sally mußte sie behutsamer vorgehen. Nicht nur, weil sie sich auf diesem Gebiet nicht kompetent fühlte, sondern auch, weil Sally ganz offensichtlich keine weitere Beeinträchtigung ihres angeschlagenen Selbstgefühls vertragen konnte.

«Es hat mir ganz gut gefallen», log Barbara mit schlechtem Gewissen.

«Wirklich? Oh, wie ich mich freue, Bobby. Und wirst du Dan bitten, mit Mr. Hargasey zu reden?»

«Ja, das tue ich.»

Sally sprang auf und umarmte Barbara. «Oh, ich liebe dich, Bobby! Was hältst du übrigens von Billy Clawson?»

Die Frage kam völlig unerwartet. «Wieso?»

«Ich glaube, er hat sich in mich verliebt.»

Diesmal verschlug es Barbara die Sprache. Sie saß da und blickte Sally schweigend an, bis Sally verlegen sagte: «Du hast doch gehört. Ich glaube, er hat sich in mich verliebt.»

«Bei dir komme ich aus dem Staunen nicht mehr raus, Sally.»

«Ich weiß, was du denkst. Jeder hält Billy für blöde und wertlos, und manche wohl auch für homosexuell. Aber in Wirklichkeit fällt es ihm nur schwer, sich anderen mitzuteilen, weil er eben auf diesem Jesus-Trip ist. Ich meine, manchmal glaube ich, er hält sich für Jesus. Er lebt in einem scheußlichen, winzigen möblierten Zimmer unten im Barrio und arbeitet in der Klinik als Krankenpfleger und macht auch sauber dort –»

«Halt, halt!» rief Barbara. «Sally, sei bitte mal eine Minute lang still und laß mich einen klaren Gedanken fassen. Bitte!»

Sally atmete tief ein und sagte: «Gut, wenn du willst. Was habe ich denn gesagt?»

«Nichts. Gar nichts. Sieh mal, ich weiß, was Billy Clawson in Los Angeles tut. Joe hat es mir erzählt. Was Billy für ein Mensch ist, weiß ich nicht. Wir haben keine zehn Worte miteinander gesprochen. Aber er ist Eloises Bruder, und Eloise mag ich genauso gern wie dich. Ich mag euch beide, auch wenn ich zugeben muß, daß du völlig überkandidelt bist.»

«Das ist nicht nett von dir.»

«Schon möglich. Jetzt sag mir ehrlich, Sally, hast du etwas mit ihm? Oder sag mir, das ginge mich nichts an. Ich weiß überhaupt nicht, was ich mit dieser Sache zu tun haben soll.»

«Aber nein, um Gottes willen, da ist gar nichts.»

«Und er? Hat er dir gesagt, daß er dich liebt?»

«Nein, dazu ist er viel zu schüchtern. So etwas würde er nie über die Lippen bringen.»

«Liebst du ihn?»

«Nein.»

Barbara stand auf und ging ungeduldig auf und ab. «Sally, ich weiß nicht, warum du damit ausgerechnet zu mir kommst. Ich will dich ja nicht zurückweisen, aber überlege mal, in welche Lage du mich bringst. Ich bin Joes Schwester. Ich weiß nicht, wie ich mit dir darüber sprechen soll. Sicher, ich kenne Joe nicht mehr so gut wie früher, denn wir verstanden uns sehr gut, bis er eingezogen wurde. Seitdem hat er sich verändert. Ich verstehe dich schon, aber ich kann dir nicht helfen.»

Sally trat auf Barbara zu und legte den Arm um sie. «Arme Bobby, ich bin wirklich der selbstsüchtigste Mensch von der Welt. Wie kann ich dich nur damit behelligen, nach allem, was du durchgemacht hast.»

«Ach, es ist schon in Ordnung so», flüsterte Barbara.

«Nein, das ist es nicht. Nichts ist in Ordnung, die ganze Welt nicht. Du findest Bernie nach all den Jahren wieder, und er geht weg und wird umgebracht. Und jetzt wollen diese Lumpen da auch noch ihre Nummer mit dir abziehen. Nichts ist in Ordnung.» Sie fiel in einen Sessel und fing an zu weinen. Barbara betrachtete sie resigniert.

Stephan Cassala war überrascht, wie gut Dan aussah, als er zum erstenmal wieder in sein Büro am Jack London Square in Oakland kam. Er hatte abgenommen, und sein Haar war weiß, aber seine Haut war von langen Sonnenbädern auf der Terrasse hinter dem Haus gebräunt. Er sah gesund aus. Mit der Rückkehr zur Arbeit hatte er sich Zeit gelassen. Zum erstenmal in seinem Leben genoß er es, herumzusitzen und nichts zu tun. Es genügte ihm, bei Jean zu sein. Als sie einmal auf der Terrasse saßen, sagte er zu ihr: «Weißt du, Jeanie, ich sehe dich an, und ich bin mir deiner immer noch nicht ganz sicher.»

«Das ist auch gut und richtig so.»

«Ja? Vielleicht. Nur, nach vierzig Jahren ...»

«Nicht ganz vierzig.»

«Aber fast. Nach so langer Zeit sollte man meinen, daß ich dich kenne. Aber nein, da sitze ich und bin immer noch dabei, zu überlegen, wie ich es schaffe, auf den Nob Hill zu kommen und Tom Seldons Tochter zu heiraten.»

«Was du ja zweimal getan hast.»

«Da hast du recht, ja.»

Jetzt im Büro, widerstrebte es ihm, sich an seinen Schreibtisch zu setzen, und er ging unruhig auf und ab. Steve Cassala beobachtete ihn und fragte vorsichtig: «Wie fühlst du dich, Dan?»

«Ganz gut. Ich glaube, es macht einen lebendiger, wenn man dem Totengräber von der Schippe gesprungen ist. Dann sagt man sich nämlich, daß man Glück gehabt hat. Ich glaube, ich habe großes Glück gehabt. Wie sieht es bei uns aus?»

«Wir machen Geld.»

«Ja richtig, so heißt das Spiel. Ich wünschte, ich könnte mich noch dafür erwärmen.» Er setzte sich an den Schreibtisch und sah Cassala an. «Die Wahrheit ist, Steve, ich sehe keinen Sinn mehr darin. Es ist mir egal. Dir brauche ich ja nicht zu erzählen, wie mein Leben war, du warst ja bei jedem Schritt dabei.»

«Ja, wir haben es beide miterlebt, Danny.»

«Was habe ich eigentlich gewollt? Weißt du, die letzten Wochen habe ich viel auf der Terrasse gelegen, gelesen, meist mit Jean zusammen. Ich habe ihr zwar gesagt, sie könne gern weggehen und etwas anderes tun, aber meistens war sie da. Ich habe versucht, hinter etwas ganz Bestimmtes zu kommen, nämlich: wer zum Henker ist Dan Lavette? Was will er eigentlich? Nun, ich wollte Jean, und ich habe sie in gewisser Weise auch bekommen. Ich wollte May Ling, und ich hatte sie, solange sie lebte, und jetzt habe ich wieder Jean, und das bedeutet mir sehr viel. Aber die Firma bedeutet mir nicht mehr viel.»

«Du kannst ja ausscheiden, wenn du das willst, Danny. Ich schaffe das hier auch allein.»

«Das tust du schon die ganze Zeit.» Er warf einen Blick auf den Tischkalender vor sich. «Was heißt das hier?»

«Tom war hier. Er wollte sehen, ob du schon wieder an Deck warst. Er will heute nachmittag noch einmal wiederkommen. Ich habe ihm gesagt, um drei. Wir können zusammen Mittag essen und alles bereden.»

«Senator Claybourne?»

«Die Sitzungsperiode endet diese Woche, und dann kommt er nach San Francisco. Er möchte dich gern einmal sprechen.»

«Wie klang er?»

«Freundlich. Wir haben seinen letzten Wahlkampf mit zehntausend unterstützt. Er schuldet uns also etwas.»

«Was diese Halunken von Politikern einem schulden, dafür würde ich keine zehn Cent geben. Sie verkaufen, wenn der Preis stimmt und niemand ihre Machenschaften kontrollieren kann.

Früher, als sie von New York aus operierten und Jimmy Walter Bürgermeister war, saß die Korruption mitten im Rathaus. Da war alles klar und überschaubar. Sie hatten eine vervielfältigte Preisliste. Sie begann bei fünfhundert Dollar für Totschlag, und jedes nur vorstellbare Verbrechen hatte seinen Preis. Das war allerdings während der Wirtschaftskrise, die Preise waren damals niedrig. Aber irgendwo war das verdammt ehrlich, diese feststehenden, kalkulierbaren Bestechungssummen. Oder siehst du das anders, Steve?»

«Du hast sicher recht.»

«Hat Tom gesagt, was er will?»

«Nein.»

«Was hältst du von ihm?»

«Er ist jemand, mit dem man rechnen muß, Dan.»

«Du drückst dich sehr vorsichtig aus.»

«Er ist dein Sohn.»

«Ja, das ist er wohl, was?»

Nach dem Essen war Dan müde. Er hatte zuviel gegessen. Kellman hatte ihn zwar davor gewarnt, aber als er mit Cassala in dem italienischen Restaurant saß, brach sein Widerstand zusammen. Er stopfte sich voll mit Spaghetti und Kalbfleisch, und danach war es vollends vorbei mit seiner Haltung, und er bat den Kellner, ihm eine Zigarre zu bringen. Glücklicherweise gab es in dem Restaurant nur eine einzige Kiste mit billigen Stinkadores einheimischer Produktion, so daß Dan mühelos abwinken konnte, ohne das Gefühl zu haben, ihm sei etwas entgangen. Um halb drei saß er wieder im Büro, gelangweilt und unbeteiligt.

Er begann den Entwurf einer Yacht auf dem Terminkalender zu skizzieren. Als er noch im Krankenhaus lag, hatte Jean seinen Traum, ein Boot zu bauen und die Bucht zu erkunden, wohlwollend aufgenommen. Ob diese Bereitschaft wohl anhalten würde? Sie hatte nie viel für kleine Boote übriggehabt, vielleicht, weil kleine Boote das Symbol des Fischers waren, den sie geheiratet hatte. Vielleicht änderte sich das aber, wie anderes auch. Er entwarf eine Yawl, dann radierte er den zweiten Mast wieder aus. Ein Einmaster war besser zum Segelnlernen. Er schloß die Augen und stellte sich Jean in weißen Segelhosen und einem Ringelpullover vor, mit Haaren, die im Wind wehten. Er begehrte sie immer noch, sobald er nur an sie dachte. Achtundfünfzig ist sie, dachte er, und mir ist, als hätte ich sie heute morgen zum erstenmal gesehen. Seine

Schuldgefühle kamen wieder hoch. Er wußte, daß er in all den Jahren mit May Ling Jean nie wirklich aufgegeben, sich nie innerlich von ihr gelöst hatte. Er hatte einmal gelesen, daß die sogenannte romantische Liebe letztlich auf der Illusion basierte, der Geliebten sei etwas zu eigen, was dem Liebenden fehlt. Das traf auf beide Frauen zu, die sein Leben geteilt hatten. Ging es anderen Männern ebenso, daß sie sich ohne eine Frau, die ihr eigenes Wesen vervollständigte, nur halb lebendig fühlten?

Er mußte eingenickt sein, denn er wurde plötzlich durch das Summen der Gegensprechanlage wach. Seine Sekretärin meldete Tom an.

«Schicken Sie ihn rein.»

Tom kam mit der größten Selbstverständlichkeit herein. Jetzt sind wir ja auch keine Fremden mehr, dachte Dan. Dreimal in zwanzig Jahren; erst im Krankenhaus, dann bei der Hochzeit, und jetzt hier.

«Wie geht's?» fragte Tom.

«Ziemlich gut. So wie früher. Als hätte ich nie einen Herzinfarkt gehabt.»

«Das hört sich gut an.»

«Wie war die Hochzeitsreise?»

«Zu kurz. Ich kann die Arbeit nicht lange liegen lassen. Ehrlich gesagt ist für mich die Arbeit spannender als alles andere. Lucy geht es genauso.»

«Nun, ein Mann sollte schon Spaß an der Arbeit haben», stimmte Dan zu.

«Geht es dir auch so?»

«Mir? Ob ich Spaß an der Arbeit habe?» Dan betrachtete seinen Sohn nachdenklich. Bisher hatte Tom ihn bei ihren Begegnungen nie mit ‹Dad› oder ‹Daddy› oder ‹Dan› angesprochen – als hätte er eine Linie gezogen, die er auf keinen Fall überschreiten wollte. Oder doch? Bei der Hochzeit mit Sicherheit nicht. Aber damals im Krankenhaus? Dan versuchte sich zu erinnern, während er den schlanken, gutaussehenden Mann vor sich betrachtete, der sein Sohn war. Er geriet Jean und den Seldons nach, da gab es keinen Zweifel. Dan ertappte sich bei dem Gedanken: wenn ich so einen Sohn hätte – nein, dazu war es zu spät. Zu spät für alles außer Höflichkeit, und das war ja immerhin auch etwas.

Laut sagte er: «Was meintest du eben?»

«Ob es dir Spaß macht, die Reederei zu leiten.»

«Es ist das einzige, worauf ich mich verstehe. Schiffe und Schifffahrt. Sechzig Jahre, ohne etwas dazuzulernen. Wir sind zwar nicht die Cunard-Linie, aber wir haben immerhin sieben Tanker, vier davon unter liberianischer Flagge. Gute, gesunde Schiffe, und gute Kontrakte haben wir auch.»

«Aber macht es dir Spaß?»

«Nein, nicht viel. Das Ganze hängt mir zum Hals heraus, Tom.»

«Das höre ich gern.»

«Warum?»

«Ich würde dein Unternehmen gern aufkaufen», sagte Tom ohne Umschweife. Dann lehnte er sich in seinen Sessel zurück und blickte Dan abwartend an.

Auch Dan sah seinen Sohn an. Es dauerte fast eine Minute, bis er antworten konnte. Das Angebot traf ihn völlig unvorbereitet. «Ist das dein Ernst?» fragte er schließlich.

«Das wirst du gleich sehen», antwortete Tom. «Dir gehören sieben Tanker von jeweils sechzehntausendsiebenhundert Tonnen Tragfähigkeit, Baujahr 1945, also praktisch neu, verdammt gute Schiffe. Du hast Kontrakte mit Orpheum Oil und Coonstown Oil. Du verfügst über Löscheinrichtungen in Oakland, Honolulu, Galveston und Long Beach. Dir gehört dieses Gebäude hier und drei Tanklager in Honolulu. Ganz besonders interessieren mich deine Verhandlungen mit Freeway Oil in Hawaii, denn die habe ich letzte Woche aufgekauft. Ich meine, das wäre die Grundlage für den Aufbau des größten Ölunternehmens auf den Inseln und darin scheinst du mit mir übereinzustimmen, denn du hast ihnen eine Fusion vorgeschlagen.»

«Deine Hausaufgaben hast du gemacht, das muß ich sagen», antwortete Dan.

«Ich möchte wissen, woran ich bin. Es gibt heute nur ein Spiel, das sich lohnt, und das ist Öl. Whittier war nicht schlau genug, um das zu begreifen. Er konnte nicht über Trockengutfrachter hinausdenken. Wir hatten einen Tanker, der in Flammen aufging, und das hat ihn zu Tode erschreckt. Es stimmt, ich will die Tanker haben, aber das ist erst der Anfang. Ich habe eine Verbindung nach Deutschland. Dort bauen sie ihre Werften wieder auf, und sie haben mir Pläne für einen Dreißigtausendtonner geschickt, zweihundertzwanzig Meter lang, achtundzwanzig Meter breit, über elf Meter Tiefgang bei voller Beladung. Was hältst du davon?»

«Ein Mordsbrocken», sagte Dan. Einen Augenblick lang spürte er die prickelnde Lust, selbst Herr einer Flotte von solchen Tankern zu sein, dann war das Gefühl verschwunden. «Der ist ja groß wie einer von den Ozeanriesen. Ist das rationell?»

«Ich meine ja. Ich habe zwei in Auftrag gegeben, und ich habe Pachtverträge für knapp fünftausend Hektar Land in Texas. Du siehst also, wozu ich deine Tanker haben will.»

«Ich kann es mir denken.» Wieder schwieg er.

«Und?»

«Was willst du denn zahlen?»

«Ich weiß, was du für die Schiffe bezahlt hast. Du hast sie für ein Butterbrot bekommen. Aber die Tage sind vorbei. Ich lege für das Ganze zehn Millionen auf den Tisch, entweder in bar oder in GCS-Aktien oder in beidem. Ich halte das für einen angemessenen Preis. Was meinst du?»

«Das ist ein angemessener Preis. Laß mich darüber nachdenken. Ich sag dir in ein paar Tagen Bescheid.»

Sie schüttelten sich die Hände, und Tom ging. Eine Viertelstunde blieb Dan an seinem Schreibtisch sitzen und starrte auf die Skizze der Yawl. Dann bat er Cassala zu sich.

«Wie war es?» fragte Cassala.

«Weißt du, was er wollte, Steve? Er will uns aufkaufen.»

«Donnerwetter.»

«Für zehn Millionen. Mein Sohn versteht sein Geschäft.»

«Und was hast du ihm geantwortet?»

«Daß ich es mir überlegen will. Wir wollen eines klar sehen: als du hier eingestiegen bist, geschah das auf der Basis einer zehnprozentigen Beteiligung. Wenn wir auf sein Angebot eingehen, bedeutet das für dich eine glatte Million.»

«Dan, um Gottes willen, das kannst du doch nicht im Ernst meinen. Was willst du denn dann anfangen?»

«Vielleicht gar nichts. Briefmarken sammeln. Mit Jean auf Reisen gehen. Das Boot bauen, von dem ich immer geträumt habe. Das hier langweilt mich, Steve. Es bedeutet mir nichts mehr. Eins ist klar: Hypotheken und Verbindlichkeiten werden aus meinen neun Millionen gedeckt. Dann habe ich immer noch drei Millionen, und selbst nach Steuerabzug bleibt mir mehr, als ich ausgeben kann. Außerdem ist Jean ja nicht arm. Dir wird netto eine dreiviertel Million bleiben, und das reicht für eine Beteiligung an etwas anderem. Oder du läßt dir die Sonne auf den Bauch scheinen und genießt das Leben. Ich weiß, daß ich dir den Teppich unter den Füßen wegziehe, aber, verdammt noch mal, ich will hier raus.»

Cassala ließ sich in einen Sessel sinken und blickte zu Boden. Als er aufblickte, mußte er mit den Tränen kämpfen. «Du ziehst mir nicht den Teppich unter den Füßen weg, Danny. Vor drei Jahren, als du mich hier mit reingenommen hast, hast du mir das Leben gerettet. Ich werde reich sein – als ob das etwas bedeutete. Nur – ich weiß nicht, als Vater noch lebte, sagte er einmal: ‹Stephan, Dan ist dein Bruder.› Ich hatte gedacht, wir würden wenigstens noch ein paar Jahre zusammenbleiben.»

«Steve», sagte Dan freundlich. «Das werden wir auch. Du bist doch als einziger von der alten Mannschaft noch übrig, die anderen sind alle tot.»

Derick Claybourne sah aus, wie ein Senator der Vereinigten Staaten in den zwanziger und dreißiger Jahren ausgesehen hatte. In der Nachkriegszeit waren solche Typen allerdings aus der Mode gekommen. Senatoren erkannte man nicht mehr an ihrer unmäßigen Leibesfülle, ihren Kordel-Krawatten, breitkrempigen Hüten und Anzügen aus schwarzem Kammgarnserge. Für Claybourne waren jedoch all diese Attribute Markenzeichen, genauso wie die Zigarre und seine Stimme, die rauh war wie Sandpapier. Er bot Dan eine Zigarre an. «Fünfundsiebzig Cent das Stück, reine Havanna, Danny, mein Junge, greifen Sie zu.»

«Danke, Senator, aber ich darf nicht mehr. Anordnung des Arztes.»

«Ach, was wissen die schon! Ich hatte meinen Infarkt vor sechs Jahren. Sieht man mir etwas an? Diese kleinen Kostbarkeiten halten mich am Leben!»

«Ich habe nicht ihre Konstitution, Senator.»

«Wer nicht richtig lebt, denkt auch nicht richtig, sag ich mir immer. Hören Sie, Danny, ich mag Sie, ich habe Sie immer gemocht. Ich glaube, es ist jetzt zwanzig Jahre her, daß Al Smith mir empfohlen hat, mich mit Ihnen in Verbindung zu setzen. Sie brauchen mich also erst gar nicht lange ins Bild zu setzen. Aber die schlichte Wahrheit ist, daß ich nichts tun kann. Ihre Tochter hat sich da was Schönes eingebrockt. Verdammt noch mal, ich kann die aufgeplusterten kleinen Halunken in dem Ausschuß genauso wenig ausstehen wie Sie, aber sie sitzen am längeren Hebel. Fragen Sie mich nicht, wie das alles angefangen hat. Zuerst kam die blödsinnige Direktive von Truman: Treueid für alle Bundesbediensteten. Danach spielten alle verrückt. Jeder Scheißbürokrat vervielfältigte Formulare mit Treueerklärungen; dann machten es ihm die Schulen und Universitäten nach, schließlich kam der Kladderadatsch in Hollywood. Und jetzt sind wir tatsächlich so weit, daß diese kleinen Arschlöcher im Ausschuß und Mr. J. Edgar Hoover das ganze Land regieren. Es herrscht ein Klima der Angst», sagte er langsam, jedes Wort betonend. «Ein Klima der Angst, Danny.»

«Wollen Sie damit sagen, Derick, daß Sie auch Angst haben?»

«Wovor sollte ich Angst haben? Ich bin schließlich Senator der Vereinigten Staaten. Aber ich mache keine unsauberen Sachen, Danny, das wissen Sie. Ich versuche nicht, Ihnen was vorzumachen. Natürlich gibt es Leute, die so etwas machen, mehr als genug. Ich kenne einen Abgeordneten, der macht Zehntausend in der Woche, und er betreibt den Laden in seinem Büro im Parlament. Aber etwas Rotes faßt auch von denen keiner an. Sie haben Schiß. Senator McCarthy führt sich auf wie ein wildgewordener Handfeger, und keiner hat den Mut, sich ihm entgegenzustellen, ich auch nicht. Es gibt keine Möglichkeit, die Sache aus der Welt zu schaffen. Da müßte man schon den Justizminister persönlich rumkriegen, und Tom Clark läßt nicht mit sich reden, jedenfalls nicht in dieser Sache.»

«Ist er nicht ein alter Freund von Ihnen?»

«Nicht in dieser Sache, Danny. Vor der Abstimmung im Haus hätten wir vielleicht was machen können, aber jetzt liegt alles beim Justizministerium. Und glauben Sie bloß nicht, daß es da keine Leisetreterei gäbe. Sie haben alle Schiß vor Mr. J. Edgar Hoover und überlegen sich jeden Schritt dreimal. Ehrenwort, Danny, ich weiß, daß Barbara keine Kommunistin ist, aber warum, in drei Teufels Namen, nennt sie denn nicht die Leute, die ihr Geld gegeben haben? Dann wäre die Sache doch aus der Welt.»

«Wir haben sie eben nicht richtig erzogen», sagte Dan bitter.

«Sie hält auf Ehre», gab der Senator bereitwillig zu. «Aber, Danny, Ehre können wir uns heute nicht leisten. Sie wissen, wie ich zu diesen sogenannten Hexenjagden stehe, aber, verdammt noch mal, international gesehen geht es um einen Kampf auf Leben und Tod.»

«Und was dort mit meiner Tochter getrieben wird, dient der nationalen Sicherheit. Sehen Sie das auch so?»

«Danny, ich habe Ihnen gesagt, wie ich es sehe. Es gibt nichts, absolut nichts, was ich tun könnte.»

Barbara war bei ihren Eltern zum Essen. Sie interessierte sich weit mehr für die von Jean zubereiteten Speisen als für Dans Gespräch mit Claybourne. «Macht doch nichts, Dad,» sagte sie. «Ich liebe dich. Ich finde es rührend, was du für mich unternimmst, aber mir wäre es lieber, wenn du damit aufhörtest. Ich habe mir das selbst eingebrockt und will es auch selbst auslöffeln, auch wenn es nicht so gut schmeckt wie das hier. Was ist es übrigens?»

«Pasta con Ricotta – Spinat, Quark, Eier, Petersilie und Pasta. Eine ganz ausgefallene italienische Mahlzeit.»

«So ausgefallen nun auch wieder nicht», warf Dan ein. «Das habe ich bei Gino auch schon gegessen.»

«Das glaube ich dir nicht», sagte Barbara. «Es ist wirklich köstlich, und du», wandte sie sich an ihre Mutter, «überraschst mich immer aufs neue. Hast du eigentlich auch gekocht, als wir noch Kinder waren?»

«Das geht dich eigentlich gar nichts an», erwiderte Jean. «Aber wenn du es unbedingt wissen willst: Nein, nie. Das erste Mal habe ich es an dem Abend versucht, als dein Vater die Auszeichnung vom Seefahrtsausschuß bekam. Ich habe ihn mit nach Hause genommen und ihm Rührei gemacht und Brot getoastet. Schwer ist es eigentlich nicht. Man kauft sich ein Buch und folgt den Anweisungen. Aber Geld muß man natürlich haben.»

«Wieso?»

«Weil man die ersten Male alles wegwerfen muß, irgendwann wird es dann gerade eben noch eßbar. Ich habe mich nicht geändert, mein Kind, ich koche sehr ungern. Kommende Woche suche ich uns jemanden, der für uns kocht. Ich bin nicht viel anders als das Mädchen, das dein Vater vor achtunddreißig Jahren auf Nob Hill erobert hat. Ach, ich wollte, ich hätte mich geändert. Dann würde ich vielleicht verstehen, warum du diese Namen ...»

«Das haben wir doch alles schon besprochen.»

«Ja, und ich kann mir vorstellen, wer diese achtzehn Leute waren. Man wird ihnen nichts tun, denn sie haben sich nichts zuschulden kommen lassen; sie haben lediglich Geld für einen guten Zweck gegeben.»

«Es hat auch nichts mit den Leuten zu tun, wenn du es unbedingt wissen willst», entgegnete Barbara. «Ich muß das mit meinem Gott ausmachen, wer immer das ist. Ich muß auf meine Weise vor mir selbst damit fertig werden.»

«War Tom einer von den achtzehn?» fragte Dan.

«Meinst du das im Ernst, Daddy?»

«Ja, natürlich.»

«Nein, Tom nicht. Er ist mein Bruder und ist mir insofern nicht gleichgültig; aber ich glaube, er würde nicht einmal bluten, wenn man ihm eine Arterie öffnete.»

«Ist das nicht reichlich hart?»

«Ich will nicht hart zu ihm sein, aber das fällt mir nicht leicht. Für dich ist er sozusagen ein neuer Bekannter. Er ist erst seit deiner Krankheit wieder dein Sohn geworden. Aber mein Bruder ist er schon länger. Er ist nicht böse oder gemein oder verdorben oder so etwas. Er hat nur das Glück, daß ihm jeglicher Sinn für Recht und Unrecht abgeht. Vielleicht ist er das, was man als Psychopath bezeichnet, aber das hat man ja im heutigen Amerika häufig.»

«Ich kann einfach nicht glauben, daß du recht hast», sagte Dan mit unglücklicher Miene.

«Bobby hat schwere Monate hinter sich», meinte Jean. «Ich kann sie verstehen. Andererseits, mein Liebling», wandte sie sich an Barbara, «ist nicht alles nur schwarzweiß. Tom hat Dan die Reederei abgekauft. Er hat ihm ein Angebot gemacht, das Dan nicht ablehnen konnte. Sie haben das Geschäft gerade unter Dach und Fach gebracht.»

«Soll das heißen, daß du alles aufgegeben hast?» fragte Barbara ihren Vater. «Warum?»

«Weil es mich angekotzt hat. Es hat mir einfach keinen Spaß mehr gemacht. Und er wollte es unbedingt haben. Vielleicht hast du recht mit dem, was du über ihn sagst, aber er ist mein Sohn. Und er ist zum erstenmal in meinem Leben zu mir gekommen, weil er etwas von mir wollte. Er wollte die sieben Tanker, so wie ein Junge sich ein neues Fahrrad wünscht. Kein besonders guter Vergleich, aber irgendwie trifft er zu.»

«Und was willst du jetzt tun?»

Dan hob die Schultern. «Mir wird schon etwas einfallen. Vielleicht lerne ich deine Mutter besser kennen. Wir sollten uns ruhig einmal miteinander beschäftigen, wir sind noch nicht zu alt dazu.»

Barbara hatte Sam gefüttert und war gerade dabei, ihn für den morgendlichen Gang in den Park anzuziehen, als es klingelte. «Mach du ihn fertig, Anna», sagte sie. «Ich sehe nach, wer es ist.»

Ein stämmiger Mann in dunklem Anzug stand vor ihr. «Sind Sie Mrs. Barbara Cohen?» fragte er.

«Ja.»

Er zog eine Hülle aus der Tasche und hielt ihr seinen Dienstausweis hin. «Simmons, Vollzugsbeamter. Ich habe einen Haftbefehl, der auf Ihren Namen lautet.»

Seit Wochen hatte Barbara damit gerechnet, und doch kam es unerwartet. Sie brauchte einen Augenblick, bis sie sich gesammelt hatte und begriff, daß es nun tatsächlich soweit war. «Kommen Sie bitte herein», sagte sie so ruhig wie möglich. «Ich möchte telefonieren, dann komme ich mit Ihnen. Ich habe ein kleines Kind und muß einige Vorbereitungen treffen. Wo bringen Sie mich hin?» Ihre Stimme klang so sachlich, daß sie ihr fast fremd vorkam. Benahm man sich so, wenn man verhaftet wurde? «Wollen Sie sich nicht setzen?» fragte sie den Mann.

Er sah sie eigenartig an und schüttelte den Kopf. Dann sah er sich um und blickte sie wieder an und sagte: «Ich kann Ihnen wohl ein paar Minuten Zeit geben. Dann fahren wir zum Bundesgericht, Ecke Siebente und Mission Street.»

Barbara ging nach oben und sagte Anna, daß sie ein paar Stunden weg müsse. «Geh du mit ihm in den Huntington Park, aber paß um Gottes willen auf ihn auf. Er wird langsam ungebärdig. Nimm lieber das Gehgeschirr. Das mag er zwar nicht, aber ich mache mir dann weniger Sorgen. Falls ich noch nicht wieder da bin, wenn ihr zurückkommt, gib ihm etwas zu essen – ein gekochtes Ei, eine Scheibe Brot und etwas Obst.» Sie ging wieder nach unten und rief Harvey Baxter an.

Er war nicht im Büro. Boyd Kimmelman kam ans Telefon. Er sagte: «Bleiben Sie ganz ruhig, Mrs. Cohen, und haben Sie um Gottes willen keine Angst. Es ist eine reine Formsache, glauben Sie mir. Gehen Sie mit ihm; ich erwarte Sie am Gerichtsgebäude. Man wird Sie nicht einsperren, ich denke, zu Mittag werden Sie wieder zu Hause sein.»

Sie dankte ihm. Simmons sah auf die Uhr. «Wollen Sie mir Handschellen anlegen, Mr. Simmons?» fragte Barbara.

«Das wird nicht nötig sein. Hier ist der Haftbefehl.» Er hielt ihr ein zusammengefaltetes Blatt Papier hin.

«Ich glaube es Ihnen auch so. Ich will nur noch rasch einen Pullover holen.»

Sein Wagen stand vor der Tür; er war schwarz und hatte ein Regierungswappen auf dem Nummernschild. Barbara überlegte, ob Schwarz die amtlich vorgeschriebene Farbe für Regierungsdienste war, Wagen, Anzug und Krawatte, oder ob man den Opfern damit symbolisch verdeutlichen wollte, was sie erwartete. Die Fahrt dauerte nur einige Minuten, und als sie ankamen, sprang Kimmelman gerade aus einer Taxe.

«Ich bin Boyd Kimmelman», sagte er zu Simmons, «Mrs. Cohens Anwalt. Ich habe in der vorigen Woche mit Richter Fremont über den Fall gesprochen, und er sagte, daß wir, falls es zu der Verhaftung käme, gleich zu ihm kommen sollten, um eine Kaution zu vereinbaren. Er ist in seinem Amtszimmer.»

«Aber ...» Simmons zögerte, «das entspricht nicht der Vorschrift. Das übliche Verfahren ...»

«Wenn Richter Fremont so etwas sagt, dann entspricht es auch der Vorschrift. Soll ich ihm sagen, daß Sie sich einer gerichtlichen Anordnung widersetzen?»

«Ist es denn eine?»

«Sie kommt von einem Richter, genügt das nicht?»

Widerstrebend ging Simmons mit Barbara hinter Kimmelman her, der auf Richter Fremonts Amtszimmer zusteuerte. Fremont war ein rotwangiger, weißhaariger Kobold von mehr als sechzig Jahren, der Barbara mit unverhohlenem männlichen Gefallen anstarrte. Er entließ Simmons mit einer Handbewegung. «Lassen Sie den Haftbefehl hier. Ich achte schon darauf, daß die Gefangene nicht wegläuft.» Als die Tür sich hinter ihm geschlossen hatte, sagte er zu Barbara: «Wissen Sie, wenn ich zwanzig, ach was, zehn Jahre jünger wäre, würde ich Ihnen höchstpersönlich zur Flucht verhelfen, allerdings nur gegen eine entsprechende Gegenleistung. Sehen Sie mich nicht so an, Mrs. Cohen. Ich bin nun mal ein unverbesserlicher Lustgreis. Übrigens», wandte er sich zu Kimmelman, «diese bezaubernde junge Dame ist mir nicht unbekannt. Ich war auch einmal Mitarbeiter von Sam Goldberg und Adam Benchly, das ist schon lange her, noch vor dem Erdbeben. Goldberg und Benchly – solche Anwälte gibt es heute gar nicht mehr.» Dann wieder zu Barbara gewandt: «Sam hat mir alles über Sie erzählt. Dan Lavettes ungezähmte Tochter. Das war vierunddreißig; sie waren damals in die Sache mit Harry Bridges verwickelt. Sam verehrte Sie über alles – die letzte Liebe des alten Mannes. Das wußten Sie wohl noch nicht, was?» fügte er hinzu, als er Barbaras Gesichtsausdruck sah. «Doch, doch. Ein Mann, der mit dreißig Saft hat, hat's auch noch mit siebzig – das natürlich nur ganz unter uns Pastorentöchtern. Ich mag sie gern, junge Frau. Sie haben Schneid und Pfeffer, wenn Sie verzeihen, und das ist heute ein rarer Artikel, leider. Erinnert mich an alte Zeiten, aber die sind wohl vorbei, was?» Er wandte sich wieder an Kimmelman: «Sie kann nach Hause gehen, Boyd. Kaution!» schnaubte er. «Kaution, so ein Quatsch. Was ist bloß in die da drüben in Washington gefahren? Sind die alle übergeschnappt? Keine Kaution, keine Untersuchungshaft, ich weiß, wem ich trauen kann. Falls diese idiotische Geschichte zur Verhandlung kommt, sagen Sie ihr Bescheid, und sie kann dann vor Gericht erscheinen.»

Auf dem Flur fragte Kimmelman: «Na, Mrs. Cohen, was halten Sie von ihm?»

«Wirklich ein Schatz. Übrigens, Boyd, Sie sollten mich ab jetzt Barbara nennen.»

«In Ordnung – Barbara.»

«Ich könnte heulen, so nett und freundlich war er. Jetzt brauche ich mir wirklich keine Sorgen mehr zu machen, Boyd, nicht wahr?»

«Wie meinen Sie das?»

«Ich meine, wenn es wirklich zur Verhandlung kommt, kann ich mir nicht vorstellen, daß Richter Fremont mich ins Gefängnis schickt. Sie?»

«Nein, eigentlich nicht. Aber machen Sie sich lieber gleich mit der rauhen Wirklichkeit vertraut, Barbara. Das Verfahren findet nicht hier, in diesem Bundesgerichtsbezirk statt, überhaupt nicht in Kalifornien, sondern in Washington, wo das Vergehen begangen wurde.»

«Nein!»

«Ich fürchte doch, Barbara.»

«Also keine Erleichterung. Und wann und für wie lange muß ich nach Washington?»

«Wann ist schwer zu sagen. Vielleicht morgen schon, aber das ist unwahrscheinlich, vielleicht in einem Monat. Es hängt von der Terminplanung ab und davon, wieviel sie zu tun haben. Wie lange? Ich glaube nicht, daß die Verhandlung länger als drei Tage dauert, höchstens vier. Aber so einfach ist das alles nicht. Sie dürfen nicht glauben, daß man Sie verhört, verurteilt und dann gleich einbuchtet. Erst kommt noch die Berufung, und das geht, wenn wir einen guten Aufhänger finden, bis in die höchste Instanz, bis hinauf zum Bundesgericht. Das alles kann ohne weiteres ein Jahr dauern, immer vorausgesetzt, wir unterliegen überhaupt. Übrigens, wir hatten uns doch darauf geeinigt, daß Sie vor Gericht von einem Top-Anwalt vertreten werden sollen, und daß Richter Fredericks der richtige Mann dafür wäre. Da er ein alter Freund Ihres Vaters ist, wäre es gut, wenn Mr. Lavette einmal mit ihm sprechen und ihm den Fall vortragen könnte. Wollen Sie Ihren Vater nicht gelegentlich darauf ansprechen?»

«Das tue ich», willigte Barbara ein.

Richter James Fredericks gehört zu dem kleinen Kreis in San Francisco, den man immer noch die Ersten Siedler nennt: sein Großvater, Big Bo Fredericks, war im San Francisco von 1852 Friedensrichter gewesen. Drei Jahre davor war er mit dem Raddampfer *California* der Pazifik-Paketschiffahrts-Gesellschaft aus Panama gekommen, wo er sich zusammen mit mehreren hundert anderen Glücksrittern eingeschifft hatte, die nach Gold suchen wollten. Er hatte kein Glück dabei und ließ sich mit festem Einkommen als Vollstrecker der Staatsgewalt in der aufblühenden Stadt nieder, deren Bevölkerung im Verlauf von drei Jahren von achthundert auf über vierzigtausend angewachsen war. Ein knappes Jahrhundert später residierte sein Enkel in einem efeuumrankten Haus auf Pacific Heights, sammelte chinesische Keramiken, hielt gelegentlich Vorträge und schrieb ohne Hast an einer Geschichte des kalifornischen Rechtswesens. Er war ein schlanker Mann von aristokratischem Äußeren und trug sein schütteres weißes Haar quer über den schmalen Gelehrtenschädel gekämmt. Er hatte sich lange mit Fragen des Seerechts beschäftigt und hatte Dan über Admiral Land kennengelernt, als Dan noch auf Terminal Island Frachtschiffe baute.

Er bemühte sich, Freude über Dans Besuch zu zeigen. Sie sprachen von alten Zeiten, von diesem und jenem und dann von Barbaras Fall. «Verstehen Sie mich bitte, Dan», sagte er. «Wenn ich diesen Fall übernähme, täte ich das unter falschen Voraussetzungen. Ich bin einfach nicht der richtige Mann dafür. Abgesehen davon, daß ich seit dreißig Jahren nicht mehr vor Gericht aufgetreten bin – ich habe auf dem Gebiet des Bundes- und Verfassungsrechts praktisch keine Kenntnisse. Ich bin Seerechtler, und auf dem Gebiet habe ich auch Erfahrung als Richter. Sie mögen vielleicht etwas von mir halten, aber in Washington wäre ich nichts als ein aufgeblasener kalifornischer Anwalt, der mit seinem Richtertitel protzt. Sie mögen uns dort nicht besonders, müssen Sie wissen, und ich wäre wohl eher eine Belastung als eine Hilfe.»

«Ich weiß einfach nicht, was ich noch tun soll», sagte Dan. «Ich kann es nicht glauben: Wo ich auch hinkomme, ich renne überall gegen eine Wand. Niemand, aber auch wirklich niemand, will mit der Sache etwas zu tun haben. Mein Gott, es geht doch nicht um die Entführung des Lindbergh-Babys, und Barbara hat auch keinen Menschen mit der Axt erschlagen. Es geht nur um eine anständige Frau, die sich nicht zur Denunziantin machen lassen will. Und das soll unamerikanisch sein? Ein Verbrechen? Was zum Teufel ist bloß mit uns los?»

«Ich weiß, wie Ihnen zumute ist, Dan», sagte Richter Fredericks, «aber wenn Sie damit andeuten wollen, daß auch ich Angst haben könnte, irren Sie. Ich bin nicht mehr im Amt, ich arbeite nicht mehr als Anwalt, mein Vermögen macht mich unabhängig. Wovor sollte ich Angst haben? Für den Ausschuß empfinde ich nur Verachtung. Ich versuche nur, ehrlich zu Ihnen zu sein. Und ich frage mich, ob Sie das auch zu mir waren?»

«Wie darf ich das verstehen?» fragte Dan kühl.

«Nun, Sie sind doch erst zu mir gekommen, nachdem das Kind in den Brunnen gefallen ist. Und das will mir nicht in den Kopf.»

«Das müssen Sie mir genauer erklären.»

«Wissen Sie wirklich nicht, wovon ich rede?»

«Ich habe keine Ahnung.»

«Nun gut, dann muß ich es sagen. Der Kongreßabgeordnete Norman Drake, diese Sumpfblüte, mit der unser Staat die Nation beglückt hat, wird von den Lavettes bezahlt und vertritt die Interessen des Unternehmens, gehört ihm sozusagen mit Leib und Seele, falls er eine hat. Er hätte die Sache mit Leichtigkeit aus dem Kongreß heraushalten, hätte sie sogar später noch niederschlagen können. Er hätte dem Justizministerium nur zu sagen brauchen, daß der Ausschuß kein Verfahren wünscht, damit wäre die Sache erledigt gewesen. Ich muß schon sagen, Sie geben mir Rätsel auf, gelinde gesagt.»

Dr. Kellman hatte Dan ermahnt, sich nicht aufzuregen. «Aufregung», hatte er gesagt, «ist Gift für Ihren Körper. Aber man kann sie vermeiden. Atmen Sie tief durch und nehmen Sie sich Zeit nachzudenken, statt zu explodieren.»

Dan handelte danach und versuchte sich zu beherrschen. Es gelang ihm, mit ruhig klingender Stimme zu sagen: «Sie behaupten da, Drake sei von den Lavettes gekauft. Vielleicht kann man einen Drake nicht verleumden. Aber mich, Verehrter, kann man verleumden, und genau das haben Sie soeben getan. Ich kenne Drake nicht, habe ihn nie gesehen oder gesprochen, also ist es jetzt wohl an Ihnen, Richter Fredericks, sich näher zu erklären, sonst werde ich unangenehm. Wahrscheinlich kennen Sie mich nicht besonders gut, sonst würden Sie nicht wagen, eine solche Behauptung in die Welt zu setzen.»

Es folgte ein langes, unbehagliches Schweigen. Dan erhob sich, und die beiden Männer standen sich gegenüber. Endlich sagte Fredericks: «Ich bitte Sie aufrichtig um Entschuldigung.»

«Ihre Entschuldigung können Sie sich an den Hut stecken! Eine Erklärung will ich!»

«Gut. Von zwei Männern, die ich beide für vertrauenswürdig halte, habe ich gehört, daß Drake sich mit Ihrem Sohn getroffen hat. Eins dieser Treffen fand bei Frederick's in Berkeley statt. Das hat mir jemand berichtet, der an dem Abend ebenfalls dort war. Ein zweites Mal haben sie sich hier in San Francisco getroffen, und bei der Gelegenheit hat Ihr Sohn Drake einen Geldbetrag gegeben – wieviel, weiß ich nicht. Aber derjenige, der Ihrem Sohn das Bargeld ausgezahlt hat, sprach von einer beträchtlichen Summe.»

«Sie haben wohl ein privates Spionagenetz?» platzte Dan heraus. «Was erzählen Sie mir da eigentlich?»

«Die Wahrheit. Ich kenne viele Menschen, ich höre so manches. Es tut mir leid, wenn ich Sie beleidigt habe. Ich habe mich dafür entschuldigt. Mehr kann ich nicht tun. Ich ging selbstverständlich davon aus, daß Sie das wußten, daher war ich so entsetzt, als ich hörte, daß man Ihre Tochter verhaftet hat und sie vor Gericht stellen will. Ich hatte angenommen, die Sache sei durch Bestechung geregelt worden. Jetzt ist mir klar, daß Sie nichts von den Machenschaften Ihres Sohnes gewußt haben, welchem Zweck auch immer sie dienen sollen. Sie müssen verstehen, daß es mehr als einen Grund gibt, warum ich diesen Fall unter keinen Umständen übernehmen kann.»

Dan mußte einige Male tief atmen, bevor er es wagte, wieder zu sprechen. Dann sagte er ganz langsam: «Ich glaube, jetzt muß ich mich bei Ihnen entschuldigen. Jedenfalls danke ich Ihnen, daß Sie mir so viel Zeit geopfert haben. Es tut mir leid, daß es zu diesem Mißverständnis gekommen ist.»

«Mir auch», stimmte Richter Fredericks zu.

Draußen stieg Dan in seinen Wagen und blieb eine Weile mit geschlossenen Augen hinter dem Lenkrad sitzen. «Eins kann ich nicht tun», sagte er zu sich selbst. «Ich kann nicht als Krüppel durchs Leben gehen.» Seine Wut war verraucht, aber der Groll schwelte in seinem Innern wie Glut unter der Asche.

Er fuhr in die Stadt und parkte vor dem Turm aus Stahl und Glas, der die Verwaltung der GCS beherbergte. Über dem Eingang leuchtete das neue Firmenzeichen in anderthalb Meter hohen Buchstaben aus Edelstahl. Dan nahm den Fahrstuhl zur Direktionsetage. Auch hier war alles auf der Höhe der Zeit – der Teppichboden war eine Sonderanfertigung, an den Wänden hingen nicht-gegenständliche Bilder, und die Empfangsdame wirkte genauso auf Hochglanz poliert wie das verchromte Telefon auf dem Tisch vor ihr.

«Ich möchte Mr. Lavette sprechen», sagte Dan.

«Sind Sie angemeldet?»

«Ich bin sein Vater.»

Unbeeindruckt von dieser Erklärung ließ sie Dan wissen, sie werde Mr. Lavettes Sekretärin Bescheid sagen. Dort taten die Blutsbande ihre Wirkung, und er gelangte in das Vorzimmer, wo eine dunkelhaarige Frau sich als Miss Loper vorstellte. «Sie also sind Mr. Lavettes Vater. Das hätte ich nicht geglaubt, so jung, wie Sie aussehen.» Als sich auf dem Gesicht des massigen, weißhaarigen Mannes keine Reaktion zeigte, fügte sie schnell hinzu: «Er wird Sie gleich empfangen. Er telefoniert gerade.»

Tom öffnete die Tür. «Herein in die gute Stube», sagte er zu seinem Vater. «Das war Janet, meine rechte Hand, eine wahre Perle. Es freut mich, daß du mal vorbeikommst. Ich hätte dich schon längst mal einladen sollen, aber die Arbeit ...» Er schloß die Tür. «Setz dich doch. Möchtest du etwas trinken?»

Dan blieb stehen. Tom ging zu seinem Sessel hinter dem riesigen Ebenholzschreibtisch und setzte sich langsam. «Stimmt etwas nicht?» fragte er verwirrt.

«Sag mir, ob du dich mit Norman Drake getroffen hast.»

Tom zögerte. Dann fragte er: «Bist du extra hergekommen, um mich das zu fragen?»

«Ich habe dich gefragt, ja oder nein?»

«Ja, doch. Zwei- oder dreimal.»

«Hast du ihm Geld gegeben?»

«Das geht nur mich etwas an. Ich möchte nicht über meine Beziehungen zu ihm sprechen.»

«Hast du ihn gebeten, die Anklage gegen Barbara niederzuschlagen?»

Wieder zögerte Tom, diesmal länger. «Nein.»

«Warum nicht?»

«Weil sie das selbst tun kann, wenn sie es will. Sie braucht nur aufzuhören, die Heilige Johanna zu spielen. Und sie braucht nur die ihr gestellten Fragen zu beantworten.»

«Weißt du, daß man sie gestern verhaftet hat?»

Tom zuckte die Schultern. «Wie man sich bettet, so liegt man.»

«Na schön», sagte Dan. «Du bist mein Sohn. Ich halte dich für ein widerliches Schwein, aber du bist mein Sohn. Sonst würde ich dich hier auf der Stelle umbringen. Ab sofort will ich deine Visage nie wieder sehen.» Er schmetterte die Tür hinter sich ins Schloß, ging an der erstaunten Miss Loper vorbei und verließ das Gebäude.

Am Abend berichtete er Jean die ganze Geschichte, von Anfang bis Ende. «Was haben wir nur falsch gemacht, Jean? Wie konnte es nur dahin kommen?»

«Es hat keinen Zweck, darüber nachzugrübeln, damit machst du dich nur verrückt. Niemand in dieser verflixten Gesellschaft kann Kinder richtig erziehen, am allerwenigsten die Reichen, ihnen fehlen einfach die Voraussetzungen dazu. Ich finde es nicht richtig, daß du Tom sozusagen den Stuhl vor die Tür gesetzt hast. Aber noch mehr Sorgen macht es mir, daß du dich solchen Dingen aussetzt. Es belastet dich und ist nicht gut für dich.»

«Mir macht das nichts aus, und wenn du deinen Sohn treffen willst, bitte.»

«Im Augenblick will ich nichts mit ihm zu tun haben. Wie ich in einem halben Jahr oder in einem Jahr darüber denke, weiß ich heute natürlich nicht. Wichtiger ist jetzt Barbara. Wollen wir ihr davon erzählen?»

«Ich muß ihr ja wohl erklären, warum Fredericks den Fall nicht übernehmen will.»

«Dann sag ihr nur die anderen Gründe. Treib jetzt bitte keinen Keil zwischen die Kinder, sie hat schon genug um die Ohren.»

Eines Morgens, etwa eine Stunde, nachdem Joe zur Klinik gefahren war, klingelte das Telefon bei Sally. Die Frau am anderen Ende der Leitung stellte sich als Alex Hargaseys Sekretärin vor und fragte, ob Sally Mr. Hargasey am Nachmitteg um drei in seinem Büro aufsuchen könnte.

«Aber natürlich. Gern.»

«Im Studio der Paramount. Der Eingang ist in der Marathon Street, östlich von der Gower Street, wenn Sie die Melrose Avenue herunterfahren.»

«Ja, ich weiß, wo es ist.»

«Ein Besucherausweis liegt für Sie am Eingang bereit. Der Pförtner zeigt Ihnen den Weg.»

Vor Aufregung zitternd setzte Sally May Ling in den Kindersitz ihres Wagens und fuhr zur Klinik. Der acht Jahre alte Ford hatte seine Mucken, und Sally betete, daß er sie an diesem Tag nicht im Stich lassen möge.

Es war zehn Uhr, und in der Klinik war Hochbetrieb. Sally wartete ungeduldig darauf, daß Joe aus seinem Sprechzimmer kam. Sie saß am Ende der Stuhlreihe, betrachtete die Mexikanerinnen, die Kinder und die wenigen Männer. Geduldig, niedergeschlagen und bescheiden saßen sie da, typische Patienten einer Armenklinik.

Billy kam heraus, und sein Gesicht hellte sich bei ihrem Anblick auf. «Warum hast du nicht gesagt, daß du hier bist?»

«Joe wird leicht ärgerlich, wenn ich ihn störe.»

«Aber nein. Joe wird doch nicht ärgerlich.»

«Billy», sagte sie, «kannst du mir einen großen Gefallen tun? Du weißt doch von meinem Drehbuch. Ich habe es an Alex Hargasey von der Paramount geschickt, und heute nachmittag um drei soll ich zu ihm kommen. Kannst du nicht mal mit Joe reden? Ich brauche jemanden, der ein paar Stunden lang auf die Kleine aufpaßt. Wenn du um zwei kommen könntest, wäre es früh genug.»

In dem Augenblick kam Joe aus dem Sprechzimmer, und Sally erklärte ihr Anliegen erneut. «Freust du dich nicht?» fragte sie. «Das ist doch aufregend, nicht?»

«Heute ist ein ganz schlimmer Tag hier. Ich brauche Billy.»

«Ist das alles, was du dazu zu sagen hast? Das kann ich einfach nicht glauben!»

«Komm mit uns ins Büro», sagte Joe. «Hier können wir das nicht besprechen.»

Billy hatte nichts gesagt. Er sah Sally nur bewundernd an. Im Büro sagte Joe: «Du hättest doch anrufen können. Dann hättest du das Kind nicht hierherzuschleifen brauchen.»

«Ich dachte, du wärst vielleicht im Krankenhaus und ich müßte

Frank beschwatzen, Billy für ein paar Sekunden herüberkommen zu lassen. Ist das nicht eine tolle Sache? Weißt du, wie groß die Aussichten sind, ein Originaldrehbuch zu verkaufen? Vielleicht eins zu tausend. Und sie zahlen irrsinnige Honorare, manchmal zwanzig- oder dreißigtausend Dollar, oder noch mehr. Und jetzt bekomme ich diese Chance, und dir bedeutet es überhaupt nichts.»

«Natürlich bedeutet mir das etwas, Sally. Aber versteh bitte, unter welchem Druck wir hier arbeiten müssen. Manchmal macht einen das verrückt. Es kommen immer mehr Patienten, und die Stadt kümmert sich einen Dreck darum. Es ist ihnen allen egal.»

«Ich weiß. Ich kann May Ling ja mitnehmen. Sie werden den Anblick eines Kleinkindes schon überstehen.»

«Nein, laß nur. Ich schicke dir Billy rüber.»

Als Billy kam, war Sally noch dabei, sich herzurichten. Sie experimentierte mit Lippenstift und Rouge, wischte alles wieder ab und versuchte es aufs neue. Sie stopfte sich Papiertaschentücher in den BH und nahm sie kopfschüttelnd wieder heraus. Sie besah prüfend ihr Haar: Stroh. So war es immer gewesen und so würde es immer sein. Sie betrachtete ihr Gesicht – die hohen Backenknochen, den großen, ausdrucksvollen Mund, die tiefliegenden, hellblauen Augen. Schließlich kam sie zu dem Schluß, daß da nichts zu machen sei. Sie zog sich dreimal um und entschied sich schließlich für einen grauen Faltenrock, eine weiße Bluse und eine graue Strickjakke. «Schick ist das nicht», sagte sie sich, «aber schick war ich noch nie und werde es wohl auch nie sein.» Dann wandte sie sich an Billy. «Wie sehe ich aus? Scheußlich, was? Du kannst es mir ruhig sagen.»

«Du bist die schönste Frau, die ich je gesehen habe», sagte Billy ganz ernst.

«Du spinnst. Dich darf man so etwas überhaupt nicht fragen. Du hast eine völlig falsche Vorstellung von mir. Ich bin nicht hübsch. Ich bin egoistisch und eitel und treibe meinen Mann langsam zum Wahnsinn.»

«Aber nein, nein. Du darfst dich nicht über Joe aufregen. Du weißt ja nicht, wie es im Augenblick bei uns zugeht. Kurz nachdem du weg warst, haben sie uns zwei Jungen gebracht, die an einer Messerstecherei beteiligt waren. Sie haben geblutet wie die Schweine. Es hat zwei Stunden gedauert, bis wir die Blutungen zum Stillstand gebracht und sie wieder zusammengeflickt hatten.

Dann mußte eine Transfusion gemacht werden, und kein Krankenhaus wollte die beiden haben.»

«Ach, weißt du», unterbrach Sally ihn, «das kenne ich seit zwei Jahren, das ist mein täglich Brot. Jetzt zu May Ling, Billy. Sie schläft noch. Wenn sie in zwei Stunden aufwacht, ist sie bestimmt naß. Kannst du Windeln wechseln?»

«Ich glaube schon.» Er lächelte.

«Dann bring sie ins Wohnzimmer. Gib ihr den Beißring, dann ist sie zufrieden und still. Du brauchst nur auf sie aufzupassen. Sie kann schon laufen, weißt du.»

«Ich mag sie. Wir werden schon miteinander auskommen.»

Sally legte die Arme um ihn und gab ihm einen Kuß. «Und ich mag dich. Du bist wirklich eine Seele von Mensch. So etwas ist einmalig.»

Billy schüttelte den Kopf. «Ach nein, ich bin ein hoffnungsloser Fall.»

Der Pförtner am Studio warf einen mißtrauischen Blick auf Sallys Wagen. «Was kann ich für Sie tun, Miss?»

«Ich bin bei Mr. Hargasey angemeldet. Ich heiße Sally Lavette.»

Er blickte auf seine Stecktafel und nickte. «Fahren Sie nach rechts, Miss Lavette, und parken Sie irgendwo an der Mauer. Dann folgen Sie der gelben Linie, bis Sie rechts an ein Fachwerkhaus kommen. Am Empfang kann Ihnen jemand den Weg zum Büro zeigen.»

Als sie den Wagen abgestellt hatte, war es erst zehn vor drei. Sally ging langsam durch die Studioanlagen und genoß jeden Schritt. Sie war zum erstenmal auf dem Filmgelände, und der Ort nahm sie ganz und gar gefangen – die großen Tonstudios, kostümierte Darsteller, die im gleißenden Sonnenlicht vorübereilten: schöne Frauen in Abendkleidern und Männer im Frack, Cowboys, Indianer, zwei hübsche Blondinen als Schäferinnen gekleidet, mit bloßen Armen und Puffärmeln. Hier gefällt es mir, dachte sie. Hier würde ich gern arbeiten! An einem Gebäude zu ihrer Linken sah sie ein Schild: AUTOREN. Vielleicht säße ich dann da drinnen, dachte sie, und hätte meine eigene Arbeit. Dann bekäme mein Leben einen Sinn. Aber, wir werden ja sehen, was Mr. Hargasey zu sagen hat. Wer weiß? Vielleicht sitze ich morgen schon dort und überarbeite mein Drehbuch.

Sie fand das Fachwerkhaus, und die Empfangsdame verwies sie

nach Nummer vier am Ende des Vestibüls. Ihre Hand zitterte, als sie die Tür von Nummer vier öffnete. Der Raum war großartig genug, um Mr. Hargasey als Büro zu dienen, aber es war offenbar nur sein Vorzimmer. Seine Sekretärin, eine hübsche üppige Frau mit blondierten Haaren und verschwenderischem Make-up, sah ganz so aus, wie Sally sich eine begehrenswerte Frau vorstellte.

«Sie sind Mrs. Lavette», sagte sie und knipste ihr Lächeln an. «Bitte nehmen Sie Platz. Mr. Hargasey wird Sie gleich empfangen. Wollen Sie sich inzwischen die Fachblätter anschauen?»

Sally hatte nicht die geringste Ahnung, was sie damit meinte, aber sie nickte, und die Sekretärin gab ihr die *Daily Variety* und den in Hollywood erscheinenden *Reporter*. Sie blätterte darin herum und fühlte sich mehr und mehr in der wundervollen Welt des Films zu Hause. Dann klingelte das Telefon auf dem Tisch, und die Sekretärin sagte Sally, Mr. Hargasey sei jetzt bereit, sie zu empfangen.

«Da hindurch», die Sekretärin deutete auf eine Tür.

Hargasey saß in einem Raum von sieben mal acht Metern, der ganz mit einem weißen wollenen Teppichboden ausgelegt war. Möbliert war er mit einer Couch, zwei schweren schwarzen Ledersesseln und einem ungeheuren Schreibtisch. Als sie eintrat, erhob sich ein kahler, untersetzter Mann Ende Fünfzig. «Setzen Sie sich», sagte er und deutete lächelnd auf den Besuchersessel vor dem Schreibtisch.

Er sprach mit einem kaum wahrnehmbaren ausländischen Akzent, den ein kleines Messingschild auf dem Tisch erklärte, auf dem es hieß: «Es genügt nicht, Ungar zu sein. Man muß auch Talent haben.»

«Sie also sind Dannys Schwiegertochter», sagte er. «Weiß Gott, ich freue mich wirklich, eine Verwandte von ihm kennenzulernen. Dan – das ist noch ein Mann. Wie geht es ihm? Erzählen Sie.»

«Er hatte einen Herzanfall.»

«Nicht möglich.»

«Aber jetzt geht es ihm wieder besser. Mein Mann, also sein Sohn, ist Arzt und sagt, Dan habe sich glänzend erholt.» Sie schwatzte nervös drauflos.

«Ist seine chinesische Frau immer noch so schön?»

«May Ling? Nein. Sie ist vor acht Jahren umgekommen, es hatte mit Pearl Harbor zu tun. Ich habe mein Töchterchen nach ihr genannt.»

«Ach, das tut mir leid. Schade um so einen Menschen. Sie sagen Danny, daß ich mit ihm fühle, ja?»

Sally nickte. Sie wartete. Hargasey betrachtete sie mit Interesse. Das Schweigen wurde unbehaglich. Endlich sagte Sally: «Können wir über mein Drehbuch sprechen?»

«Ihr Drehbuch?»

«Das, was ich Ihnen geschickt habe.»

«Aber gern, ja. Es ist Mist.»

«Bitte?»

«Sie haben mich nach dem Drehbuch gefragt. Was soll ich da sagen? Es ist Mist, Kindchen. Es gibt eine bestimmte Art und Weise, für den Film zu schreiben, eine Technik, eine Form. Von alldem haben Sie keine Ahnung. Lassen Sie es gut sein!»

Sally sah ihn einen Augenblick lang wie gelähmt an, dann sprang sie auf und beugte sich über den Schreibtisch. «Haben Sie mich kommen lassen, um mir zu sagen, daß mein Drehbuch Mist sei?»

«Ich habe Sie hergebeten, weil Sie Dannys Schwiegertochter sind. Ich mag Danny Lavette.»

Sie erhob ihre Stimme. «So, Sie mögen Danny! Das höre ich gern! Sie mögen ihn so sehr, daß Sie erst alle möglichen Hoffnungen in mir wecken und diesen ganzen Zirkus mit mir machen, und dann haben Sie nicht einmal einen Augenblick Zeit, um mir auseinanderzusetzen, was an meiner Arbeit falsch ist! Oh nein, nur, daß Sie sie für Mist halten. Von mir aus können Sie Dannys Busenfreund sein, Mr. Hargasey, aber ich muß Ihnen sagen, daß ich Ihre Gefühle erwidere: Ich finde, Sie sind ein Mistkerl, Sir!»

Sie zitterte vor Wut, und ihre blauen Augen funkelten ihn kampflustig an. Hargasey beobachtete sie aufmerksam, er war weder verärgert noch gekränkt.

«Sie ... Sie ...» Sally erstickte fast an ihren eigenen Worten.

«Weiter, weiter», sagte Hargasey.

Sally schluckte, atmete tief und faltete ihre zitternden Hände. «Geben Sie mir mein Manuskript, und dann gehe ich», flüsterte sie.

«Gehen Sie mal quer durch den Raum», sagte Hargasey.

«Was?»

«Ich habe gesagt, gehen Sie mal quer durch den Raum. Es könnte gehen, ja.»

«Warum sollte ich?»

«Sie wollen Ihr Manuskript haben. Also gehen Sie durch den Raum, ich gebe Ihnen dann Ihr Manuskript.»

«Sind Sie übergeschnappt?»

«Wer weiß, schon möglich.»

Sie tat zwei Schritte und drehte sich dann mit blitzenden Augen um. «Der Teufel soll Sie holen, Sie können mich doch nicht zum Narren halten. Sie können mir sagen, daß Sie meine Arbeit für Mist halten, aber das ist auch alles.»

«Ziehen Sie mal Ihren Pullover aus.»

«Nein! Geben Sie mir mein Manuskript.»

Hargasey stand auf und kam hinter dem Schreibtisch hervor. Sally wich zurück. «Hören Sie», sagte sie. «Ich sehe vielleicht schmächtig aus, aber ich bin stark. Und ich bin größer als Sie. Ich bin mit zwei Brüdern auf einem Bauernhof aufgewachsen. Also denken Sie ja nicht, Sie könnten ...»

Er lachte schallend. «Aber Sally, Sie Kind. Sie glauben doch nicht etwa an diese Märchen über Hollywood. Oder doch? Deshalb taugt Ihr Drehbuch nichts. Wie alt sind Sie?»

«Zweiundzwanzig.»

«Prächtig. Sie könnten meine Enkelin sein. Es gibt zwar Männer in meinem Alter, die sich mit Kindern abgeben, aber ich gehöre nicht dazu. Also ziehen Sie ruhig mal Ihren Pullover aus. Ich will Sie ohne sehen.»

Sein Benehmen hatte sich völlig verändert. Er war freundlich, schmeichelnd, nicht zu durchschauen. Ihre Wut ließ nach, und während sie den Pullover auszog, fragte sie sich, wieso sie das eigentlich tat, warum sie ihm gehorchte. Er betrachtete sie einige Augenblicke abschätzend von Kopf bis Fuß.

«Schon mal geschauspielert, Sally? Laienbühne oder so etwas?»

Sie schüttelte den Kopf.

«Macht nichts.» Er ging zum Schreibtisch und hob ein Manuskript auf. «Setzen Sie sich mal da drüben hin und sehen sich das an. Da ist eine Frauenrolle drin. Sie heißt Lotte. Lesen Sie das und denken Sie mal über die Frau nach.»

«Ich kann nicht schauspielern. Das habe ich noch nie getan. Außerdem habe ich ein kleines Kind zu Hause und muß jetzt gehen.»

Er deutete auf das Telefon. «Rufen Sie an. Soll ich ein Kindermädchen zu Ihnen schicken? Oder meine Sekretärin? Was Sie wollen.»

«Ich weiß nicht, was Sie jetzt denken», sagte sie kläglich.
«Dann lassen Sie mich ruhig denken. Rufen Sie zu Hause an.»
«Ich bin nicht mal hübsch.» Es klang wie ein Geständnis.
«Sally, hübsch ist hier so ziemlich alles, und es hängt einem zum Halse heraus. Was Hübsches findet sich an jeder Straßenecke. Draußen warten fünfzig hübsche Mädchen. Bedeutet überhaupt nichts. Alle gleich. Alle nach demselben Muster aus derselben Pappe gestanzt. Sie haben das, was die Garbo hatte. Natürlich sehen Sie nicht so aus, Gott sei Dank. Ich mag sie nicht besonders, die Garbo. Ich will nicht sagen, daß Sie schön sind, aber Sie haben kein alltägliches Gesicht. Und es liegt Leidenschaft darin. Das ist es. Genau. Das ist es. Schön, vielleicht bin ich verrückt. Draußen im Gelände laufen fünfzig Mädchen rum, die unter Tränen zu mir herkriechen würden, wenn ich Ihnen das Drehbuch zu lesen gäbe. Tun Sie mir einen Gefallen und rufen Sie zu Hause an.»
Sally ging zum Schreibtisch und wählte.
«Nein. Erst die Neun. Dann wählen.»
Sie fing noch einmal an. Billy nahm ab. «Billy», sagte sie, «bitte sei so lieb und bleibe noch ein oder zwei Stunden da, oder so lange, bis ich zurückkomme.»
«Was ist los, Sally, du klingst so bedrückt?»
«Nein, ich bin nicht bedrückt. Es ist alles in Ordnung.»
«Ich denke schon, daß ich hierbleiben kann», sagte er. «Was soll ich Joe sagen? Bist du zum Abendessen zurück?»
«Bestimmt.»
«Mit den Windeln komme ich schon zurecht, keine Sorge.»
«Und Billy, wenn ich um fünf noch nicht da bin, im Kühlschrank steht die Flasche. Mach sie bitte handwarm. Und dazu eine Schüssel Kindernahrung. Wie man es macht, steht auf der Packung. Sie kann so viel essen, wie sie will.»
Sie legte auf und wandte sich Hargasey zu. «Ich weiß wirklich nicht, worauf ich mich da einlasse. Wahrscheinlich habe ich den Verstand verloren.»
«Na, dann haben Sie eben den Verstand verloren.» Er gab ihr das Manuskript. «Lesen Sie.»
Sie setzte sich in einen der Ledersessel und las. Hargasey ging ans Telefon. Sally hörte ihn sagen: «Geben Sie mir Mike Bordon.» Dann, gleich darauf: «Mike, ich glaube, ich habe unsere Lotte. Bereite mal alles für Probeaufnahmen vor.» Pause. «Ich weiß, daß es das nicht gibt. Aber es ist nun mal passiert. Du mußt sie sehen.

Groß, mit breiten Schultern, blond, aber nicht aus der Tube. Sieht aus, als sei sie gerade aus dem Planwagen geklettert. Ein Gesicht wie ein Racheengel. Und sie überzeugt.» Wieder eine Pause. «Ob sie spielen kann? Sag mal, Mike – wer in diesem verrückten Gewerbe kann das schon? Sie erinnert mich an Laureen Bacall. Aber sie hat noch etwas, nach dem die Bacall sich alle zehn Finger lekken würde. Was soll ich groß sagen? Ich schlage vor, du siehst sie dir selbst einmal an, sagen wir in einer Stunde, ja?»

Es war fast acht, als Sally nach Hause kam. Joe saß in der Küche und sprang auf, als er sie ins Haus kommen hörte. Er umarmte sie. «Ich habe mir solche Sorgen gemacht», sagte er. «Ich habe im Studio angerufen, aber der Anrufbeantworter sagte nur, daß die Studios bereits geschlossen seien.»

«Und du bist mir nicht böse?»

«Ich bin dir nie böse, Sally, dazu habe ich dich viel zu gern. Weißt du das nicht? Ich wußte nur einfach nicht, was los war.»

«Oh, Joey, mir ist etwas ganz Verrücktes, Unglaubliches, Traumhaftes passiert. Du weißt ja, ich war bei der Paramount und habe mit Hargasey gesprochen. Ich dachte, er wollte mir sagen, wie gut er mein Drehbuch findet. Er ist ein komisches Männchen, rund und glatt wie eine Billardkugel. Aber er wollte mich nur sehen, weil er deinen Vater so gern hat –»

«Nun mal langsam, Sally», unterbrach sie Joe, der wider Willen lachen mußte. «Komm mit in die Küche. Ich habe Kaffee gemacht. Trink erst einmal einen Schluck Kaffee.»

Sally hielt an sich, bis sie am Küchentisch saßen. «Also, jetzt hör weiter, Joey. Aber lach nicht und werd nicht böse. Also das erste, was er mir sagte, war, daß mein Drehbuch Mist sei, und daß ich keine Ahnung von Drehbüchern hätte. Das hat mich wütend gemacht, ich habe ihn angeschrien und beschimpft – ich glaube, ich war in meinem ganzen Leben noch nie so wütend. Er saß nur da und hat mich angesehen, die ganze Zeit. Dann hat er gesagt, ich sollte mal quer durch den Raum gehen, und er wollte wissen, ob ich schon mal geschauspielert hätte. Ich dachte, er wollte etwas von mir, und war richtig gemein zu ihm. Er ist aber eigentlich ein netter Kerl. Dann hat er mir ein Drehbuch gegeben, das ich lesen sollte, und hat Probeaufnahmen vorbereiten lassen –»

«Halt, halt», sagte Joe. «Was erzählst du da, Sally? Darauf bist du doch hoffentlich nicht reingefallen!»

«Jetzt hör mich bitte zu Ende an, Joe. So naiv bin ich nun auch nicht mehr. Eine Stunde lang habe ich in dem Drehbuch gelesen. Nichts Weltbewegendes, nur ein Western, aber nicht schlecht. Er heißt *Rot wie Blut*. Dann hat Hargasey mich in eins der großen Tonfilmstudios mitgenommen, in dem die Kulissen für vier Szenen aufgebaut waren. Eine davon war zufällig ein Western-Saloon, und die haben sie dann benutzt, weil die Szene, die ich lesen sollte, in einem Saloon spielt. Für den neuen Film haben sie nämlich noch keine Kulissen gebaut, weil sie noch nicht mit den Dreharbeiten angefangen haben. Die Szene wurde mit großen Scheinwerfern ausgeleuchtet. Ein Kameramann war da, und dann noch ein gewisser Mike Bordon, das ist Hargaseys Produktionsleiter. Er hat mit mir einen Ausschnitt aus dem Dialog gelesen, und das wurde dann gefilmt. Ich konnte den Text gleich auswendig. Ich mußte dann nur noch ein paar andere Dinge tun, die sie auch gefilmt haben, und dann haben wir uns unterhalten. Beide waren sehr freundlich, und morgen soll ich wiederkommen. Wenn die Probeaufnahmen etwas geworden sind, will Hargasey mir die Rolle geben, weil er es leid ist, noch länger nach einer Besetzung zu suchen. Jedenfalls sagt er das. Er ist Ungar, aber sehr nett. Wegen der Schauspielerei soll ich mir keine Sorgen machen. Er hält mich für ein Naturtalent und will mir jemanden besorgen, der mir Unterricht gibt.»

Sie hielt inne und wartete. Joe sah sie schweigend an. Sein Gesicht war angespannt und beunruhigt.

«Joe?»

«Ich liebe dich», sagte er.

«Joe, du hast mich seit Wochen nicht angesehen. Manchmal frage ich mich, ob du mich überhaupt wahrnimmst.»

«Ich bin nun mal so», sagte er unglücklich. «Das weißt du doch, Sally. Ich war schon immer so. Aber das heißt nicht, daß ich dich nicht liebe. Du bist für mich das Allerwichtigste in meinem Leben.»

Impulsiv sprang sie auf, lief um den Tisch herum und nahm seinen Kopf in die Arme.

«Du nennst mich manchmal einen Trottel, und das bin ich auch», sagte Joe.

«O nein, nein, du bist kein Trottel. Du bist der liebevollste, beste Mann, den ich kenne. Joe, findest du nicht auch, daß ich das tun sollte?» Sie ließ ihn los und blickte ihn mit weit geöffneten Augen an. «Oder willst du es nicht?»

«Du möchtest es gern, nicht?»

«Es ist wie ein Traum. Ach Joe, ich wäre gern so, wie du mich haben willst, würde gern hier zu Hause sitzen und Kinder bekommen, das Haus für dich in Ordnung halten, da sein, wenn du nach Hause kommst – aber ich kann es einfach nicht. Ich bin nicht dafür geschaffen, und ich habe mich so elend gefühlt dabei.»

«Und du möchtest es schrecklich gern tun?»

«Mehr als alles auf der Welt.» Sie schloß die Augen und stand einen Augenblick mit verschränkten Händen da. Joe begriff, was im Studio geschehen war. Sie war wie ein wildes, fremdes Tier, das in Gefangenschaft aufgewachsen, aber nie gezähmt oder auch nur gebändigt worden war.

«Wir werden das schon hinkriegen», sagte er. «Mach dir keine Sorgen, Sally. Tu, was du tun mußt, wir finden einen Weg.»

Als Sally am nächsten Tag ins Studio kam, stellte Hargasey ihr Mr. Jack Lesser, einen bebrillten, gepflegt wirkenden Herrn in den Vierzigern vor. «Lesser», erklärte Hargasey, «arbeitet für William Morris, eine erstklassige Agentur, die darüber wacht, daß Leute wie ich die Schauspieler nicht übervorteilen. Ich habe ihn hergebeten, weil ich Ihnen ein Angebot machen will. Er wird Ihnen dann erklären, daß mein Angebot nicht hoch genug ist. So funktioniert das. Ich könnte Sie zwar für ein Taschengeld beschäftigen, aber Sie sind Dannys Schwiegertochter, und außerdem gefallen Sie mir. Aber», wandte er sich an Lesser, «genaugenommen müßten Sie mir etwas zahlen. Ich muß ihr nämlich noch alles beibringen: Gehen, Sprechen – ich muß erst eine Schauspielerin aus ihr machen.»

«Mir blutet das Herz», entgegnete Lesser. Und zu Sally gewandt fügte er hinzu: «Ich arbeite für eine reputierliche Agentur, Mrs. Lavette, aber trotzdem kann Hargasey mich Ihnen natürlich nicht aufdrängen. Sie müssen mich selbst beauftragen, aus freiem Entschluß. Ich schließe dann einen Vertrag mit Ihnen, und Sie bekämen das Geld über unsere Agentur, abzüglich einer Provision von zehn Prozent. Wollen Sie uns mit Ihrer Vertretung beauftragen?»

«Ja. Ich habe schon von Ihrer Agentur gehört, natürlich, gern.» Dann fügte sie hinzu: «Wenn Mr. Hargasey meint, daß ich einen Agenten brauche.»

«Den brauchen Sie, verlassen Sie sich darauf», sagte Hargasey.

Dr. Kellman rief Barbara an und fragte sie, ob sie ihn am kommenden Abend zu Hause aufsuchen könne. «Ich würde Sie gern zum Abendessen einladen, Barbara, aber ich kann erst gegen neun zu Hause sein. Würde es Ihnen um halb zehn passen?»

«Ja, natürlich», sagte Barbara. «Handelt es sich um meinen Vater?»

«Nein, eigentlich nicht. Aber lassen wir das doch, bis Sie hier sind.»

Kellmans Wohnung lag in einem der neuen Apartmenthäuser in der Jones Street, sie konnte es zu Fuß erreichen. Es war ein kühler, angenehmer Sommerabend, und Barbara genoß den Spaziergang. Sie hatte zu viele Stunden am Schreibtisch verbracht und dachte jetzt sehnsüchtig an die Stute Sandy, die sie als Studentin in Menlo Park stehen hatte, und an die Ausritte mit ihr auf einsamen schattigen Pfaden in den Hügeln, an den scharfen Galopp auf der Bahn, der ihr den Wind ins Gesicht trieb. Sie hatte Sandy, ein Geschenk ihres Vaters, und all ihre anderen Besitztümer während des Hafenarbeiterstreiks 1934 verkauft, um Lebensmittel für die Suppenküche zu kaufen, in der sie damals mithalf. Fast fünfzehn Jahre lag das inzwischen zurück, und seither hatte sie auf keinem Pferd mehr gesessen. Hatte es wirklich eine Zeit in ihrem Leben gegeben, da Sandy für sie das Wichtigste auf der Welt gewesen war? Sie dachte an die endlosen Stunden, in denen sie die Stute gestriegelt hatte. Was mochte aus ihr geworden sein? Was war aus ihrer ganzen ungebundenen, sorgenfreien Jungmädchenzeit geworden? Oder war sie gar nicht sorgenfrei gewesen? Mit welchem Recht beklagte sie sich? Sie hatte geliebt und Liebe erfahren, hatte die Höhen des Glücks und die Tiefen der Verzweiflung kennengelernt. Es gehörte zu ihrem Wesen, daß sie nie lange Zeit niedergeschlagen war, und als sie vor Kellmans Haus ankam, war sie entspannt und fröhlich und nur mäßig an dem Grund für seine Einladung interessiert.

Soweit sie von ihrer Mutter wußte, verhielt Dan sich nicht ganz so, wie man es von einem genesenden Infarktpatienten erwartet. Deshalb ging sie davon aus, daß Kellman sie bitten wolle, einen entsprechenden Einfluß auf Dan auszuüben, obwohl es ihr eigenartig erschien, daß er sich damit gerade an sie wandte. Um so erstaunter war sie, als sie in Kellmans Wohnzimmer viele Menschen vorfand. Doch es dauerte nur einen Augenblick, bis sie begriff, worum es ging.

Es waren die achtzehn Menschen, die ihr Geld gegeben hatten, um Medikamente für das Krankenhaus in Toulouse zu kaufen. Dr. Kellman und seine Frau, Professor Brady aus Berkeley mit seiner Frau, die neunundachtzigjährige Mrs. Seligman, die Große Alte Dame der guten Gesellschaft von San Francisco, außerdem Dr. Montrosa und Frau, Dave Appelle, ein Buchprüfer, Eloise und Adam Levy, und zwei Jugendfreundinnen von ihr, die Schwestern Ruth und Leslie Adams mit ihren Männern. Ferner der Historiker Professor Gladstone, Arnold Dell vom *Examiner*, Mrs. Abramson, die verwitwete Mrs. Gifford, Jed Kenton, Stephan Cassala, Dr. Murphy, Fred Cooper und Carl Anson von der Hafenarbeitergewerkschaft – sie waren alle da und umdrängten und umarmten Barbara und sagten ihr, wie sehr sie sich freuten, sie zu sehen.

Es war ein bewegender Augenblick, und Barbara hatte Mühe, ihre Tränen zurückzuhalten. Schließlich bat Dr. Kellman um Ruhe und sagte: «Meine Damen und Herren, Sie haben jetzt unseren Gast begrüßt. Bitte, suchen Sie sich nun irgendwo einen Sitzplatz. Da es sich hier um eine Versammlung und nicht um eine Abendgesellschaft handelt, müssen wir geordnet vorgehen. Ich habe Barbara nicht gesagt, was sie heute abend hier erwartet, und ich hoffe, daß sie mir das verzeiht.»

Barbara konnte kaum sprechen, sie nickte nur und setzte sich auf einen ihr angebotenen Sessel.

«Getränke und einen kleinen Imbiß gibt es später», fuhr Kellman fort. «Zunächst aber zur Sache. Es war nicht leicht, Sie alle heute abend hier zu versammeln, denn Sie alle sind stark eingespannt. Da Mrs. Seligman den Einfall zu dieser Zusammenkunft hatte, soll sie selbst zu Ihnen sprechen. Bleiben Sie doch bitte ruhig sitzen, Mrs. Seligman», sagte er zu der alten Dame, die in einer Ecke des Raumes Platz genommen hatte. «Sie können gern von dort aus sprechen.»

«Es würde mir absolut nichts ausmachen, aufzustehen», sagte Mrs. Seligman. «Immer diese lachhaften Vorurteile gegen uns alte Leute! Man hält uns für gebrechlich und schwach im Geiste. Nun gut. Ich will Ihnen nicht verheimlichen, daß ich Barbara dazu gebracht habe, mir Ihre Namen zu nennen. Ich habe sie einfach zum Tee eingeladen, und da sie mir leichtfertigerweise vertraute, hat sie die ganze Angelegenheit mit mir besprochen. Später habe ich mich dann mit Milt Kellman beraten, und wir haben beschlossen, uns mit Ihnen allen in Verbindung zu setzen. Sehen Sie, mein

Kind», sagte sie dann zu Barbara, «unter uns befinden sich fünf Menschen, die Schwierigkeiten für sich und ihren Arbeitsplatz befürchten müßten, wenn man ihre Namen erführe. Es bleiben also dreizehn, denen es gleichgültig ist. Wir sind heute hier, um Ihnen zu sagen, wie stolz und dankbar wir sind, daß Sie sich so bemüht haben, uns zu decken. Aber damit ist es nun vorbei. Morgen übergeben wir unsere Namen der Presse, und damit ist die Angelegenheit aus der Welt – und Ihre Schwierigkeiten hoffentlich auch.»

Es gab Applaus, und alle Gesichter wandten sich Barbara zu. Sie stand unsicher auf.

«Sie haben das Wort», sagte Kellman.

«Es fällt mir schwer zu sprechen», sagte Barbara. «Am liebsten würde ich mich in eine Ecke setzen und mich ausweinen. Sie sind alle so gut, so lieb und tapfer. Es ist sicher eins der schönsten Erlebnisse meines Lebens. Aber Sie dürfen das nicht tun.»

«Wir sind aber fest dazu entschlossen», rief Mrs. Gifford dazwischen.

«Nein, bitte – lassen Sie es mich erklären. Sehen Sie, diese dumme Geschichte, diese Mißachtung des Kongresses, die man mir vorwirft, habe ich selbst auf mich geladen, und nur ich könnte es aus der Welt schaffen. Es würde niemanden nützen, Ihnen nicht und mir nicht, wenn Ihre Namen in der Zeitung stünden. Die Anklage würde davon nicht berührt.»

«Dann können Sie doch dem Ausschuß unsere Namen nennen», sagte Dr. Montrosa. «Hätte jemand von den Anwesenden etwas dagegen?»

Alle schüttelten den Kopf. Dann sagte Barbara: «Ich fürchte, ich habe etwas dagegen.»

«Aber warum denn, Barbara?» fragte Kellman.

«Sie sind alle so freundlich zu mir, und Sie meinen, daß ich Sie decken wollte. Daran ist etwas Wahres. Ich stehe in der Schuld eines jeden von Ihnen, denn ich bin zu Ihnen gekommen, um sie um Geld zu bitten, und das macht es zu meiner Obliegenheit, und nicht zu Ihrer.»

Widerspruch erhob sich: «O nein.» «Das stimmt nicht.» «Es betrifft uns alle.»

«Bitte, hören Sie mir zu. Es ist ja auch nur ein Teil der Geschichte. Unabhängig davon, daß ich Ihnen etwas schulde, bin ich auch mir etwas schuldig. Darüber kann nur ich entscheiden. Ich werde diesem Ausschuß nicht die Namen von Menschen preisgeben, die sich nichts haben zuschulden kommen lassen. Ich will es nicht, und nichts, was Sie sagen, kann meinen Entschluß umstoßen. Ich weiß, das hört sich starrköpfig an, aber ich habe es mir wirklich sehr gründlich überlegt. Und glauben Sie mir bitte, ich weiß es zu schätzen, daß Sie heute abend hierhergekommen sind. Aber so liegen die Dinge nun einmal.»

Es wurde noch eine Stunde hin- und herargumentiert, aber Barbara blieb eisern, und schließlich kam man überein, die Veröffentlichung der Namen zu unterlassen. Als Barbara ging, zusammen mit Adam und Eloise, sagte Eloise draußen zu ihr: «Bobby, ich bin ja so stolz auf dich. Ich hätte das nicht durchgehalten.»

«Ach, das glaube ich nicht.»

«Und denk dran», sagte Adam, «wir sind immer da, wenn du uns brauchst. Es ist nur eine Stunde bis zu uns.»

Sie setzten Barbara vor ihrem Hause ab. Es war fast Mitternacht. Immer, wenn sie spät zurückkehrte, überkam sie ein Gefühl der Leere und Verlassenheit. Dabei war das Haus gar nicht wirklich leer: Anna war da, und Sam. Das Gefühl der Leere war in ihr selbst, es teilte sich ihr in solchen Situationen mit, fast wie ein Gespenst, das ihr den Weg vertrat. Sie machte im Wohnzimmer Licht und sah sich um. Der afghanische Teppich, das alte Roßhaarsofa, das Sam Goldberg gehört hatte, die beiden Ledersessel vor dem Kamin – die einzigen Sessel, von denen Bernie gesagt hatte, daß sie die richtige Größe hätten –, der Stapel Zeitschriften und der Couchtisch – alles schien die Leere in ihr zu verkörpern.

Sie floh förmlich nach oben und öffnete die Tür zu Sams Zimmer. Das Nachtlicht brannte. Sam schlief fest. Er lag rund und sorgenfrei, rotwangig und gesund in seinem Bettchen. Sie ging leise wieder nach unten, erfüllt von dem Gedanken, was für ein wunderbarer Seelentrost solch ein wohlgenährter kleiner Junge sein konnte, und ihre Niedergeschlagenheit verflog. Was für liebe Menschen! dachte sie.

Da sie noch nicht müde war, machte sie sich Tee und legte eine Platte mit den Inventionen aus Bachs *Wohltemperierten Klavier* auf. Sie ließ sich in Bernies Lieblingssessel sinken, schlürfte ihren Tee und lauschte mit halb geschlossenen Augen der Musik. Sie nickte ein, und erst das kratzende Geräusch des Plattenspielers weckte sie.

Es fröstelte sie, und sie ging nach oben ins Schlafzimmer. Anna drehte immer die Heizung herunter, bevor sie zu Bett ging, und die

Sommernächte in San Francisco waren kühl und feucht. Barbara zog sich aus und stand einen Augenblick nackt und zitternd vor dem Spiegel. Sie berührte ihre Brüste, die straff und fest waren, und ließ die Hände über ihren glatten Leib gleiten. Die Narbe war fast unsichtbar.

«Alles für die Katz», flüsterte sie. «Was für eine schreckliche Verschwendung.»

Dann zog sie das Nachthemd über und stieg in ihr eiskaltes Bett. Sie lag da, wartete, daß ihr Körper das Bett erwärmte und sagte laut: «Was meinst du dazu, Bernie? Habe ich recht?» Lachend und weinend zugleich sagte sie: «Wie ähnlich wir uns waren! Warum habe ich das nie begriffen? Ich weiß genau, was du sagen würdest, auf deine eigene unnachahmliche Weise: «Sollen sie mich doch! Du blöder Kerl, abzuhauen und sich umbringen zu lassen!»

Boyd Kimmelman rief an und sagte: «Barbara, sie haben jetzt den Termin für das Verfahren festgesetzt, und zwar auf die erste Septemberwoche, im Bundesgericht in Washington. Aber lassen Sie sich deswegen keine grauen Haare wachsen, denken Sie nur an das, was ich Ihnen gesagt habe: Selbst, wenn wir mit Pauken und Trompeten untergehen sollten, bleibt uns noch die Berufung und der Oberste Gerichtshof.»

«Boyd», antwortete sie, «ich bin froh, daß das Warten zu Ende ist. So ist es viel besser.»

«Harvey, Sie und ich müssen uns noch mal zusammensetzen und das Ganze durchgehen. Wir müssen eine gemeinsame Linie absprechen. Wann können Sie vorbeikommen?»

«Muß es bald sein?»

«Je eher, desto besser. Wie wäre es mit morgen nachmittag?»

«Das geht.»

«Gut. Wir machen hier klar Schiff, damit wir notfalls bis in die Puppen darüber reden können.»

Barbara fing an zu kichern. Sie hatte im Geiste die Redensarten mitgezählt, die Boyd von sich gab, und war in den zwei Minuten, die das Gespräch erst dauerte, schon bei sieben angekommen. «Boyd», sagte sie, «Sie sind großartig.»

«Wieso? Was habe ich denn gesagt?»

«Also bis morgen.»

Sie legte auf, ging in ihr Arbeitszimmer und notierte auf dem Terminkalender: «Drei Uhr, Anwalt.»

Inzwischen hatte man die zehn Drehbuchautoren und Regisseure aus Hollywood, die ebenfalls die Aussage verweigert hatten, zu Gefängnisstrafen verurteilt, die meisten zu einem Jahr minus einen Tag. Man konnte es also nicht auf die leichte Schulter nehmen. Kimmelmans Anruf hatte sie erreicht, als sie gerade mit Sam ausgehen wollte. Am Tag zuvor hatte sie die erste Fassung ihres Romans beendet. Bernies Tod lag jetzt fast fünf Monate zurück. Sie wollte den Nachmittag mit Sam im Golden Gate Park verbringen. Jean hatte versprochen, sie abzuholen, sie wollten irgendwo Mittag essen gehen. Es würde Sams erster Restaurantbesuch sein, im Alter von zwanzig Monaten.

Die Türklingel riß sie aus ihren Gedanken. Jean war da, und Sam begrüßte sie mit Begeisterung. «Gib mir deine Hand», sagte sie und führte ihn an der Hand zu ihrem Wagen. «Du bist ein hübscher junger Bursche, und ein großer Wandersmann.» Sie hatte ein neues Cadillac-Kabrio, perlweiß, und alles vom Besten, wie sie Barbara erklärte. «Dans Geburtstagsgeschenk. Der Wagen hat alles und kann alles, außer sprechen. Ist er nicht zum Verlieben?»

Barbara hielt Sam auf dem Schoß, als sie losfuhren. «In was für einer großartigen Welt wir doch leben», sagte sie. «Dad schenkt dir ein Cadillac-Kabrio zum Geburtstag, und Tom wirft John Whittier aus Großvaters Geschäft heraus, was einem Vatermord gleichkommt ...»

«Du weißt davon?»

«Wer in der Stadt weiß es nicht? Ich habe wirklich einen bemerkenswerten Bruder. Er erinnert mich an Kaiser Caligula, nur, daß Caligula sich vielleicht doch etwas mehr Zurückhaltung auferlegt hat.»

«Ich bin froh, daß ich nichts von deinem Caligula weiß. Ich finde nur, du und Tom, ihr solltet irgendwie in Verbindung bleiben.»

«Aber das tun wir ja, Mutter. Mir liegt nur die Rolle des Rotkäppchens nicht besonders. Und da ich schon im Familienalbum blättere – mein Bruder Joe scheint da unten in Los Angeles die Rolle eines Heiligen oder die des Pater Damian einzustudieren.»

«Wer ist denn nun wieder Pater Damian? Ich glaube, Barbara, all deine Probleme kommen daher, daß du zu gebildet bist. Das hat man davon, wenn man zuviel allein ist und liest. Reiche Leute, meine Liebe, kommen mit einem Minimum an Bildung aus, mit einem Hauch Princeton, wie dein Bruder Tom ihn eingeschnuppert hat. Alles darüber hinaus könnte so etwas wie ein Gewissen wecken. Was ist nun mit deinem Pater Damian?»

«Ich bin nicht reich, Mutter. Ich verdiene mein Geld mit Büchern und Artikeln für Frauenzeitschriften – wenn man einmal davon absieht, daß sie mich neuerdings meiden wie der Teufel das Weihwasser.»

«Nun, wenn Dan und ich sterben, wirst du Geld haben, es sei denn, du verschenkst wieder alles. Richtig reich sind wir allerdings auch nicht, nur wohlhabend. Tom ist reich. Der Unterschied zwischen deinem Bruder und deinen Eltern läßt sich am besten mit einem Wort erklären, das die Briten erfunden haben: Establishment. Es ist schwer zu erklären, dieses Wort, aber damit grenzen sie die, die einigermaßen wohlhabend sind wie wir, von denen ab, deren Reichtum so gewaltig ist, daß sie das Land in der Hand haben. Und zu diesem Establishment gehört Tom ganz sicher. Er marschiert ganz vorn an der Spitze. Jetzt weiß ich immer noch nicht, wer dieser Pater Damian ist.»

«Er war ein Priester, der unter Leprakranken auf Molokai in Hawaii gelebt und gearbeitet hat.»

«Soll das heißen, daß Joe Aussätzige betreut?»

«Nein, Mutter, aber Arme, und Armut ist eine noch schlimmere Krankheit als Aussatz. Und Sally wird jetzt so eine Art Filmstar. Kurz bevor du kamst, rief übrigens mein Anwalt an und teilte mir mit, daß der Termin für den Prozeß feststeht. Also haben wir auch einen kleinen Verbrecher in der Familie, um das Bild abzurunden. Alles in allem stehen wir ganz gut da, findest du nicht auch?»

«Richter Fredericks will nicht. Er hat uns einen Korb gegeben», erklärte Harvey Baxter.

«Kennt Barbara den Grund?» fragte Kimmelman.

Aus dem Augenwinkel sah Barbara, daß Baxter kurz den Kopf schüttelte.

«Wir kommen auch ohne ihn zurecht», sagte Kimmelman. «Ich war sowieso nicht besonders von der Vorstellung begeistert, mit einem prominenten Anwalt dort aufzukreuzen. Wir können natürlich noch einen beauftragen, Barbara. Ich wüßte ein halbes Dutzend, die den Fall übernehmen würden, und wenn das Ihr Wunsch ist, werden Harvey und ich Sie dabei unterstützen, nicht wahr, Harvey?»

«Aber natürlich. Die Frage ist, Barbara, sind Sie mit uns als Ihren Anwälten zufrieden?»

«Harvey, ich muß Sie ganz offen fragen: Würde es mir etwas nützen, wenn ich noch einen weiteren Anwalt hätte?»

Baxter nickte. «Diese Frage soll Boyd beantworten, Barbara. Er hat seine Nase gründlich in alle Akten und Gesetzeskommentare gesteckt und sich sehr gewissenhaft mit Ihrem Fall beschäftigt.»

«Ja, das habe ich», sagte Kimmelman. «Aber das heißt nicht, daß ich den Fall unbedingt allein bearbeiten will, glauben Sie mir, Barbara. Sehen wir die Sache einmal so: Ich habe in Washington angerufen, wo ein paar alte Kriegskameraden von mir sitzen. Vorsitzender Richter wird wahrscheinlich Lansing Meadows sein. Ich habe genaue Erkundigungen über ihn eingezogen. Er stammt aus Richmond, Virginia, ist zweiundsechzig, Republikaner und wurde von Herbert Hoover zum Richter ernannt. Da er als sturer und kämpferischer Konservativer gilt, kann ein Demokrat aus Kalifornien ihn nicht beeindrucken, und einen prominenten Republikaner werden wir für unsere Sache kaum gewinnen können. Dieser Fall ist sehr merkwürdig, Barbara. Vor dem Kriege kam Mißachtung nur ganz selten zur Verhandlung, und wenn doch, wurden fast nie Gefängnisstrafen verhängt. Meist gab es Bewährung und eine empfindliche Geldstrafe. Richter Meadows hat in fünf Fällen von Mißachtung den Vorsitz geführt, zuletzt 1940. Immer hat er auf Bewährung und Geldstrafe erkannt. Allerdings wird das Spiel gegenwärtig anders gespielt: In jedem Fall von Mißachtung, der auf den Ausschuß gegen Unamerikanische Umtriebe zurückgeht, wurde eine Gefängnisstrafe verhängt. Es ist zwar albern, ein bloßes Vergehen so zu ahnden, aber so liegen die Dinge nun einmal. Harvey und ich glauben, daß wir gewinnen können, wenn wir uns ins Zeug legen, aber die Entscheidung liegt natürlich bei Ihnen.»

«Und wenn wir verlieren, Boyd, was kann schlimmstenfalls passieren?»

«Ein Jahr Gefängnis. Das wäre wirklich das Allerschlimmste. Doch diese Möglichkeit ziehe ich überhaupt nicht in Erwägung.»

«Also gut», sagte Barbara. «Dann bin ich einverstanden, daß Sie und Harvey den Fall allein durchfechten. Mir liegt nichts an zusätzlichen Anwälten.»

«Gut. Die Sache stellt sich jetzt folgendermaßen dar. Ich bin das Protokoll Ihrer Vernehmung ein Dutzendmal durchgegangen, und es gibt keinen Zweifel, daß die Frage, die man Ihnen gestellt hat, sachlich gerechtfertigt war. Allerdings mangelt es dem ganzen Verfahren an sachlicher Rechtfertigung, aber das ist eine andere Geschichte. Wenn wir das Anhörungsverfahren als solches gelten lassen, war die Frage gerechtfertigt. Der Ausschuß hat gefragt – Sie haben die Aussage verweigert. *Ipso facto* Mißachtung des Kongresses. Wenn man es so sieht, könnte man meinen, daß der Fall aussichtslos ist. Aber ich sehe es nicht so. Es gibt meiner Meinung nach zwei Wege, die die Verteidigung einschlagen kann. Einmal könnte man argumentieren, daß die förmliche Ladung mit Strafandrohung nichtig war, weil Sie, Barbara Cohen, sich keiner Handlung schuldig gemacht haben, die sich als unamerikanisch konstruieren ließe, so daß man Sie zu Unrecht vorgeladen hat. Ich habe in den Akten einen Fall gefunden, der diese Argumentation stützt. Mein erster Schachzug geht also in diese Richtung. Genauer gesagt: Harveys erster Schachzug, denn er wird die Verhandlung führen. Er wird daher als erstes den Antrag stellen, den ganzen Fall niederzuschlagen. Es gibt eine winzige Aussicht, daß wir damit durchkommen, aber große Hoffnungen kann ich Ihnen da nicht machen. Wird der Antrag abgelehnt, stellen wir sofort einen zweiten Antrag mit der Begründung, daß Ihre Einvernahme als Zeugin nichts mit der Aufgabenstellung des Ausschusses zu tun hatte. Damit werden wir zwar nicht durchkommen, aber es wird immerhin im Protokoll vermerkt.»

«Ich verstehe das nicht, Boyd. Wo bleibt denn nun die eigentliche Verteidigung vor Gericht?»

«Dazu komme ich gleich. Verstehen Sie, Barbara, in einem normalen Strafverfahren wird von der Schuldlosigkeit des Angeklagten ausgegangen, und der Staat muß einen Schuldbeweis führen. In unserem Fall liegt keine Straftat vor. Aber das Abgeordnetenhaus hat durch seine Abstimmung eine Schuld behauptet, und nun muß die Angeklagte diese Schuldbehauptung entkräften und widerlegen. Es klingt widersinnig, aber versuchen Sie bitte, mir zu folgen. Laut Abstimmungsergebnis des Abgeordnetenhauses sind Sie des Vergehens schuldig, die Parlamentshoheit mißachtet zu haben. Wie können wir da Ihre Schuldlosigkeit beweisen? Doch nur, indem wir nachweisen, daß das Vorgehen des Ausschusses selbst widerrechtlich war. Es verstößt gegen fast alle Regeln des angelsächsischen Gewohnheitsrechts, und ganz davon abgesehen halte ich es für verfassungswidrig. Meines Erachtens wird damit gegen den Geist und den Buchstaben des Fünften Zusatzartikels zu unserer Verfassung verstoßen, in dem es heißt, daß niemand gezwungen werden darf, gegen sich selbst auszusagen. Harvey meint inzwischen, daß wir eine gute Gelegenheit verpaßt haben, weil er es unterlassen hat, Ihnen zu raten, sich auf diesen Zusatzartikel zu berufen. Er hat sich deswegen auch schon Vorwürfe gemacht, aber wir hatten damals eigentlich keinen Anlaß, so vorzugehen. Jetzt will ich versuchen, den Nachweis zu erbringen, daß der Fünfte Zusatzartikel für unseren Fall relevant ist, ganz gleich, ob wir uns auf ihn berufen haben oder nicht. Sehen Sie, Barbara, erstens ist das der einzige Punkt, an dem wir wirklich den Hebel ansetzen können, und zweitens wird damit auch eine verfassungsrechtliche Frage aufgeworfen, auf die es mir entscheidend ankommt. Wenn wir nämlich damit unterliegen, können wir in die Berufung gehen, und zwar bis hin zum Obersten Gerichtshof. Und es besteht Aussicht, daß sie die Berufung zulassen. Das ist unsere Trumpfkarte in dem Spiel.»

«Aber Boyd hat vor», schaltete Baxter sich in den Vortrag ein, «Sie selbst in den Zeugenstand zu rufen. Ich hätte da Bedenken. Als Angeklagte sind Sie dazu nicht verpflichtet.»

«Harvey», antwortete Barbara, «wenn *ich* nicht aussage, wer soll es dann tun? Ich bin doch ganz allein in diese Sache verwickelt.»

«Wir könnten Leumundszeugen beibringen.»

«Also Harvey», sagte Kimmelman, «bleib doch mal auf dem Boden der Tatsachen. Sie ist unsere einzige Zeugin. Ohne sie gäbe es keinen Fall.»

Das Hin und Her dauerte bis gegen fünf Uhr. Boyd Kimmelman begleitete Barbara nach unten, und sie benutzte die Gelegenheit, ihn zu fragen: «Als wir heute nachmittag anfingen und Sie fragten, ob ich wüßte, warum Richter Fredericks den Fall abgelehnt hat, hat Harvey Ihnen ein Zeichen gemacht, Sie sollten den Mund halten.»

«Ihnen entgeht wohl auch gar nichts, was?»

«Man tut, was man kann. Warum hat Richter Fredericks unseren Fall nicht übernommen?»

«Ich finde, das sollten Sie besser Harvey fragen.»

«Boyd», sagte sie, «bitte keine Floskeln. Ich bin eine erwachsene Frau und stecke bis zum Hals im Dreck. Ich möchte den Grund erfahren.»

«Wir haben da nur so ein Gerücht gehört.»

«Ich würde es gern wissen.»

Er fragte seufzend: «Bestehen Sie darauf?»

«Ja. Wozu habe ich einen Anwalt? Wenn Sie es mir nicht sagen, bekomme ich es auch anders heraus, und wo bleibt dann das Vertrauen zwischen uns?»

«Also gut. Es ist eine scheußliche Angelegenheit. Aber wenn Sie mich so unter Druck setzen, habe ich wohl keine Wahl.»

«Ganz recht. Sie haben keine Wahl.»

«Es heißt, Ihr Bruder Tom und der Abgeordnete Drake stekken unter einer Decke und seien dicke Freunde.»

Barbara blieb stehen und sah ihn an. Sie standen an der Haustür. Sie spürte, wie sich in ihrem Magen ein Eisklumpen bildete.

«Das kann ich nicht glauben», sagte sie.

«Wir konnten es auch nicht glauben. Deshalb ist Harvey zu Richter Fredericks gegangen, und der hat es bestätigt.»

«Weiß mein Vater davon?»

«Offenbar ja, denn er hatte vor Harvey mit Fredericks gesprochen. Es ist mir sehr unangenehm, Barbara.»

«Mir muß es unangenehm sein», sagte Barbara unglücklich. «Was für ein widerlicher Schmutz. Gut, vergessen wir es. Sie brauchen Harvey ja nicht zu sagen, daß Sie es mir erzählt haben.»

Barbara saß zwischen Harvey Baxter und Boyd Kimmelman und verfolgte die Wahl der Geschworenen. Ein großer, breitschultriger Schwarzer trat gerade in den Zeugenstand und sah Peter Crombie, den Staatsanwalt, gelassen an. Aus der Brusttasche seines gepflegten schwarzen Anzugs ragten vier dicke Zigarren.

«Name?» fragte Crombie.

«Ephraim Jones.»

«Beruf?»

«Bestattungsunternehmer.»

«Befreit. Bitte, treten Sie zurück», sagte Crombie.

«Das war aber kurz und schmerzlos», sagte Barbara. «Woher wissen die so schnell, daß sie ihn nicht haben wollen?»

«Er ist Bestattungsunternehmer», antwortete Kimmelman. «Wir leben im Zeitalter der Einschüchterung. Wie wollen Sie einen Bestattungsunternehmer einschüchtern?»

«Wissen Sie», sagte sie zu Kimmelman, «dieses Getue mit den

Geschworenen ist doch eine reine Farce. Das haben Sie zwar immer gesagt, aber ich begreife es jetzt erst richtig. Man hat mich für schuldig befunden. Erst das Urteil, und dann der Prozeß. Haben Sie mal *Alice im Wunderland* gelesen?»

Richter Lansing Meadows sah sie streng an. Sie lächelte ihm zu, aber er lächelte nicht zurück. Er hatte ein Gesicht wie ein Frettchen, fand Barbara. Zwar hatte sie nie ein Frettchen gesehen, aber sie wußte, daß es ein wieselartiges Tier ist, mit dem man Kaninchen jagt. Richter Meadows hatte einen verkniffenen, fast lippenlosen Mund, ein spitzes Kinn und eine schmale Nase. Sein Haar war quer über den Schädel gekämmt, um dessen Kahlheit zu verbergen. Vor ihm stand ein Wasserglas, auf dem ein großes Stück Eis ruhte, von dem Schmelzwasser ins Glas tropfte. Immer, wenn den Richter der Durst plagte, warf er dem schwarzen Gerichtsdiener einen Blick zu, und der trat dann eilig an den Richtertisch und nahm den Miniatureisberg weg, während der Richter einen Schluck Wasser trank. Danach legte er den Eisklotz wieder auf das Glas, und das Tröpfeln ging weiter. Der Vorgang faszinierte Barbara, und sie fand ihn exzentrisch und einmalig im Zeitalter des elektrischen Kühlschranks. Sie hatte Mühe, sich auf die Vorgänge im Gerichtssaal zu konzentrieren. Immer wieder schweiften ihre Gedanken ab. Nichts von dem, was hier geschah, war ihr so wichtig wie die Trennung von Sam. Sie würde ihn vier, vielleicht fünf Tage nicht sehen. Jean wohnte während dieser Zeit in der Green Street, so daß Sams Lebensgewohnheiten so wenig wie möglich beeinträchtigt wurden. Eloise hatte Barbara angeboten, sie könne das Kind nach Higate bringen, aber Barbara fand es besser für Sam, wenn er zu Hause blieb.

Ihre Mutter war für Barbara immer wieder rätselhaft. Ihren Vater verstand sie besser. Ihn brauchte sie nur anzusehen, dann sah sie den großen, wilden, hitzköpfigen Jungen, der aus einer Handvoll Fischdampfer eins der größten Reederei- und Transportunternehmen der zwanziger Jahre aufgebaut hatte. Jean war anders. Einst eine hochmütige Schönheit – und dann die Veränderungen, das Reifen, die Abgeklärtheit, das Verstehen, keine dieser Entwicklungsstufen ihrer Mutter hatte Barbara ganz begriffen.

Im Grunde gibt es keine Beziehung zwischen Eltern und Kind, sagte sie sich, und kein gegenseitiges Verständnis. Mutter erstaunt mich, aber sie verwirrt mich auch. Eines Tages wird Sam mich fragen, warum ich das alles getan habe. Mutter hat mich das nur ein einziges Mal gefragt, danach hat sie sich nur noch um meine Kleider gesorgt.

«Ich will dich nicht verletzen, Bobby», hatte Jean gesagt, «aber in dem Aufzug wirst du den Richter und die Geschworenen wohl kaum beeindrucken.»

«Was gibt es daran auszusetzen?»

«In deinem Alter, Liebling, muß man ja nicht unbedingt einen Faltenrock, Pullover und Wanderschuhe tragen.»

«Ich habe nicht die Absicht, vor Gericht in Wanderschuhen aufzutreten.»

«Das will ich hoffen. Laß uns mal deine Garderobe durchgehen und etwas heraussuchen, was dir nützt und nicht schadet. Falls wir nichts finden, müssen wir mal einen Tag zusammen einkaufen gehen.»

Na ja, dachte Barbara, eigentlich ist das doch ganz normal. Wenn die Tochter vor Gericht gestellt wird, muß die Mutter sich um eine passende Kostümierung kümmern.

«Um Gottes willen», flüsterte Baxter ihr zu, «worüber lachen Sie denn?»

«Über meine Mutter.»

«Aber doch nicht hier. Das macht keinen guten Eindruck.»

Jean hatte gemeint, Barbara müsse ungefähr so aussehen wie eine Lehrerin aus dem Mittleren Westen. Barbaras kräftiges, rötlich-goldenes Haar war also straff nach hinten gekämmt und in einem züchtigen Knoten gebändigt. Sie trug ein dunkelblaues Wollkostüm mit weißer Bluse und dunkelblaue Schuhe. Sie selbst wollte kein Make-up, aber Jean hatte dagegen gehalten, daß gerade das eher Verdacht erregen würde.

«Verdacht, Mutter?»

«Bobby, eine Frau, die kein Make-up benutzt ...»

«Ja, was ist mit ihr?»

«Also wenn ich Geschworene wäre, und du kämst ohne Make-up an, würde ich mir sagen, eine Frau ohne Make-up ist sicher eine Radikale.»

«Aber ich benutze fast nie Make-up.»

«Und du bist eine Radikale. Da haben wir es.»

«Ich bin nicht radikal. Ich bin eine ganz gewöhnliche Hausfrau.»

«Meine liebe Bobby», sagte Jean nachsichtig, «kaum ein

Mensch würde auf den Gedanken verfallen, dich als gewöhnliche Hausfrau zu bezeichnen.»

Am späten Nachmittag waren die Geschworenen endlich ermittelt: fünf Männer und sieben Frauen, drei davon mit Regierungsbeamten verheiratet, die vier anderen selbst in Regierungsstellen tätig. Einer der Männer war Busfahrer, ein anderer Angestellter einer Telefongesellschaft, die drei übrigen Regierungsbedienstete.

«Ich verstehe das nicht», sagte Barbara. «Nichts als Regierungsbedienstete. Wer von den Geschworenen ist denn auf unserer Seite?»

«Da ist nichts zu machen. Wir sind in Washington.»

Vor dem Gerichtssaal warteten die Reporter auf sie. Die Zeitungen der Hauptstadt hatten ihr den Beinamen ‹Die reiche Erbin aus San Francisco› gegeben. Es spielte keine Rolle, daß sie diese Erbschaft zehn Jahre zuvor in eine Stiftung eingebracht hatte. Sie war eine Millionenerbin gewesen, und das blieb sie. Daß ihre Mutter ihren geschiedenen Mann wieder geheiratet hatte, war ebenfalls Wasser auf die Mühle der Presse, ebenso wie Tom Lavettes Riesenanteil an der GCS. Nur in Amerika, dachte Barbara, wird Reichtum gleichzeitig angebetet und abgelehnt. Das puritanische Arbeitsethos macht den Erwerb von Reichtum zu einer heiligen Sendung, verketzert aber den Besitz als Beweis moralischer Verderbtheit.

Beim Abendessen im Hotel – diesmal wohnte sie im Mayflower – aß Barbara kaum etwas, trotz Baxters Hinweis, daß sie sich in einem der besten Restaurants Washingtons befanden. «Mich ödet das alles an», sagte Barbara, «wie eine stumpfsinnige Orgie. Kleinliche Gemeinheit, Dummheit, bösartige Borniertheit – die Seele leidet Qualen dabei. In Nazideutschland trat all das nackt, brutal und widerwärtig zutage – hier ist es keimfrei verpackt.»

«Aber Barbara», sagte Baxter. «Sie wollen uns doch nicht mit Hitlerdeutschland vergleichen? Das stimmt doch vorn und hinten nicht, und das ist Ihnen auch klar. Immerhin gibt es bei uns ein rechtsstaatliches Verfahren, man hat Sie ohne Kaution auf freien Fuß gesetzt, und eine Gestapo gibt es auch nicht.»

«Und warum bin ich dann hier?»

Beide sahen sich irritiert an. Sie schüttelte den Kopf und lächelte. «Tut mir leid. Sie sind beide so nett und geduldig, und ich nörgele herum wie ein verwöhntes Kind.»

«Ich glaube, Sie haben sich einen hysterischen Anfall ehrlich verdient, und wenn es Sie erleichtert, tun Sie sich bitte keinen Zwang an», sagte Kimmelman.

«Nein, das ist nicht meine Art, Boyd.»

«In Ordnung. Dann lassen Sie uns über morgen sprechen. Harvey und ich haben alles noch einmal durchgesehen. Er meint, ich soll den Anfang, also die Eröffnungsanträge und das Verhör übernehmen, wenn Ihnen das recht ist.»

«Es ist nämlich so, daß ich nicht der Typ eines Prozeßanwalts bin. Boyd ist ein Naturtalent, ihm fällt mehr ein als mir, ganz spontan. Ich bin zu unbeweglich», erklärte Baxter.

«Nein, Harvey, das sind Sie nicht, aber wenn Boyd es machen will, ist es mir recht.»

Beide Eröffnungsanträge auf Niederschlagung der Anklage wegen Mißachtung wurden vom Richter in Bausch und Bogen verworfen. Richter Meadows reagierte ungehalten, und Barbara wurde klar, daß er leicht zu verärgern war. «Sie sollten doch wissen, Mr. Kimmelman», sagte er, «daß kein Bürger der Vereinigten Staaten sich der Autorität des Kongresses entziehen kann. Und was die Angemessenheit betrifft, so ist sie durch die Einvernahme eines Zeugen gegeben, wie Ihnen sehr wohl bekannt sein dürfte.»

«Ich sitze immer noch mit Alice im Kaninchenbau», flüsterte Barbara Baxter zu.

Der Gerichtssaal war kleiner, als sie erwartet hatte, und dunkler. Es gab nur ein Dutzend Plätze für Zuhörer. Zwei Reporter hörten gelangweilt zu. Es waren noch vier weitere Personen anwesend, die man für Zuschauer hätte halten können. Allerdings konnte Barbara sich nicht gut vorstellen, wer sich an einem sonnigen Septembertag freiwillig in den Sitzungssaal eines Bundesgerichts setzte. Der Eisklumpen auf dem Glas des Richters schmolz und tropfte, und Meadows nickte dem Gerichtsdiener mit monotoner Regelmäßigkeit zu, der dann das Eis anhob, auf daß der Herr Richter trinken konnte.

Der Staatsanwalt rief einen einzigen Zeugen auf, Donald Jay, den Anwalt des Ausschusses gegen Unamerikanische Umtriebe. Die Befragung des Zeugen war kurz und langweilig. Die Geschworenen saßen mit ausdruckslosen Gesichtern da, als interessierten die Vorgänge im Gerichtssaal sie nicht im geringsten.

«Ihr Name, Sir?» fragte Staatsanwalt Crombie.

«Donald Jay.»

«Sie sind Anwalt des Kongreßausschusses gegen Unamerikanische Umtriebe?»

«Das ist richtig.»

«Und als im vergangenen März Mrs. Barbara Cohen als Zeugin vor dem Ausschuß erschien, haben Sie die Vernehmung durchgeführt?»

«Ja.»

«War sie ordnungsgemäß vorgeladen und vereidigt?»

«Ja.»

«Und ist es ferner richtig, daß der Ausschuß darüber abgestimmt hat, die Zeugin wegen Mißachtung der Parlamentshoheit vor Gericht zu stellen, und daß ein entsprechender Antrag dem Repräsentantenhaus vorgelegt und vom gesamten Haus unterstützt wurde?»

Kimmelman erhob Einspruch. Bei der Abstimmung war das Repräsentantenhaus nur knapp beschlußfähig gewesen. Das Protokoll sollte nicht den Eindruck erwecken, als habe das gesamte Abgeordnetenhaus dem Mißachtungsbeschluß zugestimmt.

Meadows gab dem Einspruch statt und wies Crombie an, seine Frage neu zu formulieren. Barbara fand nicht, daß damit etwas geändert war.

«Haben Sie das stenographische Protokoll der Anhörung vor dem Ausschuß, auf den wir uns beziehen, bei sich?»

«Ja.»

«Ich möchte darum bitten, daß man dem Zeugen gestattet, das genannte Protokoll zur Auffrischung seines Gedächtnisses heranzuziehen.»

«Genehmigt», sagte Richter Meadows.

«Also, Mr. Jay», sagte Crombie, «würden Sie bitte im Zusammenhang mit der Klageerhebung die Frage wiederholen, die zu Mrs. Cohens mißachtlicher Handlung führte?»

Barbara begann zu kichern. Kimmelman stieß sie an und erhob Einspruch. «Das ist aus dem Zusammenhang gerissen, Euer Ehren. Ich beantrage, das ganze Protokoll zu verlesen.»

«Da das Protokoll zum Beweismaterial genommen ist, können Sie das beim Kreuzverhör beantragen. Zum gegenwärtigen Zeitpunkt sehe ich dafür keinen Anlaß.»

«Barbara», flüsterte Kimmelman, «lachen Sie nicht. Die Typen auf der Geschworenenbank lassen Sie nicht aus den Augen.»

«Mißachtlich, also nein. Das Wort gibt es doch gar nicht.»

«Vor Gericht gibt es solche Wörter.»

«Fahren Sie fort, Mr. Jay», sagte Crombie.

«Der Abgeordnete Drake sagte: ‹Mrs. Cohen, bitte nennen Sie dem Ausschuß die Namen der Personen, die Ihnen seinerzeit Spenden gegeben haben.›

Ihre Antwort: ‹Nein.›

Donald Jay: ‹Man hat Sie aufgefordert, die Namen derer zu nennen, die Ihnen Spenden für den von Ihnen privat aufgebrachten Hilfsfonds zur Unterstützung des Sacré-Cœur-Krankenhauses gegeben haben. Wollen Sie sie bitte nennen?›

Ihre Antwort: ‹Nein, das will ich nicht.› Dann beriet sich die Zeugin, Mrs. Cohen, mit ihrem Anwalt und fügte hinzu: ‹Nein, Mr. Jay, ich beabsichtige nicht, die Namen der Spender zu nennen.›

Darauf Donald Jay: ‹Sind Sie sich darüber im klaren, daß wir Ihre Bücher und Unterlagen beschlagnahmen können?›

Ihre Antwort: ‹Die einzigen Unterlagen, die es über diese Spenden gibt, habe ich im Kopf. Und wenn es andere Unterlagen gäbe, würde ich sie vernichten, bevor Sie Ihre schmutzigen Finger danach ausstrecken könnten. Darauf dürfen Sie sich verlassen.›

Abgeordneter Drake: ‹Mrs. Cohen, ist Ihnen bewußt, daß Ihre Aussageverweigerung einer Mißachtung dieses Ausschusses gleichkommt?›

Ihre Antwort: ‹Ich verstehe nicht ganz, was das bedeutet. Aber ich denke, es heißt, daß ich für Sie und Ihre Spießgesellen Verachtung empfinde. Und damit hätten Sie allerdings recht.›

Dann wurde die Zeugin entlassen.»

Crombie wandte sich an Kimmelman. «Ihr Zeuge, Sir.»

Als Barbara Boyd Kimmelman betrachtete, sah sie, daß seine neunundzwanzig Jahre schwer auf ihm lasteten. Es beunruhigte sie nicht, daß dies sein erster bedeutender Gerichtsfall war. Boyd war klein und stämmig, er hatte hellblaue Augen und sandfarbenes Haar, das sich aller Pflege und Pomade zum Trotz sträubte. Er war ein geborener Schauspieler, und Barbara war sicher, daß er jede Phase seines Auftritts einstudiert hatte. Er stellte seine erste Frage ohne aufzustehen: «Mr. Jay, dem gerade von Ihnen verlesenen Protokoll zufolge hat der Abgeordnete Drake Barbara Cohen darauf hingewiesen, es komme einer Mißachtung der Parlamentshoheit gleich, wenn sie sich weigerte, ihre Freunde zu denunzieren –»

«Einspruch», fuhr Crombie dazwischen, «eine solche Auslegung ist unzulässig und unhaltbar.»

«Wirklich?» fragte Kimmelman sanft zurück.

«Formulieren Sie Ihre Frage anders, Mr. Kimmelman», sagte der Richter. «Ich muß Sie warnen. Ich werde nicht zulassen, daß man diesen Gerichtssaal zum politischen Tribunal macht.»

Kimmelman nickte. «Es ist aber doch richtig, daß der Abgeordnete Drake Mrs. Cohen darauf hingewiesen hat, sie mache sich einer Mißachtung schuldig, Mr. Jay?»

«Ja.»

«Könnte der Stenograph Mrs. Cohens Antwort darauf verlesen?»

Dieser las: «‹Ich verstehe nicht ganz, was das bedeutet –›»

«Das genügt», sagte Kimmelman. Er stand auf und ging hinüber zu Jay. «Als sie das sagte, Mr. Jay, hielten Sie es da nicht für nötig, ihr zu erklären, was Mißachtung der Parlamentshoheit bedeutete?»

«Nein, Sir, das hielt ich nicht für nötig. Eine Frage war gestellt worden, und sie hat die Aussage verweigert.»

«Sie haben aber schon an vielen Verhören teilgenommen. Für Mrs. Cohen war es das erste. Es erschien Ihnen nicht nötig, ihr den Ernst der Lage zu verdeutlichen, ihr zu erklären, daß sie durch ein Votum des Abgeordnetenhauses eines Tages hier sitzen und einer möglichen Aburteilung durch dieses Gericht gewärtig sein müßte? Das hielten Sie nicht für erforderlich?»

«Sie war in Begleitung ihres Anwalts. Meine Antwort ist: nein.»

Kimmelman wandte sich an die Geschworenen. «Was, Mr. Jay, ist die Aufgabe des Ausschusses gegen Unamerikanische Umtriebe?»

«Einspruch!» sagte Crombie.

«Ich lasse die Frage zu», sagte der Richter.

«Er muß sie zulassen», flüsterte Baxter Barbara zu. «Er möchte nicht, daß die Verhandlung wegen eines Formfehlers neu aufgerollt werden muß.»

«Er soll Gesetzesentwürfe vorbereiten, die die Bevölkerung dieses Landes vor Subversion schützen.»

«Sehr lobenswert. Soweit ich weiß, wurde er im Mai des Jahres neunzehnhundertachtunddreißig eingesetzt.»

«Ich glaube, ja.»

«Sie glauben? Wissen Sie nicht, wann der Ausschuß eingesetzt wurde, für den Sie arbeiten?»

«Doch. Neunzehnhundertachtunddreißig.»

«Vor zehn Jahren. Das ist eine lange Zeit. Sie umfaßt die Depression, die wirtschaftliche Erholung des Landes und einen langen schrecklichen Krieg, dem ich, ganz nebenbei, vier Jahre meines Lebens geopfert habe.»

«Ersparen Sie uns biographische Einzelheiten, Mr. Kimmelman», sagte Richter Meadows säuerlich.

«Jawohl, Euer Ehren. Nun, Mr. Jay, wie viele Gesetzesentwürfe hat denn Ihr Ausschuß in diesen zehn langen arbeitsreichen Jahren erarbeitet und dem Kongreß zugeleitet? Einen? Zwei? Oder gar keinen?»

Noch bevor Kimmelman ausgeredet hatte, war Crombie aufgesprungen und erhob Einspruch. Meadows forderte die beiden Anwälte auf, an den Richtertisch zu treten.

«Was gedenken Sie durch diese Fragetaktik zu erreichen, Mr. Kimmelman?» fragte der Richter leise.

«Ich will zeigen, daß der Ausschuß vor seiner eigentlichen Aufgabe, für die er geschaffen wurde, versagt hat, und daß er unter Verletzung des Fünften Zusatzartikels Willkürjustiz übt, mit dem ausschließlichen Ziel, Zeugen zu Selbstbezichtigungen zu zwingen, widrigenfalls sie über eine mißbräuchliche Anklage wegen Mißachtung der Parlamentshoheit gefügig zu machen.»

«Nicht vor diesem Gericht, Mr. Kimmelman.»

«Ich halte meine Position für verfassungsrechtlich abgesichert. Darf ich mit allem Respekt fragen, warum nicht?»

«Weil wir hier nicht über den Ausschuß zu Gericht sitzen, Mr. Kimmelman, sondern über Ihre Mandantin. Ich nehme an, das ist auch Ihnen bekannt.»

«Aber Euer Ehren, es ist doch – ich sage das mit dem allergrößten Respekt – meine Pflicht, meine Mandantin zu verteidigen. Ich halte mein Vorgehen für das einzige im verfassungsrechtlichen Sinne aussichtsreiche.»

«Ich denke, Sie sind klug genug, sich eine andere Taktik auszudenken, Mr. Kimmelman. Vergessen Sie bitte nicht, daß es für einen Anwalt eines anderen Staates, in Ihrem Falle Kaliforniens, eine besondere Vergünstigung bedeutet, seinen Mandanten vor einem Bundesgericht im District of Columbia vertreten zu dürfen. Sie werden sicher nichts tun wollen, was mich veranlassen könnte, über diese Vergünstigungen noch einmal nachzudenken, Mr. Kimmelman?»

«Nein, Euer Ehren.»

Crombie lächelte und kehrte an seinen Tisch zurück.

Kimmelman hatte keine weiteren Fragen an Jay, und Crombie verzichtete großmütig auf eine abermalige Befragung des Zeugen. «Die Anklage hat ihre Beweisführung zunächst abgeschlossen», sagte er, als sei die simple Aussage eines einzigen Zeugen alles, was die Situation erforderte.

Dann kündigte der Richter an, das Gericht werde um zwei Uhr erneut zusammentreten.

Beim Essen war Kimmelman zerknirscht. «Was habe ich mir da bloß eingebildet?» seufzte er. «Das jugendliche Genie, das im Begriff steht, Rechtsgeschichte zu machen. Der brillante Anwalt aus Kalifornien, der den Ausschuß in die Knie zwingt. Brillant! Ein Idiot bin ich, ein hirnverbrannter Idiot. Und Sie habe ich ganz schön mit reingerissen, Barbara! Dieser blöde, schmallippige Dreckskerl!»

«Das konntest du wirklich nicht vorausahnen», versuchte Baxter ihn zu trösten. «Du hast genau das Richtige getan.»

«Nein. Ich hätte es kommen sehen müssen. Es war ganz einfach. Warum habe ich es nicht gesehen?»

«Aber Boyd, es ist ja noch nicht vorbei», sagte Barbara. «Ich weiß, wie Ihnen zumute ist, aber wenn Sie mich in den Zeugenstand rufen –»

«Ich weiß nicht, ob das gut ist.»

«Warum nicht? Sie sagen, was heute morgen passiert ist, nimmt uns die Möglichkeit, mit der Verfassung zu argumentieren. Aber es muß doch einen Weg geben, die Frage der Verfassungsgemäßheit in meine Aussage einzubauen.»

«Das ist nicht so einfach, Barbara», sagte Baxter. «Wie dieses Verfahren auch ausgeht, wir müssen versuchen, diesen Fall auf verfassungsrechtlicher Basis vor den Obersten Gerichtshof zu bringen. Es brauchte nicht einmal Teil des Protokolls zu sein. Boyd wollte Meadows zwingen, die Frage der Verfassungsgemäßheit hier zuzulassen oder einen Revisionsgrund zu liefern, indem er es nicht tat. Aber Meadows ist ein gerissener alter Fuchs; er hat die Falle gewittert und ist ihr einfach aus dem Weg gegangen. Ich bin auch nicht sehr angetan von dem Plan, Sie in den Zeugenstand zu rufen.»

«Wie wird das Urteil lauten, wenn ich nicht vernommen werde?»

Als keiner von beiden antwortete, sagte sie: «Schuldig, stimmt's? Dann ist es doch den Versuch wert, in den Zeugenstand zu gehen.»

«Ja, eine kleine Chance haben Sie», stimmte Kimmelman zu. «Aber denken Sie daran: Crombie wird Sie fragen, ob Sie Mitglied der Kommunistischen Partei sind.»

«Aber Sie haben doch gesagt, das könne er nicht.»

«Er kann schon, aber er darf nicht. Er wird die Frage stellen, und ich werde Einspruch erheben. Der Richter wird dem Einspruch stattgeben. Aber die Geschworenen haben trotzdem die Frage gehört.»

«Ist das so schlimm?»

«Ich glaube schon.»

«Dann ist da noch das Protokoll», sagte Baxter. «Crombie wird die schriftliche Aussage von Manuel Lopez erwähnen. Wir werden natürlich wieder Einspruch erheben, aber die Geschworenen hören es trotzdem. Vielleicht läßt der Richter die Frage sogar zu.»

«Ich kann einfach nicht glauben», sagte Barbara, «daß unter den zwölf Männern und Frauen niemand sein soll, den wir davon überzeugen können, daß ich nur nach den Regeln des Anstands gehandelt habe, und nichts weiter. Wenn das wirklich so sein sollte – wohin, um Gottes willen, ist es dann mit uns gekommen?»

«Die Angst geht um im Lande», murmelte Baxter.

«Sie sind fast alle bei der Regierung beschäftigt, Barbara. Aber die Wahl liegt bei Ihnen. Wenn Sie nicht aussagen, haben wir, glaube ich, keine Aussichten, und wenn Sie aussagen, vielleicht ein bißchen mehr. Schaden kann es eigentlich kaum.»

«Dann lassen wir es auf den Versuch ankommen», stimmte Barbara lächelnd zu. «Aber jetzt lassen Sie nicht die Köpfe hängen. Irgendwo unter Lansing Meadows eisigem Äußeren muß doch ein Herz aus Fleisch und Blut schlagen.»

Als sie dann aber auf der Zeugenbank saß und der Richter ihr sein kaltes, ausdrucksloses Gesicht zuwandte, kamen ihr Zweifel, ob sie mit dieser Vermutung recht gehabt hatte. Ich habe mich schon des öfteren gefragt, wie einem hier zumute sein muß, dachte sie, jetzt weiß ich es, ziemlich blöde, und was die Geschworenen betrifft ...

Sie sah einen nach dem anderen an. Es war auffallend, daß keiner ihren Blick erwiderte. Sie starrten alle ins Leere.

«Mrs. Cohen», sagte Kimmelman, «der Aussage von Mr. Donald Jay zufolge wurden Sie aufgefordert, dem Ausschuß gegen Unamerikanische Umtriebe die Namen von achtzehn Personen zu nennen. Das haben Sie abgelehnt. Ist das richtig?»

«Ja.»

«Wer waren diese achtzehn Personen? Ich frage nicht nach ihren Namen, sondern nach ihrer gesellschaftlichen Stellung und Ihrem Verhältnis zu ihnen.»

«Es sind Freunde und Bekannte, Menschen, die ich im Lauf meines Lebens in San Francisco und bei meiner Arbeit für die Lavette-Stiftung kennengelernt habe. Akademiker, Ärzte, Geschäftsleute, Lehrer, Hausfrauen, Gewerkschaftler.»

«Ich verstehe. Und Sie kennen alle diese Menschen persönlich?»

«Ja, das ist richtig.»

«Glauben Sie, daß es unter ihnen Menschen gibt, die subversiv tätig sind oder eine Gefahr für die Regierung oder andere Institutionen der Vereinigten Staaten darstellen?»

Crombie erhob bereits Einspruch, bevor Kimmelman seine Frage beendet hatte. «Suggestivfrage!»

«Beantworten Sie diese Frage nicht!» sagte der Richter zu ihr.

«Schön. Ihrer Aussage vor dem Ausschuß zufolge hat die Lavette-Stiftung mehrere Male Zuwendungen an das Sacré-Cœur-Krankenhaus in Toulouse gemacht. Können Sie uns etwas über dieses Krankenhaus sagen?»

Crombie erhob Einspruch.

«Ich lasse die Frage zu. Sie haben diese Frage selbst herausgefordert, Mr. Crombie.» Zu Kimmelman sagte der Richter: «Formulieren Sie Ihre Frage anders, und bitte keine Reden oder Erklärungen. Die können Sie sich für Ihr Schlußplädoyer aufheben. Stellen Sie gezielte und konkrete Fragen.»

«Wann sind Sie zum erstenmal mit dem Krankenhaus in Berührung gekommen?» fragte Kimmelman.

«Im Frühjahr 1938. Damals wurde mein Verlobter, Marcel Duboise, mit einer schweren Beinwunde, die er sich in Spanien zugezogen hatte, dort eingeliefert. Er war Korrespondent der Zeitung *Le Monde*. Ich war in Paris, als die Nachricht mich erreichte, und bin sofort nach Toulouse gefahren. Er starb in diesem Krankenhaus.»

«Wurde er dort gut versorgt?»

«Ja. Die Ärzte und Nonnen waren gut ausgebildet und sehr freundlich.»

«Sie sagen ‹Nonnen›. Handelt es sich um ein katholisches Krankenhaus?»

«Ja. Es bestehen Beziehungen zur katholischen Kirche.»

«Ich verstehe. Wie kam es nun dazu, daß die Lavette-Stiftung für das Krankenhaus eintrat?»

«Dr. Charles Lazaire, der Chirurg, der das Leben meines Verlobten zu retten versuchte, schrieb mir nach San Francisco und berichtete von den ungeheuren Schwierigkeiten, die die vielen Flüchtlinge aus Spanien und der Mangel an Versorgungsmöglichkeiten für das recht kleine Krankenhaus bedeuteten. Ich habe den Fall dem Vorstand der Lavette-Stiftung vorgetragen, und es wurde beschlossen, dem Krankenhaus Mittel zur Hilfeleistung an republikanischen Flüchtlingen und ihren Angehörigen zur Verfügung zu stellen.»

«Ich verstehe. Sie haben ebenfalls ausgesagt, daß die achtzehn Personen etwa zwölftausend Dollar zum Kauf von Penicillin und anderen Medikamenten gespendet haben. Warum konnten dafür nicht Mittel der Lavette-Stiftung verwendet werden?»

«Das war eine Zeitfrage. Die Medikamente wurden dringend gebraucht. Die Abwicklung einer Zuwendung durch die Stiftung erfordert einen gewissen Verwaltungsaufwand, zumal, wenn sie ins Ausland geht.»

«Wie haben Sie nun im einzelnen die zwölftausend Dollar zusammenbekommen?»

«Ich habe Freunde angerufen und ihnen den Fall geschildert. Das Geld kam noch am selben Abend zusammen.»

«Trifft es zu, daß dieselben achtzehn Männer und Frauen, deren Namen zu nennen Sie sich geweigert hatten, sich vor drei Wochen in einer Wohnung in San Francisco getroffen haben?»

«Ja, das stimmt.»

«Hatten Sie vorher von diesem Treffen Kenntnis?»

«Nein.»

«Dann gingen Sie also hin, ohne etwas von seinem Zweck zu wissen?»

«Das stimmt.»

Barbara hatte erwartet, daß Crombie Einspruch einlegen würde, aber er hörte aufmerksam zu. Sein neben ihm sitzender Assistent, ein junger Mann, flüsterte ihm etwas zu, aber Crombie schüttelte den Kopf. Offenbar wußte er noch nicht, worauf die Fragen abzielten und wollte die weitere Entwicklung abwarten.

«Was war der Zweck dieses Treffens?»

«Meine Freunde hatten von meinen Schwierigkeiten erfahren. Sie beabsichtigten nun von sich aus, ihre Namen der Presse mitzuteilen.»

«Und was haben Sie dazu gesagt?»

Wieder sah Barbara, daß der junge Mann lebhaft auf Crombie einredete, aber dieser schüttelte erneut den Kopf.

Der Richter sagte: «Beantworten Sie diese Frage nicht, Mrs. Cohen.» Dann zu Crombie: «Wenn Sie Einspruch erheben wollen, Mr. Crombie, werde ich ihm stattgeben.»

«Ich würde lieber die Antwort der Zeugin hören», sagte Crombie.

«Sie können antworten», sagte der Richter.

«Ich habe ihr Anerbieten abgelehnt und gesagt, daß es nur einen Ausweg für mich gäbe, nämlich die Namen selbst zu nennen. Das aber würde ich nicht tun. Ich habe ihnen gedankt und sie gebeten, ihre Namen nicht bekanntzumachen.»

«Warum haben Sie sich geweigert, dem Ausschuß die Namen Ihrer Freunde zu nennen, da doch aus dem erwähnten Treffen hervorgeht, daß die Betroffenen keine Angst vor nachteiligen Folgen hatten?»

Barbara antwortete ruhig: «Weil ich mir auch in Zukunft ins Gesicht sehen möchte, ohne mich zu schämen. Wenn ich mich zur Denunziantin machen lasse, verliere ich etwas sehr Wertvolles: meine Selbstachtung. Und das kann niemand von mir verlangen, weder der Kongreß noch einer seiner Ausschüsse. Was diese achtzehn Menschen betrifft, so lag das Risiko bei mir, nicht bei ihnen, denn ich hatte sie um Geld gebeten. Und damit habe ich die Verantwortung übernommen.»

«Danke», sagte Kimmelman. «Keine weiteren Fragen.»

Er ging an seinen Tisch zurück. «Großartig», flüsterte Baxter ihm zu. «Du warst einfach großartig.»

«Ja, und jetzt steh Gott uns bei.»

Crombie erhob sich und sah Barbara an.

«Jetzt paß auf!» flüsterte Kimmelman.

«Sind Sie Mitglied der Kommunistischen Partei, Mrs. Cohen?»

«Einspruch!» rief Kimmelman.

«Streichen Sie die Frage», sagte der Richter zum Stenographen.

«Dürfen wir an den Richtertisch treten?» fragte Crombie.

Der Richter nickte. Crombie, Baxter und Kimmelman gingen zu ihm hin.

«Man hat ihr diese Frage auch vor dem Ausschuß gestellt», flüsterte Crombie. «Und wir führen ihre Aussagen hier an. Deshalb halte ich die Frage für zulässig.»

«Sie hat die Frage damals verneint», argumentierte Kimmelman. «Und zwar unter Eid. Wenn es Zweifel gibt, warum erhebt der Staatsanwalt dann nicht Anklage wegen Meineids?»

«Ich habe es nur zwecks grundsätzlicher Klärung gefragt. Die Frage taucht ja mehrfach in ihrer Aussage vor dem Ausschuß auf.»

«Darf ich die Aussage bitte einmal sehen?» fragte der Richter.

Crombie gab ihm das gedruckte Protokoll, und der Richter blätterte es durch. Die Anwälte warteten. Dann sagte der Richter: «Ich fürchte, ich muß die Frage zulassen, Mr. Kimmelman. Sie können ja bei einer erneuten Vernehmung Ihrer Zeugin noch einmal darauf zurückkommen.»

«Dann bitte ich respektvoll, meinen Einspruch zu Protokoll zu nehmen.»

Crombie ging langsam um Barbara herum und fragte, zu den Geschworenen gewandt: «Mrs. Cohen, sind oder waren Sie je Mitglied der Kommunistischen Partei?»

«Nein, weder jetzt, noch früher.»

«Haben Sie im Jahre 1939 einen Auftrag für die Kommunistische Partei Frankreichs in Nazideutschland ausgeführt?»

«Einspruch», rief Kimmelman.

«Abgelehnt.»

«Es handelte sich nicht um einen Auftrag.»

«Antworten Sie bitte mit ja oder nein. Haben Sie 1939 einen Auftrag für die Kommunistische Partei Frankreichs unternommen?»

«Ich kann die Frage nicht mit ja oder nein beantworten.»

«Wollten Sie mit der Kommunistischen Partei Deutschlands Verbindung aufnehmen?»

Eine lange Pause trat ein, dann sagte der Richter: «Bitte, beantworten Sie die Frage, Mrs. Cohen.»

«Ja», sagte Barbara.

Crombie zuckte die Schultern. «Keine weiteren Fragen.»

«Welchen Beruf haben Sie 1939 ausgeübt?» fragte Kimmelman.

«Ich war Journalistin, Korrespondentin des *Manhattan Magazine*.»

«Und Sie sind im Auftrag Ihrer Zeitung nach Deutschland gereist?»

«Ja.»

«Wer waren Claude und Camille Limoget?»

«Journalisten, Freunde meines verstorbenen Verlobten.»

«Welcher Art war Ihre Beziehung zu ihnen?»

«Es war eine rein gesellschaftliche Beziehung. Sie besuchten mich ab und zu in meiner Wohnung, und meist haben wir uns heftig gestritten.»

«Gestritten? Worüber?»

«Die beiden waren Kommunisten, mein Verlobter und ich jedoch nicht.»

«Und trotzdem konnten Sie Freunde sein?»

«In Europa war das damals möglich, zumindest in Frankreich.»

«Und worum haben diese beiden Freunde, Claude und Camille Limoget, Sie gebeten, als Sie in Ihrer Eigenschaft als Journalistin nach Deutschland fuhren?»

«Sie sagten, alle Verbindungen zwischen der französischen und der deutschen Kommunistischen Partei seien abgerissen. Sie wollten unbedingt wissen, ob es noch irgendeine Art organisierter linker Widerstandsbewegung in Deutschland gab. Sie gaben mir den Namen eines Professors an der Friedrich-Wilhelms-Universität in Berlin, und ich sollte feststellen, ob er noch Kontakt mit antifaschistischen Kreisen hatte.»

«Und haben Sie es ermitteln können?»

«Nein. Die Gestapo hatte ihn umgebracht.»

«Dann haben Sie also niemals eine Kontaktaufnahme mit der Kommunistischen Partei Deutschlands versucht?»

«Nein.»

«Hatten Sie je Kontakte mit der Kommunistischen Partei Frankreichs?»

«Nein. Die Limogets waren die einzigen Kommunisten, die ich kannte.»

«Demnach handelt es sich bei der Unterstellung, sie hätten einen Auftrag für die Kommunistische Partei Frankreichs ausgeführt, um eine Erfindung von Mr. Crombie?»

«Einspruch!» rief Crombie verärgert, und der Richter bat Kimmelman, seine Frage anders zu formulieren.

«Sie haben niemals in dem von Mr. Crombie unterstellten Sinn einen Auftrag für die französische Kommunistische Partei übernommen?»

«Nein.»

«Warum haben Sie dann Ihr Leben aufs Spiel gesetzt, als Sie versuchten, mit dem erwähnten deutschen Professor Kontakt aufzunehmen?»

«Weil es 1939 war», antwortete Barbara ermattet. «Weil die ganze Welt vor den Nazis in die Knie zu gehen schien. Weil sie den Mann auf dem Gewissen hatten, den ich liebte, und weil ich sie haßte, sie, und alles, wofür sie standen.»

«Das ist alles. Vielen Dank.»

Boyd Kimmelman hielt nicht viel von langen Plädoyers, schon gar nicht in diesem Fall, denn er hatte während des ganzen Prozesses die Feindseligkeit der Geschworenen gespürt. Der Versuch, ein menschliches Echo bei ihnen hervorzurufen, an die Menschenwürde zu appellieren, konnte leicht dazu führen, daß man sie verärgerte.

«Meine Mandantin», sagte er, «ist keine gewöhnliche Frau. Ich würde ihr keinen Dienst erweisen, wenn ich etwas anderes behauptete. Sie ist ein Mensch von Grundsätzen, und sie hat nach ihren Grundsätzen gelebt. Sie entstammt einer der ältesten und reichsten Familien in San Francisco, und im Alter von sechsundzwanzig Jahren fiel ihr eine Erbschaft von rund vierzehn Millionen Dollar zu. Sie wies diese Erbschaft zurück und errichtete mit dem Geld die Lavette-Stiftung, eine gemeinnützige Einrichtung, die wissenschaftliche und medizinische Forschung unterstützt. Ich erwähne das nur, um ihr moralisches Verantwortungsgefühl zu unterstreichen.

Sie ist seit sechs Monaten Witwe, weil ihr Mann im Kampf für den Staat Israel fiel, und sie hat ein kleines Kind. Sie verdient ihren Lebensunterhalt mit dem Schreiben von Zeitschriftenartikeln und Büchern, und sie gilt als begabte und menschliche Schriftstellerin. Unter anderen Umständen könnte eine Regierung sich dafür zu Dank verpflichtet fühlen und es für angemessen halten, sie für ihr Mitgefühl, ihre Menschlichkeit auszuzeichnen. Sie hat nie etwas getan, dessen sie sich schämen müßte, und ihr ganzes Leben gereicht dem Lande, in dem sie geboren wurde, zur Ehre.

Sie haben ihre Aussage gehört. Sie hat sich ihrer Verantwortung nicht zu entziehen versucht und ihre Handlungsweise nicht bestritten. Man hatte sie aufgefordert, die Namen von achtzehn Menschen preiszugeben, die ihre Freunde waren und die ihr vertrauten. Das hätte für sie bedeutet, ihr ganzes bisheriges Leben zu verleugnen. Ihre Absicht war nicht, sich der Regierung oder dem Kongreß zu widersetzen, sie wollte weder halsstarrig noch unbelehrbar sein, sie hat ganz einfach nur das getan, was ihrem Wesen entsprach. Bei Shakespeare heißt es: ‹Dies über alles: Sei dir selber treu, und daraus folgt, so wie die Nacht dem Tage, du kannst nicht falsch sein gegen irgendwen.› Ist sie zu verurteilen, weil sie sich selbst und den edelsten Prinzipien dieser Nation treu war? Muß sie dafür bestraft werden? Ich meine nein, und daher bitte ich um Ihr Mitgefühl und Ihr Verständnis für diese Frau: Erklären Sie sie für nicht schuldig.»

Auch Crombie faßte sich kurz, als mache die Gewißheit weitere Argumente überflüssig. «Wir sind ein Volk, das nach Gesetzen lebt, und wir werden es, so Gott will, auch bleiben. Der Kongreß erläßt die Gesetze des Landes, und um diese Gesetze erlassen und die Gesetzgebung für das Wohlergehen, die Gesundheit und die Sicherheit dieser Nation erhalten zu können, ist er ermächtigt, Informationen zu sammeln. Wer von einem Ausschuß des Kongresses der Vereinigten Staaten von Amerika vorgeladen wird und die Aussage auf eine sachdienliche Frage ablehnt, macht sich der Mißachtung der Hoheit des Kongresses schuldig. Wer die Macht des Kongresses abschaffen will, der sich auch die Mächtigsten beugen müssen, will auch die Demokratie abschaffen.

An welchem Punkt schlägt eine sogenannte Prinzipientreue in Arroganz um? Will man uns glauben machen, daß nur Mrs. Cohen Prinzipien hat? Gibt es in unserem Staat etwa keine? In unserer Verfassung? Was heißt das überhaupt – Prinzipien? Ist jemand, der sich dem Kongreß der Vereinigten Staaten widersetzt, berechtigt, sich hinter sogenannten Prinzipien zu verschanzen und damit zu unterstellen, daß wir normalen Bürger unmoralisch seien und das Ethos von Straßenräubern hätten?

Ich weise solche Unterstellungen zurück. Ich lasse mich auch nicht davon beeindrucken, daß die Angeklagte aus einer reichen Familie stammt. Wir unterstehen einer Regierung des Volkes, nicht der Reichen, und auch die Reichen dürfen nicht ungestraft gegen das Gesetz verstoßen. Diese Frau hier, Mrs. Cohen, hat sich in überheblicher Weise zu dem Akt der Mißachtung bekannt und damit selbst den Beweis für ihre Schuld geliefert. Es geht hier einzig und allein um die Frage: Hat sie die Antwort auf eine Frage des Ausschusses gegen Unamerikanische Umtriebe verweigert? Das ist der Fall. Wir haben es bewiesen. Alles weitere liegt bei Ihnen.»

Richter Meadows Anweisungen an die Geschworenen waren ebenfalls knapp und präzis: «Sie haben die Beweisführung verfolgt. Mrs. Cohen, der Angeklagten, wird Mißachtung des Kongresses der Vereinigten Staaten zur Last gelegt. Mißachtung bei einer vom Kongreß durchgeführten Untersuchung bedeutet die Verweigerung der Antwort auf eine für die Untersuchung erhebliche Frage. An der Aussageverweigerung der Angeklagten läßt das Beweismaterial nicht den geringsten Zweifel. Die Frage wurde ihr gestellt, sie verweigerte die Antwort. Mit ihren eigenen Einlassungen vor diesem Gericht heute hat sie diese Weigerung bestätigt.

Damit brauchen Sie als Geschworene nur über einen einzigen Punkt zu entscheiden: War die gestellte Frage für die Erfüllung des Auftrags des Ausschusses gegen Unamerikanische Umtriebe sachdienlich? Als dieser Ausschuß seinerzeit unter dem Vorsitz des Kongreßabgeordneten Martin Dies aus Texas ins Leben gerufen wurde, geschah das, um nazistische, faschistische, kommunistische und andere Organisationen zu untersuchen, die ihrem Wesen nach unamerikanisch sind. Heute wird dieser Auftrag in einem weiteren Spektrum verstanden: im Sinne jeder subversiven Tätigkeit. Das Ziel solcher Befragungen ist, Gesetzesvorschläge auszuarbeiten, die dem Schutz der Bevölkerung der Vereinigten Staaten dienen.

Das Beweismaterial kennen Sie. Lassen Sie sich nicht von Gefühlen leiten. Die Frage, ob die Angeklagte schuldig ist oder unschuldig, hängt allein davon ab, ob die vom Ausschuß gestellte Frage sachdienlich für den Auftrag war, den der Ausschuß zu erfüllen hat. Bejahendenfalls haben Sie nur die Möglichkeit, auf schuldig im Sinne der Anklage zu erkennen.»

Als Barbara in ihrem Hotel in der Badewanne lag, kam sie zu dem Schluß, daß eine Zivilisation, die in unbegrenzter Menge heißes Wasser zur Verfügung stellt, nicht nur schlecht sein konnte. Jetzt bin ich also eine verurteilte Verbrecherin, dachte sie. Dabei fühle ich mich eigentlich nicht anders als zuvor, eher erleichtert, daß dies Possenspiel von einem Prozeß endlich vorbei ist.

Die Geschworenen hatten nicht mehr als zwanzig Minuten benötigt, um die Angeklagte einstimmig für ‹schuldig im Sinne der

Anklage› zu befinden. Kimmelman hatte sie ins Hotel begleitet, während Baxter zurückblieb, um mit dem Richter in seinem Dienstzimmer zu sprechen.

«Ich brauche ein Bad», sagte sie zu Kimmelman. «Und dann will ich mich umziehen, denn ich fühle mich schmutzig und unbehaglich. Wir können uns um sieben zum Abendessen treffen.»

«Barbara», sagte Kimmelman, «ich komme mir so schäbig vor. Ich habe Sie im Stich gelassen. Ich komme mir dumm und nutzlos vor, aber das schlimmste ist, daß ich Sie im Stich gelassen habe.»

«Boyd, ich meine das jetzt ganz ernst: Ich halte Sie für einen großartigen Anwalt. Bei Ihrem Plädoyer hätte ich mich am liebsten in ein Mauseloch verkrochen. Das Bild, das Sie von mir entworfen haben, hat mich ganz verlegen gemacht. Hoffentlich ist Ihnen klar, daß kein wahres Wort daran ist, aber als rhetorische Leistung war es große Klasse. Wissen Sie, ich mußte an eine Geschichte denken, die mein Vater gern erzählte: Bei einer feierlichen Logen-Versammlung zum Gedenken an ein verstorbenes Mitglied sprach der Redner so eindringlich und bewegt über die Not und das Leiden des Dahingeschiedenen, daß allen Zuhörern die Tränen kamen – nur ein Mann saß mit steinernem Gesicht dabei. Der Logenbruder, der neben ihm saß, fragte ihn, ob er nicht auch finde, daß die Worte des Redners Steine zu Tränen rühren könnten. ‹O ja, sicher. Aber sehen Sie, ich bin nicht Mitglied der Loge.› Verstehen Sie, Boyd, keiner von ihnen ist Mitglied der Loge, weder der Richter noch die Geschworenen, noch Mr. Crombie. Wir haben unseren Auftritt vor Gericht gehabt, und in einer Art bin ich damit sogar recht zufrieden. Ab jetzt zähle ich zur interessanten Gruppe der Schriftsteller, die durch ihre Bücher ins Gefängnis gebracht wurden.»

«Um Himmels willen, Barbara, noch ist es nicht soweit, und wenn es nach mir geht, wird es auch nicht dahin kommen.»

«Sie sind ein Schatz.» Sie beugte sich vor und gab ihm einen Kuß auf die Stirn. «Aber jetzt muß ich schleunigst in die Badewanne», sagte sie dann.

Bevor sie in die Wanne stieg, rief sie zu Hause an. In San Francisco war es drei Uhr nachmittags, und Jean war gerade mit Sam aus dem Park zurückgekehrt.

«Wie geht es dir, Bobby?» fragte Jean.

«Gut. Und dir und Sammy?»

«Deinem Sohn geht es ausgezeichnet. Er ist ziemlich anstrengend. Kinder sind anscheinend nur etwas für Junge. Aber wir hatten viel Spaß. Wie geht es mit dem dummen Prozeß?»

«Er ist vorbei, und ich bin schuldig.»

«Das ist doch nicht möglich, Bobby.»

«Nun reg dich bitte nicht auf. Im Augenblick passiert gar nichts. Ich weiß noch nicht einmal das Strafmaß und ob ich überhaupt eine Gefängnisstrafe bekomme. Harvey sagt, das Berufungsverfahren kann ein bis drei Jahre dauern. Ich muß also noch nicht in den Knast.»

«Wie kannst du darüber nur scherzen!»

«Mutter, wie kann ich denn so etwas ernst nehmen? Ich kam mir vor wie Alice im Wunderland, der der Herzkönig und die Herzdame den Prozeß machen. Harvey war wütend, weil ich immerzu kichern mußte. Er und Boyd waren großartig. Sie sind wirklich gute Anwälte, und es geht ihnen schrecklich nahe.»

«Liebling, wann kommst du nach Haus?»

«Ich hoffe morgen. Aber ich weiß noch nicht, wann der Richter das Strafmaß festsetzen wird. Ich rufe dich wieder an. Und mach dir keine Sorgen meinetwegen.»

Jeans Vorstellung von Washington war mehr vom gesellschaftlichen Aspekt gefärbt. Deshalb hatte Barbara auf ihr Drängen ein kurzes schwarzes Chiffonabendkleid mitgenommen, das sie jetzt anzog. Sie freute sich, daß sie sich so wenig aus dem Prozeßausgang machte. Sie legte ein dezentes Make-up auf, machte sich eine kecke Hochfrisur und erschien mit nur zwanzigminütiger Verspätung zum Abendessen. Baxter und Kimmelman erhoben sich und starrten sie sprachlos an.

«Kein Grund zum Trauern», sagte sie. «Wir haben eine Schlacht verloren, aber keinen Krieg, und wir haben Hunger.»

«Sie sind wunderschön», sagte Kimmelman.

«Wie nett von Ihnen, Boyd. Ich weiß nicht, wie Ihnen zumute ist, aber ich nehme einen großen, eiskalten Martini. Und bitte keine Gespräche über Gesetz und Ordnung und Gericht, bis wir ihn ausgetrunken haben.»

Erst als sie ihre Bestellung aufgegeben hatten, berichtete Baxter von seinem Gespräch mit Richter Meadows. «Ich habe darauf hingewiesen, daß es bis Kalifornien ziemlich weit ist und daß es wenig Sinn hat, uns dauernd hin- und herreisen zu lassen. Er ist bereit, das Strafmaß morgen früh festzusetzen.»

«Wie aufmerksam von ihm!»

«Wie war er denn sonst?» fragte Kimmelman. «Ich meine, war er freundlich?»

«Kalt. Ich fürchte, er hat etwas gegen uns, entweder, weil wir aus Kalifornien kommen oder weil er uns alle für ein bißchen rot hält.»

«Aber doch nicht Sie, Harvey», sagte Barbara. «Wer Sie für einen Radikalen hält, muß ziemlich beschränkt sein.»

«Ich bin mir nicht sicher, ob das nun ein Kompliment ist oder nicht.»

«Hast du mit ihm geredet?» beharrte Kimmelman. «Hast du Barbaras Leumund ins Spiel gebracht?»

«Ich hab's versucht. Aber er ist empfindlich und hat durchblikken lassen, daß er schon den bloßen Gedanken für anstößig hält, ich könnte versuchen, ihn zu beeinflussen.»

«Wenn du dem die Haut ritzt, kommt Eiswasser heraus, kein Blut.»

«Oder Essig», warf Barbara ein. «Aber wozu sollen wir uns aufregen? Alles kommt, wie es kommen soll.»

«Wir müssen uns morgen immer vor Augen halten, daß das hier nur der Anfang ist. Wir gehen sofort in die Berufung, und wenn wir dort nichts erreichen, klappern wir den ganzen Instanzenweg ab, bis zum Obersten Gerichtshof. Ich meine, daß die ganze Anklage auf einem Rechtsfehler beruht.»

«Was kann ich denn im günstigsten Fall erhoffen?» fragte Barbara.

«Eine empfindliche Geldstrafe und eine zur Bewährung ausgesetzte Haftstrafe.»

«Und im schlimmsten Fall?»

«Das weiß nur Gott», sagte Baxter. «Vor einer Woche hätte ich noch behauptet, daß in einem solchen Fall kein Richter, der im Vollbesitz seiner geistigen Kräfte ist, auf eine Gefängnisstrafe erkennen könnte.»

«Die Leute aus Hollywood haben auch Gefängnis bekommen.»

«Ja, ich weiß.»

Am folgenden Tag saßen Baxter, Kimmelman und Barbara um zehn Uhr erneut im Gerichtssaal. Außer ihnen waren nur zwei Gerichtsdiener anwesend. Sie mußten eine Viertelstunde warten, bis Richter Meadows erschien.

«Bitte, erheben Sie sich», rief der Gerichtsdiener.

Meadows setzte sich und sah Barbara an. Dann warf er dem

schwarzen Gerichtsdiener einen Blick zu, der daraufhin den morgendlichen Eisklumpen vom Rand des Glases nahm, so daß der Herr Richter seine Lippen mit Eiswasser benetzen konnte. «In einem solchen Augenblick denkt man an tätige Reue», sagte Meadows. «Ich halte Sie nicht für eine gewöhnliche Kriminelle, Mrs. Cohen, sondern für ein Produkt dieser schwierigen Zeit. Ich muß berücksichtigen, daß Sie Mutter und Witwe sind, und daher frage ich Sie, bevor ich ein Strafmaß nenne: Sind Sie willens, die Anklage wegen Mißachtung des Kongresses gegenstandslos zu machen? Sie brauchen dazu nur noch einmal vor dem Ausschuß gegen Unamerikanische Umtriebe zu erscheinen und alle Fragen zu beantworten, die der Ausschuß für nötig hält. Sind Sie dazu bereit?»

«Es tut mir leid, nein», sagte Barbara.

«Dann lassen Sie mir keine Wahl. Ich verurteile Sie zu einer Geldstrafe von fünfhundert Dollar und zu Haft von sechs Monaten, zu verbüßen in einer von der Bundesgefängnisverwaltung zu benennenden Strafanstalt. Da Ihre Anwälte vorsorglich Berufung eingelegt haben, ist das Gericht einverstanden, daß Sie weiterhin gegen Kaution auf freiem Fuß bleiben, bis das Ergebnis des Berufungsverfahrens feststeht.»

V
Bestrafung

Barbara saß mit ihrem Vater im Park und sah Sam beim Dreiradfahren zu. Er war groß für sein Alter und handhabte das kleine Gefährt mit Leichtigkeit und Geschick.

«Wie alt ist er jetzt eigentlich?» fragte Dan. «Ich habe es vergessen.»

«Zweidreiviertel Jahre. Im Dezember wird er drei.» Sie sah ihren Vater neugierig an. «Ist es dir auch recht, Dad? Ich meine, hier mit mir im Park sitzen?»

«Was sollte mir daran nicht recht sein?»

«Ich dachte nur. Es ist so seltsam, Dan Lavette sitzt tatenlos im Park herum.»

«Du willst mich doch nicht los sein?»

«Daddy!» Sie nahm seine Hand. «Ich finde es herrlich, hier mit dir zusammen zu sein. Hast du schon mal versucht, dich mit Spatzen zu unterhalten? Oder mit Möwen? Mit Möwen geht es besser. Lesen hängt mir schon zum Hals heraus. Ich habe gerade Mertons *Berg der sieben Terrassen* gelesen. Es wäre schön, fromm zu sein, aber leider kann ich mich dafür nicht begeistern. Jetzt lese ich den *Kinsey Report*, und der ist stinklangweilig.»

«Den liest du? Wozu denn das?»

«Vermutlich als Ersatz für Sex.»

«Warum Ersatz? Geh aus, Mädchen, lern Leute kennen! Himmel, du bist jung und schön, und die Lavettes sind nicht aus dem Holz, aus dem man Mönche oder Nonnen schnitzt. Wir sind eine scharfe Sippe.»

«Du bist köstlich.»

«Bernie ist seit eineinhalb Jahren tot. Wie lange willst du noch um ihn trauern?»

«Ich trauere ja gar nicht, Dad. Trauern bedeutet Schuld, und ich empfinde Bernie gegenüber keine Schuld. Ich bin nur betrübt, wenn ich daran denke, wie es hätte sein können, wenn er bereit gewesen wäre, sein Leben zu leben, wie es war.»

«Dazu ist ein solcher Mann nicht in der Lage. Außerdem hättest du ihm keinen Blick gegönnt, wenn er dazu imstande gewesen wäre.»

«Möglich. Ich weiß es nicht. Aber wir sprachen ja eigentlich von dir – von Dan Lavette, der mit seinem Enkel im Park sitzt.»

«Er ist ein prächtiger Bursche.»

«Hast du mit Wirtschaftsimperien nichts mehr im Sinn? Keine Reedereien mehr, keine Fluggesellschaften?»

«Bobby», sagte Dan, «ich habe dreimal so etwas aufgebaut. Das genügt. Es ist ein Spiel für Verrückte, entweder man ist verrückt nach Geld oder nach Macht. Letzteres ist die Krankheit deines Bruders. Ich bin ganz zufrieden so, wie es ist. Ich mache Entwürfe für eine Yacht, die ich wahrscheinlich nie bauen werde, und ich habe endlich begriffen, daß die schönste Frau von San Francisco, mit der ich, wie es sich ergeben hat, verheiratet bin, mich wahrhaftig liebt. Das ist nicht schlecht für einen Jungen aus dem Tenderloin. Ich überlasse es anderen, mit hängender Zunge dem Geld hinterherzurennen.»

«Wo ist übrigens die schönste Frau von San Francisco zur Zeit?»

«Sie zieht mit einem Grundstücksmakler durch die Stadt. Es will ihr nicht in den Kopf, daß es in San Francisco keine vernünftige Kunstgalerie gibt.»

«Und damit hat sie auch recht. Soll das etwa heißen, daß sie wieder eine Galerie eröffnen will?»

«Diesmal auf geschäftlicher Basis. Sie will immer noch die Stadt zur modernen Kunst bekehren. Die Idee ist ja auch an sich nicht schlecht. Es füllt ihre Tage aus, und für Malerei hat sie sich immer begeistert. Vielleicht lerne ich ja auch noch etwas davon, wenn sie mich als ihren Gehilfen haben will – ich meine, für die Knochenarbeit. Eloise soll ihre Teilhaberin werden, aber ich zweifle, ob es Adam gefallen wird, daß sie ihre Tage in San Francisco verbringt.»

«Ihr beide», sagte Barbara, «Mutter und du, ihr seid wie die Kinder. Ihr seid einfach großartig. Und ihr liebt euch.»

Dan lächelte wehmütig. «Es war nicht leicht. Vierzig Jahre lang haben wir uns gegenseitig zerfleischt. Wir haben mehr Narben als mancher Berufsboxer. Aber wir waren eben einfach verrückt nacheinander. Wenn ihr etwas zustoßen sollte ...» Er schüttelte den Kopf. «Ach was, darum geht es nicht. Wir sprachen doch von dir.»

«Du vergißt, Dad, daß ich ein Stelldichein mit einem Bundesgefängnis habe. Da kann ich doch nicht vorher noch mit jemand anders anbändeln.»

«Sag mal, was tut sich da eigentlich? Letzte Woche habe ich

Harvey angerufen. Der Fall liegt noch immer bei der Berufungsinstanz auf Eis.»

«Mir eilt es nicht damit, Daddy. Allerdings wünschte ich manchmal, es wäre vorbei.»

Sie sprang auf und lief hinter Sam her, der auf die Straße zusteuerte. Dan beobachtete, mit welcher Geschmeidigkeit und Anmut sie sich bewegte, und konnte, wie schon so oft, nicht fassen, daß sie das Produkt seiner Lenden sein sollte. Wenn er Barbara so ansah, mußte er immer an May Ling denken. In Barbara steckte mehr von der zartgliedrigen, außergewöhnlichen Chinesin als von Jean; und es bereitete Dan Genugtuung, daß er an beide, May Ling und Jean, ohne Gefühle von Schuld und Kummer denken konnte. Er neigte nicht dazu, in der Vergangenheit zu leben, und doch konnte er ihr nicht ganz aus dem Wege gehen. Er empfand eine Art perverser Dankbarkeit für seinen Herzanfall. Seit seiner Begegnung mit dem Tod sah er sich anders als zuvor; das alte Gerüst aus Verlangen und Macht, das seinem Leben Halt und Zusammenhang gegeben hatte, war zusammengebrochen. Diesen Punkt hatte er schon einmal erreicht, 1930, als er im Hafen von San Pedro gesessen hatte, arbeitslos und am Ende. Doch war das ein Augenblick der Niederlage und der hoffnungslosen Verzweiflung gewesen. Als er im Krankenhaus lag, den Tod vor Augen, hatte er weder ein Gefühl der Niederlage noch der Verzweiflung empfunden. Er hatte entdeckt, daß er sich nicht fürchtete. Er war frei von Verlangen. Freilich war es nicht so, daß er mit dem Leben abgeschlossen hatte – er wollte gern weiterleben –, aber wenn er sterben mußte, würde er sich darein fügen.

Barbara kam zurück und setzte sich wieder neben ihn. Sie fragte: «Dad, wie ist es im Gefängnis?»

Er sah sie an und lächelte: «Ich glaube nicht, daß du ins Gefängnis mußt.»

«Niemand außer mir scheint das zu glauben.»

Am folgenden Tag erhielt Barbara eine Tantiemenabrechnung vom Verlag. Ihr neuer Roman war vor sechs Monaten erschienen, und der Absatz war nicht gerade reißend. Bisher war erst die Hälfte ihres Vorschusses durch Tantiemen gedeckt. Bill Halliday, ihr Verleger, schrieb dazu: «Es ist wirklich ein gutes Buch. Von dieser Überzeugung bringt mich keiner ab. Aber es ist sehr zurückhaltend und sanft, und Sie haben sich Ihren Ruf mit zwei Büchern erworben, die alles andere waren als das. Wenn Sie sich die Bestsellerlisten ansehen, wissen Sie, was das Publikum heute will. Auf der einen Seite Mailers *Die Nackten und die Toten*, auf der anderen ein unsägliches Brechmittel wie *Der große Fischer* von Lloyd C. Douglas. Es ist schwer, Ihr Buch einzuordnen und dafür zu werben. Die Geschichte eines nach San Francisco zurückgekehrten Soldaten, der sich in ein ganz normales Mädchen verliebt, sie heiratet und ein ganz normales Leben beginnt, ist ein Stoff, der ungemein schwierig mit Leben zu erfüllen ist. Wie Ihnen das so gut gelungen ist, bleibt mir angesichts dessen, was Ihnen während des Schreibens widerfahren ist, ein Rätsel.»

Billy Halliday fuhr fort: «Sie dürfen nun nicht glauben, daß wir dem Druck nachgegeben und uns nicht für den Verkauf Ihres Buches eingesetzt hätten. Daß Druck ausgeübt wird, leugne ich nicht, zum Teil versteckt, zum Teil offen. Beispielsweise waren zwei FBI-Männer hier. Sehr höflich. Sie erklärten, es sei bei ihnen üblich, den Arbeitgeber des Betreffenden zu befragen, wenn jemand wegen eines Verbrechens gegen den Bund verurteilt wird. Ich habe ihnen gesagt, mir sei von keinem Verbrechen bekannt, das Sie begangen hätten, woraufhin sie erklärten, aus den Akten gehe das Gegenteil hervor. Sie wollten wissen, ob ich weiterhin Ihre Bücher veröffentlichen würde, und ich habe ihnen gesagt, das sei in der Tat meine Absicht.

Weniger offen wird der Druck an den Remittenden erkennbar. Ganze Versandkartons mit Ihrem Buch sind ungeöffnet zurückgekommen. Ich spreche all diese Punkte nur an, damit Sie nicht meinen, wir ließen es links liegen. Ich bin stolz darauf, daß es im Verlagswesen bisher keine schwarze Liste gibt, wie das bei Fernsehen und Film unzweifelhaft der Fall ist. Wir sind fest entschlossen, Ihre Arbeiten auch weiterhin zu veröffentlichen.»

Barbara legte den Brief mit einem traurigen Lächeln beiseite. Nein, im Verlagswesen gab es keine schwarze Liste. Aber von einem Vorschuß auf ihr nächstes Buch war in dem Brief nicht die Rede, und Halliday erkundigte sich auch nicht, woran sie zur Zeit arbeitete. Seit über einem Jahr hatte keine Zeitschrift sie um einen Beitrag gebeten. Ein unverlangt eingesandter Artikel, in dem sie ihre Erlebnisse in Washington geschildert hatte, war von allen zurückgesandt worden. Auch eine Geschichte über Saudi-Arabien und andere Gegenden, die noch keine andere Amerikanerin gesehen hatte, kam zurück.

Nun, sie würde schon zurechtkommen. Sie hatte ihr Gehalt von der Stiftung, und sie hatte auch noch einen ansehnlichen Betrag auf der Bank, der aus Zinsen der Erbschaft ihres Großvaters aufgelaufen war und den ihre Mutter nicht dem Kapital zugeschlagen hatte. Sie würde nicht verhungern oder ihren Vater anbetteln müssen. Doch litt sie darunter, daß das unsichtbare Netz um sie herum sich immer fester zusammenzog.

In einer Rede in Wheeling, West Virginia, sagte Senator Joseph R. McCarthy: «Daß wir uns im Zustand der Machtlosigkeit befinden, liegt nicht daran, daß unser einziger mächtiger potentieller Feind seine Leute in unser Land hat eindringen lassen, sondern in dem verräterischen Tun jener, mit denen unser Land es besonders gut gemeint hat. Der Ausverkauf des Landes wird nicht von den Unterprivilegierten oder von Minderheitengruppen betrieben, sondern von denen, die alle Vorrechte genossen haben, die das reichste Land der Erde ihnen bieten kann: die besten Wohnungen, die beste Ausbildung und Erziehung, die besten Arbeitsplätze, die die Regierung zu vergeben hat. Das gilt in besonderem Maße für unser Außenministerium, das State Department ... Meiner Meinung nach ist es durch und durch kommunistisch unterwandert. Ich habe Unterlagen über 57 Einzelpersonen, die allem Anschein nach entweder eingetragene Mitglieder der kommunistischen Partei sind oder mit ihr sympathisieren. Dennoch wirken sie bei der Gestaltung unserer Außenpolitik mit.»

Für viele ist der November der schönste Monat im südlichen Kalifornien. Dann ist die sommerliche Hitze vorbei, der Wind aus der Santa-Ana-Wüste weht nicht mehr so heiß, und die Luft wird belebend und frisch. Der Himmel wird so blau wie irgendwo sonst in der Welt, weil die kühle Brise vom Pazifik die Dunstglocke über Los Angeles und dem ganzen Becken oft vertreibt.

Alexander Hargasey fuhr auf dem Sunset Boulevard von Hollywood nach Beverly Hills. Er öffnete das Fenster seines Rolls-Royce, atmete tief ein und meditierte über die beste aller Welten.

Eins mußte man Hargasey lassen: er vergaß nie seine Herkunft, was man von der Mehrzahl seiner Kollegen nicht behaupten konnte. Er war in den Slums von Budapest geboren worden, mit vierzehn Jahren zu einem einfachen Filmemacher in die Lehre gegangen, Soldat der ungarischen Armee geworden und 1917 in britische Gefangenschaft geraten. 1922 war er nach Hollywood gekommen, mit nichts als seinem Verstand. Jetzt, im Jahre 1949, galt er als eines der Bollwerke der Filmindustrie im Kampf gegen das immer weiter um sich greifende Fernsehen.

In Beverly Hills bog Hargasey in den Rexford Drive ein und dann in die Auffahrt eines hübschen Hauses im Stil eines französischen Herrensitzes. Ein Chicanomädchen öffnete ihm die Tür, und von oben rief eine Stimme: «Bist du das, Alex? Ich bin hier oben. Komm rauf.»

Er ging nach oben und trat in ein Schlafzimmer, das etwa achtzig Quadratmeter groß und ganz in blauen, rosa und hellgrünen Tönen gehalten war. Geblümter Chintz und teurer Brokat – Sally Lavettes weitumfassender Geschmack wurde mit all dem fertig. Sie lag auf einer Couch und las in einem Drehbuch. Sie trug Blue Jeans und ein blaues Arbeitshemd, ihr langes blondes Haar war mit einem Band im Nacken zusammengefaßt. Daß sie kein Make-up benutzte, war in Hargaseys Augen ein Vorzug, aber auch ein Hinweis darauf, daß er sich keiner ganz einfachen Situation gegenübersah.

Auf die Frage nach seiner stärksten Seite hatte Hargasey bei einem Interview einmal geantwortet: «Die Fähigkeit, die Psyche des Filmstars zu verstehen.» Man hielt seine Antwort damals für spaßhaft, aber sie war durchaus ernst gemeint. Hargasey hatte fünfundzwanzig Jahre lang beobachtet und häufig genug beeinflußt, wie junge Menschen aus allen Teilen der Vereinigten Staaten zu Stars gemacht wurden. Er hatte erlebt, wie ein schüchterner Oberschüler aus einer Kleinstadt sich in ein raubgieriges Ungeheuer verwandelte; vor seinen Augen waren aus einfachen und sanften Männern und Frauen harte und lasterhafte Menschen geworden. Menschen, die zuvor keinen Tropfen Alkohol angerührt hatten, wurden innerhalb weniger Monate zu Alkoholikern. Unberührte Mädchen wechselten wahllos ihre Bettgefährten, und einst anständige Männer fingen an, ihre Frauen zu verprügeln. Zwar gab es Ausnahmen, aber um die abzuzählen, brauchte er nicht einmal alle Finger einer Hand. Sein einziger Trost war, daß jeder Fall sich von den anderen so unterschied, daß man die Hoffnung auf eine Ausnahme nie aufzugeben brauchte.

Sally Lavette war mit Sicherheit anders, doch Hargasey konnte nicht sagen, inwiefern. Zumindest war sie nicht dumm oder gefühllos. Diese beiden Eigenschaften fürchtete er am meisten, denn aus ihnen entstand schnell eine Wand, gegen die weder Vernunft noch Gefühl etwas auszurichten vermochten. Sally war im Gegenteil intelligent und sensibel. Sie hatte eine Hauptrolle in zwei Filmen gespielt, die beide Kassenschlager geworden waren. Hargasey fand, daß Sally den Erfolg verdient hatte, doch hatte er zugleich Zweifel, ob der Erfolg für sie gut war. Es gibt Menschen, die nicht spielen können, und weder eine Schauspielschule, noch der beste Lehrer kann daran etwas ändern. Dann gibt es andere, die legen los, als ob sie zum Schauspielern geboren sind. Zu dieser Kategorie gehörte Sally. Hargasey brauchte nur anzudeuten, wie er eine Rolle oder eine Szene sah, sie verstand ihn sofort und machte sogar noch mehr daraus. Sie hatte den Instinkt der großen Schauspielerin, und sie gab Hargasey das seltene Gefühl des Schöpferischen und des Triumphes, das einen Regisseur überkommt, wenn er ein Naturtalent entdeckt.

Sie warf das Drehbuch achtlos beiseite, stand auf und gab ihm einen flüchtigen Kuß. «Lieber Alex – was führt den Berg zum Propheten?»

«Ach, Prophet bist du jetzt also? Und ich war immer nur ein Hügelchen. Ich bin gekommen, weil du nicht ans Telefon gehst.»

«Das liegt daran, daß eine Geheimnummer hier keine zehn Minuten lang geheim bleibt. Du ahnst nicht, wer hier alles anruft. Steh nicht rum und glotz mich an, setz dich lieber.»

«Ich glotze?»

«Und wie. Setz dich.»

Ihm wurde der Wandel in ihrer Stellung zueinander bewußt. Immer kam ein Punkt, an dem der Schüler zum Star wurde, und dann zum Meister.

«Ich glotze nicht, wie du es nennst, sondern ich denke», sagte er. «Ich denke an das Drehbuch da auf dem Boden. Du drückst dich ganz schön deutlich aus, auch wenn du nicht vor der Kamera stehst. Man wirft doch ein Drehbuch nicht einfach so in die Ecke, wenn es einem etwas bedeutet.»

«Alex, ich mag dich und deine geschliffenen Sätze. Sei mir nicht böse.»

«Bin ich dir je böse gewesen?»

«An ein oder zwei Male kann ich mich erinnern.»

«Na schön. Also was ist mit dem Drehbuch?»

«Erinnerst du dich noch, was du mir vor fünfzehn Monaten

gesagt hast, als ich in dein Büro kam, nachdem ich dir mein Drehbuch geschickt hatte? Du hast gesagt, es sei Mist. Das hier ist bestimmt Mist. Es ist abgrundtief schlecht. Das könnte ich besser machen.»

Er schwieg weise. Das Drehbuch sah eine überlegene männliche Hauptrolle vor. Doch das erwähnte er nicht, ihm war klar, daß ihr das bewußt war.

«Und? Sagst du nichts, Alex?»

«Was soll ich sagen? Dann versuchen wir eben etwas anderes. Wir werden schon etwas finden, was dir gefällt.»

«Du bist wütend.»

«Ich bin nicht wütend, Sally.»

«Ich kenne dich doch. Wenn du so dasitzt, die Füße auf den Boden stemmst und die Arme verschränkst, bist du wütend.»

«Ich bin nicht wütend ... Ich bin unglücklich. Wo ist Joe?»

«Oh, Alex», sagte sie verärgert, «hör auf, mich wie ein kleines Mädchen zu behandeln. Du weißt ganz genau, wo Joe ist. Er ist wie immer in seiner bescheuerten Klinik, wo er in seinem Büro nachts auf einem Feldbett schläft. Wenn du meinst, daß mich das glücklich macht, tust du mir leid. Und weißt du, woher ich weiß, daß du weißt, wo Joe ist?»

«Nein, erzähl es mir», sagte er milde.

«Joe war gestern hier, um May Ling zu besuchen. Er hat mir gesagt, daß du drüben in Boyle Heights warst und versucht hast, fünftausend Dollar für seine Klinik zu spenden. Er kochte. Mein Gott, Alex, wie konntest du so etwas Dummes tun?»

Muß ich mir von einer dreiundzwanzigjährigen Göre, die ich irgendwo aufgelesen habe, Dummheit vorwerfen lassen? dachte Hargasey.

«War es dumm?» fragte er. «Joe tut etwas Großartiges – jedenfalls finde ich das. Habe ich kein Herz? Warum soll ich nicht Geld geben dafür?»

«Wenn du es dir vorher richtig überlegt hättest, wäre dir klar geworden, daß Joe es für einen Versuch halten würde, ihm etwas abzukaufen.»

«Und was?»

«Mich!»

«Was? Soll das heißen, daß Joe glaubt, wir hätten etwas miteinander? Ich treib's doch nicht mit Kindern!» Hargaseys Stimme war laut geworden. «Ich dulde nicht einmal eine Andeutung in dieser

Richtung. Du kennst mich seit mehr als einem Jahr. Habe ich jemals ...»

Sally legte die Arme um ihn. «Hör auf damit, Alex. Ich will mich nicht mit dir streiten. Mir reicht es schon, daß Joe mich für eine Art Superhexe hält. Ich will nicht, daß du das auch denkst.» Sie trat einen Schritt zurück; ihre hellen Augen blitzten ärgerlich. «Er weiß, daß ich nichts mit dir habe, weil ich ihm das unmißverständlich klargemacht habe. Ich habe ihm gesagt, daß ich mit niemandem etwas habe. Du weißt das! Du weißt, wieviel schmutzige Gerüchte es hier in der Branche gibt. Hört man welche über mich? Habe ich je ein Techtelmechtel gehabt? Glaubst du wirklich, ich hätte etwas für diese hirnlosen, gutaussehenden Zuchtbullen übrig, die hier rumlaufen? Was glaubst du denn ist mit mir los? Weißt du es nicht? Wenn man wie ich auf einer Farm im Napatal aufgewachsen ist und hier in fünfzehn Monaten plötzlich eine halbe Million Dollar verdient, so etwas verändert einen doch. Ich will nicht sagen, daß ich leide. Mir gefällt dieses Leben. Ich bin gern Schauspielerin und auch gern ein Star. Ob ich glücklich bin, weiß ich nicht. Manchmal geht es mir ziemlich dreckig. Aber ich spüre, daß ich lebe, und ich bin froh, daß ich aus dem elenden Häuschen in Silver Lake heraus bin, denn das war kein Leben.»

Theater, dachte Hargasey, was für eine großartige Szene! Aber genau das hatte sie zum Star gemacht.

«Ich will mich nicht von Joe scheiden lassen», sagte sie. «Auf keinen Fall. Ich liebe ihn. Ich habe ihn immer geliebt, schon als ich zwölf war. Aber er hat diesen verdammten Armutskomplex. Und dann, Gott steh uns bei, habe ich angefangen, so viel Geld zu verdienen. Wenn er es verdient hätte – na ja, ich weiß nicht. Aber er könnte nie in einem Haus leben, das ich mit meinem Geld gekauft habe – oh, nein, da hat er seinen Stolz, diesen verdammten Männerstolz, bloß weil sie einen Schwanz und Hoden haben. Sieh mich nicht so entsetzt an, Alex. So habe ich schon geredet, bevor ich dich und Paramount kennengelernt habe.»

«Verstehst du nicht, was in Joe vorgeht?»

«Alex, was geht dich das an? Was kümmern dich Dinge zwischen Joe und mir? Kennst du jemanden in der Filmbranche, der es geschafft hat und immer noch mit demselben Ehepartner verheiratet ist wie vorher?»

«Hältst du das für gut?»

«Nein. Aber was soll ich tun? Dir meinen Vertrag vor die Füße werfen? Das Haus hier niederbrennen und ein Haus in Boyle Heights kaufen? Ich habe Gedichte geschrieben. Überrascht dich das? Ich habe im letzten Jahr über fünfzig Gedichte geschrieben, und ich werde sie veröffentlichen. Es ist eine großzügige Geste meines Verlegers. Er wird mir hundert Dollar Vorschuß geben, und in den nächsten Jahren kann ich noch einmal hundert verdienen. Ich werde nicht vor Joe auf die Knie fallen und ihn um Verzeihung bitten. Was habe ich denn getan?»

Hargasey seufzte und breitete die Hände aus. «Na schön. Das Problem lösen wir nicht mit Reden.» Er zog ein Manuskript aus der Tasche. «Hier ist etwas Neues. Ein Mädchen in der Résistance.» Sallys Augen weiteten sich. «Gerät in Gefangenschaft, deutsches Konzentrationslager. Flieht. Opfert ihr Leben, damit der Mann, den sie liebt, am Leben bleibt, und stirbt mit der Marseillaise auf den Lippen unter der Salve eines deutschen Exekutionskommandos.»

Sally fiel ihm um den Hals. «Alex, du bist himmlisch. Dabei hast du mich noch nie singen hören. Ich bin nicht besonders gut, aber es geht. Ich meine, ich kann den Ton halten.»

Richter Hampton Fremont rief Harvey Baxter an und bat ihn, noch am gleichen Nachmittag in sein Arbeitszimmer zu kommen.

«Was kann er wollen?» fragte Kimmelman.

«Weiß ich nicht. Vielleicht hat er etwas von der Berufungsinstanz gehört.»

«Wäre es in dem Fall ein Verstoß gegen die Standesehre, wenn er dir einen Tip gegeben hätte?»

«Glaube ich nicht.»

«Wie hörte er sich an? Gut? Schlecht? Niedergeschlagen? Du weißt doch, daß er auf Barbaras Seite steht.»

«Ich weiß nicht. Er hat nur gesagt, daß er mich sprechen will.»

«Du hättest ihn wenigstens fragen können, ob er gute oder schlechte Nachrichten hat.»

«Ach, Boyd, so etwas fragt man einen Richter doch nicht. Ich werde hingehen und mir anhören, was er zu sagen hat. Sag Barbara nichts davon. Wir wollen sie nicht unnötig aufregen.»

Fremont war freundlich, aber ernst. Er bat Harvey, Platz zu nehmen, klappte seine Unterschriftsmappe zu und sah Baxter unglücklich an. «Sie sind unterlegen», sagte er. «Das Berufungsgericht hat Richter Meadows Entscheidung bestätigt. Ich habe es gerade gehört. Offiziell erfahren Sie es morgen.»

Baxter nickte verloren. «Das habe ich befürchtet.»

«Ich habe Sie hergebeten, um Sie zu fragen, ob Sie beabsichtigen, bis zum Obersten Gerichtshof zu gehen.»

«Unter allen Umständen.»

«Gut. Leiten Sie das sofort in die Wege, und wir lassen Mrs. Cohen auf der bisherigen Grundlage in Freiheit. Das gibt Ihnen noch einmal sechs Monate. Ich glaube allerdings nicht, daß der Oberste Gerichtshof sich Ihre Argumente anhören wird. Sie werden unter keinen Umständen ein Revisionsverfahren zulassen.»

«Warum nicht? Es handelt sich hier doch um einen ungeheuer wichtigen Fall. Die Sache geht doch weit über ein einfaches Vergehen hinaus.»

«Das ist es ja, Harvey. Wir haben zugelassen, daß diese beiden Wahnsinnsausschüsse uns in die lächerlichste und schamloseste Zwickmühle manövriert haben, auf die ein Bundesgerichtshof je hereingefallen ist. Soweit ich mich erinnern kann, hat man noch nie eine Anklage wegen Mißachtung als Handhabe benutzt, Menschen mit Grundsätzen zu bestrafen. Nun, wir haben uns diese Fallgrube selbst gegraben. Verstehen Sie, jede Anfechtung wird in diesem Fall automatisch zur Kritik am Recht des Kongresses, förmliche Vorladungen auszusprechen. Wenn der Gerichtshof auch nur in einem dieser Fälle eine verfassungsrechtliche Argumentation zuläßt, begibt er sich in eine sehr schwierige Lage. Entscheidet er zugunsten der Regierung, setzt er die Bill of Rights außer Kraft. Entscheidet er zugunsten des Angeklagten, beschneidet er die Vollmachten des Kongresses. Das heißt: es ist ein Dilemma, das man nur dadurch vermeiden kann, daß man die Zulässigkeit der Revision bestreitet. Aber sie werden darüber nachdenken, und darüber sprechen und ihr Gewissen erforschen. All das braucht Zeit, vielleicht drei bis vier Monate, vielleicht auch ein Jahr, wenn sie sehr beschäftigt sind. Und in dieser Zeit kann viel geschehen. Vielleicht kommen wir sogar wieder zur Vernunft, Gott gebe es. Ich kann mich nicht damit abfinden, daß diese Frau ins Gefängnis soll. Es geht mir gegen den Strich, nicht nur, weil sie Dan Lavettes Tochter ist, sondern weil sie selbst etwas darstellt. Also bleiben Sie am Ball, Harvey, und lassen Sie alle Künste spielen.»

«Darauf dürfen Sie sich verlassen, Euer Ehren.»

«Und vergessen Sie nicht, daß ich auch noch da bin. Viel kann ich zwar nicht tun, aber wenn es zum Schlimmsten kommt, kann ich vielleicht das eine oder andere etwas mildern. Ich mag das Mädchen.»

«Ich auch», sagte Baxter.

Barbara nahm die Nachricht mit Fassung auf. Sie saß am Schreibtisch, als das Telefon läutete und ärgerte sich über die Unterbrechung. Harvey Baxter erläuterte ihr des langen und breiten, daß Richter Fremont sie weiterhin ohne Sicherheitsleistung auf freiem Fuß lasse. Sie solle sich keine Sorgen machen, er werde zusammen mit Boyd Kimmelman ihren Antrag an das Oberste Gericht formulieren.

«Und was ist eine Revisionszulassung?» wollte sie wissen.

«Eine komplizierte Formulierung dafür, daß das Oberste Gericht bereit ist, unseren Fall anzuhören. Nur wenn sie die Revision zulassen, dürfen wir ihnen die Einzelheiten dazu vortragen.»

«Dann machen Sie weiter, Harvey», sagte sie gleichgültig.

Danach ging sie wieder an die Arbeit. Sie hütete die Morgenstunden wie einen Schatz. Sam war von neun bis zwei im Kindergarten, so daß ihr der ganze Vormittag für ihre Arbeit zur Verfügung stand. Es war Barbara bewußt, daß sie in zwei Welten lebte: in der, die sie auf dem Papier zum Leben erweckte und in der die Dinge zueinander paßten, und in der wirklichen Welt, in der alles durcheinander ging und die allem Anschein nach das Werk von Irrsinnigen war. Sie schrieb seit vierzehn Jahren, und manchmal kam es ihr so vor, als könne sie nur deshalb weiterleben, weil sie sich selbst eine Welt erschuf, der sie sich anvertrauen konnte. Aus der wirklichen Welt war am Tag zuvor ein Brief David Ben Gurions angekommen, des israelischen Premierministers.

«Meine liebe Mrs. Cohen», schrieb er. «Erst jetzt habe ich erfahren, welches Opfer ihr Mann für unsere Freiheit gebracht hat. Ich weiß, daß nichts, was ich sagen kann, Ihren Schmerz lindern wird. Doch möchte ich Sie wissen lassen, daß wir ihn nie vergessen werden, und daß sein Name mit den Namen so vieler anderer , die im Kampf gefallen sind, nicht nur auf einem Ehrenmal zum Gedenken an die Gefallenen, sondern auch in unseren Herzen weiterleben wird.»

Es war ein kleines Land. Und obwohl der Premierminister den

Brief selbst unterschrieben hatte, ärgerte sie sich. Sie hatte nichts übrig für Beileidsbezeigungen. Im Geiste verfaßte sie eine Antwort, die sie nie abschickte: «Mein lieber Mr. Ben Gurion. Ich weiß, daß Sie am Tode meines Mannes keine Schuld trifft, aber da Sie mir geschrieben haben, möchte ich Ihnen sagen, wie ich über die Sache denke. Ich glaube nicht, daß es so etwas wie einen edlen Tod, einen Heldentod oder einen guten Tod gibt. Ich habe einen großen Teil meines Lebens im Lärm und Gestank des Krieges verbracht und weiß, daß Krieg nach allem Unrat riecht, den der Mensch je hervorgebracht hat. Da ich eine Frau bin, nehme ich mir das Recht, ein Außenseiter zu sein. Ich stehe an der Umzäunung eines Irrenhauses, das sich Zivilisation nennt, und höre die schamlosen Worte der sogenannten Führer. Ich weiß nicht, warum ich Ihnen das sage, Gott weiß, die Juden haben genug gelitten. Aber mein eigenes Leid ist etwas sehr Persönliches. Mein Mann müßte hier neben mir sitzen, aber er ist tot. Nichts vermag daran etwas zu ändern.»

Barbara dachte über Harvey Baxters Anruf nach und fragte sich, ob die Welt, die sie in ihren Büchern erschuf, anders war als die Wirklichkeit. Es entsprach nicht ihrem Wesen, sich mit der Frage herumzuschlagen, wer sie war und was der Sinn ihres Lebens sein könnte. Sie glaubte genau zu wissen, wer sie war, und sie wußte auch, daß ihr das Gefängnis bevorstand. Bei dem, was sie schrieb, ging es um andere Probleme, und sie kam nur langsam und mühselig voran.

«Zumindest ist es etwas anderes», sagte sie sich.

Zu Mittag aß sie Rührei und sprach ein bißchen spanisch mit Anna. Nach den Jahren in Frankreich sprach Barbara französisch wie eine Französin, aber ihr Spanisch war stümperhaft. Sie hatte versucht, Sam französisch beizubringen, aber er zog Spanisch vor, das er bei Anna aufschnappte. Das Ergebnis war, gelinde gesagt, verwirrend.

«Ich kann Sam gern abholen», sagte Anna, «wenn Sie weiterarbeiten wollen.»

«Nein. Die Arbeit geht im Augenblick nicht recht voran, und dann ist es am besten, sie liegenzulassen. Ich hole ihn schon. Wir gehen dann zur Grant Avenue, wo meine Mutter Räume gemietet hat, um eine Galerie zu eröffnen.»

«Aber sie hatte doch schon eine auf Russian Hill.»

«O nein, das war ein Museum. Meine Mutter ist der Welt immer um einen Schritt voraus, und die Welt holt sie nie ein. Sie wollte ein Museum der modernen Kunst einrichten, aber das Publikum in San Francisco hat sich nie richtig dafür erwärmt. Daß wir etwas für Kultur übrig haben, ist nur eine Legende. Unter unseren weißen Kragen und Regenschirmen sind wir immer noch eine Wildwest-Stadt, die reinsten Siedler. Aber das jetzt in der Grant Avenue ist ein kommerzielles Unternehmen, ein Kunstladen, aber bei Kunst nennt man so etwas Galerie, Anna. Eine wirklich gute Galerie gibt es in der Stadt bisher noch nicht, und meine Mutter will das ändern.»

Diese Änderung führte Jean im zweiten Stock eines Gebäudes durch, das nur einen Steinwurf von der California Street entfernt lag. Sam rümpfte die Nase, als er die frische Farbe roch, und sah sich neugierig um. Dan, in Bluejeans und blauem Arbeitshemd, war dabei, die Wände altweiß zu streichen, und Eloise, ebenfalls in Bluejeans, bearbeitete einen Louis-XIV-Sessel, den ein Banause angestrichen hatte, mit Sandpapier und Abbeizer. Jean machte gerade Tee. Sie begrüßte Tochter und Enkel und nahm Sam auf den Arm. «Ich möchte malen, wie Opa», verlangte Sam. Dan stieg von der Leiter und gab Sam seinen Pinsel.

«Bist du noch bei Sinnen?» rief Jean.

«Was macht das denn? Die Wände sind doch sowieso schon weiß.»

Unter Dans Anleitung schmierte Sam auf einem noch nicht gemalten Teil der Wand herum, während Jean und Eloise den Imbiß servierten. Barbara war sichtlich beeindruckt.

«Noch kannst du gar nichts sehen», sagte Jean. «Wir haben drei Ausstellungsräume, von der Straßenfront bis ganz nach hinten, vom mittleren Raum geht das Büro ab, der hintere Raum hat ein Oberlicht. Auf den Fußboden kommt Teppichboden, ein ganz helles Braun, eine Spur dunkler als Beige, und die Bilder werden mit Punktleuchten angestrahlt.»

«Das wird todsicher die schickste Galerie westlich der Rocky Mountains», sagte Dan.

«Noch Farbe», sagte Sam.

«Wir handeln nur mit Modernen», fuhr Jean fort. «Angefangen von den Expressionisten. Wir werden Pollock, Mark Rothko, Ajay, Klee, Calder, Kandinsky und John Marin ausstellen. Sie werden dem Publikum gefallen, und es wird sie kaufen. Wir werden über die Philister triumphieren.»

«Mag er Haferflockenkekse?» fragte Eloise.

«Und wie!» gab Jean zur Antwort.

Barbara nahm Sam den Pinsel aus der Hand und wischte ihm die Farbe aus dem Gesicht, wogegen er heftig protestierte. «Dafür bekommst du jetzt auch Haferflockenkekse», erklärte sie ihm. «Oder möchtest du lieber malen? Malen oder Kekse?»

«Kekse», entschied Sam unverzüglich.

«Er schlägt nach seinem Großvater», sagte Jean.

«Mutter, du weißt doch, daß du diese Maler in San Francisco nie verkaufen kannst. Vielleicht würden sie etwas von Georgia O'Keefe kaufen, zum Beispiel einen Büffelschädel, den sie erkennen können – aber Calder und Klee? Niemals.»

«Zumindest wollen wir es versuchen.»

«Und wie ist das Ganze organisiert? Seid ihr alle drei Teilhaber?»

«Nur die Damen», sagte Dan. «Ich bin der Hausmeister.»

«Und was ist mit deinem Boot, Dad? Und mit den vielen Tagen, die du mit Mutter in der Bucht mit Segeln verbringen wolltest?»

«Der Plan ist keineswegs aufgegeben worden. Ich mache neue Entwürfe. Vielleicht ist eine Yawl doch nicht das Richtige. Im Augenblick denke ich an einen Kutter. Wart's nur ab. Noch ein Jahr, und Sam kann mit mir segeln. Er und Freddie, da habe ich schon meine Crew. Wie ist es Eloise, gestattest du mir, daß ich Freddie das Segeln beibringe?»

«Warum nicht? Er ist jetzt sieben. Und Joshua ist ein Jahr. Du wirst ihn doch nicht ausschließen, nur weil er nicht dein Enkel ist?»

«Aber mitnichten!»

«Ist er schon ein Jahr alt?» fragte Barbara überrascht. «Es geht alles so schnell.»

«Du hast in letzter Zeit ja auch viel erlebt», sagte Eloise. «Er wurde kurz nach Bernies Tod geboren.»

Barbara schloß die Augen und schüttelte den Kopf.

«Was ist, Bobby?» fragte Jean, «ist dir nicht gut?»

«Doch, doch. Es ist nur alles so seltsam, und ich bin auch seltsam. Heute nachmittag hat Harvey Baxter angerufen und mir gesagt, daß das Berufungsgericht unseren Antrag abgelehnt und Richter Meadows' Entscheidung bestätigt hat. Ob du es glaubst oder nicht, ich hatte das alles schon völlig vergessen.»

«Die Eingeweihten nennen den Klub das Establishment», sagte Lucy zu ihrem Mann. «Es ist ein britisches Wort.»

«Ich weiß», sagte Tom etwas gereizt. «Ich war schon in England.» Es gefiel ihm nicht, wenn Lucy zu sehr dozierte, obwohl er jedesmal zuhörte und immer wieder überrascht war, was sie alles mitbekam und welche Menschen sie kannte.

Sie saßen am Frühstückstisch im Wintergarten des alten Familienanwesens der Sommers auf Pacific Heights. Alvin Sommers war drei Monate zuvor an einem Schlaganfall gestorben und hatte Lucy das Haus und alles, was er besaß, hinterlassen. Sie und Tom waren einige Wochen später eingezogen. Es war ein prächtiges Grausteingebäude mit achtzehn Zimmern, eines der ersten hochherrschaftlichen Häuser, die auf Pacific Heights gebaut worden waren. Es war nur vier Grundstücke von John Whittiers Besitz entfernt, was Tom nicht störte. Whittier hatte Krebs und rang im Krankenhaus mit dem Tode. Zwar wünschte Tom ihm nicht gerade den Tod, aber er sah auch, daß ihm dadurch Unannehmlichkeiten erspart bleiben würden, die sich sonst aus der Nachbarschaft ergeben könnten.

«Tom, ich will nicht die Überlegene spielen», sagte Lucy begütigend. «Es wäre mir nicht im Traume eingefallen, einen Mann zu heiraten, der mir in irgendeiner Weise unterlegen ist. Sieh das bitte endlich ein. Mich fasziniert nur die Art, wie die Briten das Wort gebrauchen. Sie nehmen es als gegeben hin, daß eine kleine Gruppe von Männern die Kontrolle über alles ausübt, weil es immer so war und immer so sein wird. Wir hingegen machen uns etwas vor und tun so, als wäre es anders.»

«Einige von uns sehen es so, andere nicht», sagte Tom.

«Natürlich bezeichnen sie sich nicht selbst als Establishment», fuhr Lucy fort, «das wäre ihnen zu hochtrabend und zu unpassend, und so sind diese Männer nicht. Sie stehen mit beiden Beinen fest auf dem Boden der Tatsachen.»

«Gehen wir es noch einmal durch», sagte Tom mit halb geschlossenen Augen. Er kannte die Namen im Grunde auswendig, aber er wußte, daß Lucy Spaß daran hatte. Tom war sich nicht bewußt, daß sie sozusagen Mutter und Kind spielten, aber er übernahm seine Rolle teils aus eigenem Bedürfnis, teils, um Lucy eine Freude zu machen.

«Joseph Langtrey, First New York Trust.»

«Der einzige aus dem Osten. Das ist seltsam.»

«Er hat Grundbesitz und ein Haus in Sonoma County. Gut zwölfhundert Hektar. Er baut Wein an und züchtet Pferde.»

«Ich nehme an, daß es im Osten auch so einen Klub gibt», sagte Tom. «In Chicago wahrscheinlich.»

«Aber ganz dasselbe ist es nicht. Also weiter: Wir haben Mark Fowler, Zeitungen; Ira Cunningham, Stahl; Louis d'Solde – was würdest du über den sagen?»

«U-Boote, Panzer, Chemikalien – da kommt eine Menge zusammen. Ich weiß nicht, was alles.»

«Geoffrey Culpepper. Über den weiß man nicht viel. Mir ist nur bekannt, daß er ein Haus in La Jolla hat, unten bei San Diego, aber offenbar weiß niemand genau, wo. Elektronik, Meldetechnik und dergleichen. Er ist einer der großen Fernsehgerätehersteller, Culpepper Electronics, aber das ist nur die Spitze des Eisbergs. Dioden, Mikrowellentechnik. Und noch viele Dinge mehr, von denen ich nichts verstehe. Ihm gehört auch eine Kette von Rundfunksendern, außerdem drei Fernsehsender. Das also ist unser geheimnisumwobener Mr. Culpepper. Der letzte ist Oscar McGinnis.»

«Da braucht man nur ‹Öl› zu sagen und hat alles gesagt. Die Frage ist, Lucy, wie passen wir zu denen? Das sind Giganten. Wir verfügen etwa über dreihundert Millionen.»

«Auch kein Pappenstiel.»

«Trotzdem kleine Fische. Und du sagst, sie nennen sich ‹Der Klub›?»

«Genau das. Der Klub. Als Mark Fowler mich zum Essen einlud, hatte ich keine Ahnung, was er wollte. Er war ein alter Freund meines Vaters, so hielt ich es für eine nette Geste. Ich hatte schon einmal etwas über die Gruppe gehört, unter dem Namen ‹Bayside Establishment›. Aber niemand wußte, wer sie waren. Fowler hat mir das Ganze erklärt. Nichts Weltbewegendes. Nur sechs wichtige, einflußreiche Geschäftsleute, die sich einmal im Monat treffen, um über die politische und wirtschaftliche Lage des Landes zu reden. Das ist natürlich eine vornehme Umschreibung. Solche Männer gehen nicht in einen Debattierklub, um sich selbst reden zu hören. Aber es gibt keinerlei Formalitäten, keine Protokolle, keine Aufzeichnungen. Nur ganz nebenbei hat er mich um Diskretion gebeten, aber ich nehme das ernst. Er hat auch gefragt, ob du nicht Lust hättest, zu ihrem nächsten Treffen zu kommen, bei Langtrey.»

«Warum hat er mich nicht selbst angesprochen?»

«Das wäre ihm wohl zu förmlich gewesen. Ich nehme an, sie meiden alles, was danach aussieht. Mir als Tochter eines alten Freundes geben sie ein gewisses Interesse an dir zu erkennen. Und mehr hat Fowler im Grunde nicht gesagt: ‹Tom Lavette, ein interessanter junger Mann. Wir würden gern mal mit ihm reden.›»

«Ist das alles?»

«Ist das etwa nicht genug? Soll man uns nachsagen, daß wir vor lauter Bäumen den Wald nicht sehen? Es liegt auf der Hand: wir sind heute an der Küste eine Macht. Niemand übt in so vielen verschiedenen Bereichen so viel Einfluß aus wie wir, weder Giannini, noch Hearst, noch Brocker, noch Hughes. Und ergeben hat sich das Ganze in aller Stille. Sieht man von dem *éclat* mit deiner Schwester ab, haben wir uns doch sehr ruhig verhalten, und ich kann mir vorstellen, daß man so viel Takt und kluge Zurückhaltung zu schätzen weiß.»

Eine Woche später fuhr Tom hinaus zu Joseph Langtreys weitläufigem Ranchhaus im Sonoma County. Obwohl Tom aus einer sehr reichen Familie stammte und in Groton und Princeton erzogen worden war, und obwohl er lange bei reichen Verwandten in Boston und London gewohnt hatte, fand er Langtreys Ranch in unauffälliger Weise anders als alles, was er bisher kennengelernt hatte. Alles war von eindrucksvoller Einfachheit. Die Diener waren weiß gekleidet, Chicanos, die den Gästen buchstäblich jeden Wunsch von den Augen ablasen. Der Wohnraum ähnelte einer Scheune, nicht nur in der Größe – Ziegelfußboden, Balkendecke, ein riesiger Kamin, üppig gepolsterte Sitzmöbel. Langtrey, hochgewachsen, schlank, grauhaarig, begrüßte ihn, als wären sie alte Freunde. Den kleinen, untersetzten Fowler hatte Tom schon früher kennengelernt. Cunningham war ein recht unauffälliger Mann mit Kneifer und schütterem Haar, das über einen fast kahlen Schädel gekämmt war. Louis d'Solde hatte einen Schnurrbart, ein langes, düsteres Gesicht und war makellos gekleidet. McGinnis war ein Riese von unglaublichem Leibesumfang, der teure Cowboy-Stiefel zu einer grauen Flanellhose trug. Als sei der Kontrast beabsichtigt, war der geheimnisvolle Culpepper ein kleines, elegantes, wie ein Gelehrter wirkendes Männchen von etwa fünfundvierzig Jahren, dessen Stimme neben McGinnis' dröhnendem texanischen Baß sanft und gemessen klang.

Das Abendessen in einem Eßraum mit weißgekalkten Wänden,

deren einziger Schmuck aus zwei großen Gemälden von Frederic Remington bestand, die in realistischer Malweise Szenen aus dem amerikanischen Westen zeigten, war einfach und gediegen. Kalifornischer Wein wurde serviert. Keine Suppe, gebratene Rinderkeule, auf einem silbernen Servierwagen, von der jedem Gast nach Wunsch vorgelegt wurde, dazu Kartoffeln und Gemüse. Nach alter Väter Sitte folgte ein pikantes, scharf gewürztes Gericht. Den Abschluß bildeten Kuchen, Kaffee und Weinbrand. Es war nicht die Art Abendessen, die Tom wichtigen – oder auch weniger wichtigen – Gästen angeboten hätte, aber er anerkannte und schätzte den umgekehrten Snobismus, der hier zelebriert wurde. Es war ein Herrenabend. Eine Frau war nicht zu sehen, und es wurde auch nicht über Frauen gesprochen. Zigarren machten die Runde, drei verschiedene Sorten erlesener Havannas. Die Tischgespräche ließen Vielseitigkeit und Sachkenntnis erkennen. Langtrey, und erstaunlicherweise auch McGinnis, waren in New York bei der Premiere von Arthur Millers *Tod des Handlungsreisenden* gewesen. Während es Langtrey gefallen hatte, tat McGinnis das Stück als Plunder ab. Von Korea war die Rede, und d'Solde behauptete, es werde dort binnen drei Monaten einen Bürgerkrieg geben, in den die Vereinigten Staaten hineingezogen würden, und zwar, wie er sagte, mit Haut und Haar. Culpepper machte sich Sorgen wegen China; seiner Meinung nach mußte eine Verwicklung der Vereinigten Staaten in einen koreanischen Krieg unweigerlich zu einer chinesischen Intervention führen. «Versuchen Sie doch einmal mit Truman darüber zu sprechen», sagte er zu McGinnis.

Die Unterhaltung sprang von einem Thema zum anderen. Es war das Gespräch von Männern, die überall und zu jedermann Zugang hatten. Über Toms Anwesenheit oder über die Gründe, die dazu geführt hatten, sprach niemand. Sie bezogen ihn zwanglos in ihre Unterhaltung ein, aber es blieb während des Essens reine Konversation. Erst als sie mit Zigarren und Weinbrand wieder vor dem Kaminfeuer des Wohnraums saßen, sagte Culpepper zu Tom: «Man hört, daß Sie gelegentlich mit Drake zusammentreffen?»

Tom nickte. «Ja, das stimmt.»

«Was halten Sie von ihm?» fragte McGinnis.

Tom hatte das Gefühl, man werde ihn an seiner Antwort auf diese Frage messen, und so überlegte er einige Augenblicke, bevor er antwortete. «Er hat keine Substanz, aber er ist gerissen. Er wirkt fast wie besessen, und er ist sehr ehrgeizig. Er leidet wohl auch unter seiner Herkunft – hat ein Armeleute-Syndrom. Und er ist hinter dem Geld her wie der Teufel hinter der armen Seele.»

«Und wie benimmt er sich?» wollte Langtrey wissen.

«Er kann ganz reizend sein.»

«Warum hat er dieser Farce mit Ihrer Schwester kein Ende bereitet?»

«Das hat wohl irgendwie mit seinem Komplex wegen seiner Herkunft zu tun. Er verehrt das Geld, aber die Reichen haßt er.»

«War das, bevor Sie ihn kennengelernt haben?»

«Ja.»

«Ich könnte mir denken, daß er bereit wäre, Ihrer Schwester Gelegenheit zu geben, die Sache wieder ins Lot zu bringen», sagte Culpepper. «Aber das will sie nicht, wenn ich sie richtig verstehe. Ich bewundere sie. Sie hat Schneid.»

Das kam für Tom überraschend. Er nickte bedächtig und wartete ab.

«Vertrauen Sie Drake?» fragte Fowler.

Tom hob die Schultern. «Wenn er erst einmal verkauft hat, was er zu verkaufen hat, muß er wohl bei der Stange bleiben.»

McGinnis betrachtete Tom nachdenklich. Tom kam zu dem Schluß, daß hinter dem Mann mehr steckte, als man nach seinen Cowboy-Stiefeln und der enormen Bundweite vermuten würde.

«Könnte er eine große Wahl gewinnen?» fragte McGinnis langsam.

«Ich glaube schon. Man müßte ihn richtig anleiten und führen. Er hat Qualitäten für Leute, die nicht denken, und die meisten Menschen denken nicht. Prinzipien hat er keine, soweit ich sehe – außer Macht und Geld, falls das welche sind.»

«Könnten Sie sich ihn als Vize-Präsidenten vorstellen?» fragte Langtrey mit leichtem Lächeln.

«Er ist nicht dumm. Es würde ein Sprungbrett für ihn sein.»

McGinnis sah Tom an und nickte. Dann wechselte Fowler das Thema und fragte Tom nach den Tankern, die er in Deutschland in Auftrag gegeben hatte.

Beim Aufbruch sagte Langtrey beiläufig zu Tom: «Wir treffen uns einmal im Monat, um zu essen und zu reden, Lavette. Wir würden es gern sehen, wenn Sie in Zukunft auch dazu kämen.»

«Sehr gern», sagte Tom.

Als Joe Lavette aus Los Angeles bei Barbara anrief und ihr sagte, er wolle gern mal zu ihr kommen und mit ihr reden, lud sie ihn zum Abendessen ein und sagte, er könne über Nacht bleiben und früh am Morgen zurückfliegen. Barbara bereitete das Abendessen selbst zu. Sie kochte gut, und sie kochte gern. Sie hatte es in ihrer Pariser Zeit gelernt, und sie besaß Talent zum Kochen. Zuerst gab es eine kräftige klare Brühe, dann Kalbsfrikassee mit Pilzen und Nudeln, und zum Nachtisch Obst und Käse. Joe verschlang große Mengen von allem, weil er, wie er zwischendurch entschuldigend erklärte, etwas so Gutes seit Monaten nicht mehr gegessen hatte. Er hatte abgenommen, seine Wangen wirkten eingefallen, die Gesichtshaut spannte sich straff, was einerseits anziehend wirkte, andererseits sein asiatisches Aussehen unterstrich. Niemand wäre auf den Gedanken gekommen, die beiden für Geschwister zu halten: Barbara mit ihrer hellen Haut, den graublauen Augen und dem honigfarbenen Haar, und Joe mit seinen dunklen Augen, dem schwarzen Haar und der getönten Haut. Vom Körperbau her ähnelten sie einander, beide waren hochgewachsen und langgliedrig und hatten breite, gerade Schultern. Joe war nervös und fahrig, er wirkte, als suche er ständig nach Worten und lasse dann doch ungesagt, was er eigentlich hatte sagen wollen. Er lobte Sam, schenkte ihm ein Feuerwehrauto zum Aufziehen und spielte mit ihm. Als der Junge zu Bett gebracht worden war, sprach er mit Barbara über ihren Prozeß und was sich wohl daraus entwickeln mochte.

Schließlich ließ er den Grund seines Besuches durchblicken: Er wollte die Lavette-Stiftung um eine weitere Zuwendung bitten. «Wir schaffen es einfach nicht mehr, Bobby. Ich komme nicht gern zu dir, weil ich weiß, daß du mich nicht abweisen wirst, aber wir brauchen unbedingt einen eigenen vernünftig ausgestatteten Operationssaal und mindestens sechs Betten. Drei Menschen sind uns unter den Händen gestorben, weil ihre Aufnahme in anderen Krankenhäusern nicht reibungslos klappte, und das kann ich nicht mit ansehen.»

«Aber Joe, selbstverständlich.»

«Es ist keine kleine Summe. Wir müßten anbauen. Wir brauchen hundertfünfzigtausend Dollar.»

«Keine Sorge. Die Stiftung hat genug Geld. Deswegen hättest du aber nicht herzukommen brauchen, Joe. Du hättest einfach einen Antrag stellen können.»

«Ich wollte gern mit dir sprechen.»

«Von Sally hast du noch kein einziges Wort gesagt.»

«Was soll ich da sagen?»

«Was du da sagen sollst? Um Gottes willen, Joe, was ist denn los mit euch? Ich habe von Eloise gehört, du willst dich scheiden lassen?»

«Ja, so ist es.»

«Aber was ist los? Sprich doch endlich vernünftig. Hat sie einen anderen? Hast du eine andere?»

«Ich habe nie eine andere Frau angesehen.»

«Das gefällt mir! Wenn das so ist, solltest du mal einen Kollegen bitten, daß er deine Keimdrüsen untersucht.»

«Du weißt genau, was ich damit sagen will. Ich liebe Sally. Aber was soll ich machen? Sie ist ein Filmstar und verdient eine halbe Million Dollar im Jahr. Sie hat sich ein Haus in Beverly Hills gekauft, einen Mordskasten. Sie hat einen nagelneuen Sportwagen in der Garage, einen Ford Thunderbird, ein mexikanisches Hausmädchen und für May Ling ein Kindermädchen. Ich lese ihren Namen in jeder Zeitung, die ich aufschlage – und ich arbeite in einer Klinik auf Boyle Heights. Wer kann das unter einen Hut bringen?»

«Lebt ihr denn getrennt, ich meine, offiziell?»

«Nein, ich habe ihr das vorgeschlagen, aber Sally wollte nicht.»

«Du sollst auf einem Feldbett in deinem Büro schlafen, stimmt das?»

«Ja, das stimmt.»

«Du hast also das Haus in Silver Lake verkauft?»

Er nickte.

«Ich brauche wohl nicht zu fragen, was du mit dem Geld gemacht hast. Sicher hast du es in die Klinik gesteckt.»

Er nickte wieder.

«Was erwartest du von mir, Joe? Ein Verdienstkreuz für Seelenadel? Ich weiß noch, als Sally klein war und für dich schwärmte, hat sie immer gesagt: ‹Joe ist wunderbar, nur ist er etwas dumm.› Da hatte sie recht. Ich glaube nur nicht, daß du so wunderbar bist.»

«Großartig! Genau das brauche ich.»

«Wer weiß, vielleicht brauchst du es wirklich. Im Büro auf einem Feldbett zu schlafen! Wenn ich so etwas in einem Buch läse, würde ich es nicht glauben. Du heiratest eine intelligente, prächtige, aufregende junge Frau und willst aus ihr ein hirnloses Arbeitstier machen.»

«Alles, was ich von ihr wollte, war, daß sie Frau und Mutter war.»

«Mach dir doch nichts vor, mein lieber Bruder! Sie ist ja beides. Nur kannst du dich nicht damit abfinden, daß sie außerdem noch berühmt ist und eine halbe Million im Jahr verdient. Wäre es umgekehrt, würdest du als Arzt in Beverly Hills eine halbe Million im Jahr verdienen, würdest du selbstverständlich von Sally erwarten, daß sie die glücklichste Frau der Welt wäre. Was für ein verrücktes Spiel spielst du da eigentlich? Achtzehn Stunden am Tag arbeiten und auf einem Feldbett im Büro schlafen! Mein Vater, der auch dein Vater ist, ist Millionär.»

«Ich kann ihn nicht um Geld bitten.»

«Davon rede ich ja gar nicht. Ich rede von deinem Verstand, oder was noch davon übrig ist. Dein Sendungsbewußtsein geht mir auf die Nerven. Du könntest dir eine anständige Wohnung leisten, könntest wie ein Mensch leben, und keinem Patienten deiner Klinik würde es deswegen auch nur einen Deut schlechter gehen. Sei doch ehrlich, würde die Klinik leiden, wenn du bei Sally in Beverly Hills lebtest? Dein Stolz würde leiden, sicher, aber die Klinik?»

«Ich könnte nicht einmal die Hälfte der Unterhaltskosten bezahlen.»

«Konnte Sally denn von dem Geld, das sie für ihre Gedichte bekam, die Hälfte der Unterhaltskosten des Hauses in Silver Lake bezahlen? Und dabei schreibt sie verdammt gute Gedichte. Hast du je darüber nachgedacht? Hast du je darüber nachgedacht, was es heißt, eine Frau zu sein, Joe? Versuch's mal, laß für eine Weile alles beiseite, was dir so durch den Kopf geht, und stell dir vor: Ich bin nicht der Arzt, den alle lieben, weil er ihnen helfen kann, sondern ein einsames, hilfloses Mädchen, dessen Träume zerstört worden sind, und das nicht mehr weiß, wie es weitergehen soll.»

«Das klingt ganz einleuchtend, Bobby. Dann ist also alles meine Schuld, was?»

«Ich spreche nicht von Schuld, Joe. Aber hast du schon einmal einen Mann getroffen, der begriff, was es heißt, eine Frau zu sein? Jeden Abend gehe ich da oben in mein kaltes, armseliges Bett – allein, weil ich mich in einen Mann verliebt hatte, der wie alle Männer nichts war als ein zwar intelligentes, aber irregeleitetes Kind. Als er wegging, ein Opfer seines Sendungsbewußtseins als

Weltverbesserer, hat er sich einen Dreck darum geschert, was aus Sammy und mir werden soll, wenn er dabei umkäme. Ich mache dir keinen Vorwurf, Joe. Es ist nichts Boshaftes daran, wenn man in einer Männerwelt die Spiele der Männer mitspielt. Damit müssen wir leben. Aber du bist doch ein anständiger, herzensguter Mensch, Joe, sieh die Dinge bitte, wie sie sind.»

Die Zeit verging. Der Gedanke an das Gefängnis trat etwas in den Hintergrund. Barbara arbeitete an einem neuen Buch, an der Geschichte eines Mannes, der Bernie sehr ähnlich war. Sie erzählte sie in der Ich-Form, und erst später wurde ihr klar, daß sie damit für sich den Versuch machte, Bernie wieder zum Leben zu erwekken. Sich in die Regungen und Gedanken eines Mannes zu versetzen, war das Schwerste, an dem sie sich je versucht hatte. Die Zeit hatte ihren Schmerz nur mildern können. Die beiden Männer, die sie geliebt hatte, Marcel Duboise und Bernie Cohen, waren zu sehr ein Teil ihrer selbst, als daß sie sich je von ihnen würde befreien können. Beide lebten in ihren Gedanken und Träumen fort, und manchmal, wenn sie über den einen schrieb, nahm er unmerklich auch Züge des anderen an. Daß manche Männer und auch Frauen drei, vier, sogar fünf Ehen hinter sich brachten, war ihr unvorstellbar. Sie fühlte sich innerlich irgendwie verdorrt und leer, und sie glaubte nicht, daß sich das je wieder ändern könnte.

Dan und Jean verschworen sich dagegen und veranstalteten Abendgesellschaften, zu denen sie Barbara einluden. Sie lernte geschiedene Männer kennen, Witwer, Junggesellen. Die meisten waren von der hochgewachsenen, liebenswürdigen und gebildeten Frau bezaubert – aber viele waren von ihr auch eingeschüchtert. Nur wenige baten sie um ein Wiedersehen.

«Es tut mir leid», pflegte Barbara dann zu sagen, «aber ich mache mir nichts aus solchen Verabredungen.»

«Das geht doch nicht, Bobby», beharrte Jean. «Du kannst doch nicht den Rest deines Lebens allein bleiben.»

«Ich bin nicht allein. Ich habe Freunde, und ich habe Angehörige. Ich kann doch nicht einen ganzen Abend mit diesen Männern Phrasen dreschen. Und vor allem will ich mich nicht von jemandem betatschen lassen, der mir gleichgültig ist, oder mir von irgendeinem Holzkopf weismachen lassen, daß ich als Dank fürs Abendessen mit ihm ins Bett gehen muß. Das habe ich hinter mir, Mutter, darauf kann ich verzichten.»

«Und wie soll es weitergehen?» fragte Dan Jean. «Will sie allen Ernstes allein bleiben?»

«Es könnte schlimmer sein. Sie ist eine souveräne Frau, und solche Frauen haben es schwer in eurer Männerwelt. Sie ist zu alt, und sie hat zuviel durchgemacht. Was ist denn so schrecklich wichtig an einer Ehe?»

«Ich finde sie wichtig», sagte Dan.

«Hör mal, wenn es dich nicht gäbe, hätte ich mich längst auf ein Leben allein eingerichtet.»

Aber Barbara hatte sich auf keine Art von Leben eingerichtet, weder als alleinstehende, noch als verheiratete Frau. Im Augenblick genügte es ihr, von einem Tag zum anderen zu leben, genauer gesagt, von einem Buch zum nächsten. Jedes neue Buch bedeutete einen Aufschub für sie. «Bevor ich es fertig habe», redete sie sich ein, «brauche ich keine Entscheidung zu treffen. Oder bevor ich ins Gefängnis gehe», fügte sie hinzu.

Sam wuchs mit fast erschreckender Schnelligkeit heran. Gestern noch, so schien es Barbara, hatte er sich mit Schreien und Tränen verständlich gemacht. Dann ging er zu Wörtern über, und Barbara war entzückt zu entdecken, daß seine von Bernie und ihr ererbten Fähigkeiten auch die Sprache umfaßten. Jetzt wurden die Wörter zu Sätzen, und eines Tages wollte er wissen: «Du hast einen Daddy. Warum habe ich keinen?»

«Du hattest auch einen», sagte Barbara, zögerte dann, entschloß sich aber, es ein für allemal hinter sich zu bringen.

«In der Schule», sagte Sam, «haben sie alle einen.»

«Du hattest einen wunderbaren Vater», sagte Barbara und nahm ihn in die Arme. «Er ist tot. Er hat dich sehr lieb gehabt, aber er ist tot.»

«Ich habe eine tote Katze gesehen», sagte Sam ernst. «Ist er so tot wie sie?»

«Ein bißchen anders schon. Er ist weit weg gestorben, in einem anderen Land, wo er für die Freiheit seines Volkes gekämpft hat.»

«Und wer ist sein Volk?»

Jetzt wurde es schwierig, aber sie blieb bei ihrem Vorsatz. «Die Israelis», sagte sie und hatte den Eindruck, etwas falsch gemacht zu haben.

«Was ist sterben?» wollte Sam wissen.

«Es geschieht mit den Menschen, wenn sie sehr, sehr alt sind.»

«War mein Daddy sehr, sehr alt?»

«Ganz alt.» Sie nickte. Sam klammerte sich an sie und begann zu weinen. «Du bist auch alt», schluchzte er.

«Nicht alt genug zum Sterben. Es wird noch sehr, sehr lange dauern, bis ich sterbe.»

«Muß ich auch sterben?»

«Erst, wenn du schrecklich alt bist. Aber das ist so lange hin, daß ich es mir gar nicht vorstellen kann.»

«Ich will aber nicht sterben», schluchzte er.

«Natürlich nicht, natürlich nicht», flüsterte sie und wiegte ihn sanft. «Meinem hübschen kleinen Jungen wird nichts geschehen. Du wirst groß und stark und heiratest eine schöne Prinzessin.»

Er hörte auf zu weinen und sah sie interessiert an. Er hatte die hellblauen Augen seines Vaters.

«Mit gelben Haaren?» fragte Sam.

«Wenn du das gern möchtest.»

«Deine finde ich schöner.»

«Also gut, dann rotblond.»

«Erzähl mir eine Geschichte von der Prinzessin.»

«Aber gern. Sie hieß Daisybelle und lebte in einem Schloß, das aus fünf verschiedenen Kekssorten gebaut war, hauptsächlich aber aus Ingwerkeksen.»

Sam begann zu kichern. «Aus Keksen baut man doch keine Schlösser.»

«Es ist ungewöhnlich, das gebe ich zu. Aber Daisybelle war gleichfalls ungewöhnlich. Sie trug gern Kleider aus gesponnenem Zucker, und daher war es für sie ganz selbstverständlich, in einem Schloß aus Keksen zu leben ...» Sie fuhr mit der Geschichte von Daisybelle fort, bis Sam in ihren Armen einschlief. Es kostete sie große Anstrengung, mit ihm aufzustehen, und ihr fiel die Geschichte von dem Mann ein, der eines Tages angefangen hatte, ein Fohlen umherzutragen, und das jeden Tag tat, bis er schließlich ein Pferd umhertrug. Sie bezweifelte den Wahrheitsgehalt dieser Geschichte.

Der Pförtner der Paramount-Studios warf einen Blick in seine Liste und sagte: «William Clawson?»

Billy nickte.

«In Ordnung. Sie finden Mrs. Lavette in Halle vier. Parken Sie dort drüben und folgen Sie der gelben Linie bis zum ersten Querweg, dann links. Sonst fragen Sie jemanden. Es wird gerade gedreht; wenn draußen ein rotes Licht flackert, müssen Sie warten, bis es ausgeht.»

Billy nickte, stellte seinen Wagen ab und macht sich auf den Weg. Das rote Licht zuckte an der Tür des riesigen hallenartigen Gebäudes, und Billy wartete. Für diesen Tag hatte er seinen Rollkragenpullover und die Jeans mit einer Flanellhose und einem blauen Blazer vertauscht. Er fühlte sich in dieser Kleidung unbehaglich, als sei sie das Kostüm für eine Rolle, die ihm nicht lag. Ihm wurde bewußt, wie sehr er schon durch das Leben im Barrio und die Arbeit in der Klinik geprägt war. Er war schlank und sah gut aus, und er merkte, daß er bewundernde Blicke der vorübergehenden Mädchen auf sich zog. Rein äußerlich paßte er hierher. Sally hatte früher einmal von seinem ‹verdammten guten Oberschicht-Aussehen› gesprochen.

Das rote Licht erlosch. Billy öffnete die Tür und trat ein. Er arbeitete sich durch ein Gewirr aus Leitungen, Kulissen und Ausrüstungsstücken vor zu dem gleißenden Licht am anderen Ende des Gebäudes, bis er an einen Halbkreis aus Menschen und Kameras kam. Die Szene sah aus als spiele sie in einem großen Abwasserkanal; überall tropfte Wasser herunter, und auch der Boden war mehrere Zentimeter hoch mit Wasser bedeckt. Sally stand barfuß in einem unförmigen grauen Sack von Kleid mitten im Wasser.

Ein untersetzter, glatzköpfiger Mann redete auf sie ein: «Noch einmal, Sally, ein einziges Mal.»

«Verdammt nochmal, Alex», schrie sie, «das haben wir doch schon sechsmal im Kasten. Es ist doch eine ganz einfache Szene. Mir reicht's jetzt.»

«Bitte, Liebling, bitte. Es ist nicht so einfach, es ist unmöglich.» Er wandte sich an einen gutaussehenden, kräftigen Mann mit nacktem Oberkörper, der in einer völlig durchnäßten Hose neben Sally stand. «Noch einmal, ja, Walter?»

«Wenn Sally einverstanden ist, sicher.»

«Siehst du, siehst du», sagte der Dicke. «Walter ist auch einverstanden.»

«Na schön. Bringen wir es hinter uns. Jetzt sind wir schon den ganzen Nachmittag in diesem Abwasserkanal.»

«Stellungen einnehmen!» rief der Dicke. «Scheinwerfer!»

Die großen Scheinwerfer tauchten die Szene in grelles Licht. Der Hemdlose ging auf die rechte Seite der Szene und ließ sich von einem Requisiteur eine rote Flüssigkeit, die wie Blut oder Tomatenketchup aussah, über Schulter und Brust gießen.

Ein junger Mann trat mit einer scherenförmigen Gerätschaft vor die Kamera. Darauf stand SZENE 42, AUFN. 7, HARGASEY. «Kamera ab», sagte Hargasey. Der junge Mann schlug die Klappe zusammen und trat beiseite. «Los», sagte Hargasey.

Der Mann mit der nassen Hose und dem falschen Blut auf der Brust wankte in die Szene. Er erblickte Sally, die ihm starr und entsetzt entgegensah. Er versuchte zu sprechen, bekam aber kein Wort heraus. Billy war fasziniert. Schmerz, Angst und Pein auf Sallys Gesicht waren so echt, daß er einen Augenblick seine Umgebung vergaß. Der Mann tat noch einen Schritt auf Sally zu, dann gaben seine Knie nach, und er brach im Wasser zusammen. Sally beugte sich über ihn und streckte eine zitternde Hand nach ihm aus.

«Schnitt!» rief Hargasey. «Großartig, Liebling. Großartig. Für heute Feierabend, die Großaufnahmen kommen morgen dran.»

«Gott sei Dank», sagte Sally.

Die Scheinwerfer gingen knisternd aus. Der Mann mit dem Blut trocknete sich ab. Sally trat aus der Szene heraus, und als sie an Billy vorbeiging, sagte er: «Hallo, Sally, ich bin hier.» Er sagte es unentschlossen, als wolle er ihr die Möglichkeit lassen, seine Anwesenheit zu übersehen.

Sie blieb stehen und sah ihn an, dann erhellte sich ihr Gesicht, sie lief auf ihn zu und schloß ihn in die Arme. «Billy, wie schön, dich zu sehen! Aber du bist ja kaum wiederzuerkennen, du siehst geradezu himmlisch aus.» Sie hakte ihn unter. «Komm mit. Ich freue mich ja so, dich zu sehen.»

Neben ihrer Garderobe war ein winziger Aufenthaltsraum. «Setz dich solange hierher. Wir können uns unterhalten, während ich mich umziehe. Wir haben uns ja so lange nicht gesehen. Boyle Heights und Beverly Hills sind zwar verschiedene Welten, aber sie sind nicht tausend Meilen voneinander entfernt. Trotzdem wärst du nicht hier, wenn ich dich nicht mit Gewalt hierher gezerrt hätte. Mir geht es nämlich gar nicht dreckig, das habe ich nur gesagt, weil ich unbedingt mit dir reden wollte.»

In Faltenrock, Kaschmirpullover und ohne Make-up sah sie aus wie ein Schulmädchen. «Sieh mich an, Billy», sagte sie. «Habe ich mich sehr verändert?»

«Du siehst phantastisch aus. Wie geht's der Kleinen?»

«So klein ist sie gar nicht mehr. Sie läuft umher und redet wie ein Wasserfall. Du wirst sie gleich sehen, denn ich wollte dich bitten, mit mir nach Hause zu kommen.»

«Ich dachte, ich könnte dich zum Abendessen einladen.»

«Das Abendessen wartet zu Hause. Du bist doch mit dem Wagen hier? Ich wohne in Rexford Drive in Beverly Hills, das ist ganz leicht zu finden. Du fährst Melrose Avenue entlang bis zum Santa Monica Boulevard, dort biegst du rechts zum Rexford Drive ab. Ich schreibe dir die Adresse auf. Laß uns sofort hinfahren, dann können wir etwas trinken und uns in aller Ruhe unterhalten.»

In Beverly Hills führte Sally ihn durch das ganze Haus, während May Ling ununterbrochen redete und um sie herumlief. Billy fand das Kind bezaubernd, er sagte, die Kleine sehe aus wie eine chinesische Puppe.

«Sie schlägt Joe nach», sagte Sally. «Oder seiner Mutter, vielleicht. Nun, Billy, was hältst du von meinem Haus?»

«Es gefällt mir. Aber ich kann verstehen, warum Joe sich hier nicht wohlfühlen würde. Ich habe früher in einem solchen Haus gewohnt. Aber Joe nicht.»

«Ich auch nicht – bis jetzt. Ich will nicht über Joe reden. Er ist unmöglich, einfach unmöglich! Ach, manchmal wünsche ich mir, ich wäre in jemand anders verliebt! Manchmal bin ich nahe daran, ihm zu sagen: In Ordnung, lassen wir uns scheiden, bringen wir es schnell hinter uns.»

«Will er sich wirklich scheiden lassen?»

«Wer weiß schon, was Joe wirklich will? Er weiß es ja selbst nicht. Er würde es für eine edelmütige Tat halten, sich von mir scheiden zu lassen. Er und sein beschissener Edelmut. Oh, entschuldige bitte. Du siehst immer so betreten aus, wenn ich so rede. Aber für mich ist das normal, Billy. Ich war schon immer so.»

«Joe ist ein großartiger Mensch. Es tut mir in der Seele weh zu sehen, wie ihr beide euch gegenseitig zerfleischt.»

«Zu wem benimmt er sich denn großartig? Wenn er sich nur zwei Stunden am Tag Zeit nähme, um zu mir und unserer Tochter großartig zu sein, kämen wir phantastisch miteinander aus. Nein, laß uns nicht darüber reden. Laß uns essen und über Higate sprechen. Fährst du manchmal hin? Eloises neues Baby ist süß. Bitte, da hast du es. Sie hat zwei Kinder, und trotzdem hat Adam nicht einmal mit der Wimper gezuckt, als Eloise und Jean zusammen die neue Galerie aufmachten.»

Billy lächelte. «Ich glaube nicht, daß es irgend etwas gibt, was Adam an Eloise mißbilligen würde. Er betet sie an.»

«Angeblich betet Joe mich auch an.»

«Das ist etwas anderes. Kinder da oben im Tal aufziehen ist etwas anderes als hier in Los Angeles.»

«Ich bin selbst da oben aufgewachsen, ich müßte es also eigentlich wissen.»

Nach dem Abendessen, das Kind schlief, und im Haus war alles still, saßen sie vor dem künstlichen Kaminfeuer im Wohnzimmer. Sally sagte: «Ich mußte einfach einmal mit dir reden. Wenn ich mit niemandem darüber reden kann, verliere ich den Verstand. Mit meinen Eltern kann ich nicht reden, denn sie wissen nicht, wie es beim Film zugeht. Vater hatte eine Schwester, Martha, die zum Film wollte. Sie ist nach Hollywood gefahren und auf ein paar Gauner hereingefallen. Ich kenne die Geschichte nicht so genau. Entweder ging es um Drogen oder um Alkohol oder dergleichen. Jedenfalls hat sie sich schließlich umgebracht. Sie hat sich mit dem Wagen von einer Klippe am Mulholland Drive gestürzt. Du kannst dir also denken, was für Vorstellungen meine Eltern vom Filmgeschäft haben. Ich würde gern mit Barbara reden, weil ich sie sehr gern habe, aber sie ist Joes Schwester und hat ihre eigenen Sorgen. Und dann, Billy, bist du immerhin so eine Art Geistlicher, der einzige, den ich kenne. Du mußt eine Menge Probleme gelöst haben, in all den Jahren im Pazifik.»

«Sally, Liebling, ich bin kein richtiger Geistlicher. Ich kann dir keinen Rat geben. Jedenfalls ...» Er hielt inne, schüttelte dann aber den Kopf.

«Nun, sprich doch weiter. Was wolltest du sagen?»

«Ich habe kein Recht, das zu sagen.»

«Was zu sagen? Ich kann Leute nicht ausstehen, die so um den heißen Brei herumreden!»

«Also schön. Ich kann dir keinen Rat geben, weil ich dich liebe. Du weißt das. Ich liebe dich seit dem Tage, als wir uns in Joes Büro zum erstenmal gesehen haben.»

«Ist das so schlimm?»

«Es ist schlimm. Joe ist mein Freund. Ich verehre ihn gewissermaßen.» Sally schüttelte ungläubig den Kopf. «Und nicht nur das», fuhr Billy fort. «Ich habe nie gewußt, wie ich mich bei Frauen verhalten soll. Mein Gott, ich weiß nicht, was mit mir los ist. Wirklich komisch, daß du ausgerechnet von mir einen Rat haben willst.»

«Wenn du glaubst, daß du mich liebst», sagte Sally langsam, «warum tust du dann nichts? Warum küßt du mich zum Beispiel nicht oder nimmst meine Hand? Warum faßt du mich nicht an?»

Es dauerte lange, bis er antwortete: «Weil du du bist. Du bist Sally Lavette, Joes Frau, und ein Filmstar.» Etwas lahm fügte er hinzu: «Und ich bin Geistlicher der Episkopalkirche.»

Sie begann zu kichern.

«Lach mich bitte nicht aus.»

«Immer noch? Ich meine, bist du immer noch Geistlicher? Du hast doch schon ewig keinen Priesterdienst mehr getan. Da muß es doch eine zeitliche Beschränkung geben. Ich weiß nichts über Geistliche der Episkopalkirche, außer der albernen Geschichte von den beiden Iren, die vor der Episkopalkirche stehen. Als der Priester herauskommt, sagt Pat zu Mike: ‹Nun sieh dir den an: fünf Kinder und nennt sich Pater!›»

«Du machst dich schon wieder lustig über mich.»

«Absolut nicht. Ich will, daß du lachst, Billy. Du bist ein netter Bursche. Und du siehst gut aus. Einer von den Bühnenarbeitern dachte tatsächlich, du seiest ein Star aus einem anderen Studio. Warum kannst du mich nicht anfassen? Gott wird dich schon nicht dafür zu Boden schmettern. Billy, ich habe seit eineinhalb Jahren nicht mit Joe geschlafen. Und auch sonst mit niemandem – falls du der Meinung sein solltest, Schauspielerinnen sind so eine Art Huren in Zivil.»

«Nein, das glaube ich nicht. Ich bin doch nicht blöd.»

«Das weiß ich. Aber manchmal benimmst du dich so.» Sie rückte näher an ihn heran. «Sieh mich an, Billy.» Er wandte sich ihr zu. «Küß mich.»

Er beugte sich vor und küßte sie leicht.

«Na also. Das war doch nicht schlimm, oder?»

«Lach mich nicht schon wieder aus, Sally. Ich kann es nicht ertragen.»

«Ich lache dich nicht aus.»

Er legte den Arm um sie, und sie lehnte ihren Kopf an seine Brust. «Ich glaube», sagte er, «so glücklich wie jetzt war ich noch nie in meinem Leben.»

«Aber du hältst es immer noch für Sünde.»

«Nein. Nein, Sally. Mit Sünde habe ich schon lange nichts mehr im Sinn. Auf den Salomon-Inseln habe ich einmal einem Jungen die Beichte abgenommen, der im Sterben lag. Er hielt mich für einen katholischen Priester, und ich ließ ihn in dem Glauben, weil er buchstäblich zerfetzt war und keine Zeit mehr blieb, einen katholischen Feldgeistlichen zu suchen. Dieser Junge war ein Mörder. Er hatte eine Tankstelle überfallen und den Besitzer erschossen. Und jetzt, wo er starb, peinigte ihn eine unaussprechliche Angst. Er ist in meinen Armen gestorben. Wenn es Sinn hätte, würde ich mein Priesteramt niederlegen und meinen Namen aus den Büchern streichen lassen. Ich bin kein Priester mehr. Ich habe einfach aufgehört, an Gott zu denken. Es ist zu verwirrend. Zum Glück habe ich genug Geld, um mir meinen Lebensunterhalt nicht verdienen zu müssen. So kann ich den Menschen in der Klinik helfen. Es ist bisher das einzige gewesen, wobei ich mich gut fühle. Bis heute abend. Hier zu sitzen, mit dir im Arm, ist auch etwas, wobei ich mich gut fühle. Ich fühle mich zwar schuldig, aber trotzdem gut.»

«Willst du mit mir ins Bett gehen?» fragte Sally leise.

«Das habe ich vom ersten Tage an gewollt.»

«Dann komm mit nach oben. Ich bin ausgehungert, Billy, buchstäblich ausgehungert. Du bist nicht zum Priester geschaffen, und ich nicht zur Nonne. Es ist fast neun, und ich muß zusehen, daß ich etwas Schlaf bekomme, denn ich muß um sechs aufstehen und um sieben im Studio sein.»

Die Erdkugel drehte sich weiter, und auf die Nacht folgte der Tag. Ecke Market Street und Fünfte Straße schossen vier Gangster einen Polizeibeamten nieder. Vor Golden Gate stieß bei dichtem Nebel ein Lazarettschiff der Marine mit einem Frachter zusammen und sank. Im Koreakrieg fielen an einem Tag siebenhundertzweiundvierzig junge Amerikaner. Die Außenminister Frankreichs und Englands, Robert Schuman und Ernest Bevin, eröffneten die Diskussion über eine mögliche Wiederbewaffnung Deutschlands. Ein Vorposten der amerikanischen Armee in Korea wurde aufgerieben; dreiundsechzig Amerikaner fanden dabei den Tod. Der Schah von Persien, Reza Pahlevi, kehrte in den Iran zurück, nachdem er der Bevölkerung San Franciscos versichert hatte, sie und ihre Stadt seien ein Juwel in der Krone dieser mächtigen Nation. Ein Sechsjähriger erschoß sich in Ingleside mit der Pistole seines Vaters. Die ägyptische Königinmutter Nazli besuchte San Francisco und erklärte ebenfalls: Ihre Stadt ist ein Juwel! Arthur W. Wallander, Leiter der Zivilverteidigung von New York, verkündete, die Stadt sei in permanenter Alarmbereitschaft. «Es kann jederzeit losgehen», sagte er. In der Kuppel der Stadthalle von San Francisco brach Feuer aus; man munkelte von Brandstiftung. General Douglas MacArthur kam nach San Francisco. General Douglas MacArthur ging nach New York. Der Präsident hatte ihn mit dem Ausdruck des tiefsten Bedauerns aus dem Amt gejagt. Premierminister Yoshida von Japan landete in San Francisco. In einem feierlichen Staatsakt in der Oper unterschrieb er den Friedensvertrag, und damit war der Zweite Weltkrieg offiziell beendet. General Douglas MacArthur brach sein Schweigen und verkündete in einer Rede vor dem Kongreß der Vereinigten Staaten: «Man hat behauptet, ich sei ein Kriegstreiber. Das entspricht nicht im entferntesten der Wahrheit.» Jerome David Salinger schrieb ein Buch mit dem Titel *Der Fänger im Roggen.* Es galt als das beste Buch über einen Heranwachsenden seit Mark Twains *Tom Sawyer.*

Barbara las gerade den *Fänger im Roggen*, als Boyd Kimmelman an ihrer Tür klingelte. Sie erwartete ihn, denn er hatte angerufen und gefragt, ob sie einige Minuten Zeit für ihn habe. Es war ihr seltsam vorgekommen, denn immerhin war Sonntag. Sie begrüßte ihn mit den Worten: «Sie finden mich in einem schlimmen Zustand, Boyd, und das bin ich immer, wenn ich gerade ein Buch lese, von dem ich hingerissen bin. Ich wünsche mir dann, ich hätte es selbst geschrieben, und dann beschleicht mich das schreckliche Gefühl, daß ich es niemals hätte schreiben können.» Sie hielt das Buch hoch. «Haben Sie es schon gelesen?»

«Nein, noch nicht.»

«Es würde Ihnen gefallen, glaube ich. Sie brauchen es nicht zu kaufen. Ich leihe Ihnen mein Exemplar, wenn ich fertig bin. Jetzt kommen Sie herein und setzen Sie sich. Anna ist mit Sam im Park, wir können also ungestört reden.» Kimmelman wirkte nervös und unsicher, und Barbara redete weiter, um ihn zu beruhigen. «Setzen Sie sich, Boyd, und fühlen Sie sich ganz wie zu Hause. Ich glaube, Sie sind zum erstenmal hier. Und das, nachdem wir uns hundertmal in Ihrer Kanzlei und im Büro der Stiftung begegnet sind. Ich muß mich wirklich schämen. Die Räume sind eng und hoch, aber so sind diese alten viktorianischen Häuser nun mal. Es ist doch hübsch, finden Sie nicht auch?»

Er sank in einen Sessel, nickte und sah sie stumm an.

«Also wirklich, Boyd, Sie wissen doch inzwischen, daß man mich nicht mit Samthandschuhen anzufassen braucht. Sie rufen an und fragen, ob Sie am Sonntagmorgen zu mir kommen können. Nun, und ich weiß doch auch, daß für morgen die Entscheidung des Obersten Gerichtshofs erwartet wird. Darum geht es doch, nicht wahr?»

Er nickte wieder. «Ein alter Studienfreund, der für Douglas arbeitet, hat mich angerufen. Sie lehnen die Wiederaufnahme ab. Es fällt mir schwer, Ihnen das sagen zu müssen.»

«Das heißt also, daß es in meinem Fall nicht zu einer Revisionsverhandlung kommen wird.»

«Neun miese alte Knacker, die nicht den Mut haben, diesem ebenso miesen Ausschuß die Stirn zu bieten! Mir ist so elend, die haben mir meinen ganzen Schneid abgekauft. Schneid! Wenn die Kerle wenigstens soviel Schneid hätten, sich die Sache anzuhören! Aber nein, sie gehen lieber den leichteren Weg: sie weichen der Sache aus und schieben den Schwarzen Peter weiter.»

«Das ist dann also das letzte Wort.»

«Ich fürchte ja, Barbara. Wahrscheinlich ließe sich noch ein gewisser Aufschub erwirken, aber was die juristischen Möglichkeiten betrifft, so sind wir am Ende.»

«Dann will ich auch keinen Aufschub. Wann ist die öffentliche Verkündigung?»

«Morgen.»

«Und wann komme ich ins Gefängnis?»

«Das hängt davon ab, wieviel Zeit Sie brauchen, um Ihre Angelegenheiten zu ordnen. Das verdanken wir Richter Fremont. Eine Woche, vielleicht zwei, bis zum Strafantritt.»

«Und wo muß ich die Strafe verbüßen?»

«Nun, wir können froh sein, daß Sie nicht nach Alderson in West Virginia müssen. Das übliche Verfahren wäre, Sie in Washington zu inhaftieren und dann nach West Virginia zu schicken. Dort gibt es ein Frauengefängnis. Seit kurzem haben sie aber ein neues Frauengefängnis auf Terminal Island eröffnet, vor San Pedro, und Richter Fremont hat durchgesetzt, daß Sie hier am Bundesgericht registriert und nach Terminal Island geschickt werden. Ich kann es kaum glauben, Barbara. Ich würde mir den Arm abhacken lassen, wenn ich es damit verhindern könnte ... Ausgerechnet Sie ...» Er schüttelte hilflos den Kopf.

«Boyd, es hätte schlimmer kommen können. Man hätte mich zu

einem Jahr verurteilen können. Es sind nur sechs Monate. Sie können sich doch nicht immerfort Vorwürfe machen.»

«Ich habe das Gefühl, daß ich alles falsch gemacht habe, und zwar von Anfang an.»

«Es gab doch gar keine Möglichkeit, es anders zu machen. Jetzt hören Sie. Erklären Sie mir ganz genau, was ich zu tun habe. Ich brauche keine zwei Wochen. Ich möchte das alles so schnell wie möglich hinter mich bringen.»

«Wir sollen also nicht versuchen, noch einmal in die mündliche Verhandlung einzutreten?»

«Hat das Aussicht auf Erfolg?»

«Nein, wenn ich ehrlich sein soll.»

«Dann lassen wir es. Heute ist Sonntag. Mir genügen zwei Tage, Montag und Dienstag. Ich werde die Strafe am Mittwoch antreten. Sagen Sie mir, was ich tun muß.»

«Ich komme Mittwochmorgen vorbei, sagen wir so um halb acht. Ich fahre mit Ihnen zum Gerichtsgebäude, dort wird man Sie registrieren und Ihre Fingerabdrücke abnehmen, das heißt, vielleicht macht man das auch erst auf Terminal Island, das weiß ich nicht genau. Dann bringt man Sie entweder mit dem Wagen oder mit dem Flugzeug nach San Pedro, wahrscheinlich mit dem Wagen. Dabei werden Sie von einer Polizistin begleitet. Ich will nichts beschönigen, aber die Bundesgefängnisse gelten als die besten des Landes – wenn man überhaupt Unterschiede zwischen Gefängnissen machen will. Hoffentlich erschreckt Sie das alles nicht zu sehr.»

«Boyd, glauben Sie mir, ich habe keine Angst. Wenn überhaupt etwas, dann bin ich neugierig – und ein wenig traurig, das will ich zugeben. Sechs Monate ohne Sammy ist mehr, als ich mir vorstellen kann.»

«Er kann Sie doch besuchen. Es gibt fünf Besuchstage im Monat für Erwachsene und einen für Kinder. Dafür darf man dann den ganzen Tag mit den Kindern zusammensein.»

«Im Gefängnis? Oh nein. Diese Art von Erinnerung möchte ich ihm ersparen. Er soll mich nicht dort sehen und sein Leben lang daran denken müssen. Das wäre zu grausam.»

«Nun, wie Sie wollen.»

«Was muß ich mitnehmen?»

«Gar nichts, Barbara, nur die Kleider, die Sie auf dem Leibe tragen.»

«Keine Zahnbürste, Seife und ähnliches?»

«Nein. Nur Ihre Kleidung. Ja, eine Handtasche würde ich noch mitnehmen und eine Armbanduhr. Und vielleicht fünfzig Dollar in bar. Man darf monatlich einen bestimmten Betrag für Zigaretten und Süßigkeiten ausgeben. Sonst kann man dort nichts kaufen.»

«Ich rauche nicht, Boyd, das wissen Sie doch.»

«Schön, dann also für Süßigkeiten oder dergleichen.»

«Können Harvey und Sie mich besuchen?»

«Natürlich. Wir sind ja Ihre Anwälte.»

«Wer sonst noch?»

«Nur Angehörige. Andere Besucher brauchen eine besondere Erlaubnis. Aber die ist nicht schwer zu bekommen. Sie sind also nicht abgeschnitten von der Welt. Vielleicht kommt es Ihnen anfangs so vor, aber es stimmt nicht. Harvey und ich werden uns um alles kümmern. Außerdem sind ja noch Ihre Eltern da. Und Ihr Bruder Joe lebt ganz in der Nähe, in Los Angeles.»

«Boyd», sagte sie etwas ungeduldig, «hören Sie auf, mir das alles als halb so schlimm zu schildern. Bei manchen Dingen ist man nun mal allein – im Kindbett, auf dem Sterbebett, im Gefängnis. Da kommt es nicht so drauf an, wer daneben steht. Also gut, jedenfalls weiß ich jetzt Bescheid. Ich erwarte Sie Mittwochmorgen ab sieben.»

Er nickte und stand bedrückt auf, als Sam gerade ins Haus gestürmt kam. Barbara machte Mittagessen für sich und Sam und las ihm beim Essen aus ‹Pu der Bär› vor. Später, als Sam seinen Mittagsschlaf hielt, rief sie ihre Mutter an.

«Was habt ihr heute abend vor, du und Dad?» fragte sie.

«Nichts Besonderes. Wir wollten essen gehen.»

«Könnt ihr hinterher bei mir vorbeikommen? Ich muß etwas mit euch besprechen.»

Am Abend, nachdem Barbara ihnen alles berichtet hatte, sagte sie: «Ich bin froh, daß ihr so seid, wie ihr seid. Ich könnte es nicht ertragen, wenn ihr euch aufregen würdet.»

«Es würde ja auch nichts nützen», sagte Jean.

«Es geht mir jetzt vor allem um Sam. Sorgt bitte dafür, daß er Zuneigung spürt.»

«Das werden wir schon hinbekommen», sagte Dan. «Die Yacht ist fast fertig.»

«Du kannst doch gut segeln, nicht wahr, Daddy?»

«Ich denke schon.»

«Bringt ihn, bitte, nicht mit ins Gefängnis.»

«Aber es sind sechs Monate, Bobby. Das ist eine lange Zeit für einen kleinen Jungen.»

«Ich weiß, aber ich halte es für besser so. Wenn ich es mir anders überlege, sage ich Bescheid. Ist es nicht verrückt, daß ich ausgerechnet auf Terminal Island ins Gefängnis komme? Wo mein Vater die größte Werft der Welt hatte?»

«Na ja, nicht die größte.»

«Aber ziemlich groß. Immerhin so groß, daß Admiral Land gesagt hat, du hättest den Verlauf des Krieges beeinflußt. Ich war einmal dort, 1941, glaube ich.»

Dan nickte. Jean schwieg. Ihr war nicht nach Plaudern zumute. Sie mußte daran denken, daß Barbara das einzige war, was ihr in ihrem Leben wirklich gelungen war.

«Aber an ein Gefängnis dort kann ich mich nicht erinnern», sagte Barbara.

«Damals war es militärisches Sperrgebiet, es liegt auf einer Landzunge im Westen der Insel.»

«Dann kann man also das Meer sehen?»

Dan nickte.

«Auch Schiffe?»

«Ja, wenn sie in San Pedro oder Long Beach anlegen, kommen sie da vorbei.»

«Wie schön. Aber wir können nicht den ganzen Abend herumsitzen und miteinander reden, nicht wahr?»

«Was sollen wir Sam sagen?» fragte Jean langsam.

«Er weiß, daß ich Korrespondentin war und reisen mußte, um Stoff für Geschichten zu sammeln. Er weiß, daß ich mein Geld mit Geschichten verdiene – und nebenbei gesagt habe ich ihn mit Geschichten verwöhnt. Ihr könnt ihn nicht einfach vor den Fernseher setzen. Er braucht Geschichten, und ich fürchte, ihr werdet ein paar Buchläden abklappern und ihm vorlesen müssen. Ich werde ihm sagen, daß ich eine Weile verreisen muß. Und ihr sagt ihm am besten dasselbe. Ich packe all seine Sachen zusammen. Es wäre schön, wenn ihr Mittwochmorgen so früh wie möglich vorbeikommen könntet.»

«Wir sind hier, bevor du wegfährst», versicherte Jean.

«Gut. Anna bleibt hier wohnen, und Harveys Kanzlei kümmert sich um meine Rechnungen.»

«Also, hör mal, wenn du Geld brauchst –», begann Dan heftig.

«Nein, Daddy, ich brauche keins. Falls ich etwas brauchen sollte, wende ich mich an dich. Sam wird es schon auf Russian Hill gefallen, und es sind ja nur sechs Monate.»

Auf dem Heimweg war Jean still. Erst zu Hause begann sie zu weinen. Sie saß mit gefalteten Händen im Sessel und weinte still vor sich hin. Dan sah sie an. Er hatte sie in all den Jahren noch nie weinen sehen.

Der Vollzugsbeamte, der den Wagen fuhr, hieß Buck Gedding. Er trug unübersehbar einen altmodischen Revolver im Holster an der Hüfte. Eine Polizistin namens Sadie Thomas saß mit Barbara auf dem Rücksitz. «Wir brauchen keine Handschellen», sagte sie. «Das hätte ich auch ohne Richter Fremont nicht getan. Mein Gott, ich habe überhaupt nicht daran gedacht. Wir sind doch keine Barbaren. Es gibt allerdings auch andere, mein Gott, ja. Ich habe hier schon mit Frauen gesessen, die mir die Augen auskratzen wollten, und einmal hatte ein kleines Biest ein Messer bei sich. Die Narbe habe ich heute noch.»

«Sadie, hör endlich auf», sagte der Fahrer. «Du kannst einen Menschen ja um den Verstand bringen mit deinem Gerede. Außerdem sind Unterhaltungen mit Gefangenen nicht gestattet, das weißt du doch.»

«Nun hört sich aber alles auf, Buck Gedding! Du erwartest doch nicht, daß ich fast siebenhundert Kilometer neben dieser armen Frau sitze und kein Wort zu ihr sage. Kümmere du dich um das Fahren, ich kümmere mich um die Gefangene.»

Die Gefangene saß in Gedanken verloren da und mit der Zeit verstummte auch Sadie Thomas. Barbara befand sich in einem schockähnlichen Zustand. Sie hatte den Aufbruch mit dem geringstmöglichen Aufwand an Gefühl überstanden. Sie hatte die Szene im Geiste hundertmal geprobt, wie ein Schriftsteller es oft tut: man entwirft eine Szene im Geist, bevor man sie aufschreibt. Alles muß zusammenpassen und funktionieren, jeder Satz, jeder Absatz muß in ein ausgewogenes Ganzes eingearbeitet werden. Barbara hatte in Burma einmal den Angriff japanischer Jagdbomber auf einen amerikanischen Stützpunkt erlebt. Sie flogen an, tauchten auf ihr Ziel hinab und klinkten einer nach dem anderen ihre Last aus, lauter kleine Fünfundvierzig-Kilo-Bomben. Barbara hatte in einem flachen Splittergraben gestanden, der ihr bis zur Hüfte reichte, und die dringlichen Aufforderungen des Sergeant neben ihr, endlich in Deckung zu gehen, einfach überhört. Ringsum fielen die Bomben, sie stand und starrte, inmitten der sich entfaltenden, todbringenden Rosenknospen, und sah das Ganze von außen, formulierte es während des Zusehens als Bericht in der dritten Person. Das war kein Schriftstellerkniff, sondern das traurige Geschick ihres Berufsstandes. Heute hatte sie dasselbe getan. Sie war aus sich herausgetreten, hatte gleichsam kalt und unbeteiligt zugesehen, wie sie Sam in die Arme schloß und küßte. Dan war kein Geschichtenerzähler; er drückte sie an sich, mit einem Schmerz, der sich auf sie übertrug. Sie spürte ihn in seinen harten Muskeln, und sie kam sich ein bißchen schäbig vor, als sie unwillkürlich darüber nachdachte, wie einem Vater wohl zumute ist, der seine Tochter ins Gefängnis gehen sieht.

Jeans Gesicht wirkte plötzlich alt. Noch nie hatte Barbara in ihrer Mutter eine alte Frau gesehen, einundsechzig war noch kein Alter. Doch jetzt war das feingeschnittene aristokratische Gesicht eingefallen. Barbara war fast froh, als der Abschied vorüber war.

«Terminal Island», sagte Sadie Thomas, «ist nicht das schlechteste. Die Luft ist gut, besser als in Los Angeles. Kein Smog. Ich verstehe nicht, wie man in Los Angeles leben kann. Na ja, das muß jeder selber wissen.»

Sie hielten an einer Raststätte an, um Mittagspause zu machen. «Die Regierung spendiert Ihnen etwas zu Mittag», sagte Gedding als deren augenblicklicher Statthalter großzügig. «Zwei belegte Brote und Kaffee. Was möchten Sie drauf haben? Sie müssen im Wagen bleiben.»

«Und wenn sie mal austreten will?»

«Dann gehst du mit ihr.»

«Wollen Sie mal austreten?»

«Ja», sagte Barbara, «aber ich habe keinen Hunger. Ich möchte nichts essen.»

«Aber die Regierung bezahlt es.»

«Tut mir leid. Ich bin nicht hungrig. Ich würde gern eine Tasse Kaffee trinken.»

«Wir gehen jetzt zur Toilette», sagte Sadie Thomas, «und dann setzen wir uns nach drinnen, wie zivilisierte Menschen.»

Barbara saß am Tresen, von den beiden Polizisten flankiert, trank ihren Kaffee und fühlte sich in ihrer Rolle nicht besonders wohl. Es hatte gerade erst angefangen, und schon war sie niedergeschlagen. Nicht einmal bei der Nachricht von Bernies Tod war sie so von Hilflosigkeit und Verzweiflung überwältigt worden. Sie war von allem getrennt, was sie liebte und brauchte, war allein und ohnmächtig. Natürlich, es gab auf der Welt viele Menschen, die allein und ohnmächtig waren; aber für sie war es neu. Sie hatte immer die Möglichkeit gehabt, sich an mächtige und einflußreiche Leute zu wenden, die ihr nahestanden oder sie respektierten. Selbst in Nazideutschland hatte man ihre Zugehörigkeit zu den Mächtigen in den Vereinigten Staaten nicht nur zur Kenntnis genommen, sondern auch geachtet. Jetzt war sie zum erstenmal in ihrem Leben auf sich selbst gestellt und völlig abgeschnitten von allem, von Bekannten, Angehörigen, ihrem eigenen Leben und ihrer Vergangenheit. Die beiden Menschen zu ihrer Rechten und Linken hatten von ihrem Körper und ihrer Seele Besitz ergriffen. Sollte sie auf die Wahnsinnsidee verfallen, wegzulaufen, war dieser große, massige Mann mit Namen Buck Gedding berechtigt, seine Waffe zu ziehen und sie niederzuschießen, jedenfalls nahm sie das an. Alle Rechte, die einem amerikanischen Bürger selbstverständlich sind, waren ihr genommen. Es kam jetzt nicht mehr darauf an, welches Verbrechen sie begangen hatte, und ob es überhaupt eines gewesen war. In den Augen derer, mit denen sie in den nächsten sechs Monaten zu tun haben würde, war sie eine Verbrecherin.

Als sie wieder im Wagen saß, lehnte sie sich mit geschlossenen Augen in ihre Ecke des Rücksitzes und tat so, als schlafe sie, um dem Geschwätz der Polizistin zu entgehen. In der Nacht hatte sie nur eine oder zwei Stunden geschlafen, deshalb schlief sie bald wirklich ein.

Erst in der Dämmerung erreichten sie San Pedro. Sie fuhren auf die kleine Fähre, die sie nach Terminal Island bringen sollte. «Sie müssen im Wagen bleiben», sagte Gedding zu ihr, und Sadie fügte hinzu: «Das ist Vorschrift.» Sie verschlossen die Türen.

Auf der Insel fuhren sie an nicht mehr benutzten Werftanlagen vorbei, an leeren Ablaufbahnen und Hellingen und an Gebäuden, deren Türen und Fenster mit Brettern zugenagelt waren. Sie folgten der Seaside Avenue bis an die Spitze der Insel. Barbara konnte das Wasser des Hafens sehen, eines häßlichen Hafens voller Fischdampfer, Schlepper und verrosteter Frachter. Sie mußte an die weite, von Leben erfüllte Bucht vor San Francisco denken, und Tränen traten ihr in die Augen.

Der Wagen hielt vor einem Komplex kasernenähnlicher Gebäude, die hinter einem drei Meter hohen Metallzaun mit Wachtürmen lagen. Das also war der Ort ihrer Verbannung aus der Gesellschaft. Sadie Thomas deutete auf ein quadratisches Ziegelgebäude. «Das ist das Männergefängnis. Ihres ist besser, glauben Sie mir. Wir gehen jetzt hier rein, versuchen Sie, einen guten Eindruck zu machen. Das zahlt sich aus.»

Sie gingen in das Haus, das vom Metallzaun umschlossen war. Eine Beamtin in blauer Gefängnisuniform quittierte Gedding, daß er Barbara abgeliefert hatte und gab Barbara eine Empfangsbescheinigung für ihre Handtasche. Die beiden Vollzugsbeamten gingen. Barbara sah sie nie wieder.

Die Beamtin hinter dem Empfangspult breitete den Inhalt von Barbaras Handtasche vor sich aus. Es war eine Brieftasche mit Geld dabei, das sie sorgfältig zählte. Sie war eine untersetzte Frau in mittleren Jahren, hatte einen kräftigen Nacken und eine Stupsnase. «Ich bin Officer Hurley», sagte sie. «Ich zähle das Geld in Ihrer Gegenwart, also passen Sie auf. Es sind einhundert Dollar. Sie können es bis zu Ihrer Entlassung versiegeln lassen oder hier Einkäufe damit tätigen. Was wollen Sie?»

«Ich möchte es hier zur Verfügung haben», sagte Barbara leise.

«Sprechen Sie lauter!»

«Ich möchte es hier zur Verfügung haben.»

«Schon besser.» Sie warf einen Blick in die Akte, die Gedding ihr übergeben hatte. «Barbara Cohen. Mißachtung der Parlamentshoheit, sechs Monate.» Sie betrachtete Barbara von Kopf bis Fuß, das hellbraune Haar, das im Nacken zu einem Knoten geschlungen war, das graue Kostüm, die weiße Bluse. Sie fingerte in der Handtasche herum. «Sie sind hier ein seltener Vogel, Mrs. Cohen. Zwar geht es bei uns nicht zu wie im alten Bundesgefängnis Alcatraz auf der Insel vor Ihrer Heimatstadt, aber auch nicht wie im Fairmont Hotel. Nehmen Sie sich also zusammen.» Sie befanden sich in einem langen, schmalen Raum, der in Längsrichtung von einem Tresen unterteilt wurde. An der Wand dahinter waren Fächer.

«Als erstes wollen wir Fingerabdrücke machen, Barbara», sagte Officer Hurley. «Kommen Sie hier herüber und geben Sie mir Ihre rechte Hand.»

Barbara trat an den Tresen, Officer Hurley verteilte Stempelfarbe auf einer Glasplatte, nahm Barbaras Hand und drückte jeden Finger einzeln in die Farbe und dann auf eine Karte.

«Jetzt die linke Hand.»

Wieder wurde jeder Finger erst in die Farbe und dann auf die Karte gedrückt. Dann gab sie Barbara ein Handtuch. «Wischen Sie die Farbe ab.»

Eine Tür öffnete sich und ein Mann in formloser blauer Gefängniskleidung trat mit einer Kamera auf einem Stativ in den Raum.

«Bauen Sie auf», sagte Officer Hurley. «Ich bin gleich soweit.» Der Fotograf sah Barbara begierig an. Er konnte die Augen nicht von ihr wenden, während er die Kamera aufstellte. Officer Hurley nahm eine Tafel mit einer Schnur daran und schrieb Barbaras Namen und eine Nummer darauf. Dann hängte sie Barbara die Tafel um den Hals, so daß sie wie ein Brustpanzer vor ihr hing. «Stellen Sie sich hierher», sagte sie und schob Barbara mit dem Rücken an die Wand. «Augen auf. Sehen Sie geradeaus in die Kamera.» Dann zum Fotografen: «Worauf warten Sie noch, Sweeney?»

Der Blitz flammte auf. Er blendete Barbara. «Nicht bewegen», sagte er. «Ich muß noch eine Aufnahme machen.»

Barbara kniff die Augen zusammen.

«Bitte öffnen Sie die Augen, Miss.»

Wieder blitzte es.

«In Ordnung. Sie können gehen, Sweeney.»

Er entfernte sich zögernd, seine Begierde, seine Not waren im Raum spürbar.

Hurley ging wieder hinter den Tresen, nahm einen Drahtkorb und schob ihn Barbara hin.

«Ziehen Sie sich aus, Barbara, und legen Sie Ihre Kleider hier hinein. Sie werden auf Kosten der Regierung gereinigt und für Sie aufgehoben.»

Barbara sah sie an, als verstehe sie nicht.

«Ich habe gesagt, ziehen Sie sich aus.»

«Hier?»

«Ganz recht. Hier.»

«Ich verstehe nicht.»

«Soll ich Ihnen vielleicht eine Zeichnung machen? Hören Sie mir gut zu, Barbara. Das hier ist nur der erste Schritt. Aber lernen Sie es besser gleich: tun Sie, was man Ihnen sagt.»

«Aber dann bin ich ja nackt.»

«So ist es. Sie werden davon nicht sterben und sich auch nicht erkälten. Sie sind hier in einer Strafanstalt des Bundes. Sie kommen in Ihren Kleidern und Sie werden in Ihren Kleidern wieder weggehen. Aber solange Sie hier sind, tragen Sie, was wir Ihnen geben. Also setzen Sie sich da hin und ziehen sich aus.»

Barbara sah Officer Hurley immer noch an, die eine kühle Kopfbewegung zum Stuhl hin machte. Barbara zog die Kostümjacke aus und gab sie ihr, dann Rock, Bluse, Unterrock. Sie kam sich, nur noch mit Hüftgürtel und Büstenhalter bekleidet, gedemütigt und lächerlich vor. Seufzend fuhr sie fort, sich auszuziehen, Schuhe, Strümpfe, Büstenhalter, bis sie schließlich nackt dastand.

«Legen Sie Ihre Kleider in den Drahtkorb.»

Barbara gehorchte.

«Jetzt gehen Sie durch diese Tür da und setzen sich hin und warten.»

Die bezeichnete Tür führte in einen kleinen Raum mit Spinden und einer schmalen Bank in der Mitte. Zwei andere nackte Frauen saßen bereits dort und sahen Barbara schweigend entgegen. Die eine war eine große, schöngewachsene Schwarze, die andere eine schmächtige Weiße von höchstens einundzwanzig Jahren, die zusammengekauert und zitternd dasaß, die eine Hand über ihr Schamhaar hielt und mit der anderen ihre winzigen Brüste zu bedecken versuchte. Barbara blieb unschlüssig stehen. Sie sah die beiden anderen Frauen an und vermied es zugleich, sie anzusehen, weil sie sich der Nacktheit der Frauen und ihrer eigenen Nacktheit in einem Maße bewußt wurde wie noch nie zuvor in ihrem Leben. Schließlich grinste die Schwarze und sagte: «Setz dich, Schätzchen. Man kann nie wissen, wie lange die Drecksäcke einen warten lassen. Und der verdammte Steinfußboden ist arschkalt, das sag ich dir.»

Barbara setzte sich neben die junge Weiße, die leise vor sich hinjammerte.

«Sind Sie krank?» fragte Barbara.

«Ach was», sagte die Schwarze. «Das ist eine Drogenliese. Sie hat ihre ersten Entziehungserscheinungen, weil sie keinen Stoff hat. In ein paar Stunden schreit sie wie eine Wahnsinnige.»

«O Gott», flüsterte Barbara. «Kann man denn nichts für sie tun?»

«Hier muß sie ohne so was auskommen. Du bist also nicht wegen Rauschgift hier?» «Nein, dem Himmel sei Dank.»

«Die Arschlöcher hier könnten ruhig ein paar Briketts mehr auflegen. Ich heiße Annie Lou Baker.»

«Ich heiße Barbara Cohen.»

«Warum bist du hier, Schwester?»

«Mißachtung der Parlamentshoheit.»

«Was?»

«Ja, das soll ein Verbrechen sein», sagte Barbara.

«Scheiße, im Knast wegen Mißachtung? Schätzchen, da käme ich hier ja gar nicht wieder raus – »

Weiter kam sie nicht, denn in diesem Augenblick öffnete sich die Tür auf der anderen Seite des Raumes und Barbara sah in einen hell erleuchteten gekachelten Duschraum. Eine Frau in einem Badeanzug kam herein, in der einen Hand einen Eimer, in der anderen eine Bürste. «Kommt schon hoch, Mädchen», rief sie. «Ich bin Officer Davenport, und hier im Eimer ist Seifenwasser mit DDT. Wir heißen euch willkommen, euch ja, aber nicht eure Wanzen, Läuse oder was ihr noch sonst so mitbringt. Wir führen ein sauberes, gesundes Haus. Macht, daß ihr unter die Dusche kommt. Anschließend wasch ich euch die Haare.»

«Ich laß mir doch nicht mit DDT die Haare waschen», sagte Annie Lou Baker.

«Nein? Dann hör mal gut zu, mein Kind: entweder gehst du da unter die Dusche, bevor ich bis drei gezählt habe, oder ich rufe ein paar männliche Aufseher. Die können dich dann festhalten, während ich dir die Haare wasche. Was ist dir lieber?»

Die Schwarze grinste. «Beides hat was für sich. Wo zum Teufel ist da ein Unterschied?»

Sie ging in den Duschraum. Barbara folgte ihr, wenig begeistert von der Aussicht, sich die Haare mit DDT waschen zu lassen. Doch sie sah ein, daß sie keine andere Wahl hatte. Hier gab es keinen Einspruch, hier gehorchte man. Sie war ziemlich sicher, daß es eine ganze Reihe von Strafen für Ungehorsam gab, aber sie fürchtete sich nur vor einer: daß man ihr die Strafverkürzung wegen guter Führung strich, und das bedeutete in ihrem Fall: einen Tag pro Monat des Strafmaßes. Barbara war fest entschlossen, auch nicht eine Minute dieser sechs Tage zu verlieren, die sie früher herauskommen konnte.

Das junge Mädchen blieb zusammengekauert und zitternd sitzen.

«Wann hast du zum letztenmal gebadet?» fragte Officer Davenport und zog sie gewaltsam unter die Dusche. «Komm schon, Kindchen. Du sitzt sowieso in der Tinte, ob du duschst oder nicht. So, jetzt alles einseifen und bürsten.»

Nach zehn Minuten wurden die Duschen abgestellt, und Barbara nahm das Handtuch, das Officer Davenport ihr hinhielt und trocknete sich ab. Ihr Haar war noch feucht und roch nach der Mischung aus Seifenflocken und DDT. Ein Fön war in Bundesgefängnissen nicht vorgesehen.

Davenport zog sich einen Frotteemantel über und rief: «Kommt, Mädchen, jetzt kriegt ihr was zum Anziehen.»

Die Frauen legten sich die Handtücher um die Hüften und folgten ihr in den nächsten Raum. Auf einem Tisch lag Gefängniskleidung, die von zwei weiblichen Gefangenen in unförmigen dreiviertellangen grauen Kleidern und flachen schwarzen Schuhen ausgeteilt wurde.

«Nennt eure Größe», sagte Officer Davenport. «Oberweite, Kleidergröße und Schuhgröße.»

«Passen wird es doch nicht», sagte eine der Gefangenen.

«Wir können auf deine Kommentare verzichten, Suzie.»

Barbara zog das graue Kleid an. «Du bist sehr groß», sagte Suzie, «das wird nicht einfach.» Sie war eine kleine, schmale Frau von etwa vierzig, die scharf beobachtete. «Schuhgröße?»

«Vierundvierzig.»

«Ach, du lieber Gott! Ob wir die überhaupt haben?» Sie fragte die andere: «Billy, hast du Größe vierundvierzig?»

«Geht auch fünfundvierzig?»

«Die werden wohl ein bißchen zu groß sein», meinte Barbara.

«Ich habe auch dreiundvierzig, aber das wird ganz schön kneifen.»

Barbara erklärte sich mit fünfundvierzig einverstanden. Die drei Frauen zogen sich an, während Billy und Suzie drei Stapel aus Kleidungsstücken und Toilettenartikeln zusammenstellten.

«Das ist für euch», sagte Officer Davenport zu Barbara und den anderen. «Es ist Staatseigentum, also geht anständig damit um. Ihr bekommt Schlafanzug, Morgenmantel, Uniform, Unterwäsche, Zahnbürste, Zahnpulver, Kamm, Bürste, Deodorant, Duschkappe und eine Jacke. Achtet auf die Sachen.»

Eine große, magere grauhaarige Frau in Wärterinnenuniform kam herein, so etwa um die Fünfzig.

«Das ist Officer Skeffington», sagte Davenport. «Sie bringt euch in die Einzelzellen, wo ihr heute nacht und einen Teil des morgigen Tages bleibt. Es ist nur für heute und morgen, also regt euch nicht auf, ihr bleibt nicht dort.» Sie deutete auf Rosalie. «Das ist der Rauschgiftfall.»

Rosalie bat zitternd: «Helft mir, helft mir, bitte.»

«Wir helfen dir mehr, als irgend jemand sonst dir geholfen hat, also reiß dich zusammen. Kommt jetzt, Mädchen», sagte Officer Skeffington. «Nehmt eure Sachen mit.»

«Kriegen wir etwas zu essen?» fragte Annie Lou. «Ich habe Kohldampf, Lady.»

«Ich bin für euch Officer Skeffington. Und wenn ihr den Namen eines Beamten nicht kennt, sagt einfach ‹Sir› oder ‹Madam›. Hier verhungert keiner. Ihr kriegt schon was.»

Es ging einen langen Gang hinunter, dann um eine Ecke in einen anderen Gang mit fünf Holztüren. Officer Skeffington nahm einen Schlüsselbund von ihrem Gürtel und öffnete die erste Tür.

«Hier hinein», sagte sie zu Barbara.

«Könnte ich einen Bleistift und Schreibpapier bekommen?» fragte Barbara.

«Das bekommen Sie alles morgen, wenn Sie Ihr endgültiges Quartier beziehen. Hier kann ich Ihnen nichts geben.»

Barbara nickte und trat in die Zelle. Die Tür schloß sich, der Schlüssel wurde umgedreht. Sie sah sich um. An der Decke eine Lampe mit einem Zugschalter, eine eiserne Armeebettstelle mit Matratze, Laken, Kissenbezug, Kissen, zwei Wolldecken, ein Holzstuhl, ein Waschbecken und eine Toilette. Der Boden war betoniert, der Raum roch stark nach Desinfektionsmitteln. Es stand auch ein kleiner Tisch darin.

Barbara legte ihre Sachen auf den Tisch und setzte sich auf den Stuhl. Zum Glück gab es keinen Spiegel. Sie hätte sich nicht anschauen mögen. Ihr Haar lag ihr noch immer als feuchte Masse unbehaglich um Hals und Schultern.

Sie nahm eins der Baumwollhandtücher, die über dem Rand des Waschbeckens hingen, und wickelte es sich wie einen Turban um den Kopf. Das half.

«Das wär's dann», sagte sie zu sich. «Jetzt bin ich im Gefängnis. Wäre ich gleich nach der Verhandlung in Washington hierhergekommen, hätte ich es längst hinter mir. Zu spät jetzt. Ich muß sechs lange Monate in diesem elenden Loch absitzen, muß mich herumkommandieren lassen und allem unterwerfen. Ich werde mich langweilen, und man wird mich demütigen, und bei alldem begreife ich immer noch nicht, was für ein Verbrechen ich begangen haben soll.»

Der Schlüssel drehte sich im Schloß. Die Tür ging auf, und eine hübsche kleine Schwarze brachte ein Tablett herein. Sie trug die Gefangenenkleidung mit einer gewissen Anmut und hatte einen bunten handgestickten Gürtel um die Taille geschlungen. «Hier ist etwas zu essen, Schwester. Es reißt keinen vom Stuhl, aber es ist auch nicht schlecht. Morgen gibt es etwas Besseres. Ich heiße Ellie. Leg mal deine Sachen beiseite, damit ich das hier auf den Tisch stellen kann.»

Barbara räumte ihren Tisch frei, und Ellie stellte das Tablett hin. «Ich hole es erst morgen wieder ab», sagte sie. «Du hast also Zeit, Schwester. Bis dann.»

«Danke», sagte Barbara.

Die Schwarze ging und verschloß die Tür hinter sich. Sie war so freundlich und verständnisvoll gewesen, daß Barbara die Tränen in die Augen traten. Sie war jetzt seit drei Stunden im Gefängnis, und alles war anders, als sie es erwartet hatte. Ihr wurde klar, daß man im Gefängnis, wie im Krieg, nichts vorausberechnen konnte, man mußte jederzeit auf alles gefaßt sein. In den drei Stunden hier hatte sie mehr über Gefängnisse und Gefangene erfahren als lebenslanges Lesen ihr hätte vermitteln können. Eines Tages würde sie darüber schreiben, und dann würde sie wissen, worüber sie schrieb.

Sie wandte sich dem Tablett zu. Bis jetzt hatte sie keinen Hunger verspürt. Man hatte ihr zusammen mit ihren anderen Besitztümern auch die Uhr abgenommen, aber sie schätzte, daß es inzwischen gegen neun war. Seit sieben Uhr morgens hatte sie außer etwas trockenem Toast und Kaffee nichts zu sich genommen. Plötzlich hatte sie einen Bärenhunger. Auf dem Tablett waren zwei große mit Schinken und Käse belegte Brote, ein Schälchen mit Krautsalat, ein Stück brauner Kuchen und ein Becher Kaffee sowie gesüßte Kondensmilch. Sie aß alles auf. Schließlich lag nur noch ein Löffel auf dem Tablett, und selbst den hatte sie, zu ihrer Überraschung, abgeleckt.

Mit vollem Magen sieht die Welt schon anders aus, dachte sie. Wer war das noch, der gesagt hatte, mit vollem Bauch mache man keine Revolution? Vielleicht war es mit den Sorgen ähnlich. Trotz des Kaffees wurde sie müde. Sie zog sich aus und schlüpfte in ihren

Schlafanzug, der sich als viel zu groß erwies. Offensichtlich hatte Suzie gemeint, sie müsse ihr von allem das größte Exemplar der Gefängnisbestände geben. Sie trat sich auf den Hosensaum, ihre Hände verschwanden wie bei einem Pierrot in den Jackenärmeln.

«Ach, das ist mir jetzt auch egal», sagte sie. Sie zog am Lichtschalter und kroch ins Bett; einen Augenblick später war sie vor Erschöpfung eingeschlafen.

Zum erstenmal seit Tagen schlief sie wieder wirklich gut. Sie erwachte erst, als jemand an die Tür klopfte. Morgendliches Licht fiel durch ein Fenster oben in die kleine Zelle, und einen Augenblick lang wußte Barbara nicht, wo sie war, so daß sie beim Anblick des winzigen Raums in Panik geriet. Der Schlüssel drehte sich im Schloß, und Ellie kam mit einem Tablett herein.

«Frühstück, Schwester», sagte Ellie. «Wie hast du geschlafen?»

«Wie ein Stein.»

«Gut. Mach dich jetzt fertig und dann mach dein Bett. Alles schön ordentlich zusammenfalten und ans Fußende legen. Hier ist dein Frühstück. Iß erst einmal, ich nehme das andere Tablett mit.»

«Sag mal, Ellie, arbeitest du hier oder bist du auch ...?»

«Ich bin hier sozusagen Ehrenhäftling, ich habe schon sieben Jahre hinter mir.»

«Himmel! Und warum?»

«Mord», sagte Ellie unbewegt. «Ich war mit einem Schuft verheiratet, der mich und meine beiden Kinder tagein tagaus verprügelt hat, bis ich es eines Tages nicht mehr aushalten konnte. Ich hab seine Flinte genommen und gesagt, wenn du mich anrührst, du Schuft, bringe ich dich um. Und das habe ich dann auch getan. Ich habe ihn umgebracht.» Sie zuckte die Schultern.

«Aber wieso bist du dann in einem Bundesgefängnis?»

«Er war Soldat, Schwester, deshalb. Jetzt macht es mir nichts mehr aus. Alles längst vergessen. Nun iß mal schön und mach sauber, anschließend kommt der Arztgehilfe, um mit dir zu reden.»

«Ellie», fragte Barbara, unfähig, ihre Neugier zu zähmen, «hast du die Schlüssel zu allen Zellen?»

«Ja», antwortete sie und schüttelte den Schlüsselbund. «Das hier sind keine richtigen Zellen, nur Isolationsräume. Selbst wenn du hier rauskommst, bist du noch mitten im Gebäude, und wenn du aus dem Gebäude rauskommen solltest, sind da noch die Tore und die Mauern, und der Mann auf dem Turm mit dem Gewehr. Und wenn du über die Mauer kletterst? Dann bist du auf einer Insel, Schwester. Weißt du was, Schwester, an Flucht zu denken ist genauso dumm wie Pillen nehmen.»

Barbara mußte lachen. «Ich denke gar nicht an Flucht.»

«Gut. Dein Lachen gefällt mir. Gestern abend hast du ausgesehen wie eine Leiche auf Urlaub. Was hast du eigentlich ausgefressen? Hast du jemand umgebracht oder mit Stoff gehandelt oder Schecks gefälscht? Wie ein Strichmädchen siehst du eigentlich nicht aus.

«Ich habe die Parlamentshoheit mißachtet.»

«Du hast *was?*» Ellie schüttelte den Kopf. «Das mußt du mir gelegentlich mal erklären. Jetzt habe ich keine Zeit. Ich muß an meine Arbeit.»

Barbara putzte sich die Zähne und setzte sich zum Frühstücken. Es gab eine Schüssel Haferflocken mit Zucker; sie waren schon kalt. Barbara aß ein paar Löffel, gab es dann aber auf. Statt dessen bestrich sie das Brötchen, das auf dem Tablett lag, mit etwas Butter und trank Kaffee dazu. Sie wusch sich, zog sich an und machte ihr Bett so, wie Ellie es ihr gesagt hatte. Eine Nagelfeile gehörte nicht zu den Toilettenartikeln, die man ihr ausgehändigt hatte, es war auch kein Fetzen Papier aufzutreiben, den sie falten und zum Reinigen ihrer Fingernägel hätte benutzen können.

«Wie albern von mir», sagte sie laut. «Ich sitze im Gefängnis, stinke nach DDT und Desinfektionsmitteln, meine Haare hängen um mich rum wie Stroh, und ich mache mir Gedanken über schmutzige Fingernägel.»

Es klopfte wieder. Ellies Stimme fragte: «Bist du ordentlich angezogen, Schwester?»

«So in etwa.»

Die Tür öffnete sich, und ein Mann mit dichten Augenbrauen und Hängeschultern betrat die Zelle. «Ich bin Gallo, der Arztgehilfe», sagte er. «Ich nehme ihre Krankengeschichte auf, und dann gehen Sie zur Untersuchung. Setzen Sie sich aufs Bett.» Er nahm auf dem Stuhl Platz und öffnete einen Aktendeckel.

«Name?» Er sah sie kaum an.

«Barbara Cohen.»

«Verheiratet?»

«Witwe.»

«Dann war also Cohen der Name Ihres Mannes. Ihr Mädchenname?»

«Lavette.» Sie buchstabierte ihn.

Zum erstenmal sah er sie an. «Ich brauche Ihre Anschrift und die der nächsten Angehörigen, sowie Name und Anschrift Ihres Hausarztes, wenn Sie einen haben.»

«Dr. Milton Kellman, Mount Zion Hospital, San Francisco.»

Er hielt inne und sah sie wieder an. «Sie sind ein merkwürdiger Fall. Es hat zwar nichts mit Ihrer Krankengeschichte zu tun, aber darf ich fragen, warum Sie hier sind?»

«Da ich hier ständig danach gefragt werde, habe ich nichts dagegen. Ich habe mich schon daran gewöhnt. Wegen Mißachtung der Parlamentshoheit.»

«Ach ja? Warten Sie mal, Barbara Cohen. Ich erinnere mich. Aber das liegt doch schon lange zurück.»

«Die Mühlen der Justiz mahlen genauso langsam wie Gottes Mühlen, und ebenso schrecklich fein.»

«Zweifellos. Ansteckende Krankheiten? Ich zähle sie auf. Sie sagen nur ja oder nein. Windpocken?»

«Ja.»

«Masern?»

«Ja.»

«Diphterie?»

«Nein. Ich bin als Kind dagegen geimpft worden.»

«Keuchhusten?»

«Nein.»

«Mumps?»

«Ja.»

«Syphilis?»

«Nein», sagte sie leise.

Er sah sie wieder an. «Ich muß danach fragen. Gonorrhöe?»

«Nein.»

«Wir sind hier im Gefängnis, Mrs. Cohen, nicht im Verein christlicher Frauen.»

Verärgert sagte sie: «Hören Sie schon auf, sich ständig zu entschuldigen und machen Sie weiter. Ich weiß, daß ich im Gefängnis bin – und keineswegs als Sozialarbeiterin.»

Den Bleistift in der Luft, starrte er sie an.

«Tut mir leid. Ich verliere nicht oft die Beherrschung.»

Er zuckte die Schultern. «Machen wir weiter.»

Er beendete seine Befragung, klappte den Aktendeckel zu und verließ wortlos die Zelle. Die Tür knallte er hinter sich ins Schloß. Gleich darauf kam Ellie zurück.

«Den hast du aber geärgert, Schwester. Paß bloß auf! Jetzt gehen wir zur Untersuchung.»

«Muß ich meine Sachen mitnehmen?»

«Nein. Laß alles hier. Wir holen sie ab, wenn du weißt, wo du hinkommst. Hier ist nur die Verwaltung und die Station zum Eingewöhnen. Du bleibst drei Wochen hier, bis sie dir einen Raum zuweisen, aber nicht so eine Zelle wie diese hier. Du bekommst ein richtiges Zimmer, das ist etwas besser als eine Zelle. Aber jetzt zieh dich aus, und nimm den Morgenmantel mit.»

Der Arzt war ein magerer, aseptisch wirkender Mann, der sie kalt und unpersönlich begrüßte. Er hieß Sutter. Unter seinem Arztkittel bemerkte Barbara einen schmutzigen Kragen, und auch seine Fingernägel waren nicht sauber.

Er befühlte die Narbe auf ihrem Unterleib und sagte: «Was ist das, Kaiserschnitt?»

«Ja.»

«Kam das Kind lebend zur Welt?»

«Ja.»

«Legen Sie sich hier auf den Tisch.»

«Wozu?» wollte Barbara wissen.

«Ich muß eine Vaginaluntersuchung durchführen.»

«Eine Vaginaluntersuchung?»

«Ja, Sie wissen ja wohl, was das ist.»

«Das wünsche ich nicht», sagte Barbara.

«Was soll das heißen, Sie wünschen es nicht?»

«Das heißt, daß ich es nicht will. Mit meiner Vagina ist alles in Ordnung. Ich habe dort kein Rauschgift versteckt, oder was Sie sonst vielleicht suchen. Ich bin für sechs Monate hier, und ich sehe keinen Grund, warum meine Vagina untersucht werden muß.»

«Überlassen Sie das ruhig mir.»

Er wechselte einen Blick mit der Krankenschwester, einer stämmigen blonden Frau.

«Es ist eine Gefängnisvorschrift», sagte die Krankenschwester.

«Ich wünsche es nicht!» sagte Barbara mit Nachdruck.

«Ich werde Sie nicht dazu zwingen», sagte Dr. Sutter und sah sie unfreundlich an. «Wir sind hier nicht im Konzentrationslager. Aber ich muß es in Ihrer Akte vermerken. Sie sind erst den zweiten Tag hier, und so, wie Sie sich verhalten, ist das kein guter Anfang, das kann ich Ihnen sagen.»

Sie war in ihrer Zelle und packte gerade ihre Sachen zusammen, als sich die Tür öffnete und eine hochgewachsene, dunkelhaarige Frau mit auffallend blauen Augen eintrat. Sie trug Uniform und sagte: «Ich bin Captain Cooper. Man sagt mir, Sie haben die Vaginaluntersuchung abgelehnt. Warum?»

«Ich bin nicht süchtig, und ich handle nicht mit Rauschgift», entgegnete Barbara. «Ich bin hier wegen Mißachtung der Parlamentshoheit. Dafür haben Sie das Recht, mich einzusperren. Aber Sie haben nicht das Recht, meine Vagina zu untersuchen.»

«Sie sind ziemlich selbstsicher, was?»

«O nein. Nein, keineswegs. Ich bin niedergeschlagen, einsam, fühle mich elend und eingeschüchtert. Ich bin aber auch verärgert, weil ich keine Verbrecherin – »

«Das können Sie sich sparen», unterbrach Captain Cooper sie. «Ich bin keine Richterin und keine Geschworene. Ich bin Vollzugsbeamtin in einem Bundesgefängnis. Hören Sie mir gut zu, Barbara. Sie haben an Ihrem zweiten Tag hier eine Dummheit gemacht. Dafür könnte ich Ihnen einen Tag vorzeitige Entlassung wegen guter Führung streichen. Ich dulde keine Querelen. Es gibt Vorschriften. Nur so kann man ein Gefängnis leiten. Sie sind ja nicht dumm. Sie sind eine gebildete Frau und werden das verstehen. Diesmal will ich die Sache auf sich beruhen lassen. Aber ich lasse mich nicht von Ihrer Herkunft und Ihren Beziehungen beeindrucken. Falls Sie noch einmal aus der Reihe tanzen, bekommen Sie es mit mir zu tun. Verlassen Sie sich darauf. Sie haben inzwischen mitbekommen, daß es hier zivilisiert zugeht. Aber wir haben es mit Kriminellen zu tun. Wir haben auch Zellen für Einzelhaft, falls das nötig ist, und wir haben andere Mittel und Wege. Nehmen Sie jetzt Ihre Sachen und kommen Sie mit.»

Barbara nahm ihre Habseligkeiten und folgte Captain Cooper. Sie begegnete Frauen in Gefangenenkleidung, die sie neugierig ansahen. Die Türen der kleinen Räume standen offen. Man konnte sehen, daß sie ungefähr zweieinhalb mal drei Meter groß und etwas besser ausgestattet waren als die Einzelzellen. Ihre Fenster waren nicht vergittert. Captain Cooper wies auf eine Tür.

«Hier hinein. Das ist für die nächsten drei Wochen ihr Zuhause. Halten Sie es sauber und ordentlich, machen Sie Ihr Bett gleich nach dem Aufstehen, und sehen Sie zu, daß sich kein

Staub oder Schmutz ansammelt. Die Tür wird nicht verschlossen. Heute beginnt Ihre Eingewöhnungszeit, in der Sie mit unseren Vorschriften und Regeln vertraut gemacht werden.»

«Danke», sagte Barbara.

Die Beamtin sah sie an, und ihre Augen trafen sich. «Wir werden sehen», sagte Captain Cooper.

Eine Glocke kündete das Mittagessen an. Annie Lou Baker war im Nebenraum. Barbara traf sie auf dem Gang. «Hier ist es gar nicht schlecht, Schätzchen», sagte die Schwarze. «Ich hab schon viel Schlimmeres kennengelernt.»

«Wo ist Rosalie?» fragte Barbara sie.

«Sie haben sie wieder in eine der Zellen zurückgebracht, in der wir auch waren. Sie schreit. Dem Kind geht es verdammt dreckig.»

Ellie kam und forderte sie auf, ihr zu folgen. Auf der Eingewöhnungsstation waren noch etwa ein Dutzend anderer Frauen untergebracht, und Ellie führte sie jetzt alle in den Speisesaal, der in einem anderen Trakt lag. Für Barbara war es ein willkommener Schock, als sie ins Freie trat und ihr die kalte saubere Seeluft ins Gesicht schlug und sie sogar einen Blick auf den Pazifik erhaschen konnte. Natürlich hatte sie schon Filme gesehen, die in Gefängnissen spielten, und so war sie auf einen Speisesaal gefaßt, wo an langen rohen Tischen dicht gedrängt Gefangene in ihrem Elend saßen, gebeugte Menschen in gestreiftem Drillich. Um so erleichterter war sie, als sie sah, daß der Speisesaal hier nicht schlimmer war als der in einer etwas heruntergekommenen Mädchenschule. Es war alles wie in einem Selbstbedienungsrestaurant: man saß an Vierertischen, konnte sich setzen, wohin man wollte, mit Ausnahme der Neuzugänge, denen ein bestimmter Teil des Raumes zugewiesen wurde.

Das Essen war reichlich: Würstchen, Sauerkraut, Kartoffeln und grüne Bohnen, sowie Brot, Butter, Kaffee und Götterspeise. Ellie flüsterte Barbara und Annie Lou zu: «Tut euch nicht mehr auf den Teller, als ihr essen könnt. Es wird nicht gern gesehen, wenn etwas übrig bleibt und weggeworfen werden muß.»

«So viel, wie ich essen kann, können die gar nicht kochen», prahlte Annie Lou.

Barbara hatte keinen Appetit, aber sie zwang sich, ein Würstchen und ein paar grüne Bohnen zu essen. An allen Tischen herrschte lebhafte Unterhaltung, und manchmal klang sogar ein

Lachen auf. Es ist gar nicht so schlimm, dachte Barbara. Demütigend, ja, und es ist auch gegen die Menschenwürde, hier eingesperrt zu sein, aber es geht. Ich werde manches lernen, was ich sonst nie hätte lernen können. Und es dauert ja nicht lange.

Nach dem Essen waren die Frauen der Eingewöhnungsgruppe auf dem Hof eine halbe Stunde lang sich selbst überlassen. Zum Meer hin gab es weder Tore noch Absperrungen. Barbara sah, wie ein großes weißes Kreuzfahrtschiff von Long Beach auslief. Es war seltsam und unwirklich, hier zu sein, eingesperrt auf dieser Landzunge, nicht mißhandelt, aber überwacht, fremdbestimmt, in ihrer Bewegungsfreiheit eingeschränkt. Früher einmal, zur Zeit des blutigen Hafenarbeiterstreiks im Jahre 1934, hatte Barbara in einer Art Suppenküche der Gewerkschaft gearbeitet, die die Streikenden versorgte, und ihr gesamtes Taschengeld für den Einkauf von Lebensmitteln für die Küche ausgegeben. Niemand hatte gewußt, wer sie war, viele der Hafenarbeiter mochten sie, aber einer hatte sich in sie verliebt. Er hieß Dominick Salone. Und eines Tages war er wütend auf sie geworden und hatte ihr gesagt, für sie sei es leicht, sie spaziere einfach herein und könne jederzeit wieder verschwinden. Für sie sei das Leben nur eine Art Spiel, auch die Armut sei für sie ein Spiel. Aber Armut sei kein Spiel, für ihn, Dominick, gebe es keinen Ausweg aus der Armut.

Jetzt erst verstand sie, was er damit gemeint hatte. Auch hier gab es keinen Ausweg. Das hier war endgültig, erschreckend endgültig. Sie würde es niemandem erklären können, nicht hier und nicht außerhalb des Gefängnisses. Alle, die hier waren, das wurde ihr jetzt klar, hatten ein Leben geführt, aus dem sie nicht heraus konnten. Gefängnisse waren für die Armen, die vom Leben Gebeutelten, die Hoffnungslosen, die Verzweifelten. Sie würde nie imstande sein, den Menschen, die sie draußen kannte, klarzumachen, was es hieß, arm zu sein. Aber sie war sicher, daß sie selbst es wissen würde, bevor sie hier wieder herauskam. Denn schon jetzt war ihr klar, daß es nicht nur eine Frage des Geldes war; es ging weiter, es ging bis tief in Geist, Herz und Seele hinein.

Am Nachmittag mußte sie, wie auch Annie Lou, Intelligenz- und Eignungstests über sich ergehen lassen, die ihr lächerlich erschienen. Sie empfand sich schon dadurch erniedrigt und gedemütigt, daß man dergleichen von ihr verlangte.

Mit dem Papier und den Briefumschlägen, die sie nach dem

Abendessen bekam, saß sie am Tisch in ihrem winzigen Raum und schrieb ihre ersten Briefe aus dem Gefängnis. Sie begann mit einem Brief an Sam. «Mein lieber, kleiner Sammy», schrieb sie. «Großmutter wird Dir diesen Brief vorlesen, dann ist es fast so, als ob ich selber mit Dir spräche. Ich muß hier meine Arbeit tun, und es wird eine Weile dauern, bis ich Dich wiedersehe. Aber ich habe mir vorgenommen, Dir jede Woche eine ganz besondere Geschichte zu schreiben, nur für Dich. Ich weiß, es ist nicht halb so schön, als wenn ich Dir eine Geschichte erzähle, denn wenn ich sie Dir erzähle, sitzt Du da und siehst mich an und hilfst mir immer weiter.

Aber wenn Du Großmutter sagst, wie wir es immer gemacht haben, wird sie Dir auch Geschichten erzählen, wie Du sie gern hast. Ich denke immer an Dich, weil ich Dich so sehr liebe. Ich schließe die Augen und sehe Dich ganz deutlich vor mir. Das mußt Du auch tun, schließ einfach Deine Augen und denk an mich – dann kannst Du mich sehen, bestimmt. Es ist etwas Zauberei dabei, aber Du warst ja immer ein besonders guter Zauberer. Viele liebe Küsse.»

An ihre Eltern schrieb sie: «Die zweite Nacht im Gefängnis bricht an. Es ist bei weitem nicht so schrecklich, wie ich es mir vorgestellt hatte, und im Vergleich mit dem Bezirksgefängnis von Los Angeles – Dad wird sich an eine Unterhaltung erinnern, die wir darüber hatten – ist es hier sehr zivilisiert. Die Briefe werden zensiert, und man hat mir gesagt, daß ich keine Einzelheiten über das Gefängnis mitteilen darf. Also versuche ich, allgemein zu bleiben. Wir wohnen nicht in Zellen, sondern in Zimmern, die auch nachts nicht abgeschlossen werden. Das Essen ist nicht schlecht, und ich befürchte, außer Langeweile und Einsamkeit, keine großen Schwierigkeiten. In der kurzen Zeit, die ich hier bin, habe ich bereits den Ausdruck ‹Zeit abreißen› gelernt. Die Zeit ist die große Hürde, die jeder hier im Gefängnis nehmen muß. Zu Hause, beim Schreiben, läuft sie mir unter den Händen weg, und ich habe nie genug davon. Hier ist es umgekehrt: die Zeit ist Dein Feind. Sie ist endlos. Aber warum schreibe ich das? Ihr habt weiß Gott andere Sorgen.

Ich füge einen Brief für Sammy bei. Ihr sollt ihn zwar nicht offen belügen, aber andererseits möchte ich nicht, daß er erfährt, wo ich bin. Damit kann er noch nicht fertig werden. Später, wenn er es kann, werde ich es ihm erzählen. Bis dahin erhaltet bitte die fromme Lüge aufrecht, daß ich irgendwo an einem Ort arbeite, wohin ich ihn nicht mitnehmen kann.

Ich habe ein paar Wünsche. Ich möchte gern den *Chronicle* abonnieren. Könnt Ihr das bitte für mich in die Wege leiten? Ich habe das Recht, jeden Tag eine Zeitung zu beziehen. Es wäre immerhin ein Bindeglied zu meiner Heimatstadt. Außerdem würde ich gern Faulkners neues Buch lesen, *Requiem für eine Nonne*. Das muß mir der Verlag zusenden, deshalb bitte ich Euch, ihnen einen Scheck zu schicken.

Sobald ich Einzelheiten über Besuchszeiten und Besuchsvorschriften kenne, teile ich sie Euch mit. Bis dahin kann ich eigentlich nur hoffen, daß ich möglichst viel Post bekomme – die Vorschriften gestatten den Empfang von Briefen, und ich bitte Euch daher, das allen zu sagen, die vielleicht schreiben würden. Ganz besonders natürlich Sally, Joe, Eloise und den anderen in Higate. Bitte, beschreibt mir ausführlich, wie sich Euer Versuch anläßt, die Philister an der Bucht von San Francisco in die höheren Weihen der modernen Kunst einzuführen. Anmerkung für Daddy: Auf dem Weg hierher sind wir an Deiner alten Werft vorbeigekommen. Sie sieht traurig und verlassen aus. Euch beiden alles Liebe. Ich wüßte nicht, was ich ohne Euch täte.»

Am nächsten Tag wurde Barbara in das Büro von Mrs. Roberts gerufen, einer kleinen, streng aussehenden Frau, die sie mit dunklen Augen musterte. «Cohen, Barbara», sagte sie schließlich. «Sind Sie Jüdin, Barbara? Ich frage das nur wegen der Gottesdienste. Wir haben zur Zeit keine jüdischen Insassen, aber wir könnten einen Rabbiner von draußen holen.»

«Nein. Mein Mann war Jude.»

«Ich verstehe. Sind Sie Witwe oder geschieden?»

«Ich bin Witwe.»

«Nun, die Teilnahme am Gottesdienst ist freiwillig. Sie können hingehen oder auch nicht, ganz wie Sie wünschen. Viele der Mädchen finden dort Trost.»

«Ich verstehe.»

«Hier im Gefängnis wird gearbeitet, Barbara», fuhr sie fort. «Nach Ihrer Akte zu schließen, sind Sie eine gebildete Frau, und Sie werden sicher verstehen, daß es eine Verschwendung von Steuergeldern wäre, wenn die Menschen, die hier sind, sich dem Müßiggang hingeben könnten. Hier arbeiten alle, und wir hoffen, daß die gewohnte tägliche Arbeit sich auf den Charakter der Gefangenen auswirkt.» Während sie sprach, blätterte sie in einem Ordner auf ihrem Pult. Ohne aufzusehen sagte sie: «Ihre Testergebnisse liegen außergewöhnlich hoch. Hier steht, Sie sind Schriftstellerin. Was schreiben Sie?»

«Ich war Kriegsberichterstatterin und habe seit Kriegsende Romane geschrieben.»

«Unter Ihrem Namen?»

«Nein, unter meinem Mädchennamen, Barbara Lavette.»

«Barbara Lavette.» Mrs. Roberts runzelte die Stirn. «Nein, ich glaube nicht, daß ich etwas von Ihnen gelesen habe. Eigentlich böte sich für Sie die Abteilung für Weiterbildung an, denn dafür haben wir nie genug qualifizierte Insassen. Aber in Ihrem Fall scheidet das natürlich aus. Wir haben klare Anweisungen aus Washington: keine Roten in der Weiterbildung.»

«Keine Roten? Mrs. Roberts, ich bin keine Rote.»

«Das habe ich nicht zu entscheiden. Ich persönlich kann mir ohnehin nicht vorstellen, wie jemand, der bei Sinnen ist, an einen gewaltsamen Umsturz unserer Regierung denken kann. Aber, wie gesagt, das habe nicht ich zu entscheiden.»

Barbara seufzte und schwieg.

«Ich kann mir Sie nicht gut an der Nähmaschine vorstellen. Können Sie überhaupt nähen?»

«Nein, nicht besonders.»

«Verstehen Sie etwas vom Gartenbau? Wir sind so ungefähr das einzige Bundesgefängnis ohne eigene Landwirtschaft. Aber wir haben einen kleinen Gemüsegarten und ein Gewächshaus, da könnten wir noch jemanden gebrauchen. Die Frauen bei uns mögen im allgemeinen die Gartenarbeit nicht.»

Barbara verstand nicht das geringste von Gartenbau – zu Hause begoß sie ihre Pflanzen nur dann, wenn sie es nötig zu haben schienen –, aber der Gedanke, im Freien zu arbeiten, unter der kalifornischen Sonne, am Meer, schien ihr so erregend, daß sie ohne zu zögern log. «Ja, ich bin eine ganz gute Gärtnerin. Ich hatte sogar auf dem College einen Kursus belegt.» Hoffentlich kam niemand auf die Idee, im Sarah Lawrence nachzufragen. Sie wußte nicht einmal genau, ob es dort je Kurse für Gartenbau oder ähnliches gegeben hatte.

«Gemüse?»

«Ja, auch Gemüse.»

«Tatsächlich? Das hört sich gut an. Ich werde es mit der Gefängnisleitung besprechen. Erst einmal bleiben Sie noch einige Tage in der Eingewöhnung, bevor wir Sie einer Arbeitseinheit zuteilen.»

«Kann ich die Bibliothek benutzen?» fragte Barbara. «Sie haben doch eine Bibliothek?»

«Sogar eine sehr gute. Lassen Sie sich von Ellie zeigen, wo sie ist. Es ist die kleine Schwarze, die sich um die Neuzugänge kümmert.»

In der Bibliothek fand Barbara drei Bücher über Gartenbau. Sie las sie alle von der ersten bis zur letzten Seite. Zwei Tage später sagte ihr Ellie beim Frühstück: «Du sollst dich heute zur Gartenarbeit melden, Schwester. Dein Kreuz wird sich freuen.»

Sally Lavette wachte mit unerträglichen Kopfschmerzen auf und mit einem Geschmack im Mund, der sie an essiggetränktes Leder erinnerte. Sie setzte sich auf und sah bestürzt und dann angewidert auf den neben ihr schlafenden nackten Mann. Sie stieß ihm den Ellenbogen in die Seite, und als er mit einem unwilligen Grunzen erwachte, fuhr sie ihn an: «Wer zum Teufel sind Sie?»

Er setzte sich auf. «Mein Gott, Sally, wer soll ich schon sein? Jerry Donner. Gestern abend –»

«Was geht mich gestern abend an?» schrie Sally. «Nehmen Sie Ihre Sachen und machen Sie, daß Sie hier raus kommen. Sonst rufe ich die Polizei und sage, Sie hätten mich vergewaltigt!»

«Bist du verrückt? Bist du übergeschnappt?»

Sie riß die Nachttischschublade auf und nahm eine Pistole heraus. «Ich zähle bis dreißig. Wenn Sie dann nicht die Haustür hinter sich zugemacht haben, dann lade ich mir, bei Gott, einen Totschlag im Affekt auf den Hals. So wie ich mich jetzt fühle, wäre das geradezu eine Erleichterung für mich.»

«Ist ja gut, Mädchen – reg dich nicht auf. Ich geh schon.»

Er zog seine Hose an, stopfte Schlips, Socken und Unterwäsche in die Taschen, zog Hemd und Jacke über und stolperte aus dem Zimmer. Sie hörte ihn nach unten gehen. Da war sie bei zweiundzwanzig angekommen. Sie hörte auf zu zählen und schleuderte die Wasserpistole ihrer Tochter angewidert durchs Zimmer.

«Gott im Himmel», flüsterte sie. «Was ist aus dir geworden, Sally? Dieser Wurm! Dieser widerliche, rückgratlose kleine Schuft! Warum? Warum? Sag mir warum!» Sie schüttelte sich vor Ekel. Ein Satz von Groucho Marx kam ihr in den Sinn: «Ich möchte keinem Klub angehören, der mich als Mitglied aufnehmen würde.» Sie formte das für sich selber um: «Ich möchte mit keinem Mann etwas zu tun haben, der bereit ist, mit Sally Lavette ins Bett zu gehen.»

«Nein, ganz bestimmt nicht», sagte sie laut.

Sie duschte, wusch ihre Haare, trocknete sie und überlegte, ob sie zum Arzt gehen sollte, um einen Wassermann machen zu lassen. Die Vorstellung, von so einem Scheusal ein Kind zu empfangen, war ihr unerträglich. Sie hatte ihren letzten Film vor zwei Tagen abgedreht. Heute war für elf Uhr eine Besprechung mit Hargasey und ihrem Agenten angesetzt, danach ein Mittagessen mit Fay Killens, der Hollywood-Klatschtante für United Press. Sie hatte keine Ahnung, wie spät es war. Die Jalousetten waren geschlossen und die Vorhänge zugezogen. Während sie unter dem Fön saß, kam Jovida, ihr Hausmädchen. Sie öffnete die Vorhänge und die Jalousetten. Die Sonne strömte ins Zimmer.

Sally stellte den Fön ab und fragte auf spanisch: «Wie spät ist es, Jovida?»

«Zehn Uhr. Mr. Hargasey hat angerufen. Er möchte, daß Sie pünktlich sind.»

«Zum Teufel mit Hargasey. Was war hier eigentlich gestern abend los?»

«Große Fête.»

«War ich sehr betrunken?»

Jovida zuckte die Schultern.

«Wo ist die Kleine?»

«In ihrem Zimmer. Sie spielt.»

Sally schloß die Augen und nickte. Ein leichtes Zittern überkam sie. May Ling hatte sich zu einem stillen, in sich gekehrten Kind entwickelt. Sie war erst viereinhalb, aber auf eine merkwürdige Art erwachsen, still, fast freudlos, ein schlankes kleines Mädchen mit glattem schwarzen Haar und elfenbeinfarbener, fast durchscheinender Haut.

«Hier ist die Post», sagte Jovida.

Ein Feldpostbrief mit einer koreanischen Briefmarke fiel ihr in die Augen. Sie warf die anderen Briefe aufs Bett und riß ihn auf. «Liebe Mrs. Lavette», hieß es darin. «Es ist nicht leicht, einen solchen Brief zu schreiben. William Clawson, Kaplan des vierten Regiments der siebenten Division, ist heute morgen in unserem Lazarett seinen Verletzungen erlegen. Ich habe ihm versprochen, Ihnen im Falle seines Todes zu schreiben und Sie seiner tiefen, aufrichtigen Zuneigung zu Ihnen zu versichern. Ich habe ihn nicht gekannt, aber er scheint ein sehr anständiger, ehrenhafter Mann gewesen zu sein.» Der Brief war unterzeichnet «Major L. V. Cotton, Regimentsarzt».

Sallys Hände zitterten. Sie wollte unbedingt etwas trinken, doch ebenso stark wie ihr Wunsch war ihr Widerwille gegen Alkohol. Sie hatte Billy Clawson seit jener Nacht in ihrem Haus nicht mehr gesehen, und das war lange her. Alles schien lange her. Wie lange war sie nicht mehr in Higate gewesen, um ihre Eltern oder Adam und Eloise zu besuchen? All das hatte aufgehört. Ihr Leben floß zeitlos dahin. Ihre Augen trübten sich, als sie versuchte, den Brief noch einmal zu lesen. Sie legte ihn hin und wischte sich die Augen. Dann las sie ihn erneut, ging ans Telefon und rief in der Klinik an. Sie merkte, daß sie nicht weinte und sagte sich: «Tränen kommen aus dem Herzen, aber meines ist so kalt wie Eis. Wie kann ich dann erwarten, daß ich weine.»

Frank Gonzales war am Telefon. «Hallo, Sally», sagte er befremdet, als ob sie Fremde wären.

«Ist Joe da?»

«Nein.» Pause. «Er ist ins Napatal gefahren, um bei der Familie zu sein. Billy Clawson ist tot. Er ist in Korea gefallen.»

«Warum habt ihr mir das nicht gesagt?»

«Wir haben es erst gestern erfahren.»

«Gestern war gestern. Heute ist heute. Was seid ihr eigentlich für herzlose Schufte, ihr beide!»

Sie knallte den Hörer auf die Gabel und fing an zu weinen. Dann wischte sie die Tränen ab, zog sich an und nahm einen Koffer aus dem Schrank. Als sie ihn zur Hälfte gepackt hatte, griff sie zum Telefon und rief die Pacific Coast Airlines an. Dort erfuhr sie, daß sie noch einen Platz in der Mittagsmaschine um zwölf Uhr bekommen könne.

Sie rannte auf den Flur und rief nach Jovida, die eilig die Treppe heraufkam, und sagte ihr: «Pack ein paar Sachen für May Ling ein, nur etwas, was sie zum Spielen anziehen kann, und ein paar Pullover. Leg alles in den Koffer da drüben. Wir fahren nach Napa.»

«Für wie lange?»

«Ich weiß es nicht.»

«Was soll ich Mr. Hargasey sagen?»

«Ist mir egal. Sag ihm, daß es mir egal ist, was du ihm sagst. Sag ihm irgendwas, was dir gerade einfällt.»

Im Flugzeug sagte May Ling: «Ich freue mich auf Higate.» Sie saß wohlerzogen neben Sally, ein artiges kleines Mädchen mit schwarzen Haaren, die ihr als Pony in die Stirn fielen.

«Ich wußte gar nicht, daß du dich noch an Higate erinnerst.»

«Doch», sagte May Ling. «Wird Daddy auch da sein?»

«Ich weiß nicht. Er war gestern da. Aber er ist Arzt und hat viel zu tun. Deshalb weiß ich nicht, ob er heute noch da sein wird.»

«Hoffentlich ist er da!»

Sally antwortete nicht. Sie wußte nicht, was sie selbst hoffte. Sie vermutete, daß Joe auf dem Rückweg nach Los Angeles war. Das schien ihr für alle Beteiligten das beste. Sie hatte ihn seit einem halben Jahr nicht gesehen; und als sie sich das letztemal trafen, hatten sie einander nichts zu sagen gehabt. Sie waren Fremde, die verheiratet waren.

Am Flughafen von San Francisco mietete Sally einen Wagen und fuhr zum Napatal hinauf. Es war länger als ein Jahr her, daß sie nicht zu Hause gewesen war, und sie wußte nicht einmal, warum. Es fiel ihr überhaupt schwer, sich an das zu erinnern, was sich in den letzten Jahren ereignet hatte. In Amerika rangierten Filmstars gleich hinter dem Präsidenten, vielleicht sogar vor ihm. Sie waren die Götter und Göttinnen der Epoche, und wie Götter verbargen sie sich vor ihren Anbetern in ihren Schreinen. Sie traten nur unter kultähnlichen Begleitumständen in Erscheinung. Jetzt war sie wieder hier, woher sie einmal gekommen war, und Stück für Stück begann sie sich zu erinnern, wer sie war. Sie fuhr durch die Stadt, über die Golden Gate-Brücke, durch Marin County und schließlich durch Sonoma.

«Hier ist es hübsch», sagte das kleine dunkle Mädchen neben ihr. «Findest du nicht auch, Mommy?»

Vor langer Zeit, als May Ling den Sinn von Wörtern noch nicht richtig begreifen konnte, pflegte Sally kleine, alberne Gedichte für sie zu schreiben. Sie versuchte, sich an eines zu erinnern: «Sally backt Kuchen. Ich selber will es nicht versuchen, ich sitze hier und schau ihr zu und laß die Bäckerin in Ruh – nein, das war nicht richtig.»

«Das ist hübsch», sagte May Ling.

So lange wie heute waren sie seit Monaten nicht mehr zusammengewesen – oder seit Jahren? «Jetzt sind wir schon im Tal», sagte sie zu May Ling.

«Ich weiß.»

Wußte sie es wirklich? Sie war ein kluges kleines Chinesenkind. Und doch war sie nur zu einem Viertel Chinesin, der Rest war alles mögliche: englische, schottische, irische, italienische, jüdische, französische Vorfahren, und alle hatten sich in diesem ernsthaften kleinen Mädchen vermischt.

Sally fuhr durch das Tor des Weinguts. May Ling stieg aus und stand vor dem großen Airedale-Terrier, der ihr das Gesicht leckte. Sally ging ins Haus zu ihrer Mutter und lag einen Augenblick später in der Küche in Clairs Armen. War Joe noch hier? Ihre Mutter sagte, ja, er sei noch da. Er würde erst am nächsten Tag abreisen. Ihre Enkelin betrachtete die beiden.

«Billy und du», fragte Clair gerade heraus, «habt ihr euch – geliebt? Sag es mir.» Es war immer ihre Art gewesen, geradezu und ohne Umschweife zu fragen.

«Ich glaube, er hat mich geliebt. Ich weiß nicht. Ich weiß überhaupt nicht viel. Wo ist Eloise?»

«In ihrem Haus.»

«Ich laß May Ling bei dir.»

Sally ging zu Eloise.

«Sie sterben alle», flüsterte Eloise. «Die Welt ist krank. Er war mein Bruder, und ich kannte ihn kaum. Ich habe viel um ihn geweint. Aber meine Tränen galten in Wirklichkeit dem kleinen Jungen, an den ich mich erinnern konnte.»

«Ich weiß.»

«Wie war er? Ist es nicht traurig? Ich muß mich bei dir erkundigen, wie er war.»

«Ich glaube, er war der anständigste Mann, den ich je kennengelernt habe», sagte Sally. «Hier war er ein Fremder. Verstehst du, was ich meine?»

«Ich glaube ja.»

«Er war, glaube ich, überall ein Fremder, aber er hat das Beste daraus gemacht. Ich weiß nicht, wie ich es anders ausdrücken soll.» Sally begann zu weinen. Aus ihrem Weinen wurde hemmungsloses Schluchzen.

Eloise wartete. «Ich habe nicht einmal gewußt, daß er wieder zur Armee gegangen war», schluchzte Sally. «Er ist einfach weggegangen, und dann hat alle Welt mich vergessen. Warum? Ich wollte doch niemandem weh tun.»

Eloise wußte nicht genau, was diesem Ausbruch zugrundeliegen mochte. Sie legte die Arme um Sally und tröstete sie. Sally lebte. Die Toten litten nicht. Eloise hatte ihren Bruder kaum gekannt. Auch in den Jahren zwischen den Kriegen hatte sie ihn nur zweimal gesehen. Die Leute lachten über ihn. Verzweifelt fragte sie: «Warum haben die Leute immer über Billy gelacht?»

«Ich habe nie über ihn gelacht», sagte Sally.

«Mir kam es immer so vor, als ob er vor etwas davonlief.»

«Ja, das tat er auch.»

Eine Weile saßen sie ohne zu sprechen; dann stand Sally auf, um sich das Gesicht zu waschen.

«Joe ist hier», sagte Eloise.

«Ja, ich weiß.» Sally trocknete sich das Gesicht ab.

«Du siehst bezaubernd aus», sagte Eloise, um das Schweigen zu brechen. «Du brauchst überhaupt kein Make-up. Oder wohl nur vor der Kamera, nehme ich an.»

Es war nicht Sally, die vor ihr stand, es war ein Filmstar. Alle Gedanken, die ihr durch den Kopf gingen, aller Kummer und alle Schuldgefühle wurden überschattet von dem überwältigenden Eindruck, daß in ihrem Haus ein berühmter Filmstar war, ganz allein mit ihr. Das raubte ihr fast die Fassung und erschreckte sie noch mehr, als der Tod ihres Bruders es getan hatte.

«Ich bin Sally.» Das klang fast grob. «Ich bin deine Schwägerin. Der Film ist mir schnuppe!»

«Du bist verärgert. Habe ich etwas gesagt? Bitte verzeih.»

«Aber nein, Liebling. Du doch nicht.» Sally warf die Arme um Eloise und küßte sie. «Du bist wie Billy, und Adam ist der glücklichste Mann auf der Welt. Manchmal halte ich ihn für den einzigen glücklichen Mann auf der Welt.»

«Joe aber auch», sagte Eloise lahm.

«Wieso? Weil er ein Biest wie mich geheiratet hat?»

Eloise konnte Sallys Meinung nicht teilen. «Kann ich dir nicht helfen?» fragte Eloise. Und plötzlich überkam Sally ein Gefühl des Neides und der Wut, daß jemand wie diese zarte, nachgiebige Frau es nicht ertragen konnte, daß ein Mitmensch litt oder Enttäuschungen erlebte.

«Nein, mir fehlt nichts, Liebe, glaub mir. Es ist das Nachhausekommen, das mir so zusetzt, das wirst du nicht verstehen, und ich kann es dir auch nicht erklären. Ich muß jetzt eine Weile mit mir allein sein, und dann geht es wieder.»

«Aber du bleibst doch hier? Du fährst doch nicht gleich wieder weg?»

«Ich weiß noch nicht», sagte Sally.

Als sie Eloises Haus verließ, war es fast eine Flucht. Es war das Haus, das Adam seiner Frau gebaut hatte, ein Haus aus roh behauenen Steinen, so daß es zu den alten Gebäuden des Weinguts paßte, mit Polstermöbeln, die mit geblümtem Chintz bezogen waren, mit Vorhängen aus Tupfenmull und afghanischen Teppichen auf dem Boden, ein Haus, das dem amerikanischen Traum in bescheidenem Rahmen entsprach. Sally mußte sich zwingen, ihre Herablassung zu unterdrücken. Eloise war nicht dumm, sie verstand wahrscheinlich mehr von moderner Kunst als sonst jemand, Jean nicht ausgenommen, von der sie das alles gelernt hatte. «Was ist bloß mit mir los?» fragte Sally sich. «Bin ich etwa eifersüchtig? Habe ich Angst?»

Ihren Vater hatte sie noch nicht gesehen. Sie hatte auch kein Verlangen, ihm jetzt gegenüberzutreten. Jake und Adam waren irgendwo in den Gebäuden des Weinguts beschäftigt. Sally kletterte den Hügel zwischen den Reihen der frischbelaubten Rebstöcke hinauf. Unten konnte sie Clair und May Ling mit Eloises beiden Kindern sehen. Sie meinte zu hören, daß ihre Mutter nach ihr rief, aber sie überhörte den nur undeutlich und schwach zu ihr dringenden Ruf und kletterte weiter nach oben auf eine Gruppe von Eukalyptusbäumen zu, die Jake und Clair vor fast dreißig Jahren gepflanzt hatten. Als sie dort ankam, sah sie Joe, den Rücken an einen der Stämme gelehnt, auf dem Boden sitzen.

Sally war überrascht, ihn hier zu sehen. Irgendwie hatte sie den Gedanken verdrängt, daß er ebenfalls in Higate war. Joe war noch überraschter als sie. Er sah sie sprachlos an, als sei sie ein Gespenst, das sofort verschwinden würde, wenn er den Versuch machte, es anzusprechen.

Sie ging auf ihn zu. «Hallo, Joe», sagte sie. Joe brachte immer noch kein Wort heraus. «Ich habe das Flugzeug nach San Francisco genommen und bin hier heraufgefahren, als ich hörte, daß Billy tot ist. Ich habe May Ling mitgebracht. Sie ist unten bei Mutter.»

Joe nickte wie benommen und erhob sich langsam. Sally fiel auf, wie ungesund seine Gesichtsfarbe war. Er wirkte bleich und ausgezehrt. Er war abgemagert. «Hat Frank dich angerufen?» fragte er.

«Nein. Ich habe einen Brief des Arztes aus dem Lazarett bekommen. Billy hatte ihn gebeten, mir zu schreiben», sagte sie. «Also, das ist wirklich der Gipfel. Wir haben uns seit Monaten nicht gesehen, und du sagst nicht einmal ‹Hallo Sally, es ist schön, dich zu sehen›.»

«Es ist schön, dich zu sehen.»

«Nachsagen kann das jeder.» Sie wandte sich auf dem Absatz um.

«Wo willst du hin?»

«Nach unten. Ich nehme das Kind und fahre nach Hause. Ich gehöre nicht hierher.»

«Warte – bitte», sagte Joe. «Bitte. Laß uns miteinander reden. Du kannst doch nicht einfach so wieder weglaufen. Das halte ich nicht aus. Bleib doch, bitte, hier.»

Sie zögerte.

«Bitte, Sally. Ich liebe dich mehr als alles auf der Welt. Wenn du jetzt weggingest, würde mein Leben davongehen. Das sage ich nicht einfach so dahin. Es ist die Wahrheit, und du weißt, wie schwer es mir fällt, so etwas zu sagen.»

Sie rührte sich nicht. Er trat auf sie zu, streckte bittend die Hand nach ihr aus und nahm sie dann in die Arme. Sie drückte ihren Körper an ihn und flüsterte: «O Joey, du lieber dummer Mistkerl. Du hast mir nie etwas Böses getan, du hast nur mein ganzes elendes Leben völlig durcheinandergebracht.»

«Ich fürchte, das stimmt», gab er zu. Er hielt sie fest, und sie standen eine Weile schweigend beieinander. Dann sagte er: «Komm, wir setzen uns hierher und sprechen miteinander. Vielleicht bekommt alles doch noch einen Sinn.»

Er setzte sich wieder an den Fuß des Baumes, Sally lehnte sich an ihn und zog seine Arme um sich. Aber die Worte blieben aus. Sie saßen schweigend, während das Tageslicht schwand und die Luft kühl wurde.

«Ich bringe es einfach nicht über die Lippen», sagte er schließlich. «Ich weiß ja, daß du nicht aufhören kannst.»

«Ich weiß nicht, was los ist, Joey. Ich versuche die ganze Zeit, mir die Worte zurechtzulegen, mit denen ich es dir erklären kann. Aber es gelingt mir nicht. Ich weiß nur, daß ich lebe, mich unglaublich lebendig fühle, wenn ich morgens ins Studio gehe. Ich brauche das. Andere brauchen es vielleicht nicht, aber ich. Alles andere ist mir egal – die blöden Verehrer mit ihren Klubs und Zeitschriften, das ganze Drumherum, der Ruhm. Glaub mir, es läßt mich kalt. Für mich zählt nur die Arbeit als Schauspielerin: eine Rolle lesen, eine Person im Geiste vor mir sehen, sie zum Leben erwecken. Alles andere widert mich an, und Beverly Hills kannst du geschenkt haben. Nur die Rollenarbeit, Joe, die brauche ich einfach!»

«Willst du dich von mir scheiden lassen?»

«Nein. Ach, du bist wirklich schwer von Begriff. Ich liebe dich. Ich möchte wieder mit dir zusammenleben, mit dir schlafen. Das ist es, was ich will.»

«In Beverly Hills?»

«Joey, kommt es darauf an? Wird es auch nur einem deiner Patienten schlechter gehen, wenn du in einem Haus in Beverly Hills wohnst?»

«Wo du die Steuern bezahlst, das Hausmädchen und die Hypothek. Sally, ich nehme wöchentlich hundert Dollar aus der Kasse der Klinik für meine Bedürfnisse, und Frank auch. Soll ich mich von dir unterstützen lassen?»

«Wäre das so schlimm? Ich bekomme gegenwärtig eine halbe Million pro Film, aber nicht etwa, weil ich das wert wäre. Du bist zehnmal wertvoller als ich, aber so geht es eben in diesem verrückten Geschäft zu. Ich könnte die Hälfte meines Einkommens der Klinik schenken und hätte immer noch genug zum Leben. Ich brauche kein Geld. Ich trage Jeans und grobe Hemden; die Kleider bekomme ich vom Studio ...»

«Und du lebst in einem Hunderttausend-Dollar-Haus.»

«Wollen wir es nicht wenigstens versuchen, Joey, bitte?»

«Laß uns ein paar Tage hierbleiben und uns wieder kennenlernen. Wollen wir das versuchen, Sally?»

«Ja.»

«Danach können wir weitersehen.»

Gegen Ende der fünften Woche im Gefängnis, wenige Tage nach dem ersten Besuchstag, überfiel Barbara eine Depression, wie sie sie noch nie in ihrem Leben erlebt hatte. Sie aß gerade noch genug, um sich am Leben zu erhalten, und stumpfte völlig ab. Ihr Wesen war Gleichgültigkeit, die Umwelt düster und bedeutungslos. Wenn sie nicht im Garten oder im Gewächshaus arbeitete, lag sie auf ihrem Bett und starrte die Decke an. Nachdem sie das zwei Tage lang getan hatte, kam Annie Lou Baker in ihren Raum und zog sich einen Stuhl ans Bett.

«Hör zu, Schätzchen», sagte die Schwarze. «Du möchtest raus hier. Du hast noch viel Zeit vor dir, und die kannst du nie abreißen, wenn du dir das so an die Nieren gehen läßt. Das ist immer so, wenn man Besuch bekommt. Gott sei Dank gibt es draußen keinen, der sich einen Scheißdreck um mich kümmert. Aber du, du bist auf dem falschen Trip, wenn du dagegen angehst. Ich habe dich beobachtet, du reißt nicht die Zeit ab, du gehst gegen sie an. Sieh dir die Schlüsselbundschwenker gut an, diese Arschlöcher, und denk dir: Hier haben die zu sagen, und ich bin bloß ein Würstchen. Glaub doch bloß nicht, daß diese trockenen Mösen Damen sind. Da nützt denen ihr ganzes Süßholzgeraspel nichts. Was hätte eine Dame hier zu suchen? Du bist was Besseres, Bobbymädchen, du hast noch nie in der Scheiße gesessen, das macht es schwer für dich. Aber fünf Wochen sind doch schon rum, Schwester. Fünf Wochen von sechs Monaten! Sechs Monate reiß ich auf einer Arschbacke ab. Aber ich bin ja auch bloß ein Niggerweib und du nicht, das ist ein Unterschied. Und noch was: Rede dir nicht immer ein, daß man dich angeschmiert hat. Das frißt dich auf. Das könnte ich mir auch sagen, mich hat man nämlich auch reingelegt, und nicht zu knapp. Da hat mich so ein Louis angerufen und gesagt, ich soll drei Nutten nach Las Vegas bringen. Und stell dir vor, es ist ein Verbrechen nach Bundesrecht, arbeitende Mädchen von einem Staat in den anderen zu bringen. Ist das Scheiße oder nicht? Die haben mich richtig aufs Kreuz gelegt. Na ja, ich hab zwei Jahre gekriegt, und jetzt bin ich hier. Ich war sowieso urlaubsreif. So mußt du das sehen, Mädchen. Aber nicht gegen angehen, ja nicht dagegen angehen.»

«Ich komm schon wieder hoch», sagte Barbara.

«Aber nur, wenn du nicht gegen angehst. Wer war denn hier?»

«Mein Vater.»

«Der große Macker mit den weißen Haaren?»

«Ja.»

«Es ist immer dasselbe. Jedesmal.»

Annie Lou ging. Barbara lag auf ihrem Bett und überlegte, ob sie wohl recht hatte. Annie Lous Worte waren nicht ohne Wirkung geblieben, und das Dunkel, in das Barbara gestürzt war, begann sich zu lichten. Sie konnte wieder denken, wahrnehmen, fragen.

Sie dachte daran, wie sie dem Besuchstag geradezu entgegengefiebert hatte. Ellie hatte sie gewarnt: «Mit Besuchstagen ist es wie mit Männern, Schwester. Sie kosten dich Kraft, aber sie helfen nicht.» Barbara hatte es nicht glauben wollen. In der Nacht vor dem Besuchstag hatte sie nicht schlafen können. Sie freute sich so auf ihren Vater, auf das Gespräch mit ihm, auf all die Neuigkeiten: über Sammy, über ihr Haus, die Stadt – eben über alles, was in der Welt vorging.

Die Niedergeschlagenheit setzte schon ein, bevor Dan ankam, und als sie ihn schließlich sah, konnte sie an nichts anderes denken als an die verlassenen Werftanlagen. Sie waren wie ein Symbol für sie, die großen, weitläufigen Werftanlagen, auf denen Dan Lavette Schiffe gebaut hatte, die den Alliierten zum Sieg verholfen hatten, und jetzt war auf derselben Insel, an derselben Stelle seine eigene Tochter ans Kreuz geschlagen. All das war ihr natürlich nicht völlig bewußt. Sie war klug genug, um zu wissen, daß der Krieg auch ohne Dan Lavettes Werft gewonnen worden wäre, daß dann jemand anderes die Schiffe gebaut hätte. Und sie war auch nicht so unkritisch sich selbst gegenüber, daß sie sich als gekreuzigte Märtyrerin sah. Und doch, das Symbol war da und warf seine Schatten, und als sie Dan sah, überkam sie ein solches Selbstmitleid, daß sie die Tränen nur mühsam zurückhalten konnte. Es half nichts, daß sie sich einredete, ihr Vater tue ihr leid – es war schlicht und einfach Selbstmitleid, und damit begann ihre Phase der Niedergeschlagenheit.

Barbara saß mit ihrem Vater im Besucherraum. Und das war eigentlich schön. Sie konnte seine Hand nehmen, sie streicheln, sie ansehen.

Dan sah sie aufmerksam an. «Geht es dir auch gut, Bobby?»

«Ach doch, ganz gut, Papa.»

«Ist es schlimm?»

«Nein, es geht. Besser, als ich gedacht hatte.»

«Wie ist das Essen?»

«Gut. Ziemlich gut.»

Später, als er wieder in San Francisco war, sagte Dan zu Jean: «Mich beunruhigt, daß sie mich nach überhaupt nichts gefragt hat.»

«Nicht einmal nach Sammy?»

«Erst, als ich davon anfing, als ich ihr sagte, wie es ihm ging. Es war, als wenn ich von dir oder von Joe gesprochen hätte. Es bringt mich um, Jean. Was ist mit ihr los? Was haben sie mit ihr gemacht?»

«Ich glaube nicht, daß sie etwas mit ihr gemacht haben. Sie ist wahrscheinlich unglücklich und niedergeschlagen, und das kann ich sehr gut verstehen. Das arme Kind. Das nächste Mal fahre ich hin, Dan. Ich wünschte nur, sie würde uns erlauben, ihr Sam mitzubringen.»

«Ich glaube, das würde nichts nützen.»

Es begann mit dem Besuchstag und wurde täglich schlimmer; schließlich ging Barbara nicht mehr zur Arbeit, sondern lag nur noch auf dem Bett. Officer Davenport kam in ihr Zimmer. «Sie sind nicht krank, Barbara. Das sagt jedenfalls der Arzt.»

«Der Arzt ist ein Idiot», murmelte Barbara.

«Was haben Sie da gesagt?» Die schrille Stimme von Officer Davenport veranlaßte einige Gefangene, an der offenen Tür stehenzubleiben.

«Ich habe gesagt, der Doktor ist ein Trottel.»

«Und ich sage, Sie sind eine Drückebergerin.»

«Ach, machen Sie, daß Sie rauskommen und lassen Sie mich in Ruhe.»

«Wie war das?» Officer Davenport stand breitbeinig da, stemmte die Fäuste in die Hüften und sah Barbara funkelnden Blickes an. «Jetzt hör mal zu, du feine Zimtzicke! Wenn es etwas gibt, was mir noch mehr auf den Wecker fällt als ein Roter, dann ist es ein reicher Roter. Wir haben jetzt genug von deinem hochnäsigen, vornehmen Getue. Das ist kein Pensionat für höhere Töchter hier! Entweder du spurst, und zwar sofort, oder ...»

«Ach leck mich doch am Arsch», sagte Barbara.

Die wachsende Zuhörerschaft vor der Tür belohnte das mit Gelächter und Applaus. Da verlor Davenport endgültig die Nerven. Aber Barbara riß dieser Zwischenfall aus ihrer Lethargie. Captain Cooper sagte: «Diesmal sind Sie dran. Sie haben eine Strafe verdient, Barbara, und Sie werden sehen, wie ich mit so etwas fertig werde.»

Die nächsten beiden Wochen schrubbte Barbara mit grimmiger Genugtuung Toiletten. Verglichen mit ihrer depressiven Phase war das ein reines Vergnügen. Natürlich gab es angenehmere Arbeiten. Doch der Zwischenfall mit Davenport und ihr gegenwärtiger Status als Toilettenfrau und Duschenwärterin hatten auch positive Nebenwirkungen – sie brachten ihr die Achtung der anderen

Gefangenen ein. Bis zu dem Augenblick waren nur Annie Lou und Rosalie Conte aufgeschlossen und freundlich zu ihr gewesen. Die anderen blieben distanziert, fast ein bißchen mißtrauisch. Sie war für sie ein fremdes Wesen von einem anderen Stern, sie bewegte sich anders, sprach anders, gab sich anders. Sogar ihr Verbrechen war einzigartig und überstieg das Verständnis ihrer Leidensgefährtinnen. Aber nach ihrem Zusammenstoß mit Davenport fielen die Schranken, und die klaglose, zupackende Art, wie sie die Toiletten reinigte und die Wasserhähne wienerte, trug ihr Respekt ein. Die Arbeit in den Toiletten war die meistgehaßte Arbeit im Gefängnis, doch Barbaras Stimmung hob sich von Tag zu Tag. Die schlimme Zeit wiederholte sich nicht, zurück blieb nur eine schreckliche Erinnerung an Tage, in denen sie sich so verloren und elend gefühlt hatte, so vollkommen am Ende, daß sie ihrem Leben am liebsten ein Ende gesetzt hätte. Die unerschütterliche Selbstsicherheit, die sie noch nie in ihrem Leben verlassen hatte, war geplatzt wie eine Seifenblase.

Eine der Insassinnen entdeckte, daß die Barbara Lavette, von der ein Buch in der Gefängnisbibliothek stand, eben die Barbara Cohen war, der man hier im Gefängnis den Ehrentitel Lokusprinzessin verliehen hatte. Es war Barbaras erstes Buch, das über ihre Erlebnisse in Frankreich und Deutschland berichtete. Es ging von Hand zu Hand, bis es völlig zerfleddert war. Normalerweise hätten die meisten ihrer Mitgefangenen nie im Traum daran gedacht, Kontakt zu einer leibhaftigen Autorin aufzunehmen. Die Tatsache, daß diese Autorin meist dabei anzutreffen war, wie sie gelbe Flecken in Toilettenbecken abschrubbte, komplizierte und vereinfachte die Stellung einer Schriftstellerin innerhalb der Gefängnishierarchie. Es wurde Barbara rasch klar, daß die an der Oberfläche kratzenden Maßnahmen des modernen Strafvollzugs aus einem Gefängnis kein Mädchenpensionat machen konnten. Sie war die einzige Insassin, der man Mißachtung der Parlamentshoheit zur Last legte, und es war ein kleiner persönlicher Triumph für sie, daß die Mörderinnen, Diebinnen, Huren, Puffmütter, Fälscherinnen und Rauschgiftsüchtigen sie anerkannten und ihr vertrauten.

Wenn man ihr vor einem Jahr gesagt hätte, daß sie einmal alle moralischen Urteile der zivilisierten Welt aufgeben würde und sich darüber freute, von Kriminellen als Gleichgestellte und Vertraute angesehen zu werden, hätte sie das als unvorstellbar zurückgewiesen. Es war viele Jahre, bevor die Frauenbewegung über die Welt hereinbrach, und selbst, wenn Barbara sich mit der Rolle der Frau in der Gesellschaft beschäftigt hätte, was sie nicht getan hatte, hätte sie nichts von Frauen gewußt oder verstanden, die Kriminelle waren. Sie hatte nie in einer Gesellschaft gelebt, die zu je einem Drittel aus Schwarzen, Chicanos und Weißen bestand, die alle in Unwissenheit, Entbehrung und Armut lebten. Sie hätte sich so etwas nicht einmal vorzustellen vermocht.

Officer Davenport fand immer neue Toiletten. Sie entdeckte eine, die seit Jahren nicht benutzt worden war. «Das muß hier blitzen und glänzen», sagte sie zu Barbara. Nach vier Stunden war die Toilette makellos sauber. Von den scharfen Reinigungsmitteln und Desinfektionsmitteln und von der wochenlangen Gartenarbeit waren ihre Hände rot, rauh und rissig geworden. Die Fingernägel waren abgebrochen, die Haut hatte Schwielen. Aber sie hatte über die Toiletten triumphiert. Captain Cooper schickte sie wieder in den Garten. «Aber ich warne Sie», sagte Cooper. «Sie haben sich jetzt als Unruhestifterin entpuppt. Ich habe mich noch nicht entschieden, ob wir Ihre Strafverkürzung wegen guter Führung streichen. Was meinen Sie dazu?»

«Ich meine, das ist Ihre Sache», sagte Barbara. «Mir ist das jetzt völlig gleichgültig. Länger als sechs Monate können Sie mich jedenfalls nicht festhalten.»

«Ich würde an Ihrer Stelle den Mund nicht so voll nehmen. Das zahlt sich nicht aus.»

«Mir liegt nichts an einer Ehrenurkunde für Wohlverhalten», antwortete Barbara. «Es ist mir egal, was Sie noch mit mir anstellen. Ich putze Ihnen Ihre Lokusse oder wische Fußböden – ganz, wie Sie wollen.»

«Was haben Sie bloß?» fragte Captain Cooper. «Das hier ist eine moderne, fortschrittliche Anstalt. Sie ist bestimmt nicht schlechter als irgendein anderes Gefängnis auf der Welt.»

«Das stellt der Welt kein gutes Zeugnis aus, finde ich. Wenn einer etwas tut, das einem da oben nicht paßt, steckt man ihn in eine Zelle und sperrt ihn ein. Das hat sich jemand vor fünftausend Jahren ausgedacht, und seitdem hat sich daran weder etwas geändert, noch hat man einen besseren Weg gefunden.»

«Wüßten Sie einen?»

«Nein, aber ich weiß, daß es so nicht geht.»

Barbara erhielt einen Brief von Sally. «Joe sagt, daß Du keinen Besuch willst», schrieb Sally. «Ich kann das nicht verstehen. Ich würde Dich so gern besuchen. Joe und ich versuchen verzweifelt, miteinander ins reine zu kommen. Wir leben wieder zusammen, und zwar in dem Haus in Beverly Hills, aber leicht ist es nicht. Doch ich will Dich nicht mit unseren Sorgen belasten, Du hast selbst genug Probleme. Immerhin, wir haben Hoffnung, und wir versuchen es. Ich mache zur Zeit wieder einen Film, und ich überlege, ob ich danach vielleicht ganz aufhöre. Ob das klappt, weiß ich nicht, Bobby. Ich bin so egoistisch.» Der Brief war fünf engbeschriebene Seiten lang. Barbara las ihn abends in ihrem kleinen Raum und versuchte, sich in Sallys und Joes Lage hineinzuversetzen, aber all das war ihr so fern. Sally schrieb auch von Billy Clawsons Tod, den Barbara als so sinnlos und vergeblich empfand, daß sie sich krank und elend fühlte. Sie hatte Billy Clawson kaum gekannt, und sie hatte ihn falsch eingeschätzt. Wie viele Menschen hatte sie sonst noch falsch eingeschätzt? Wie wenig hatte sie gewußt und begriffen, trotz all ihrer Reisen und ihrer Erlebnisse.

Am Abend davor war eine Frau namens Reba Flemming nach dem Abendschluß zu Barbara in den Raum gekommen und zu ihr ins Bett gekrochen. Sie saß wegen Betrugs im Gefängnis. Sie hatte versucht, in den Genuß von Sozialunterstützung zu kommen, indem sie Unterschriften gefälscht hatte. Reba war eine üppige Blondine von fünfundvierzig Jahren. Barbara mochte sie nicht sehr und hatte sich daher besondere Mühe gegeben, freundlich zu ihr zu sein, was nicht viele der anderen Insassinnen taten. Reba war ziemlich allein und hüllte sich in ihr Selbstmitleid ein. Barbara hatte schon geschlafen und wachte auf, als Reba sie streichelte und sie mit ihrer verzweifelten Sehnsucht nach Zuneigung und Liebe bedrängte. Noch wenige Wochen vorher wäre Barbara voller Empörung und Abscheu aus dem Bett gesprungen. Jetzt empfand sie nichts als Mitleid und Verständnis. Es tat ihr fast leid, den Wunsch dieser Frau nach Liebe nicht erfüllen zu können.

«Es ist gut, Reba», sagte sie und legte den Arm um die Frau. «Bleib hier ruhig liegen. Es ist ja gut.»

Daran mußte sie denken, als sie Sallys Brief las. Sie würde ihn beantworten müssen – aber nicht jetzt, nicht heute abend. Heute abend wollte sie ihren Eltern schreiben, die darauf bestanden, beide zu ihr zu kommen, um sie zu besuchen.

«Es fällt mir wirklich schwer, Euch zu bitten: Kommt nicht», schrieb sie. «Ich kann mir selbst nicht erklären, warum ich keinen Besuch mehr haben will. Als ich erfuhr, daß ich ins Gefängnis mußte, war das Wichtigste für mich die Frage, ob ich dort Besuch bekommen dürfte. Es gibt hier Frauen, die nie Besuch bekommen. Sie sind traurig und unglücklich, und es geht mir zu Herzen. Aber in Wirklichkeit sind sie nur darüber bekümmert, daß es draußen niemanden gibt, der sie besuchen könnte. Bei mir ist das anders. Ich habe so viele Menschen draußen, die mich mögen, und Ihr beide wißt, wie sehr ich Euch liebe. Daher werdet Ihr nicht an meiner Liebe zu Euch zweifeln, wenn ich Euch bitte, mich nicht wieder zu besuchen. Ich muß mit meinem Hiersein allein fertig werden. Besuche machen es mir nur schwerer. Ich versuche, die Welt da draußen zu vergessen.» Sie hielt inne und fügte dann hinzu: «Ich habe hier Freundinnen gefunden. So seltsam das auch klingen mag. Ich habe noch nie Frauen gekannt, die mir sehr nahegestanden hätten. Ich weiß nicht, ob ich etwas davon mit nach draußen nehmen werde; aber hier tut es mir gut.»

Mit der Zeit schlossen sich die Gefangenen immer mehr an Barbara an. Sie schlichtete ihre Streitigkeiten und gab ihnen Ratschläge. Je mehr Barbara den Haß und die Schikanen der Wärterinnen auf sich zog, um so mehr vertrauten ihr die anderen Frauen. Ganz allmählich, Schritt für Schritt, kamen sie dahinter, daß Barbara aus freien Stücken hier war, wenn man es recht betrachtete. Sie begriffen, daß sie ihre Freiheit mit wenigen schäbigen Worten hätte erkaufen können. Obwohl sie nie davon gesprochen hatte, sikkerte diese Erkenntnis bei den Insassinnen der Anstalt durch. Ihnen brauchte man nicht erst zu erklären, was ein Spitzel war, ein Denunziant. Sie wußten es nur zu gut. So kamen sie mit ihren Sorgen zu ihr, mit ihren Konflikten, ihren Träumen, ihrer Schuld und mit ihren Geschichten. Sie war Schriftstellerin, und daher, so meinten sie, war es ihre Pflicht und ihr Beruf, zuzuhören.

Und sie hörte zu. Sie erfuhr endlose, bedrückende Geschichten von Armut, von verdorrten menschlichen Seelen, von Liebe, die geschenkt und verraten wurde, von Liebe, die gegeben und erwidert wurde, von Frauen, die von ihren Männern, und von solchen, die als kleine Mädchen von Vater und Mutter verprügelt worden waren; Geschichten von Prostitution und Zuhälterei, von Mord und jeder denkbaren Form der Brutalität. Sie hörte bei all dem sehr genau zu.

Ihre bewunderte jugendliche Schönheit verblaßte. Mit fünfunddreißig hatte sie ausgesehen wie fünfundzwanzig; mit sechsunddreißig sah man ihr die Jahre an. Ihr Gesicht, sonnenverbrannt von der langen Arbeit im Garten, war hagerer geworden. Die ersten Linien zeichneten sich darin ab, und um die Augen erschienen die ersten kleinen Falten. Sie war gesund und nach der Phase ihrer tiefen Teilnahmslosigkeit nie wieder krank. Und wenn sie auch nicht gerade glücklich war, so war sie doch meist zufrieden.

Jean glaubte in dem Alter zu sein, in dem sie nichts mehr überraschen konnte. Aber sie mußte zugeben, daß es völlig überraschend für sie war, als die Frau ihres Sohnes, Lucy Sommers Lavette, in die Galerie kam. Eloise, die an einem kleinen Tischchen saß und am Katalog arbeitete, sagte später, Jean habe ein Gesicht gemacht, als sei das zweite große Erdbeben ausgebrochen. Dan war glücklicherweise nicht da. Er war bei Fisherman's Wharf, zusammen mit Sammy, und polierte hingebungsvoll das Messing an seinem neuen Boot. Jedenfalls nahm Jean das an, denn sie konnte sich nicht denken, was man sonst stundenlang auf einem an einer Boje vertäuten Boot tun konnte. Dan hatte seit seinem Besuch in Toms Büro weder Tom noch seine Frau gesehen, und Jean war sich alles andere als sicher, wie er reagieren würde, wenn er einem von beiden plötzlich gegenüberstünde.

Sie mußte zugeben, daß Lucys Erscheinung sich zum Besseren verändert hatte. Allerdings dachte sie, hätte es auch kaum schlechter werden können. Sie trug kürzeres Haar, ein gekonntes Make-up, und Jean sah mit Kennerblick, daß ihr beigefarbenes Kaschmirkostüm offensichtlich von Balenciaga stammte.

Jean begrüßte ihre neue Schwiegertochter freundlich, mit einer kaum merklichen Prise Herablassung, als wollte sie daran erinnern, daß in alten Zeiten ein Sommers und ein Seldon zwar geschäftlich miteinander verkehren konnten, aber kaum auf gesellschaftlicher Ebene. «Was führt dich her, Lucy?» fragte Jean.

«Neugier, denke ich. Und Bilder. Alle reden von deiner Galerie.»

«Und was sagen sie?» fragte Jean.

«Ich fürchte, die Leute glauben, daß du deiner Zeit voraus bist.»

«Aber das ist doch schön, seiner Zeit voraus zu sein. Suchst du ein Bild, Lucy?»

«Tom und ich fangen gerade erst an zu sammeln. Wir dachten, es wäre schön, einen Picasso zu haben oder einen Cézanne.»

Jean und Eloise wechselten einen Blick. «Cézanne haben wir keinen, fürchte ich», sagte Jean. «Es gibt nur sehr wenige, weißt du. Vielleicht wird gelegentlich einer in New York oder Paris zum Verkauf angeboten, allerdings habe ich noch von keinem gehört. Wir haben aber einen interessanten Picasso – ich glaube, aus dem Jahre 1912, als er mit Braque zusammengearbeitet hat. Damals haben er und Braque Bilder komponiert, in denen ebene Formen unterschiedliche Oberflächen überlagerten, weißt du. Es waren Experimente, aber sehr schöne, wenn man den richtigen Blick dafür hat. Wenn ich mich nicht irre –» sie wandte sich an Eloise – «haben sie die Collage erfunden, nicht wahr, Eloise?»

«Soweit ich weiß, ja. Sie haben den Boden für die Dadaisten bereitet.»

«Hol es doch einmal her», schlug Jean vor.

Eloise holte ein Bild von etwa fünfundsechzig mal fünfundachtzig Zentimetern von hinten und stellte es auf eine Staffelei.

Lucy betrachtete es eine Weile und fragte dann: «Was bedeutet es? Ich meine, was soll es darstellen?»

«Ich glaube, so darf man es nicht sehen», antwortete Jean geduldig. «Das Interessante daran ist die Gestaltung von Fläche und Farbe, das Arrangement von Farbe und Fläche – » Sie unterbrach sich und warf Eloise einen Blick zu.

«Es ist ganz und gar Braque im Stil», sagte Eloise ruhig.

«O ja, ganz und gar Braque im Stil. Natürlich ist es auch eine Frage des Sehens, Lucy, des geschulten und des ungeschulten Auges. Ich würde das Bild hier niemals der Frau eines Neureichen anbieten, die sich damit nur den Zorn ihres Ehemannes zuziehen könnte, aber Tom ist ja mit guten Bildern aufgewachsen, das bilde ich mir jedenfalls ein. Ich würde es dir ja gern schenken, aber unglücklicherweise ist Eloise hier meine Partnerin – kennst du Eloise?»

«Ich glaube nicht, daß wir uns schon begegnet sind», sagte Lucy steif.

«Auf jeden Fall ist es ein herrliches Bild.»

«Und was soll es kosten?»

«Dreihunderttausend Dollar», sagte Jean freundlich.

Eloise wandte sich ab und schlug die Hände zusammen.

«Das kann doch nicht dein Ernst sein!» rief sie.

«Doch, das ist mein Ernst.»

«Das verstehe ich nicht, Mrs. Lavette», sagte Lucy, plötzlich sehr förmlich. «Ich glaube, Sie wollen mich für dumm verkaufen. Ich habe erst letzte Woche gelesen, daß bei Parke-Bernet in New York drei Picassos verkauft wurden. Der teuerste hat siebenunddreißigtausend gekostet.»

«Meine Liebe, es gibt solche und solche Picassos.»

«Mag sein, aber ich habe nicht die geringste Absicht, dreihunderttausend für dieses lächerliche Bild hier hinzublättern.»

«Ich verstehe», sagte Jean sanft. «Man sollte nie ein Bild kaufen, das einem nicht gefällt. Da ich jetzt weiß, wie du dazu stehst, bin ich auch die erste, die dir sagt: Laß es, Lucy, das ist nichts für dich.»

Als Lucy die Galerie schnellen Schrittes verlassen hatte, standen Jean und Eloise da und sahen einander an. Schließlich sagte Eloise: «O Jean, du bist hinterhältig und gemein.»

«Ha!» rief Jean. «Gemein? Ich? Da schilt ja wohl ein Spitzbub den Schurken einen Lumpen! Wer ist denn nach hinten gegangen und hat diese alberne Collage von Braque angebracht?»

«Doch nur, weil ich annahm, du würdest ihr erklären, daß wir keinen Picasso haben und daß Braque in jenen Tagen ein enger Mitstreiter Picassos war.»

«Eloise, deine goldenen Locken werden noch schamrot, wenn du weiter so lügst. Hast du denn gesagt, es sei ein Braque?»

«Du bist hier der Seniorpartner. Schließlich hast du dich auf eine ausführliche Erklärung eingelassen, Jean, und du hast auch den Preis von dreihunderttausend genannt. Wenn sie es nun akzeptiert hätte? Stell dir vor, sie hätte gekauft? Hättest du ihr wirklich diesen Preis abgenommen?»

«Wie haben wir es eigentlich ausgezeichnet?»

«Mit vierzehntausend. Aber sag mal, Jean, liebe Jean, hattest du mir nicht gesagt: Geh mal nach hinten und bring den Picasso her?»

«Uns kann man wohl beiden nicht trauen, was? Ob ich es ihr verkauft hätte? Ich glaube schon – und sei es nur, um zu sehen, was passieren würde, wenn die Puppen am Tanzen wären, wie Dan sich so unnachahmlich ausdrücken würde. Na ja, vielleicht ist es besser so. Wir haben zwar nicht die dreihunderttausend, aber dafür haben wir unseren guten Ruf.»

In dieser Nacht konnte Barbara nicht schlafen. Sie hatte nicht damit gerechnet, daß sie nervös werden würde, wenn es soweit war, doch die anderen hatten sie gewarnt. «Es ist eine böse Nacht», hatte Annie Lou gesagt. «In so einer Nacht glaubst du, du mußt sterben.» Und so war es. Sie fürchtete sich vor dem Einschlafen, weil sie Angst hatte, im Schlaf zu sterben, ohne es zu merken.

Die Stunden zogen sich endlos dahin. Monatelang war die Zeit ihr Feind gewesen; jetzt stand sie still, in einer letzten Aufwallung von Zorn und Auflehnung. Barbara wand sich auf ihrem Lager und flehte, die Nacht möge zu Ende gehen. Vor Erschöpfung fiel sie in eine Art Halbschlaf, und als sie erwachte, war das erste Grau der Dämmerung am Himmel zu sehen. Sie erhob sich, machte zum letztenmal ihr Bett, wusch und kämmte sich und ging leise aus dem dunklen Gebäude ins Freie. Sie überquerte den Sportplatz und sah vom Deich aus zu, wie die Sonne sich langsam aus dem Morgennebel erhob. Ein Schleppzug dampfte langsam vorüber. Ein Mann auf dem Schleppkahn winkte ihr zu, und sie winkte zurück. Der frische Seewind kühlte ihr Gesicht. Bei Tageslicht verschwanden die Ängste. Sie betrachtete ihre Hände. Die Nägel waren sorgfältig manikürt, sie waren kurz und sauber. Ihre Hände waren hart und braun, nicht mehr rot und aufgerissen wie am Anfang. Am Tage zuvor hatten die Mädchen in dem Schönheitssalon, wo sie Haar- und Hautpflege lernten, ihr die Haare gemacht. An der Hand trug sie einen schmalen Silberreif, ein Geschenk Ellies, das sie auf ihre inständigen Bitten hin angenommen hatte.

Sie hörte Schritte und wandte sich um. Captain Cooper stellte sich neben sie auf den Deich und blickte zum Hafen hinüber. Nach einer Pause sagte sie: «Nun, Barbara, es ist nicht der schlimmste Ort in der Welt, nicht wahr?»

«Es ist ein Gefängnis.»

«Ja. Aber wir kommen ohne Gefängnisse nicht aus. Daran können weder Sie noch ich etwas ändern. Aber ich glaube, daß das Gefängnis hier besser ist als die meisten anderen.»

«Das wird schon stimmen.»

«Für Sie war es ein seltsames Erlebnis, nicht wahr?»

«Sehr seltsam.»

«Es klingt vielleicht merkwürdig, Barbara, aber ich will es trotzdem sagen. Ich bin froh, daß man Sie hierher und nicht woanders hingeschickt hat.»

«Danke.»

«Gehen Sie frühstücken. Anschließend zur Aufnahme. Da bekommen Sie Ihre Kleider und Ihren Scheck.»

«Meinen Scheck?»

«Wir zahlen Arbeitslohn, nicht viel, aber doch etwas. Es ist ja kein Zwangsarbeitslager. Werden Sie abgeholt?»

«Mein Vater kommt. Ich habe ihn gebeten, um zehn an der Aufnahme zu sein.»

«Dann haben Sie ja genug Zeit.» Cooper streckte ihr die Hand hin, und Barbara nahm sie.

In der Aufnahme nahm Barbara den Drahtkorb mit ihren Kleidern in Empfang und ging langsam in ihr Zimmer zurück. Eine Gruppe von Insassinnen wartete schon auf sie, ohne darauf zu achten, was Officer Hurley sagte. «Auseinander! Los jetzt, geht sofort auseinander, oder ich melde den ganzen Verein.»

Alle umarmten Barbara. «Laß doch den Scheiß, Hurley», flüsterte Annie Lou und drückte Barbara fest an sich. «Was, verdammt nochmal, soll ich bloß ohne dich anfangen, Schätzchen? Du bist die einzige schwarze Weiße in dem Sauhaufen hier.»

«Ich sag euch jetzt zum letztenmal, macht, daß ihr weiterkommt!» schrie Hurley.

«Sie werden mir sehr fehlen, Officer Hurley, Sie und Officer Davenport», sagte Barbara. «Ich werde von Ihnen träumen. Sie werden in all meinen Alpträumen vorkommen.»

Es war kein besonders origineller Witz, aber alle amüsierten sich köstlich. Lachend und kichernd gingen sie auseinander. «Sie können's nicht lassen, was?» sagte Hurley zu Barbara. «Knastklugscheißer bis zuletzt.»

«Bis zuletzt.»

«Und vergessen Sie nicht, daß Sie hier waren, gute Fee. Sie können Ihren schicken Freundinnen in San Francisco davon berichten.»

«Das tue ich bestimmt», sagte Barbara. Sie konnte sich nicht verkneifen hinzuzufügen: «Und wissen Sie, was ich noch sagen werde? Wenn *ich* längst wieder zu Hause bin, werde ich ihnen erzählen, daß *Sie* lebenslänglich hier sind, meine Liebe.» Damit lief sie in ihr Zimmer und schlug die Tür hinter sich zu, wütend, daß sie sich doch noch hatte provozieren lassen. Aber die Wut verrauchte und machte einer Art Schwermut Platz. «Guter Gott», sagte sie laut. «Es ist verrückt, aber ich glaube fast, es fällt mir schwer, hier wegzugehen.» Sie wußte, daß sie hier etwas gefunden hatte, was sie nirgendwo finden würde. «Nun, es ist vorbei, und das ist die Hauptsache.»

Zum letztenmal legte sie die Gefängniskleidung ab und stopfte alles in ihren Kissenbezug. Dann zog sie die weiße Bluse und das graue Flanellkostüm an, die sie bei ihrer Ankunft getragen hatte. Sie schlotterten ihr um die Glieder. Der Waage nach hatte sie nur ein paar hundert Gramm abgenommen, aber offenbar hatte sich ihr ganzer Körper gestrafft. Sie fragte sich, ob ihr die Schuhe noch passen würden, nachdem sie sechs Monate lang viel zu große Pantinen getragen hatte. Sie saßen knapp, aber nicht unbequem. An die hohen Absätze allerdings mußte sie sich erst wieder gewöhnen.

Im Spiegel sah sie eine Fremde. «Barbara», sagte sie sehr ernst, «du mußt dich einfach daran gewöhnen, wie ich jetzt bin. Ich habe meine Zeit abgesessen und meine Schuld gegenüber der Gesellschaft beglichen. Ich brauche mich für nichts zu entschuldigen.»

Dan saß im Warteraum und nahm Barbara in die Arme, als sie hereinkam.

«Armer Daddy», flüsterte sie. «Ich habe es dir nicht leicht gemacht, nicht wahr?»

Auf der Fahrt zur Fähre sagte Dan: «Das ist ein Leihwagen. Wir geben ihn am Flughafen ab und nehmen das Mittagsflugzeug. Sammy ist bei Jean und erwartet dich bei dir zu Hause. So wolltest du es doch gern haben, nicht wahr?»

«Genau so, Daddy. Es könnte nicht besser sein.»

Kurz nach zwei öffnete Barbara die Tür ihres Hauses in der Green Street und trat ins Wohnzimmer. Jean hatte Sam vorgelesen; er saß neben ihr auf der Couch. Als er Barbara erblickte, sprang er herunter und lief auf sie zu. Dann hielt er inne und sah sie unverwandt an. Sein Gesicht verzog sich, und er fing an zu weinen. Sie kniete sich hin und schloß ihn in die Arme.

«Du gehst doch nicht wieder weg?»

«Nie», sagte sie. «Nie, nie wieder, mein Liebling.»

VI
Gedenken

Es heißt, da das Wesen Gottes unerforschlich ist, erschließe es sich dem Menschen nur in der Anbetung.

Norman Drake bezahlte seine Taxe und blieb einen Augenblick achtungsvoll und andächtig vor Tom Lavettes Anwesen stehen. Seine Verehrung galt weniger dem Haus, als vielmehr dem, wofür es stand. Seine Frau allerdings wäre schon mit dem Haus zufrieden gewesen.

Seine Frau gehörte nicht zu seinen rückhaltlosen Bewunderern. Als der Fall Barbara Lavette zum erstenmal zur Sprache kam, hatte sie ihm klipp und klar gesagt: «Du bist ein Narr. Du hast das ganze Land zur Auswahl und mußt dich ausgerechnet mit den Lavettes anlegen.»

Als er ihr von dem Abendessen mit Tom und Lucy erzählte, sagte sie: «Bist du verrückt? Warum hast du ihnen nicht angeboten, die Sache niederzuschlagen?»

«Sie legten keinen Wert darauf. Seine Schwester ist ihm völlig gleichgültig.»

«Wenn mir das jemand anderes erzählte, würde ich es vielleicht glauben.»

Drake hatte sich im Laufe der Jahre auf zwei Affären mit verständnisvollen Frauen in Washington eingelassen, einer Stadt, die keinen Mangel an verständnisvollen Frauen litt. In beiden Fällen hatte er das Thema Scheidung durch die wehleidige Klage vermieden, das würde seiner politischen Karriere ein Ende setzen. Dann gab er die Affären mit den verständnisvollen Frauen zugunsten einer erträglichen Beziehung zu einer pummeligen Frau auf, die in seinem Washingtoner Büro arbeitete. Seine Frau kam ihm auf die Schliche. «Kannst du mir auch nur einen einzigen stichhaltigen Grund nennen, warum ich mich nicht von dir scheiden lassen sollte?» wollte sie von ihm wissen.

«Einen, ja, glaube ich», sagte er demütig.

«Dann laß ihn mich hören. Aber wenn du wieder mit deiner politischen Karriere ankommst, die kannst du dir an den Hut stekken. Ich gebe keinen Pfifferling mehr auf deine politische Karriere.»

«Sag so etwas nicht», sagte er flehend. «Es geht zwar um meine politische Karriere, aber es geht auch um weit mehr. Ich glaube, ich habe Aussichten, Vizepräsident zu werden.»

«Du hast den Verstand verloren.»

Er konnte sie jedoch davon überzeugen, daß er nicht den Verstand verloren hatte, und heute abend, als er vor dem Anwesen der Lavettes stand, war er seinem Ziel ein gutes Stück nähergekommen. Seine Frau mochte sich vielleicht die zynische Frage stellen, warum man gerade auf ihn verfallen war. Für ihn gab es jedoch gute Gründe dafür. Er verfügte über Fähigkeiten, die noch nie nutzbar gemacht worden waren, über ein weitherziges Verstehen und vor allem über Phantasie. Dessen war er sich sicher. Er hatte Phantasie.

Nun, es war nicht der Augenblick, sich Träumen hinzugeben. Wie auch die Entscheidung ausfallen würde, was auch immer hinter Lavettes Andeutungen gesteckt haben mochte, heute abend sollte er es erfahren. Das hatte man ihm versichert.

Er zog an der eisernen Kette, die an einem der Türpfosten hing, und hörte einen Gong im Innern des Hauses. Hier gab es keine billigen elektrischen Klingeln. Ein Butler öffnete und nahm ihm Hut und Mantel ab.

«Die Herren sind in der Bibliothek, Mr. Drake», sagte er. «Sie werden erwartet.»

Er folgte dem Butler und versuchte, sein nervöses Schlucken zu unterdrücken. Sein Arzt hatte ihm erklärt, daß die nervöse Angewohnheit, Luft zu schlucken, eine der Hauptursachen für seine Blähungen war. Und die waren das letzte, was er heute abend brauchen konnte.

Tom Lavette stand auf, um ihn zu begrüßen, als er die Bibliothek betrat. Im Raum saßen, bequem bei Zigarren und Cognac, noch sechs andere Männer.

«Nett, daß Sie hergekommen sind, Drake», sagte Tom. Es klang, als hätte Drake zwischen einer Reihe ähnlicher Veranstaltungen wählen können. «Ich werde Sie bekanntmachen. Das ist Joseph Langtrey. Kongreßabgeordneter Drake.» Langtrey nickte, ohne sich zu erheben. «Mark Fowler», sagte Tom.

«Guten Abend, Drake», sagte Fowler. Sie kannten einander. Fowler stand langsam auf und streckte ihm die Hand entgegen.

«Ira Cunningham», sagte Tom.

«Und damit Sie wissen, was hinter den Namen steckt, junger

Mann», sagte Cunningham, «ich bin Vorstandsvorsitzender von Lakeland Steel. Mr. Langtrey leitet die First New York City Trust Company, und Louis d'Solde hier hat seine Finger in der Hälfte aller Chemieunternehmen des Landes.»

«Ich glaube, Mr. Culpepper und Mr. McGinnis kennen Sie bereits», sagte Tom.

Er kannte sie nicht persönlich, aber er wußte genau, wer sie waren und was sie darstellten. Er setzte sich in den Sessel, den Tom ihm anbot, und nahm einen Cognac und eine Zigarre. Er zündete sie aber nicht an. Er wartete.

McGinnis sprach über Kuwait und die Ölreserven dort. Er hatte vierhundert Millionen Dollar investiert und fragte sich, wie die Gründung des Staates Israel sich auf das Gleichgewicht von Öl und Nationalismus im Vorderen Osten auswirken würde. Drake hörte dem Gespräch schweigend zu und wartete darauf, nach seiner Meinung gefragt zu werden. Doch es geschah nichts dergleichen. Schließlich wandte Culpepper sich an ihn und sagte beiläufig: «Lavette meint, daß Sie der richtige Mann für den Posten des Vizepräsidenten wären. Haben Sie Lust dazu?»

«Ja, Sir. Aber wird das nicht davon abhängen, wer Präsident wird? Er wird sich seinen Kandidaten doch selbst aussuchen?»

«Nein, das tun wir», sagte McGinnis.

«Wie sauber sind Sie?» fragte Fowler. «Ich meine jetzt nicht Frauen oder kleine Sünden. Ich meine Betrug. Wie sauber ist Ihr Wahlkampf? Ich frage Sie nicht, ob Sie Bestechungsgelder angenommen haben. Mich interessiert nur, ob irgend etwas schriftlich festgehalten ist. Gibt es Bankkonten, über die Sie keine Rechenschaft ablegen können?»

«Meine Bankkonten sind einwandfrei. Es gibt nirgendwo einen Beleg, der mich in Verlegenheit bringen könnte.»

«Und das Finanzamt?» fragte Langtrey. «Waren die Steuerprüfer mal bei Ihnen?»

«Seit vier Jahren nicht mehr, Sir.»

«Nun, dann beantragen Sie eine Steuerprüfung, und zwar so bald wie möglich. Immer vorausgesetzt, daß Sie lupenrein daraus hervorgehen werden.»

«Kein Problem. In der Richtung ist alles bestens.»

«Haben Sie ein Schließfach bei der Bank?»

«Ja, Sir.»

«Und was haben Sie da drin?»

«Ein paar Anleihen und Aktien.»

«Kein Bargeld?»

Er zögerte einen Augenblick und nickte dann. «Ja, auch etwas Bargeld.»

«Wieviel?»

«Ungefähr achtzehntausend.»

«Sehen Sie zu, daß Sie es loswerden.»

«Wie?»

«Woher zum Teufel soll ich das wissen? Schenken Sie es Ihrer Frau. Geben Sie es aus. Ein bißchen hier, ein paar Hunderter da. Kaufen Sie ihr einen Pelzmantel.»

«Wie steht's mit Ihrer Frau? Kommen Sie mit ihr aus?»

«Ach, doch – wir führen eine gute Ehe.»

«Und Ihre Kinder? Haben die mal etwas Verrücktes angestellt?»

«O nein. Es sind ordentliche Kinder.»

«Verstehen Sie uns richtig», sagte Fowler. «Wenn wir die Wahl gewinnen und Sie Vizepräsident werden, ist das eine Art Probelauf für Sie. Ihre Zukunft wird davon abhängen, wie Sie sich bewähren, und Zukunft bedeutet in diesem Fall das höchste Amt. Können Sie mir folgen?»

«Ich glaube schon.»

«Was Ihren Ausschuß betrifft, so haben wir jetzt genug davon. Er leistet nichts und ist bedeutungslos. Das gleiche gilt auch für McCarthy und seinen faulen Zauber. Sie müssen das Image verändern. Von jetzt an gilt: je weniger förmliche Vorladungen, desto besser. Dann gibt es da ein paar Dinge, an denen wir interessiert sind. Nicht nur unsertwegen, sondern auch um der Nation willen. McGinnis will die Ölvorräte unter dem Meeresboden vor der Küste erschließen. Wir brauchen sie. Louis ist stark interessiert an der Weiterführung des Weltraumprogramms. Lavette will transkontinentale und europäische Konzessionen. Cunningham macht sich Sorgen wegen der wachsenden Stimmung gegen den Neubau von Flugzeugträgern. Das sind nur ein paar Hinweise. Wir brauchen das heute abend nicht im einzelnen durchzugehen. Dazu haben wir noch genug Zeit. Was uns heute abend interessiert, ist eine gemeinsame Basis der Übereinstimmung. Haben wir die?»

«Ich würde sagen, ja», stimmte Drake zu.

Nachdem Drake gegangen war, sagte Fowler zu Tom: «Ich

hoffe, wir können uns auf Ihr Urteil verlassen, Lavette. Dieser kleine Halunke gefällt mir ganz und gar nicht.»

«Ich glaube», sagte Tom, «er ist so anhänglich wie ein Hund, den man häufig geprügelt hat. Ich kenne niemanden in Washington, der sich so vollständig kaufen läßt. Außerdem ist er ein Stimmenfänger, auch wenn ich das ehrlich gesagt nicht verstehen kann. Aber offensichtlich kommt er bei den Wählern an.»

«Bei mir kommt er nicht an», sagte Culpepper. «Wenn ich mir vorstelle, daß dieser Mann einmal Präsident der Vereinigten Staaten werden könnte, frage ich mich, wohin es mit diesem Land gekommen ist.»

Am Abend im Bett berichtete Tom Lucy haarklein, worüber in der Bibliothek gesprochen worden war. «Alles in allem, Lucy, haben wir nicht schlecht abgeschnitten bei unserer kleinen Kombination aus Lavette, Seldon und Sommers. Wir sind zwar immer noch der kleinste Fisch im Teich, aber wir schwimmen mit drin, nicht wahr?»

«Und es geht ja noch weiter, Thomas. Eines Tages wird der Mann, der das mächtigste Land der Erde führt, *unser* Mann sein, wenigstens zum Teil. Und damit besitzt man nicht nur einen Politiker, sondern das Ganze.» Sie streckte zärtlich die Hand nach ihm aus. «Das ist Macht.»

Tom war plötzlich weit weg von ihr, in seine eigenen Gedanken verloren.

«Tom?»

«Ja?» Er sah sie an.

«Er ist ein widerlicher kleiner Kläffer, aber er gehört uns mit Haut und Haar.»

«Ja.»

«Was ist los – du bist doch zufrieden, oder?»

«Ich denke schon.»

«Und was macht dir Sorgen?» Sie war irritiert. Es war ihr Triumph, und sie wollte, daß es auch seiner war.

«Ach, nichts Besonderes.»

«Dan Lavette?» fragte sie leise.

«Immerhin ist er mein Vater.»

«Tom, das haben wir doch alles schon durchgesprochen. Es war unvermeidlich, daß er dahinter kam. Außerdem bedeutet er dir doch nichts.»

«Glaubst du das wirklich?»

«Das hast du immer gesagt», sagte sie. «Es sind deine eigenen Worte. Und was Barbara betrifft, schließlich hast nicht du sie ins Gefängnis geschickt. Das hat sie sich selbst eingebrockt.»

«In meinem ganzen Leben», sagte Tom müde, «in meinem ganzen verdammten dummen Leben gab es nur eins, das ich mir gewünscht und nie bekommen habe. Alles andere habe ich gehabt – alles. Nur eins nicht: einen freundlichen Blick von diesem eiskalten Schuft, der sich meinen Vater nennt. Hätte er mich einmal, nur ein einziges Mal angesehen und mit mir geredet wie ein Vater mit seinem Sohn – »

«Ach, hör schon auf.» Lucy war verärgert. «Es war ein erfolgreicher Tag. Und jetzt fängst du damit an.»

«Ich hasse ihn nicht.»

«Du bist ein alter Esel.» Sie machte das Licht aus und wandte sich von ihm ab.

Tom lag wach. Eine Zeile kam ihm in den Sinn – die letzte Zeile eines Buches, das er vor langer Zeit gelesen hatte, als er in Princeton gewesen war: «Solcher ist das Himmelreich.»

Alexander Hargasey brach während der Aufnahmen zu seinem neuen Film in der Kulisse zusammen und starb vier Stunden darauf am Herzinfarkt. Als Sally, im dritten Monat schwanger, im Krankenhaus ankam, war er schon tot. Sie saß im Wartezimmer und weinte, wie sie noch nie geweint hatte. Sie hatte Hargasey geliebt, er war für sie eine Art Vater, Beichtvater, Lehrer und guter Freund gewesen. Das Kind, ob Junge oder Mädchen, soll Alex heißen, flüsterte sie vor sich hin. Ihr Schmerz war echt und frei von jeder Theatralik. Sie hatte sich dem Leben noch nie wirklich gestellt und noch nie den Tod als das erfahren, was er war: das Ende, die grausame Leere, der man sich nicht entziehen kann, die nie wieder weicht.

Joe begleitete sie zum Begräbnis. Er hatte sein eigenes Bild von dem Regisseur, den er als dickliche, kahlköpfige, komische Figur in Erinnerung hatte. Er lauschte Sallys Einschätzung von Hargasey mit achtungsvollem Erstaunen und nicht ganz ohne Scham. «Er war ein guter Mensch», sagte Sally. «Er besaß eine Art von Anstand, die mir völlig abgeht, die ich nicht einmal ganz begreifen kann.»

«Ich mochte ihn», sagte Joe und erinnerte Sally daran, daß er

Hargasey Jahre vor ihr kennengelernt hatte, damals, als er sich von Dan Lavette eine Yacht bauen ließ. Dennoch glaubte Sally herauszuhören, daß Joe Hargasey Vorwürfe machte.

«Ich werde nie einen Film mit einem anderen Regisseur machen. Nie und nimmer. Mit der Filmerei ist es für mich zu Ende. Deshalb macht es mir auch nichts aus, was du von Hargasey hältst. Das alles liegt hinter mir.»

Joe brachte sie nach Hause und fuhr in die Klinik. Als er gegen sechs Uhr abends zurückkehrte, fand er Sally in ihrem halbdunklen Schlafzimmer sitzen.

«Geht es dir nicht gut?» fragte Joe.

«Doch. Ich habe nur nachgedacht.»

«War das heute morgen dein Ernst? Ich meine, als du gesagt hast, du wolltest nicht mehr filmen?»

«Ich bin schwanger.»

«Was!»

«Ja, und ich bin froh. Ich finde es völlig in Ordnung. Ich bin im dritten Monat.»

«Bist du sicher?»

«Ganz sicher, Joe. Ich war bei Dr. Brimmer im Atelier und habe die Tests machen lassen.»

«Willst du das Kind haben, Sally?»

«Natürlich. Was glaubst du denn?»

«Ich finde es gut. Aber ich verstehe nicht, was du über das Filmen gesagt hast. Wir haben so viel darüber geredet, was es für dich bedeutet. Wie kannst du so einfach mit etwas aufhören, das dir so viel bedeutet?»

«Weil es mir jetzt nicht mehr so viel bedeutet.» Sie fing an zu weinen.

«Sally, bitte, weine nicht.»

«Ich weine jetzt nicht um Alex», sagte sie unter Tränen. «Ich weine um mich. Ich fühle mich so elend, Joe, so verloren und so verängstigt. Ich sitze hier und weiß nicht, was ich eigentlich hier soll. Ich weiß nicht einmal, wie ich hierher gekommen bin. Joey», sagte sie bittend, «ich möchte nach Hause.»

«Gut. Wir werden ein paar Tage nach Napa fahren. Wenn du willst, kannst du ein paar Wochen mit May Ling dort bleiben.»

«Das meine ich nicht. Ich möchte dort leben, und ich möchte, daß du mitkommst. Bitte, bitte, Joey. Du kannst doch eine Praxis in Napa eröffnen. Oder in Oakland, wenn dir das lieber ist. Da oben gibt es doch ebenso viele Arme und Kranke wie hier. Ich kann hier nicht bleiben. Ich möchte drei oder vier Kinder haben, möchte ein Mensch sein und über die Straße gehen können, ohne daß sich jeder umdreht und hinter meinem Rücken flüstert. Bitte, Joey.»

«Und das Haus?»

«Das verkaufen wir. Zum Teufel mit dem Haus! Verstehst du denn nicht? Meine eigene Tochter ist mir wie eine Fremde. Ich möchte keine Kinder, die mir fremd sind.»

«Ich habe so viel in die Klinik gesteckt –»

«Joey, wir müssen versuchen, uns zu retten. Wir sind doch auch Menschen. Die Klinik wird es überstehen. Sag, daß du es versuchen willst. Wenn wir es jetzt nicht schaffen ...»

Er schüttelte unglücklich den Kopf.

«Bitte. Versuch es.»

Er dachte nach und schwieg. Er versprach nichts. Er murmelte nur: «Gut. Ich werde es versuchen.»

Barbaras Entschluß, nach Israel zu fahren, kam ganz plötzlich. Bisher hatte sie nicht einmal daran gedacht. Die sechsmonatige Trennung von Sam hätte eigentlich jeden Gedanken an eine erneute Abwesenheit von vornherein ausschließen müssen, deshalb hielt Jean die Absicht ihrer Tochter für eine bloße Laune.

«Warum gerade jetzt?» fragte Jean. «Ich verstehe natürlich, daß du nach den entsetzlich langen Monaten im Gefängnis unruhig bist. Aber warst du nicht lange genug von Sam getrennt?»

«Es würde höchstens zehn Tage dauern.»

«Und warum willst du dorthin?»

«Ich weiß es nicht. Vielleicht, um ein paar Blumen auf Bernies Grab zu legen. Vielleicht, um zu sehen, wofür mein Mann gestorben ist.»

Vielleicht wollte sie die Antwort auf eine Frage finden, die sie nicht kannte. Als sie in New York am Idlewild-Flughafen saß und wartete, hätte sie den Flug fast streichen lassen und wäre nach Kalifornien zurückgeflogen. Statt dessen rief sie zu Hause an und sprach mit Sam. «Muß ich jetzt immer bei Großmutter wohnen?» fragte Sam in jämmerlichem Ton.

«Nein, nein, nein, Liebling. Nächste Woche bin ich zurück.»

«Aber du hast versprochen, daß du nie wieder weggehen würdest. Das hast du versprochen.»

In diesem Augenblick wäre sie fast mit dem nächsten Flugzeug nach Hause geflogen. Aber sie tat es nicht. Am nächsten Morgen war sie in London. Kurz vor Mittag saß sie in einer Maschine der El Al nach Tel Aviv.

Der Mann auf dem Nebensitz fing eine Unterhaltung mit ihr an. Er war Israeli, ein weltgewandter Mann in den Siebzigern, der ausgezeichnet englisch sprach. Er stellte sich als Aaron Cohen vor, Inhaber einer Buchhandlung in Tel Aviv. Als er erfuhr, daß seine Gesprächspartnerin Barbara Lavette sei, war er freudig überrascht. «Natürlich. Eigentlich hätte ich Sie nach dem Foto erkennen müssen. Ich habe viele von Ihren Büchern verkauft.»

«Sie sind doch gar nicht ins Hebräische übersetzt worden.»

«Nein, auf englisch. Wir verkaufen sehr viele englische Bücher. Aber warum sollte man sie eigentlich nicht in Iwrith, also in Neuhebräisch, übersetzen? Vielleicht kann ich dabei etwas tun. Was führt sie nach Israel? Neugier? Oder arbeiten Sie an einem Buch über uns? Sie sind doch keine Jüdin, oder?»

«Nein, mein Mann war Jude. Er hieß übrigens auch Cohen, wie Sie.»

«Ein häufiger Name. Ist es Ihre erste Reise nach Israel?»

«Ja.»

«Sie sagten, Ihr Mann *war* Jude. Sind Sie geschieden? Oder Witwe?»

Barbara erzählte ihm, was sie zu dieser Reise veranlaßt hatte. Cohen hörte ihr nachdenklich zu und nickte dann.

«Ich glaube, ich verstehe», sagte er.

«Tatsächlich, Mr. Cohen? Ich weiß nicht einmal, ob ich es selbst verstehe.»

«Nun, es ist nicht angenehm, es auszusprechen, aber der Tod ist etwas Endgültiges. Zumindest sollte er das sein. Aber das Leben muß weitergehen. Sie sind im Tod Ihres Mannes gefangen, und ich glaube, Sie müssen sich befreien.»

«Das klingt sehr seltsam.»

«Habe ich Sie verletzt?»

«Ich weiß es nicht. Ich weiß überhaupt nichts mehr so genau. Die Wahrheit ist, daß ich nicht weiß, warum ich nach Israel reise. Ich war mehrmals nahe daran, wieder umzukehren.»

«Wo liegt Ihr Mann begraben?» fragte Cohen.

Sie nahm ihr Notizbuch aus der Handtasche, um den schwierig auszusprechenden Namen vorzulesen: «Es heißt Qiryat Anavim.»

«So? Ich kenne den Ort. Es ist ein Kibbuz an der Straße nach Jerusalem, das heißt, an der Straße von Tel Aviv nach Jerusalem. Sie wissen doch, was ein Kibbuz ist?»

«Eine Art Kommune?»

«Ja. Qiryat Anavim ist einer der älteren und größeren Kibuzzim. Soweit ich weiß, haben sie dort einen eigenen Soldatenfriedhof. Aber der ist nur für ihre eigenen Leute, für die Männer aus dem Kibbuz, die im Krieg gefallen sind. Sie sagen, ihr Mann sei irgendwo östlich von Haifa ums Leben gekommen?»

«An der Straße nach Megiddo? Ich weiß es nicht genau.»

«War das 1948?»

«Ja.»

«Nun, damals war alles sehr verworren. Ich kenne den Friedhof von Qiryat Anavim nicht selbst, er kann aber keinesfalls sehr groß sein. Es ist eine schöne Gegend. Aber in dem Punkt bin ich voreingenommen. Ich halte die Berge von Judäa für die schönste Landschaft der Welt.»

«Wie komme ich dahin?» fragte Barbara ihn.

«Ganz einfach. Israel ist ein kleines Land. Sie nehmen von Ihrem Hotel aus ein Taxi. Wo wohnen Sie übrigens?»

«Ich habe ein Zimmer im Dan Hotel bestellt.»

«Ja, das liegt schön, gleich an der Küste. Dort finden Sie auf jeden Fall Taxis. Vom Hotel bis zum Kibbuz fährt man ungefähr eineinhalb Stunden. Wenn Sie nicht zu lange dort bleiben, wartet der Fahrer gern.»

Wie die meisten Menschen hatte auch Barbara sich eine Vorstellung von Israel gemacht. Sie wußte, daß Tel Aviv vor weniger als einem halben Jahrhundert von einer Handvoll Juden auf den Dünen am Mittelmeer gegründet worden war, und erwartete eine Art provisorisches Pionierlager vorzufinden und keineswegs die sich weithin erstreckende, von hektischem Getriebe erfüllte moderne Großstadt.

Nachdem sie ihren kleinen Koffer ausgepackt, gebadet und sich umgezogen hatte, verließ sie das Hotel zu einem Spaziergang. Da es erst Mittag war, ging ihr der Gedanke durch den Kopf, daß sie vor dem Hotel ein Taxi nehmen und ihre Fahrt noch am selben Tag hinter sich bringen könnte. Jetzt, da sie hier war, erschien ihr der eigentliche Anlaß ihrer Reise bedeutungslos, und es fiel ihr schwer, zu begreifen, warum sie dreizehntausend Kilometer geflogen war, um das Grab ihres Mannes zu sehen.

Sie ging vom Hotel aus die Frischmannstraße herunter, bis zum Dizengoff-Boulevard, wandte sich dann nach links und ließ sich im Strom der Menschen mittreiben. Sie ging die breite Flanierstraße entlang, inmitten von Jungen und Mädchen, jungen Soldaten mit Gewehren über der Schulter, alten Männern und Frauen, Schwarzen und Weißen, Juden, Arabern und Christen – alle Gesichter der Menschheit waren vertreten. Für Barbara war dieser Anblick neu, sie sah staunend, wie diese Menschen der verschiedensten Rassen gemächlich die Straße entlangschlenderten.

Sie kaufte sich an einem Stand eine Bockwurst mit Brötchen und eine Flasche israelisches Bier und setzte sich an eines der gußeisernen Tischchen vor einem der vielen Cafés am Dizengoff-Boulevard. Das Bier war gut, und da sie plötzlich Hunger verspürte, kaufte sie sich noch ein Würstchen.

Danach fühlte sie sich wohler. Sie blieb noch sitzen und versuchte, in den Geist und die Atmosphäre des Ortes einzudringen, an dem sie sich befand. Wie so viele protestantische weiße Amerikaner war Barbara bereit, dem Judentum eine Eigenständigkeit und Besonderheit einzuräumen. Alle Erwägungen und Gespräche über Juden begannen stets mit demselben Satz: «Mir ist es völlig gleichgültig, ob jemand Jude ist oder nicht.» Nur war es niemals einfach irgend jemand. Ein Pole, ein Russe, Ungar oder auch ein Engländer konnte irgend jemand sein – Juden waren immer bestimmte Personen. Sie verkörperten das, was sie in Nazideutschland erlebt hatten. Sie hatte mit einem Juden ihr Bett geteilt und die Ehe geschlossen, ein Jude, Mark Levy, war Teilhaber ihres Vaters gewesen, und auch Jake Levy, dessen Sohn, war als Jude zur Welt gekommen, und Sally war Halbjüdin. Wenn sie sich ihr Leben als eine Art Gewebe vorstellte, war es eines, das über und über mit jüdischen Fäden durchwirkt war. Jean hatte ihren eigenen Antisemitismus dadurch überwunden, daß sie niemanden mehr als Juden bezeichnete. Sie hatte in ihrer Vorstellung ein ganzes Volk christianisiert und es dabei belassen. Barbara mußte jetzt, hier in Tel Aviv, darüber lachen: einfach umwerfend. Warum konnte sie nicht sein wie ihre Mutter? Aber einmal angenommen, dachte sie dann, Jean säße hier und könnte nicht umhin, zur Kenntnis zu nehmen, daß sie sich in einem jüdischen Lande befand? Nun, sie würde eine Lösung finden, Jean wußte für alles eine Lösung. Auch Tom wußte Lösungen für alles, und selbst Sally und Joe hatten eine praktikable Lösung gefunden. Also blieb nur sie selbst. Sie löste nichts, beendete nichts, schloß nichts ab. War ihr Vater auch so? Waren sie beide Zaungäste, die das Leben so betrachteten, wie jetzt sie an ihrem Caféhaustisch auf dem Dizengoff-Boulevard?

Zum zehnten-, zwanzigsten- oder fünfzigstenmal fragte Barbara sich, warum sie hergekommen war. Zweifellos nicht, um in Gefühlen zu schwelgen. Vor ihrem inneren Auge sah sie sich an Bernies Grab knien und Blumen darauf legen. Es war eine so sentimentale und kitschige Vorstellung, daß sie sich zornig und aufgebracht davon abwandte. Sie stand auf, zahlte und ging mit großen Schritten zum Dan Hotel zurück. Es war ihr wie Schuppen von den Augen gefallen, und sie hatte den Eindruck, daß sie jetzt mit sich im reinen war. Sie war ganz erfüllt von einem zügellosen Zorn auf all jene, die die Welt und die Menschheit in Völker, Rassen und Religionen einteilen wollen. So tief wollte sie nicht sinken. Sie hatte genug Krieg, Tod und Leid gesehen, um die Frage, ob jemand Jude war oder Goj, zutiefst zu verabscheuen. Sie hatte einen Mann geheiratet. Er war ein Mensch, gehörte der großen Familie der Menschheit an, war ein hochgewachsener, lebensfroher, fähiger Mensch. Auf eine Weise, die ihr selbst nicht ganz klar war, hatte er sie verstanden und vermocht, ihr Augenblicke großen Glücks zu schenken. Jetzt war er tot. Auch das war Teil des Daseins. Sie war nicht die einzige Witwe auf der Welt. Aber wie sie es jetzt sah, hatte der Geist, der Mythos dieses Landes, dieses Israel ihn getötet. Nun, wie auch immer das sein mochte, sie würde sich diesem Geist und Mythos nicht hingeben. Es war ein Fehler gewesen, hierher zu kommen; sie wollte nicht den nächsten Fehler begehen, die sentimentale Reise zum Friedhof zu machen. Sie würde jetzt ins Hotel zurückkehren, ihre Sachen packen und nach Amerika zurückfliegen, wohin sie gehörte. Sie würde ohne Schuldgefühle leben. Sie hatte ihren Teil dazu beigetragen, diese Schlangengrube etwas erträglicher zu machen, die die Menschen Zivilisation nennen. Sie würde sich keinen Schuldgefühlen unterwerfen.

Als sie dabei war zu packen, ging die Tür auf und das Zimmermädchen kam mit frischen Handtüchern herein. Es war eine kleine, offenbar schon ältere, runzlige Frau, die Barbara anlächelte und fragte: «Reisen Sie schon wieder ab? Sie sind doch gerade erst angekommen.» Ihr Englisch hatte einen starken Akzent, der Barbara eher französisch als israelisch erschien. Auf dem Unterarm der Frau erblickte Barbara eine eintätowierte Nummer.

«Ja, ich reise ab», antwortete Barbara.

«Aber Sie sind doch erst angekommen – heute morgen.»

In ihrer Wut – auf die Welt, auf sich selbst, weil sie der sentimentalen Anwandlung nachgegeben hatte, sich aufs neue von ihrem Sohn zu trennen, nachdem sie so lange von ihm fortgewesen war – ging Barbara die Zudringlichkeit des Zimmermädchens auf die Nerven. So waren sie hier: aggressiv und zudringlich. Wo auf der Welt würde ein Zimmermädchen sich so in die Angelegenheiten eines ihr unbekannten Gastes einmischen? Doch kaum hatte der Gedanke in Barbaras Kopf Gestalt gewonnen, als er sich gegen seine Urheberin wandte und mit der Wucht einer heftig und schubweise auftretenden unbekannten Krankheit über sie herfiel. Wie konnte sie nur so etwas denken? Was war mit ihr los? Hatte nicht diese zierliche Frau lediglich mit ihrer Frage einen Brückenschlag von Mensch zu Mensch versucht? Und Barbara hatte sie, wenn auch nur in Gedanken, zurückgestoßen und im Stil gemeinsten Rassismus gerichtet. Obwohl Barbara ihre Gedanken nicht ausgesprochen hatte, war ihr zumute, als müsse sie das Zimmermädchen um Vergebung bitten. Doch wenn sie das tat, würde es alles nur noch schlimmer machen.

Die Frau legte die Handtücher ins Bad und wollte gehen.

«Bitte, gehen Sie nicht, bleiben Sie einen Augenblick», bat Barbara.

Die Frau blieb stehen und sah sie an.

«Ist etwas nicht in Ordnung, Miss?»

Barbara ließ sich aufs Bett fallen und rang um Selbstbeherrschung. «Doch, doch. Es ist alles in Ordnung.»

«Soll ich Ihnen etwas bringen – vielleicht eine Tasse Tee?»

«Sind Sie Französin?» fragte Barbara.

«Ja. Wie kommen Sie darauf?»

«Ihr Akzent.» Und auf französisch fuhr Barbara fort: «Können wir französisch miteinander sprechen? Ich habe seit langem mit niemandem mehr französisch gesprochen.»

Ein Lächeln überzog das faltige Gesicht. «Wie schön», sagte das Zimmermädchen auf französisch. «Wie schön, eine Französin hier zu sehen. Wir haben nicht viele französische Gäste im Hotel.»

«Ich bin keine Französin. Ich bin Amerikanerin», sagte Barbara.

«Aber Ihr Französisch ist perfekt.»

«Nein, das kann nicht sein. Ich habe zwar einige Jahre in Frankreich gelebt, aber meine Sprachkenntnisse sind eingerostet. Können Sie nicht einen Augenblick hierbleiben? Ich möchte gern mit jemandem reden. Das ist oft das Schlimmste, wenn man allein reist, daß man niemanden hat, mit dem man reden kann. Können Sie ein paar Minuten bleiben?»

«Aber ja, gewiß.»

«Bitte setzen Sie sich», sagte Barbara. «Ich heiße Barbara Cohen.»

Die Frau nickte und setzte sich auf die Kante des Stuhls, wo sie sehr aufrecht sitzen blieb, als nehme das dem vertraulichen Platznehmen etwas von seiner Ungewöhnlichkeit. «Ich freue mich. Ich heiße Annette Tilman. Ich meine, ich freue mich, daß Sie Jüdin sind. Oder Amerikanerin. Ich habe für die Franzosen nicht viel übrig.»

«Ich bin keine Jüdin. Mein Mann war Jude.»

«Oh.»

«Sie mögen die Franzosen nicht?» fragte Barbara. «Aber Sie sind doch Französin.»

«Ich bin Jüdin. Jetzt bin ich Israeli.»

Barbara wußte nicht, was sie sagen sollte, und einen Augenblick saßen beide schweigend da. Dann fragte das Zimmermädchen plötzlich: «Was glauben Sie, wie alt ich bin?»

Die Frage war eine Falle. Barbara fühlte sich in die Enge getrieben. Wieso saß sie hier eigentlich und redete mit dem Zimmermädchen? Warum hatte sie ihren Rückflug noch nicht gebucht? Sie spürte, wie eine Schlinge sich zuzog, und in ihrem Blick lag etwas Schmerzliches, als sie die Frau ansah. Wie alt war sie wohl? Das Gesicht zeigte Spuren einer Operation, man sah Nähte, und in der Nähe des Kinns mehrere Striemen und Narben. War sie je schön gewesen? Das Gesicht wirkte runzlig und verwittert, wie altes Leder. Nur die leuchtendblauen Augen paßten nicht dazu, milderten seine Häßlichkeit.

«Ich weiß nicht – wirklich, ich kann das Alter von Menschen nicht gut schätzen», sagte Barbara. Sie hielt die Frau für mindestens sechzig, aber es mußten sechzig schwere Jahre gewesen sein.

«Ja, Sie haben ein Herz, Madame Cohen. Sie sind sehr jung und schön. Doch ich beneide Sie nicht, denn ich lebe. Meine Gesundheit ist nicht schlecht. Ich lebe hier in Israel. Ich habe eine gute Arbeit, und mein Iwrith wird jeden Tag besser. Ich werde Ihnen sagen, wie alt ich bin. Neunundzwanzig Jahre. Sie glauben es nicht? Das verdanke ich der Gestapo. Ich spreche sonst nicht davon, aber Sie schienen so überrascht, als ich sagte, daß ich nichts für die Franzosen übrig habe. Wir lebten in Rouen. Ich hatte einen Mann, zwei Kinder, eine Mutter, einen Vater, drei Schwestern und einen Bruder. Ich hatte auch zwei Neffen, eine Nichte und eine sehr alte Großmutter.» Sie hielt die Hand hoch und zählte an ihren Fingern ab. «Wir waren dreizehn. Jetzt sind alle tot, bis auf mich, alle der Gestapo überantwortet durch unsere guten französischen Nachbarn. Also hasse ich die Franzosen aus tiefster Seele. Doch das ist dumm, nicht wahr? Ich verstehe die Menschen nicht, nicht einmal mich selbst. Denn alles, woran ich jetzt denken kann, ist: wie schön ist es doch, hier zu sitzen und in meiner Muttersprache mit einer freundlichen Dame zu reden. Und wer tut inzwischen meine Arbeit?» Sie sprang auf. «Ich tue meine Arbeit. Wer sollte sie sonst tun?»

Sie lächelte entschuldigend und verließ das Zimmer. Barbara blieb auf dem Bett sitzen und starrte die Tür an. Dann packte sie zum zweitenmal an diesem Tag ihren Koffer aus und ging nach unten, um etwas zu essen.

Um acht am nächsten Morgen fragte Barbara, in Pullover, einem alten Flanellrock und bequemen Schuhen, den Portier, welcher von den Taxifahrern englisch sprechen könne.

«Alle», sagte der Portier. «Nehmen Sie den ersten der Reihe. Bei mir wird niemand bevorzugt.»

Der vorderste Fahrer sagte: «Ich heiße Sol Katz. Wohin, meine Dame?»

«Sind Sie den ganzen Tag frei?»

Er sah sie nachdenklich an und nickte. «Fünfundzwanzig Dollar, US-Dollar.» Er war um die Fünfzig, hatte hängende Schultern, einen hervortretenden Bauch, dichte Augenbrauen und lockiges schwarzes Haar. Purpurnes Rot lag auf seinen rasierten Wangen. «Steigen Sie ein», sagte er. «Wohin?»

Sie nannte ihm das Fahrtziel.

Er drehte sich zu ihr um: «Wollen Sie wirklich dorthin? Nach Qiryat Anavim? Das ist doch nur ein Kibbuz.»

«Ja, dahin will ich.»

Er fädelte sich in den Verkehr ein. «Haben Sie dort Verwandte?»

«Nein.»

«Das dachte ich mir. Sie sehen nicht aus wie jemand, der dort Verwandte hat.»

«Mag sein. Sie sind doch Amerikaner?» fragte sie ihn.

«Wenn Sie Bensonhurst Amerika nennen.»

«Wo liegt Bensonhurst?»

«In Brooklyn, wie auch alles andere. Seit 1948 bin ich hier. Ich bin hergekommen, um zu helfen, und bin dann hiergeblieben. Was machen Sie hier, Miss, sind Sie von der Zeitung?»

«So was Ähnliches.»

«Werden Sie über Israel schreiben?»

«Ich schreibe über alle Länder, in denen ich war. Wahrscheinlich auch über Israel.»

Barbara hatte keine Lust, sich zu unterhalten. Sie wollte die Landschaft betrachten, sie auf sich einwirken lassen, versuchen zu empfinden, was Bernie hier empfunden haben mochte. Auf all ihren Reisen als Korrespondentin hatte sie dies kleine Stückchen Erde ausgespart. Weil ihr Mann sich für dies Land engagierte, schirmte sie sich gegen alles Israelische ab. Das Land war ihr Nebenbuhler gewesen, hatte ihr den Mann streitig gemacht, den sie liebte, und am Ende gewonnen: Er lag nicht mehr in ihrem Bett, sondern in der Erde dieses Landes, das für sie nie wirklich existiert hatte. Ihre eigene religiöse Erziehung konnte man günstigstenfalls äußerst oberflächlich nennen. Dan Lavette war von Geburt Katholik und hatte seine Religion aufgegeben, um ihre Mutter zu heiraten. In der Sonntagsschule der Episkopalkirche, die der Grace Cathedral auf Nob Hill angegliedert war, hatte man sie mit den Legenden des sogenannten Heiligen Landes vertraut gemacht. Sie hatte gelernt, daß hier ein Mensch, der Gott war, auf dem Wasser des Sees Genezareth gewandelt war, ein gewaltiges Kreuz den Weg zum Berg Golgatha hinauf geschleppt hatte, und daß man hier die Träume und Hoffnungen der Menschheit an ein Kreuz genagelt hatte, hier, wo römische Legionäre über ein Volk herrschten, das sich im Nebel der Geschichte verlor. Nichts von all dem vermochte sie in Beziehung zu setzen zu dem brausenden Großstadtleben Tel Avivs, durch das Sol Katz seine Taxe virtuos steuerte, hupend und in lautstarker Auseinandersetzung mit anderen Fahrern, in Iwrith, dieser seltsamen und heiligen Sprache, Tochter des biblischen Hebräisch. Die älteren und heruntergekommenen Teile von Oakland schienen ihr da schon eher vertraut.

Nachdem sie die Stadt verlassen hatten, fuhren sie auf einer zweispurigen Asphaltstraße an Dörfern, Schrottplätzen und Fabriken vorbei, später an Bauernhöfen und Wiesen. Sie suchte nach vergleichbaren Landschaften und erinnerte sich an Gegenden in Ohio und Illinois, die dem hier nicht unähnlich waren. Es war ein kühler, angenehmer Morgen, der Himmel war von unglaublichem Blau und die Luft süß wie Honig.

Sie kamen an eine Stelle, wo sich zum Norden hin eine herrliche, ungestörte Wiesenlandschaft öffnete, die Barbara an die welligen Hügel Südenglands erinnerte. Sol Katz rief ihr zu: «Da draußen, Miss, hat König Saul seine große Schlacht gegen die Philister geschlagen. Sie sind von der Küste, um Tel Aviv herum, gekommen, und er kam von den Hügeln herunter.»

Sie waren also nicht völlig vergessen, die Legenden aus der Grace Cathedral, hatten selbst bei einem Taxifahrer aus Bensonhurst ihre Spuren hinterlassen. Ihre Augen wurden feucht, und sie fürchtete, vom Gefühl überwältigt zu werden. «Das ist doch eine Täuschung», versuchte sie sich einzureden. «Das hier ist eine Landschaft wie andere auch, ein Stück Erde. Überall gibt es Land, das den Menschen heilig ist. Wenn wir das nicht begreifen, hat alles keinen Zweck. Ich lasse mich nicht von den Träumen und Parolen unterkriegen, die mir Bernie genommen haben. Ich fahre nur dorthin, weil ich schon einmal hier bin. Ich will es mir ansehen und es hinter mich bringen.»

Sie fuhren in die Hügel hinein. Auch hier war alles ganz anders, als sie es sich vorgestellt hatte. An den Hängen wuchsen junge Bäume, Zedern und Pinien, und die Luft war von Pinienduft erfüllt. Jetzt fühlte sie sich an Neuengland erinnert.

«Die haben wir alle gepflanzt», sagte Sol Katz.

«Was?»

«Die Bäume hier, Miss. Jeden einzelnen. Wir haben sie gepflanzt.»

«Das sind ja Abertausende. Die Hügel sind völlig bedeckt damit.»

«Ja, das ist wahr. Früher gab es hier nur nackten Felsen und Gras. Das ist doch etwas, nicht wahr?»

«Unbedingt», sagte Barbara.

«Da liegt Qiryat Anavim, sagte er und deutete auf eine Gruppe von weißen Häusern mit roten Dächern, die in der Ferne sichtbar wurden. Der Kibbuz lag in einem kleinen Tal am Hang eines Hügels, und die Häuser zogen sich den Hügel hinauf oberhalb von Obstgärten, Feldern und terrassenförmig bepflanzten Hängen.

«Wer leitet eigentlich so einen Kibbuz?» fragte Barbara etwas später.

«Miss – sagen Sie, wie heißen Sie eigentlich? Wenn wir den ganzen Tag zusammen verbringen, kann ich Sie nicht immer nur mit ‹Miss› anreden.»

«Barbara Cohen.»

«Schön, Miss Cohen – »

«Mrs. Cohen», sagte Barbara.

«Schön, Mrs. Cohen. Ein Kibbuz wird meistens von einem Ausschuß aus Kibbuznik geleitet, mit einem Sekretär oder einem Vorsitzenden oder so etwas.»

«Sprechen die englisch?»

«Einige sicherlich. Immerhin haben wir ja ziemlich lange unter britischer Mandatsherrschaft gelebt.»

Dann waren sie im Kibbuz. Auf einem asphaltierten Parkplatz standen alte Autos, Lastwagen und zwei Traktoren. In einem offenen Schuppen arbeiteten Männer, nur mit Hosen bekleidet, an einem dritten Traktor. Vom Parkplatz führte eine gewundene Straße den Hügel hinauf, auf ein verputztes Steingebäude zu. Überall waren die Mauern von roten Kletterrosen überwuchert. Die Morgensonne war heiß, die Luft unbewegt. Bienen summten über den Blumen, und ein großer schwarzgelber Schmetterling setzte sich für einen Augenblick auf Barbaras Schulter. Eine junge Frau in Shorts kam die Straße herunter, sah sie neugierig an und stieg dann in einen der Lastwagen und fuhr davon. Ein Hund, offensichtlich eine Promenadenmischung, kam auf sie zu und leckte an einem ihrer Schuhe.

Sol Katz ging um seinen Wagen und sah nach den Reifen. «Hübsch hier», sagte er. «Und Sie kennen niemanden?»

«Nein, niemanden, leider.»

Er rief den Männern, die in dem Schuppen arbeiteten, etwas auf iwrith zu und sie antworteten ihm. Dann sagte er zu Barbara: «Ich bringe Sie zum Büro. Die Sekretärin heißt Sarah Perez. Wie lange wollen Sie hierbleiben?»

«Höchstens eine Stunde.»

«In Ordnung. Ich warte beim Wagen. Wenn Sie wollen, können wir nach Jerusalem weiterfahren. Es sind von hier nur ein paar Kilometer.»

«Ich will mal sehen.»

Barbara folgte ihm die Straße hinauf zu dem Steingebäude.

«Hier ist es», sagte Katz. «Sie spricht englisch, also gibt es keine Schwierigkeiten.»

Er ging zu seinem Wagen zurück. Ihr schien, er werde unruhig, wenn er sich von seinem Wagen trennte, der offenbar Mittelpunkt seines Lebens war. Sie öffnete die Tür und ging hinein. An den Türen neben dem Gang waren hebräisch beschriftete Schilder. Sie klopfte an die erste Tür rechts, und als sie eine Frauenstimme etwas sagen hörte, trat sie ein. Der Raum war einfach möbliert. Er enthielt einen Holztisch, einige Stühle und Aktenschränke. Hinter dem Tisch saß eine schlanke dunkelhaarige Frau von etwa vierzig Jahren, vor ihr lag ein geöffnetes Buchhaltungsjournal.

«Ich möchte zu Sarah Perez», sagte Barbara.

«Das bin ich. Was kann ich für Sie tun?»

«Ich bin Amerikanerin. Ich heiße Barbara Cohen.»

«Nehmen Sie bitte Platz.» Sie wies auf einen Stuhl. «Kommen Sie von einer Zeitung?»

«Nein.»

«Ich dachte, weil Sie meinen Namen kennen. Manchmal schikken Sie Journalisten hierher, die über einen Kibbuz schreiben wollen.»

«Ich bin zwar auch Journalistin, aber das ist nicht der Grund, warum ich hergekommen bin.» Dann erklärte sie, so gut es ging, was sie nach Israel geführt hatte.

«Sie wollen das Grab Ihres Mannes sehen?»

«Ich weiß nicht. Vielleicht. Vielleicht mußte ich einfach kommen.»

«Aber ich verstehe nicht, warum Sie annehmen, daß Ihr Mann auf unserem Friedhof begraben ist. Wir haben einen kleinen Soldatenfriedhof, aber dort liegen nur die Männer aus unserem Kibbuz, die im Krieg gefallen sind. Ihr Mann hat doch nie in diesem Kibbuz gelebt, nicht wahr?»

«Nein. Aber man hat mir gesagt – »

«Warten Sie, keine Sorge», sagte Sarah Perez freundlich. «Ich habe hier das Verzeichnis.» Sie ging an den Aktenschrank, holte ein Buch heraus und begann darin zu blättern. Ein schlanker weißhaariger Mann von etwa siebzig Jahren trat ein.

«Ah, Schimon!» sagte Sarah Perez und fügte für Barbara hinzu: «Er wird es wissen. Er erinnert sich an alles.»

«Nicht an alles. Nicht einmal Gott erinnert sich an alles.»

«Schimon», sagte sie, «das ist Mrs. Cohen aus Amerika. Ihr

Mann ist 1948 bei Megiddo umgekommen. Sie war damals in den Vereinigten Staaten. Man hat ihr gesagt, er sei in unserem Kibbuz begraben worden.»

Der alte Mann sah Barbara an und sagte etwas auf iwrith zu Sarah Perez.

«Er möchte Ihnen sein Mitgefühl aussprechen», sagte sie. «Er sagt, Sie sind eine gute und schöne Frau.»

«Ich glaube, ich bin alt genug, um Ihnen das selber zu sagen. Wie hieß Ihr Mann?»

«Bernie – Bernie Cohen.»

Er stand einen Augenblick lang mit geschlossenen Augen und nickte dann. «Ja, ich erinnere mich. Damals gab es eine gewisse Verwirrung, weil einer von unseren Männern, der auch Cohen hieß, im Norden war. Zuerst wurde die Leiche hierher geschickt und dann seine Papiere. Er war Amerikaner.» Er zuckte die Schultern. «Warum nicht hier? Es ist schön hier, ein sehr altes Land. Sind Sie deswegen unglücklich?»

Barbara schüttelte den Kopf.

«Wollen Sie ihn exhumieren und nach Amerika überführen lassen?»

«Nein. Sein Wunsch wäre es gewesen, hier begraben zu sein.»

«Dann wollen Sie also nur sein Grab sehen?» fragte der alte Mann.

«Ja.» Es war sinnlos gewesen, ihr Kind wieder allein zu lassen, um die Reise hierher zu unternehmen, ein Grab anzusehen. Jetzt, als sie hier in dem trüben Büro des Kibbuz zwei Fremden gegenübersaß, kam sie sich nicht nur töricht, sondern auch innerlich ausgehöhlt vor, wie jemand, dessen Leben keinen Sinn hat, als hätte das Gefängnis es seines Inhalts und seines Sinns beraubt.

«Wenn Sie es wünschen, führe ich Sie zu seinem Grab», sagte Schimon.

«Ja, bitte.» Sie stand auf. «Danke», sagte sie unglücklich zu Sarah Perez.

Der Greis führte sie hinaus in den Sonnenschein, die unbefestigte Straße entlang, die auf den Hügel führte. «Die Toten bewachen uns noch immer», sagte er und zeigte auf den Hügel. «Da oben, kurz unterhalb des Kamms verläuft die Grenze des alten Judäa, die die Jordanier immer noch besetzt halten. Es ist jetzt ruhig, aber wir leben nach wie vor am Rand der Ewigkeit. Das ist kein leichtes Leben, wie?»

«Ja, das glaube ich auch.»
«Sie sind keine Jüdin, nicht wahr?»
«Nein.»
«Und nun sind Sie hier an diesem seltsamen Ort unter diesen seltsamen Menschen. Das muß sehr schwer sein.»
«Nein, es ist nicht schwer. Ich versuche zu verstehen, warum ich hergekommen bin. Was von meinem Mann weiterlebt, lebt in mir, nicht hier.»
«Und warum nicht hier?» fragte der Alte. «Das ist unser Friedhof. Nicht sehr groß, nur ein paar hundert Grabstellen, aber für einen einzigen Kibbuz, für uns, war es ein schrecklicher Aderlaß. Die Blüte unserer Jugend.»
Die Gräber lagen in aufsteigenden Reihen übereinander am Hang des Berges. Jedes war liebevoll gepflegt, jedes hatte einen Stein mit hebräischer Inschrift.
«Ich kann das nicht lesen», sagte Barbara kläglich.
«Ich finde es schon.»
Ein junger Mann und eine junge Frau, beide in Shorts und sonnengebräunt, behauten die Steine einer halbfertigen Treppe, die zwischen den Gräbern den Hügel hinaufführte.
«Wissen Sie», sagte Schimon, «ich bin in Kanada aufgewachsen. Wir stammen fast alle von anderswo her, und wenn ich an Friedhöfe denke, erinnere ich mich fast immer an düstere und kalte Stätten. Warum muß das so sein? Wir wollten hier einen anderen Friedhof schaffen. Dieser goldgelbe Stein, den die beiden da bearbeiten, stammt aus unseren eigenen Bergen. Es ist derselbe Stein, aus dem auch das alte Jerusalem erbaut war.»
Sie stiegen immer höher, und am Ende des Weges tauchte vor ihnen ein kleines Steingebäude auf, wie eine Krypta, etwa zweieinhalb Meter im Quadrat und fensterlos.
Schimon berührte ihren Arm. «Hier, Mrs. Cohen.»
Sie blieb stehen. Er deutete auf eine Grabstelle vor ihnen. «Hier ist es. Das Grab Ihres Mannes.»
Barbara richtete den Blick darauf. Es sah nicht anders aus als die anderen Gräber, hatte einen schlichten Stein mit hebräischen Buchstaben, auf dem sie die Jahreszahlen lesen konnte: 1906 bis 1948. Sie empfand nichts, nichts als Leere, die trocken war wie der Staub um sie. Sie stand ungefähr fünf Minuten lang da auf der Suche nach etwas, das namenlos und unbestimmt war und vielleicht gar nicht existierte.

Dann fragte sie mit einer Stimme, die so trocken und tonlos war wie ihr Inneres: «Was bedeuten die Steinchen?» Sie wies auf andere Grabsteine, auf denen kleine Steinchen lagen.

«Es ist ein alter jüdischer Brauch, daß man ein Steinchen auf den Grabstein legt, wenn man ein Grab besucht. Manche sagen, zum Zeichen dafür, daß man da war; man läßt etwas zurück, das bei den Toten bleibt. Das ist eine sentimentale Vorstellung, und ich weiß nicht, ob etwas daran ist. Jedenfalls ist der Brauch sehr alt, und ich glaube nicht, daß jemand seine genaue Bedeutung kennt.»

«Und dort in dem kleinen Haus?» fragte Barbara. «Werden darin die Ascheurnen aufbewahrt?»

«Unsere Religion läßt nicht zu, daß wir Menschen verbrennen. Es sind keine Urnen darin.»

«Was dann?» fragte sie. Es interessierte sie nicht besonders, aber sie wußte nicht, was sie sonst sagen sollte.

«Warum gehen Sie nicht hinein?»

«Ach, es ist nicht so wichtig.»

«Vielleicht doch.»

Etwas verärgert ging Barbara auf das winzige Steinhaus zu, riß die Tür auf und trat ein.

Durch das Dach aus buntem Glas fiel Licht in den kleinen Raum. Die Wände zu ihrer Rechten und Linken waren von der Decke bis zum Boden mit luftdicht eingerahmten Fotografien bedeckt, jeweils fünfzehn Zentimeter im Quadrat, Bilder der Männer, die hier begraben waren. Nur waren es keine Männer, sondern Knaben, Kinder, lachende, fröhliche Kinder. Es waren keine gestellten Fotos, sondern Schnappschüsse, die liebende Eltern und Verwandte gesammelt hatten.

Sie ging von Bild zu Bild, von einem lachenden Gesicht zum nächsten. «Oh, mein Gott», flüsterte sie. «Ich suche nach Bernie.» Aber von ihm konnten sie kein Bild haben.

Dann brach der ausgetrocknete Damm in ihrem Innern, und sie gab sich hemmungslos weinend ihrem Schmerz hin, lag auf dem Boden und schluchzte, weinte, wie sie noch nie geweint hatte; aller Halt, alle Schutzwälle und Schranken, mit denen sie sich umgeben und geschützt hatte, waren in sich zusammengesunken.

Der alte Mann wartete draußen. Er und die beiden jungen Leute, die an den Steinen meißelten, hörten Barbaras Klage.

Der Alte hielt die beiden Jungen zurück, als sie sich um Barbara kümmern wollten.

«Laßt sie allein», sagte er. «Laßt sie mit den Toten allein. Ihre Zeit dafür ist gekommen.»

Der Tränenstrom versiegte, und Barbara kam wieder zu Atem. Sie stellte fest, daß sie in der Lage war, ihre Handtasche zu öffnen, und begann, sich mit dem Taschentuch das Gesicht zu trocknen. Sie erhob sich unsicher, mit leichtem Schwindelgefühl, und trat ins Freie.

«Geht es?» fragte Schimon.

«Ja. Es geht.»

«Wollen wir zurückgehen?»

«Ja.»

Nach einigen Schritten sagte Barbara: «Ich habe etwas vergessen.»

Schimon sah, daß sie zurück zu Bernies Grab ging, einen kleinen Stein vom Boden aufhob und ihn auf den Grabstein legte.

Die leichte Brise reichte gerade, um dem Schiff etwas Fahrt zu verleihen, gerade so viel, daß es dem Ruder gehorchte, während sie nach Norden in die San Pablo Bucht hineinsegelten. Jean, in alten Jeans und einem viel zu großen, weißen Pullover, lag auf Kissen im Cockpit und sah Dan zu.

«Nun, Jean», sagte er zu ihr, «wie gefällt es dir?»

«Ich gewöhne mich allmählich daran.»

«Wir sind beide Spätentwickler. Ein halbes Jahrhundert, dich in ein Boot zu bekommen, und ein halbes Jahrhundert, um mich zu zivilisieren.»

«Was das betrifft, bin ich nicht so sicher. Aber du vergißt, daß ich früher einmal drei Reisen nach Europa gemacht habe.»

«Das waren Schiffe, keine Boote. Das ist etwas anderes, Mädchen.»

«Oh Danny», sagte sie, «weißt du noch? Als du das erste Mal in unser Haus kamst, auf Nob Hill, hattest du einen Streit mit dem alten Grant Whittier und hast ihm den Unterschied zwischen einem Schiff und einem Boot erklärt. Ich fand das großartig – »

«Na, na.»

«Doch. Auch wenn du nicht wußtest, mit welcher Gabel du essen solltest.»

«Mein Gott», rief er, «das hast du gemerkt?»

«Natürlich. Und du hast dich für so schlau gehalten. Immer, wenn ein Gedeck aufgetragen wurde, hast du das Besteck erst angerührt, wenn jemand es dir vormachte. Du hast einfach dagesessen und alles beobachtet, wie ein junger Falke.»

«Aber Jean, das ist über vierzig Jahre her.»

«Ich bin noch nicht verkalkt, mein Alter. Mein Gedächtnis funktioniert noch.»

«Und ich begreife immer noch nicht, was du damals an mir gefunden hast. Ich war ein junger Draufgänger, der gerade erst Geschmack an der Welt gefunden hatte und gleich alles haben wollte.»

«Genau das habe ich in dir gesehen.»

«Nimm mal die Pinne», sagte er zu ihr. «Der Wind schläft ein. Ich berge die Segel und werfe dann den Motor an. Wir fahren zurück. Wollen wir bei Gino zu Abend essen? Ich denke schon den ganzen Tag an Spaghetti.»

«Immer noch der alte Herzensbrecher», sagte Jean, als sie das Ruder übernahm. «Da bist du auf dem Wasser mit einem hübschen Mädchen, und alles, woran du denkst, sind Spaghetti. Du wirst dick.»

«Nun – vielleicht ein bißchen. Ich arbeite es wieder herunter.»

Sie betrachtete den großen, weißhaarigen Mann, in dessen Gesicht so viele Linien und Falten erkennbar waren, dessen Haut von der Sonne tief gebräunt war, wie er mit seinen starken und geschickten Händen das Segel barg. Auch er trug Jeans, dazu ein altes Frotteehemd, und bewegte sich völlig natürlich darin. Sie sah ihn gern an. Das gehört auch dazu, sagte sie sich, sich gut und geborgen bei einem Mann zu fühlen und keine Zweifel zu haben.

Er warf den Motor an. «Bring sie auf Kurs», sagte er. «Steuere die Landspitze an. Kannst du am Ruder bleiben?»

«Wird gemacht, Käptn.»

Er hielt sich am Mast fest und sah zu ihr herüber. «Du bist eine verdammt schöne Frau», sagte er mit Kennermiene.

«Nächste Woche werde ich vierundsechzig.»

«Entweder bedeutet das etwas besonders Tiefgehendes, das ich nicht verstehe, oder du hast Angst, daß ich deinen Geburtstag vergesse.»

«Das heißt, daß ich mich über deine Schmeichelei freue, aber an deiner Wahrheitsliebe und deinem Sehvermögen zweifle.»

«Mit meinen Augen ist alles in Ordnung. Das Gute bei Gino

ist», sagte er, «daß wir uns nicht umziehen müssen. Wir können einfach festmachen und hingehen.»

«Du kannst an nichts anderes denken als an deine Spaghetti.»

«Das hat mit Denken nichts zu tun. Mein Magen verlangt es, Frau. Ich komme um vor Hunger.»

Zwei Stunden später steuerte Jean das Boot an den Steg, und Dan machte die Leinen fest. Den Arm um ihre Taille gelegt, ging er mit ihr zu Ginos italienischem Restaurant hinüber. Es dämmerte, und der Nebel begann sich über die Bucht zu senken.

Dan blieb plötzlich stehen und drückte Jean an sich.

«Wenn du mich jetzt befingern willst – das hättest du lieber auf dem Boot tun sollen», sagte Jean lächelnd.

«Glaub nur nicht, daß ich nicht daran gedacht hätte. Weißt du, daß wir uns noch nie auf dem Boot geliebt haben? Das ist eigentlich unbegreiflich.»

«Du bist wirklich unglaublich, Mister.»

«Ja. Aber alles, was ich jetzt will, ist ein Kuß von dir.»

«Hier?»

Er nahm sie in die Arme und küßte sie, ohne einen Gedanken an die Vorübergehenden zu verschwenden.

«Ich vermute, unser Alter macht sie nervös», sagte Jean. «Außerdem sehen wir wie die Landstreicher aus. Angeblich kühlt ja auch die Liebesglut im Alter ab.»

Nachdem sie gegessen hatten und dabei waren, ihre Flasche Rotwein zu leeren, fragte Dan: «Weißt du eigentlich, daß ich oft mit May Ling hier war?»

«Ich weiß.»

«Hast du je einen anderen Mann geliebt, Jean? In den schlechten Jahren? Ich meine nicht, ob du mit ihm ins Bett gegangen bist, sondern, ob du einen wirklich geliebt hast?»

«Nein. Keinen einzigen Tag, Danny.»

«Merkwürdig. Ich habe May Ling geliebt. Aber sie wußte immer, daß du da warst, irgendwo drinnen in mir. Ich habe ein eigentümliches, verrücktes Leben geführt, Jean, und ich werde nie begreifen, wieso ich es doch noch geschafft habe, oben zu bleiben. Aber eins will ich dir sagen: Ich glaube, ich liebe dich, wie ein Mann eine Frau nur lieben kann – nun, so sehr ich eine Frau lieben kann. Und ich möchte dir von ganzem Herzen danken. Das ist alles.»

Jean füllte die Gläser. «Auf uns, Danny.»

An dem Tag, als Sam wieder in die Schule mußte, zog Barbara einen alten Pullover und bequeme Schuhe an und ging die Powell Street hinunter zum Embarcadero. Dann wandte sie sich nach rechts zur Market Street und zum alten Fähranleger. Es war ein schöner, kühler Morgen, und sie war beim Gehen von dem Gefühl erfüllt, hier zu Hause zu sein, an diesem Ort, dessen Geschichte auch die Geschichte ihrer Familie war. Kein Ort, an dem sie je gewesen war, hatte ihr dasselbe Gefühl vermittelt, daß sie sicher war und alles seine Richtigkeit hatte. Was auch immer an dieser Stadt, diesem Land und Staat nicht in Ordnung sein mochte – es blieben noch genug Dinge übrig, die in der rechten Ordnung waren, so daß sie sich hier wohlfühlen konnte.

Lange Spaziergänge waren ein wesentlicher Teil ihres Arbeitstages. Nur wenn sie ging und dabei allein war, war ihr Geist völlig klar, konnte sie Bilder heraufrufen, Erinnerungen und Eindrücke, ohne die ein Schriftsteller nicht zu schaffen vermochte. Hier, am Pazifik, lag Israel zwar in weiter Ferne, aber es war nicht die Art Abstand, die den Menschen von einem Mythos trennt. Der Abstand lag zwischen ihr und der Wirklichkeit, und sie hätte in leichter Abwandlung der Worte des Psalmisten sagen können: «Und ob ich schon offenen Auges wanderte im Schatten des Todes, fürcht ich kein Unglück.» Doch dräute ihr jetzt nicht der Schatten des Todes, als sie mit langen Schritten den Embarcadero entlangging, äußerstenfalls nahm sie stillschweigend hin, daß Leben und Tod nie weit auseinanderliegen.

Leben heißt, ganz da sein; und in diesem Augenblick war das Leben der Barbara Lavette-Cohen ausgefüllt von dem Bewußtsein, daß sie existierte. Es war nichts, das sie hätte beim Namen nennen können, nichts, das begreiflicher und handgreiflicher war als der Geruch von Salz und Tang im Wind, in dem Wind, der vom Pazifik herüberwehte, und der aus China, Japan und von den Gewürzinseln kam.

Sie lebte, sie war zu Hause und war frei. Und sie hatte Hunger. Sie hatte die Battery Street erreicht und machte kehrt, um zu Fisherman's Wharf zurückzugehen. Es war nach elf Uhr, gerade die richtige Zeit für einen kräftigen Appetit. Barbara kaufte in der Jefferson Street eins der guten Sauerteigbrote, ging dann zur Hyde Street Pier hinaus und setzte sich auf das Geländer, aß Brot und fütterte die Möwen. Vor zwölf Jahren hatte sie hier mit Bernie gesessen, bei ihrem ersten Zusammentreffen nach dem Krieg. Die

Erinnerung bereitete ihr keinen Schmerz. Vor ihr lag die Bucht mit ihren Schaumkronen. Die Tide lief durch das Golden Gate ab, hinaus zur endlosen See. Hinter ihr lag auf den sanften Hügeln das seltsame Wunderwerk einer Stadt, das die Seldons, die Lavettes, die Levys und die Schauerleute, Maurer, Zimmerleute, Stahlarbeiter und Millionen anderer errichtet hatten.

Vor ihr schwebte mit ausgebreiteten Schwingen eine Möwe, um ein Stück Brot zu ergattern.

Sie nahm einen letzten Bissen, genoß den Geschmack des Brotes und warf den Rest den Möwen zu. Dann stand sie auf und atmete tief ein.

«Alles ist so», sprach sie zu sich, «wie es sein sollte.»

Sie sah, wie eben ein Cable-car zur Fahrt in die Gegenrichtung gedreht wurde, lief darauf zu und sprang hinein, als es sich gerade in Bewegung setzte. Sie stand auf dem Trittbrett, während der Wagen Russian Hill erklomm, der kühle Wind strich ihr über das Gesicht, und sie lächelte. Wenn ihr in diesem Augenblick etwas durch den Sinn ging, so war es einfach ein Gefühl der Zufriedenheit. Sie war da, war eins mit sich, und alles war gut.

Howard Fast

Die Einwanderer
Roman. Deutsch von Karl A. Klewer
438 Seiten. Gebunden und rororo 5106

Die Nachkommen
Roman. Deutsch von Karl A. Klewer
477 Seiten. Gebunden und rororo 5262

Die Arrivierten
Roman. Deutsch von Karl A. Klewer
400 Seiten. Gebunden

Die Erben
Die Lavettes und ihre Schicksale
Roman. Deutsch von Karl A. Klewer
416 Seite. Gebunden

Max
Eine spannende und bewegte Saga aus der turbulenten Zeit, als die Bilder laufen lernten.
Roman. Deutsch von Karl A. Klewer
448 Seiten. Gebunden

rororo

C 1059/5